本书已被江苏省教育厅作为"2009 年精品教材"立项建设

国际商务单证实训教程

主　编　邵红万
副主编　丁江荣
参　编　陈　杰　张　薇

东南大学出版社
·南京·

内容提要

本书是一本关于国际贸易往来中进出口单证缮制，具有很强实务性和操作性的教材。该书打破学科知识体系，针对实训教学环节编写，其出发点是强化学生实际动手缮制单证的能力，让学生走上工作岗位能尽快胜任外贸单证缮制工作。

教材分四部分：课内实训、综合实训、顶岗实习和附录。课内实训围绕信用证、装运单证、保险单证、报关报检单证、结汇单证等由理论到实践，进行单项实训。在实训基础上拓展，一方面结合单证员考证通过练习形式进行理论强化，另一方面通过经典案例引导学生学以致用。综合实训围绕信用证方式下、托收方式下和电汇方式下的单证进行综合实训，进一步提高学生缮制单据的能力。顶岗实习分出口操作和进口操作。出口操作依据实际工作流程进行仿真实习。进口操作主要是对信用证、汇票、发票、装箱单、提单、原产地证书、商检证书相关单据的审核。附录包括主要专业术语的缩略形式和贸易条款中英文对译。

本书通过【实训目的】、【实训目标】、【建议课时】、【前期准备】、【操作步骤】、【制作技巧】、【实习评价】等模块不仅指导老师如何开展实训教学而且指导学生或社会人员"如何学"。因此，该教材不仅是一本很好的"教"材也是一本很好的"学"材。

图书在版编目(CIP)数据

国际商务单证实训教程/邵红万主编. —南京：东南大学出版社，2009.9

ISBN 978-7-5641-1822-8

Ⅰ.国… Ⅱ.邵… Ⅲ.国际贸易—票据—教材 Ⅳ.F740.44

中国版本图书馆 CIP 数据核字(2009)第 151469 号

国际商务单证实训教程

出版发行：东南大学出版社
社　　址：南京四牌楼 2 号　邮编：210096
出 版 人：江　汉
网　　址：http://press.seu.edu.cn
电子邮件：press@seu.edu.cn
经　　销：全国各地新华书店
印　　刷：南京京新印刷厂
开　　本：787mm×1092mm　1/16
印　　张：21.75
字　　数：529 千字
版　　次：2009 年 9 月第 1 版
印　　次：2009 年 9 月第 1 次印刷
书　　号：ISBN 978-7-5641-1822-8
印　　数：1～4000 册
定　　价：36.00 元

本社图书若有印装质量问题，请直接与读者服务部联系。电话(传真)：025-83792328

编者的话

高职教育突出实践教学：课内实训、综合实训以及顶岗实习。担任实训环节教学任务的教师大多可分为两类：一是从企业或行业聘请的能人，他们非常熟悉外贸单证缮制所有流程，但缺乏教学法理论指导，不知如何指导学生开展实训。二是校内教师担任实训指导老师，尽管他们熟悉相关理论，但缺乏行业背景，重点和难点难以把握。因此，实训指导老师面临如何选取实训素材、如何安排实训内容、如何制定实训计划、如何进行实训评估等问题。他们急需既能满足不同实训教学环节的要求，又能指导老师如何开展实训教学的教材。

目前相关实训教材市面上也有几本，但大多数实训教材仍然按照知识体系编写，这样教师在使用时仍然面临如何指导实训的困惑。本教材完全不同于市面上其他实训教材，具有以下特色和创新：

1. 打破知识体系，针对实训环节编写

目前高职教材基本都是按照知识体系编写，虽然服务于高职教育，但仍然遵循本科学科体系思想，"穿新鞋，走老路"，不符合高职教育特点，缺乏高职教育特色。本实训教材最大创新之处在于它完全打破学科知识体系，针对高职实训教学环节编写，分三大模块：课内实训、综合实训和顶岗实习，服务不同环节的实训教学，对实训教学具有直接指导意义。

2. 重实践、轻理论，理论知识实用、够用

本教材最大特色是重实践、轻理论。理论知识遵循实用、够用。通过"本章理论回顾"为学生动手缮制单证，进入实际操作做好理论知识铺垫，着眼强化学生实际动手缮制单证的能力。这样既体现高职特色又符合高职教育特点。

3. 导教导学，易教易学

很多高职教师熟悉课堂理论教学，但对如何开展高职实训教学仍很陌生。本书通过【实训目的】、【实训目标】、【建议课时】、【前期准备】、【操作步骤】、【制作技巧】、【实习评价】等模块，不仅指导高职老师如何开展实训教学，而且指导学生或社会人员"如何学"。因此，本教材不仅是一本很好的"教"材，也是一本很好的"学"材。

4. 反复操练，熟能生巧

在进出口业务中，单证工作贯穿始终，是对外贸易的重要组成部分。通过课内实训、综合实训、顶岗实习三个模块三个阶段层层推进，强化学生实际动手缮制单证的能力。当学生走上工作岗位后，能立刻胜任外贸单证缮制工作。

该教材已被江苏省教育厅作为"2009 年精品教材"立项建设。参加该教材编写的人员具有从事外贸单证缮制 5～10 年的工作经验，又是高职教育一线双师型教师，同时他们还是"全国国际商务单证员"、"全国外贸业务员岗位专业考证"的培训师，它从根本上解决了教学内容与实际工作脱节的后顾之忧。本书由邵红万担任主编，丁江荣担任副主编。其中邵红万主要负责教材模块设计、框架结构策划以及指导教师如何开展实训的策划、附录编写以及校对工作；丁江荣主要撰写了课内实训部分；张薇主要撰写了综合实训部分；陈杰主要撰写了顶岗实习部分。

本书在编写过程中得到行业专家的悉心指导和帮助，在此深表谢意。

编　者

2009 年 6 月

目次 Contents

课内实训

第一章 信用证 (1)
第一节 信用证开立申请 (2)
第二节 信用证审核与修改 (10)
第二章 装运单证 (29)
第一节 装箱单的缮制 (31)
第二节 托运单的缮制 (35)
第三节 提单的缮制 (44)
第四节 空运托运单的缮制 (46)
第五节 运费的计算 (49)
第三章 保险单证 (61)
第四章 报关报检单证 (83)
第一节 报检单的缮制 (85)
第二节 报关单的缮制 (90)
第五章 结汇单证 (102)
第一节 发票的缮制 (117)
第二节 汇票的缮制 (128)
第三节 原产地证的缮制 (132)
第六章 其他附属单证 (154)
第一节 装船通知的缮制 (164)
第二节 受益人证明的缮制 (169)
第三节 出口收汇核销单的缮制 (173)

综合实训

第一章 信用证方式下的单证缮制 (181)
第一节 实训方案 (181)
第二节 信用证方式下单证回顾与总结 (183)
第三节 实训练习 (203)
第四节 课外练习 (219)
第二章 托收方式下的单证缮制 (226)
第一节 实训方案 (226)
第二节 托收方式下单证回顾与总结 (228)
第三节 实训练习 (239)
第四节 课外练习 (244)

第三章 电汇方式下的单证缮制 (250)
第一节 实训方案 (250)
第二节 电汇方式下单证回顾与总结 (252)
第三节 实训练习 (262)
第四节 课外练习 (267)

顶岗实习

实习方案 (273)
第一章 出口操作 (274)
第一节 操作一 (276)
第二节 操作二 (288)
第三节 操作三 (301)
第四节 操作四 (306)
第五节 操作五 (311)
第二章 进口操作 (316)
附录一 单证中英文对照表 (324)
附录二 信用证的贸易术语 (338)

课内实训

第一章
信 用 证

【本章理论回顾】

一、信用证的基本概念

信用证是银行开立的一种有条件的承诺付款的书面文件。

二、信用证业务的特点

1. 开证银行负首要付款责任。
2. 信用证是一项自足文件：银行只根据 L/C 规定办理。
3. 信用证方式是纯单据业务：
   只凭信用证，不问合同；
   只凭单据，不问货物；
   表面严格一致性——“单单一致，单证一致”。

三、信用证的审核

重点审证项目：

1. 信用证的类别；
2. 开证行的资质；
3. 信用证申请人、受益人的名称与地址；
4. 信用证有效期与各相关日期的合理性；
5. 信用证的到期地点；
6. 关于装运货物与金额的描述；
7. 关于保险条款的审核；
8. 关于运输条款的审核；
9. 关于“软条款”的审核；
10. 开证行的保证条款；
11. 其他注意事项。

四、信用证的修改

1. 修改的原则与注意事项

在办理改证过程中，凡同一信用证上需要多处修改，应做到一次向国外客户提出，尽量避免因考虑不周而多次改证。对通知行转来的同一修改通知书，如修改内容在两处以上，出口企业只能全部接受或全部拒绝，不能只接受其中的一部分。

2. 信用证改证函

出口方审核信用证，发现有不符合买卖合同或不利于出口方安全收汇的条款，可及时联系进口方通过开证行对信用证进行修改。

通常信用证改证函包括以下几方面内容：

① 感谢对方通过银行开立的信用证；

② 列明证中的不符点、不能接受的条款，并说明如何改正；

③ 感谢对方合作，提醒信用证修改书应于某日前到达，以便按时装运等。

第一节　信用证开立申请

【实训目的】

通过本项目实训，我们应该掌握的基本技能是：

□ 熟悉并看懂银行开证申请书标准格式中的各项条款。

□ 掌握开证申请书的填制规范和技巧。

□ 学会独立缮制开证申请书。

【建议课时】 2

【前期准备】

□ 进出口业务合同

□ 银行开证申请书标准格式

【操作步骤】

□ 详细分析进出口业务合同的各项条款。

□ 了解银行开证申请书标准格式的内容。

【注意事项】

进口是出口的反向操作，多数进口单据与出口单据的区别不大。在信用证付款方式下，准确填写制作开证申请书的相关内容是进口方（申请人）必须掌握的一种技能，申请书是申请人与开证行之间明确彼此权利义务关系的契约，通常一式三份（银行两份，客户一份），许多银行已开展了网上开证业务。

一、申请开立信用证的基本要求

1. 提供准确的开证路线（L/C Guidance）：开证路线由受益人在订合同后向申请人提供，通常包括 Payee's Name, Address and A/C NO.（收款人名、地址和账号），Name and Ad-

dress of Payee's Bank(收款行名、行址)等内容。

2. 开证资料：首次到银行办理进口开证手续的企业应提交：① 营业执照副本，② 企业有权从事外贸经营活动的文件原件，③ 法人代表授权书，④ 被授权人的签样，⑤ 外汇局备案表等。

3. 手续：递交有关合同的副本及附件、填写开证申请书(有的银行称开证承诺书)、缴纳保证金、支付手续费等。

4. 按时开证：如合同规定开证日期，进口方应在规定期限内开立信用证；如合同只规定了装运期的起止日，则应保证受益人在装运期开始前收到信用证；如合同只规定最迟装运日期，则应在合理时间内开证，以使卖方有足够时间备妥货物并予出运，通常掌握在交货期前一个月至一个半月左右。

5. 信用证的条件应单据化：进口方在申请开证时，应将合同的有关规定转化成单据。比如，合同以 CFR/CIF 条件成交，信用证应要求受益人在提交的清洁已装船提单上注明"运费已付"字样等。

6. 银行单证中心的开证人员对开证申请人提交有关文件进行审核，确认资料完整、符合规定后，通常按 SWIFT 规定的 MT700 格式将信用证开出。

7. 各银行事先印制的固定格式申请书中凡涉及选择的项目，一律在有关项目前打"×"表示选中。

8. 除非有特殊要求和规定，信用证申请书原则上应以英文开立。

二、进口开证申请书的填制

1. DATE(申请开证日期)。在申请书右上角填写实际申请日期。

2. TO(致)。银行印制的申请书上事先都会印就开证银行的名称、地址，银行的 SWIFT CODE、TELEX NO 等也可同时显示。

3. PLEASE ISSUE ON OUR BEHALF AND/OR FOR OUR ACCOUNT THE FOLLOWING IRREVOABLE LETTER OF CREDIT(请开列以下不可撤销信用证)。如果信用证是保兑或可转让的，应在此加注有关字样。开证方式多为电开(BY TELEX)，也可以是信开、快递或简电开立。

4. L/C NUMBER(信用证号码)。此栏由银行填写。

5. APPLICANT(申请人)。填写申请人的全称及详细地址，有的要求注明联系电话、传真号码等。

6. BENEFICIARY(受益人)。填写受益人的全称及详细地址。

7. ADVISING BANK(通知行)。由开证行填写。

8. AMOUNT(信用证金额)。分别用数字和文字两种形式表示，并且表明币制。如果允许有一定比率的上下浮动，要在信用证中明确表示出来。

9. EXPIRY DATE AND PLACE(到期日期和地点)，填写信用证的有效期及到期地点。

10. PARTIAL SHIPMENT(分批装运)、TRANSHIPMENT(转运)。根据合同的实际规定打"×"进行选择。

11. LOADING IN CHARGE、FOR TRANSPORT TO、LATEST DATE OF SHIPMENT(装运地/港、目的地/港的名称，最迟装运日期)。按实际填写，如允许有转运地/港，也应清楚标明。

12. CREDIT AVAILABLE WITH/BY(付款方式)。在所提供的即期、承兑、议付和延期付款四种信用证有效兑付方式中选择与合同要求一致的类型。

13. BENEFICIARY'S DRAFT(汇票要求)。金额应根据合同规定填写为:发票金额的一定百分比;发票金额的100%(全部货款都用信用证支付);如部分信用证,部分托收时按信用证下的金额比例填写。付款期限可根据实际填写即期或远期,如属后者必须填写具体的天数。信用证条件下的付款人通常是开证行,也可能是开证行指定的另外一家银行。

14. DOCUMENTS REQUIRED(单据条款)。各银行提供的申请书中已印就的单据条款通常为十几条,从上至下一般为发票、运输单据(提单、空运单、铁路运输单据及运输备忘录等)、保险单、装箱单、质量证书、装运通知和受益人证明等,最后一条是 OTHER DOCUMENTS,IF ANY(其他单据),如要求提交超过上述所列范围的单据就可以在此栏填写,比如有的合同要求 CERTIFICATE OF NO SOLID WOOD PACKING MATERIAL(无实木包装材料证明)、CERTIFICATE OF FREE SALE(自由销售证明书)、CERTIFICATE OF CONFORMITY (合格证明书)等。申请人填制这部分内容时应依据合同规定,不能随意增加或减少。选中某单据后对该单据的具体要求(如一式几份、要否签字、正副本的份数、单据中应标明的内容等)也应如实填写,如申请书印制好的要求不完整应在其后予以补足。

15. COVERING/EVIDENCING SHIPMENT OF(商品描述)。所有内容(品名、规格、包装、单价、唛头)都必须与合同内容相一致,价格条款里附带"AS PER INCOTERMS 2000"、数量条款中规定"MORE OR LESS"或"ABOUT"、使用某种特定包装物等特殊要求必须清楚列明。

16. ADDITIONAL INSTRUCTIONS(附加指示)。该栏通常体现为以下一些印就的条款:

+ALL DOCUMENTS MUST INDICATE CONTRACT NUMBER(所有单据加列合同号码)。

+ALL BANKING CHARGES OUTSIDE THE OPENING BANK ARE FOR BENEFICIARY'S ACCOUNT(所有开证行以外的银行费用由受益人承担)。

+BOTH QUANTITY AND AMOUNT FOR EACH ITEM % MORE OR LESS ALLOWED(每项数量与金额允许 %增减)。

+THIRD PARTY AS SHIPPER IS NOT ACCEPTABLE(第三方作为托运人是不能接受的)。

+DOCUMENTS MUST BE PRESNTED WITHIN ××× DAYS AFTER THE DATE OF ISSUANCE OF THE TRANSPORT DOCUMENTS BUT WITHIN THE VALIDITY OF THIS CREDIT (单据必须在提单日后×××天送达银行并且不超过信用证有效期)。

+SHORT FORM/BLANK BACK/CLAUSED/CHARTER PARTY B/L IS UNACCEPTABLE (银行不接受略式/不清洁/租船提单)。

+ALL DOCMENTS TO BE FORWARDED IN ONE COVER,UNLESS OTHERWISE STATED ABOVE(除非有相反规定,所有单据应一次提交)。

+PREPAID FREIGHT DRAWN IN EXCESS OF L/C AMOUNT IS ACCEPTABLE AGAINST PRESENTATION OF ORIGINAL CHARGES VOUCHER ISSUED BY SHIPPING CO./AIR LINE OR ITS AGENT(银行接受凭船公司/航空公司或其代理人签发的正本运费收据索要超过信用证金额的预付运费)。

+DOCUMENT ISSUED PRIOR TO THE DATE OF ISSUANCE OF CREDIT NOT ACCEPTABLE(不接受早于开证日出具的单据)。

如需要已印就的上述条款,可在条款前打"×",对合同涉及但未印就的条款还可以做补充填写。

17. NAME, SIGNATURE OF AUTHORISED PERSON, TEL NO, FAX, ACCOUNT NO(授权人名称、签字、电话号码、传真号、账号等内容)。

三、进口开证应注意的问题

1. 开证前一定要落实进口批准手续及外汇来源。

2. 应满足"证同一致"的要求。最好不用"参阅××号合同"(As per S/C NO. ××)的规定,因信用证是自足文件,签发后就与买卖合同无关了。

3. 单据条款要明确。开证时必须列明需要出口人提供的各项单据的种类、份数及签发机构,规定各单据表述的内容。

4. 信用证申请书中含有某些条件而未列明应提交与之相应的单据,银行将认为未列此条件,而不予理睬。

5. 信用证中应明确规定是否允许分批装运、转运、是否接受第三者装运单据等条款。

6. 我国银行一般不接受开立他行保兑的信用证,对可转让信用证也持谨慎态度。

7. 开证申请书文字应力求规范、完整、明确。进口商要求银行在信用证上载明的事项,必须完整、明确,不能使用含糊不清的文字。应避免使用"约"、"近似"或类似的词语,这样,一方面可使银行处理信用证或卖方履行信用证的条款时有所遵循,另一方面也可以此保护自己的权益。

8. 网上申请开证的客户必须注册企业网上银行证书版后才能办理相应业务。

【实训项目】

Part I You are required to find the items equivalent(相同意义) to those given in English in the column A. Then you should put the corresponding letters of column B into the brackets of the column A.

Column A	Column B
( ) 1. L/C Guidance	A. 收款人名、地址和账号
( ) 2. Payee's Name, Address and A/C NO.	B. 分批装运
( ) 3. BENEFICIARY	C. 产地证明
( ) 4. ADVISING BANK	D. 开证路线
( ) 5. Name and address of Payee's Bank	E. 信用证号码
( ) 6. EXPIRY DATE AND PLACE	F. 受益人
( ) 7. PARTIAL SHIPMENT	G. 通知行
( ) 8. TRANSHIPMENT	H. 收款行名、址
( ) 9. L/C NUMBER	I. 最迟装运日期
( ) 10. CERTIFICATE OF ORIGIN	J. 到期日期和地点
( ) 11. CERTIFICATE OF CONFORMITY	K. 信用证由/向……议付
( ) 12. DOCUMENTS REQUIRED	L. 转运
( ) 13. DRAFT	M. 自由销售证明书
( ) 14. DOCUMENTS REQUIRED	N. 附加指示
( ) 15. ACCOUNT NO	O. 自由销售证明书

( ) 16. ADDITIONAL INSTRUCTIONS. P. 可转让信用证
( ) 17. CERTIFICATE OF FREE SALE Q. 单据条款
( ) 18. LATEST DATE OF SHIPMENT R. 账号
( ) 19. CREDIT AVAILABLE WITH/BY S. 一致性证明
( ) 20. TRANSFERABLE CREDIT T. 汇票

Part Ⅱ You are required to give out the equivalent Chinese of the following sentences.

1. PLEASE ISSUE ON OUR BEHALF AND/OR FOR OUR ACCOUNT THE FOLLOWING IRREVOABLE LETTER OF CREDIT.

2. ALL DOCUMENTS MUST INDICATE CONTRACT NUMBER

3. ALL BANKING CHARGES OUTSIDE THE OPENING BANK ARE FOR BENEFICIARY'S ACCOUNT.

4. BOTH QUANTITY AND AMOUNT FOR EACH ITEM % MORE OR LESS ALLOWED.

5. THIRD PARTY AS SHIPPER IS NOT ACCEPTABLE.

6. THIRD PARTY AS SHIPPER IS NOT ACCEPTABLE.

7. DOCUMENTS MUST BE PRESNTED WITHIN × × × DAYS AFTER THE DATE OF ISSUANCE OF THE TRANSPORT DOCUMENTS BUT WITHIN THE VALIDITY OF THIS CREDIT.

8. SHORT FORM/BLANK BACK/CLAUSED/CHARTER PARTY B/L IS UNACCEPTABLE.

9. ALL DOCMENTS TO BE FORWARDED IN ONE COVER, UNLESS OTHERWISE STATED ABOV.

10. PREPAID FREIGHT DRAWN IN EXCESS OF L/C AMOUNT IS ACCEPTABLE AGAINST PRESENTATION OF ORIGINAL CHARGES VOUCHER ISSUED BY SHIPPING CO./AIR LINE OR ITS AGENT.

11. DOCUMENT ISSUED PRIOR TO THE DATE OF ISSUANCE OF CREDIT NOT ACCEPTABLE.

Part Ⅲ 根据下列所提供的合同,请填写开证申请书一份

HAOLAIHAOLAI IMPORT & EXPORT CORPORATION

825 - 2 FEILONG ROAD, NANJING, JIANGSU, CHINA

销售确认书 NO.: 034

SALES CONFIRMATION DATE: FEB 26, 2004

THE BUYER: YOU DA TRADE CO., LTD.,
101 QUEENS ROAD CENTRAL, HONGKONG
TEL: 852 - 28566666

确认售予你方下列货物,其条款如下:

WE HEREBY CONFIRM HAVING SOLD TO YOU THE FOLLOWING GOODS ON TERMS AND CONDITIONS

AS STATED BELOW:

SHIPPING MARKS	DESCRIPTION OF GOODS	QUANTITY	UNIT PRICE	AMOUNT
YOU DA HONGKONG R/NO. :1—3298	100PCT NYLON FABRICS	100, 000 YARDS	USD 0. 3368/YD	**CIF HONGKONG** USD 33,680. 00

SHIPMENT: LATEST APRIL 11, 2004

INSURANCE: TO BE EFFECTED BY THE SELLERS FOR 110% OF INVOICE VALUE COVERING ALL RISKS AND WAR RISKS AS PER CCIC. 1981. 1. 1.

PAYMENT: L/C AT SIGHT

REMARKS: PLEASE SIGN AND RETURN ONE FOR OUR FILE

BUYERS: YOU DA TRADE CO. , LTD.

SELLERS: HAOLAIHAOLAI IMPORT & EXPORT CORPORATION

IRREVOCABLE DOCUMENTARY CREDIT APPLICATION		
TO: Hongkong and Shanghai Banking Corporation		**Date:**
☐ Issue by airmail ☐ With brief advice by teletransmission		Credit NO.
☐ Issue by express delivery		
☐ (which shall be the operative instrument)		Date and place of expiry
Applicant		Beneficiary (Full name and address)
Advising Bank		Amount
		Credit available with
Partial shipments	Transshipment	
☐ allowed ☐ not allowed	☐ allowed ☐ not allowed	By
Loading on board/dispatch/taking in charge at/from		☐ payment ☐ acceptance ☐ negotiation
not later than		against the documents detailed herein
For transportation to:		★ and beneficiary's draft(s) for ______% of invoice value
☐ FOB ☐ CFR ☐ CIF		At ______ sight
☐ or other terms		drawn on

续表

Documents required: (marked with X)
1. ( ) Signed commercial invoice in _____ copies
2. ( ) Full set of clean on board Bills of Lading made out to order and blank endorsed, marked "freight [ ] to collect / [ ] prepaid [ ] showing freight amount" notifying _____.
( ) Airway bills/cargo receipt/copy of railway bills issued by _____ showing "freight [ ] to collect/[ ] prepaid [ ] indicating freight amount" and consigned to _____.
3. ( ) Insurance Policy/Certificate in _____ copies for _____ % of the invoice value showing claims payable in _____ in currency of the draft, blank endorsed, covering All Risks, War Risks and _____.
4. ( ) Packing List/Weight Memo in _____ copies.
5. ( ) Certificate of Quantity/Weight in _____ copies issued by _____.
6. ( ) Certificate of Quality in _____ copies issued by [ ] manufacturer/[ ] public recognized surveyor _____.
7. ( ) Certificate of Origin in _____ copies.
8. ( ) Beneficiary's certified copy of fax/telex dispatched to the applicant within _____ days after shipment advising L/C NO., name of vessel, date of shipment, name, quantity, weight and value of goods.
Other documents, if any
Description of goods:
QUANTITY PRICE TERM:
Additional instructions:
1. ( ) All banking charges outside the opening bank are for beneficiary's account.
2. ( ) Documents must be presented within _____ days after date of issuance of the transport documents but within the validity of this credit.
3. ( ) Third party as shipper is not acceptable. Short Form/Blank back B/L is not acceptable.
4. ( ) Both quantity and credit amount _____ % more or less are allowed.
5. ( ) All documents must be sent to issuing bank by courier/speed post in one lot.
6. ( ) Other terms, if any

【课后练习】

请根据下列信息及相关合同，合理缮制信用证开立申请书。

背景资料：

2007 年 5 月，主要从事包装产品、造纸原材料等产品进出口业务的天津泰佛进出口有限责任公司与德国哈罗德有限公司签订了购买 150 吨废纸的进口合同，并于 6 月 3 日向天津中信银行提出开立信用证的申请。

1. 买方

中文名称：天津泰佛贸易有限责任公司

英文名称：TIANJIN TIFERT TRADING CO., LTD.

地址：天津市珠江路 56 号（NO. 56, ZHUJIANG ROAD, TIANJIN, CHINA）

传真 FAX：8602285665678

电话 TELE：8602285665679

2. 卖方

中文名称：德国哈罗德有限公司

英文名称：HAROLD COMPANY LIMITED, GERMANY

地址：NO. 28, HAROLD STREET, HAMBURG, GERMANY

传真 FAX：004924245656

电话 TELE：004924245658

3. 商品情况

商品名称：废纸

英文名称：WASTE PAPER

商品数量：150 公吨，允许增减 10%

商品包装：6 个 40′集装箱

HS 编码：47043000

4. 合同

CONTRACT

NO. TIFERT 070515

Date：MAY 15th 2007

The buyers：TIANJIN TIFERT TRADING CO., LTD

NO. 56, ZHUJIANG ROAD, TIANJIN, CHINA

FAX：02285665678　　TELE：02285665679　　EMAIL：TIFERT@trade.net

The sellers：HAROLD COMPANY LIMITED, GERMANY

NO. 28, HAROLD STREET, HAMBURG, GERMANY

FAX：004924245656　　TELE：004924245658　　EMAIL：HAROLD@trade.net

(1) COMMODITY：WASTE PAPER

(2) QUALITY：prohibitive materials≤2%

moisture≤12%

out-throws≤1%

(3) QUANTIY：150MTS (+/-10%)

(4) UNIT PRICE：USD70/MT CFR XINGANG, CHINA

(5) TATAL VALUE：USD10500.00 (SAY US DOLLARS TEN THOUSAND FIVE HUN-

DRED ONLY)

(6) PACKING: EXPORT STANDARD PACKING IN CONTAINER SHIPMENT

The seller shall be liable for any damage of the commodity and expenses incurred on account of improper packing or inadequate and improper protective measures taken by the seller in regard to the packing, shipping marks are as follows: N/M

(7) TIME OF SHIPMENT: BEFORE JUNE 20, 2007

(8) PORT OF SHIPMENT: EUROPEAN MAIN PORT

(9) PORT OF DESTINATION: XINGANG, CHINA

(10) INSURANCE: TO BE COVERED BY THE BUYER

(11) PAYMENT: BY L/C 90 DAYS AFTER SIGHT

SELLERS BUYERS

请根据下列信息及相关合同,合理缮制信用证开立申请书。

第二节 信用证审核与修改

【实训目的】

通过本项目实训,我们应该掌握的基本技能是:

□ 掌握信用证审核技巧。

□ 正确填写信用证审核单。

□ 学会草拟信用证改证函。

【建议课时】 4

【前期准备】

□ 预习信用证有关基础知识

□ 铅笔、水笔、橡皮等工具

□ 有关合同及相关资料

□ 空白的纸质的信用证审核单或空白的电子的信用证审核单

【操作步骤】

□ 总体浏览信用证。

□ 逐部分仔细审核信用证的条款,对不能接受的条款用铅笔做出标注。

□ 填写信用证审核单。

□ 对照信用证检查审核单填写是否正确,检查是否有漏审核条款

【注意事项】

1. 首先要注意审核信用证的“四性”,即:有效性、真实性、完整性和风险性。

2. 其次对照合同条款做到逐个条款审核，检查信用证中的所有条款是否能够满足。

3. 注意区分单据化条款和非单据化条款，对于单据化条款不能做到的一定坚持让国外客户修改。

4. 对于信开证中的软条款要睁大眼睛仔细识别，及早剔除安全收汇的隐患。

5. 掌握信用证的修改原则，分清“必须修改”、“可改可不改”及“无须修改”的界限。

【审核要点】

信用证是国际贸易中使用最普遍的付款方式。其特点是受益人（通常为出口人）在提供了符合信用证规定的有关单证的前提下，开证行承担第一付款责任，其性质属于银行信用。应该说在满足信用证条款的情况下，利用信用证付款既安全又快捷。但必须特别注意的是信用证付款方式强调“单单相符、单证相符”的“严格符合”原则，如果受益人（通常为出口人）提供的文件有错漏，不仅会产生的额外费用，而且还会遭到开证行的拒付，对安全、及时收汇带来很大的风险。事先对信用证条款进行审核，对于不符合出口合同规定或无法办到的信用证条款及时提请开证人（通常为进口方）进行修改，可以大大避免今后不符合信用证规定情况的发生。为此，根据国际商会出版的国际商会丛刊第500号（或600号）《跟单信用证统一惯例解释通则》的有关规定，结合国际贸易实务，特编定了《信用证审核指南》，以帮助信用证的受益人依照下列各条事先进行检查，避免以后发生一些不必要费用和风险。

信用证的审核

许多不符点单据的产生以及提交后被银行退回，大多是对收到的信用证事先检查不够细致造成的，往往使一些本来可以纠正的错误由于审核不及时没能加以及时地修改。因此，一般应在收到信用证的当天对照有关的合同认真地按下列各条仔细检查，这样可以及早发现错误采取相应的补救措施。

收到信用证后检查和审核的要点：

一、检查信用证的付款保证是否有效

应注意有下列情况之一的，不是一项有效的付款保证或该项付款保证是存在缺陷问题的：

1. 信用证明确表明是可以撤销的；

此信用证由于无须通知受益人或未经受益人同意可以随时撤销或变更，应该说对受益人是没有付款保证的，对于此类信用证，一般不予接受；

信用证中如没有表明该信用证是否可以撤销，按照[UCP500]的规定，应理解是不可以撤销的；

2. 应该保兑的信用证未按要求由有关银行进行保兑；

3. 信用证未生效；

4. 有条件的生效的信用证；如：“待获得进口许可证后才能生效”；

5. 信用证密押不符；

6. 信用证简电或预先通知；

7. 由开证人直接寄送的信用证；

8. 由开证人提供的开立信用证申请书。

二、检查信用证的付款时间是否与有关合同规定相一致

应特别注意下列情况：

1. 信用证中规定有关款项须在向银行交单后若干天内或见票后若干天内付款等情况。对此，应检查此类付款时间是否符合合同规定或贵公司的要求。

2. 信用证在国外到期

规定信用证国外到期，有关单据必须寄送国外，由于我们无法掌握单据到达国外银行所需的时间且容易延误或丢失，有一定的风险。通常我们要求在国内交单/付款。在来不及修改的情况下，必须应提前一个邮程（邮程的长短应根据地区远近而定）以最快方式寄送。

3. 如信用证中的装期和效期是同一天即通常所称的"双到期"，在实际业务操作中，应将装期提前一定的时间（一般在效期前10天），以便有合理的时间来制单结汇。

三、检查信用证受益人和开证人的名称和地址是否完整和准确

受益人应特别注意信用证上的受益人名称和地址应与其印就好的文件上的名称和地址内容相一致。买方的公司名称和地址写法是不是也完全正确？在填写发货票时照抄信用证上写错了的买方公司名号和地址是有可能的，（如果信用证上错了该怎么办？）如果受益人的名称不正确，将会给今后的收汇带来不便。

四、检查装期的有关规定是否符合要求

检查信用证规定的装期应注意以下几点：

1. 能否信用证规定的装期内备妥有关货物并按期出运？如来证收到时装期太近，无法按期装运，应及时与客户联系修改；

2. 实际装期与交单期时间相距时间太短；

3. 信用证中规定了分批出运的时间和数量，应注意能否办到，否则，任何一批未按期出运，以后各期即告失效。

4. 逾信用证规定装期的运输单据将构成不符点，银行有权不付款。

五、检查能否在信用证规定的交单期交单

如来证中规定向银行交单的日期不得迟于提单日期后若干天，如果过了限期或单据不齐有错漏，银行有权不付款。

交单期通常按下列原则处理：

1. 信用证有规定的，应按信用证规定的交单期向银行交单；

2. 信用证没有规定的，向银行交单的日期不得迟于提单日期后21天；

应充分考虑办理下列事宜对交单期的影响：

1. 生产及包装所需的时间；

2. 内陆运输或集港运输所需时间；

3. 进行必要的检验如法定商检或客检所需的时间；

4. 申领出口许可证/Form A产地证所需的时间（如果需要）；

5. 报关查验所需的时间；

6. 船期安排情况；

7. 到商会和/或领事馆办理认证或出具有关证明所需的时间（如果需要）；

8. 申领检验证明书如SGS（通用公证行——瑞士）验货报告/OMIC（海外商品检验公司——日本）LETTER或其他验货报告如客检证等所需的时间。

9. 制造(缮制)、整理、审核信用证规定的文件所需时间;

10. 单据送交银行所需的时间包括单据送交银行后经审核发现有误退回更正的时间。

六、检查信用证内容是否完整

如果信用证是以电传或电报拍发给了通知行即“电讯送达”,那么应核实电文内容是否完整,如果电文无另外注明,并写明是根据国际商会丛刊第500号(或600号)即《跟单信用证统一惯例解释通则》,那么,该电文是可以被当作有效信用证执行。

七、检查信用证的通知方式是否安全、可靠

信用证一般是通过受益人所在国家或地区的通知/保兑行通知给受益人的。这种方式的信用证通知比较安全。因为根据国际商会丛刊第500号(或600号)《跟单信用证统一惯例解释通则》的有关规定,通知行应对所通知的信用证的真实性负责;如果不是这样寄交的,遇到下列情况之一的应特别注意:

1. 信用证是直接从海外寄给您单位的,那么您单位应该小心查明它的来历。

2. 信用证是从本地某个地址寄出,要求您单位把货运单据寄往海外,而您单位并不了解他们指定的那家银行。

对于上述情况,应该首先通过银行调查核实。

八、检查信用证的金额、币制是否符合合同规定

主要检查内容有:

A. 信用证金额是否正确:

1. 信用证的金额应该与事先协商的相一致;

2. 信用证中的单价与总值要准确,大小写并且内容要一致;

3. 如数量上可以有一定幅度的伸缩,那么,信用证也应相应规定在支付金额时允许有一定幅度;

4. 如果在金额前使用了“大约”一词,其意思是允许金额有10%的伸缩。

B. 检查币制是否正确:

如合同中规定的币制是“英镑”,而信用证中使用的是“美元”。

九、检查信用证的数量是否与合同规定相一致

应注意以下两点:

1. 除非信用证规定数量不得有增减,那么,在付款金额不超过信用证金额的情况下,货物数量可以容许有5%的增减。

2. 特别注意的是以上提到的货物数量可以有5%增减的规定一般适用于大宗货物,对于以包装单位或以个体为计算单位的货物不适用。如:5000PCS 100% COTTON SHIRTS (5 000 件全棉衬衫)由于数量单位是“件”,实际交货时只能是5 000件,而不能有5%的增减。

十、检查价格条款是否符合合同规定

不同的价格条款涉及具体的费用如运费、保险费由谁分担。如:合同中规定是:FOB SHANGHAI AT USD50/PC 根据此价格条款有关的运费和保险费由买方即开证人承担;如果信用证中的价格条款没有按合同的规定作上述表示,而是做了如下规定:CIF NEW YORK AT USD50/PC 对此条款如不及时修改,那么受益人将承担有关的运费和保险费。

十一、检查货物是否允许分批出运

除信用证另有规定外,货物是允许分批付运的。

特别注意：如信用证中规定了每一批货物出运的确切时间，则必须按此照办，如不能办到，必须修改。

十二、检查货物是否允许转运

除信用证另有规定外，货物是允许转运的。

十三、检查有关的费用条款

主要内容有：

1. 信用证中规定的有关费用如运费或检验费等应事先协商一致，否则，对于额外的费用原则上不应承担；

2. 银行费用如事先未商定，应以双方共同承担为宜。

十四、检查信用证规定的文件能否提供或及时提供

1. 一些需要认证的单据特别是使馆认证等能否及时办理和提供；

2. 由其他机构或部门出具的有关文件如出口许可证、运费收据、检验证明等能否提供或及时提供；

3. 信用证中指定船龄、船籍、船公司或不准在某港口转船等条款能否办到等。

十五、检查信用证中有无陷阱条款

应特别注意下列信用证条款是有很大陷阱的条款，具有很大的风险：

1. 1/3 正本提单直接寄送客人的条款。

如果接受此条款，将随时面临货、款两空的危险。

2. 将客检证作为议付文件的条款。

接受此条款，受益人正常处理信用证业务的主动权很大程度上掌握在对方手里，影响安全收汇。

十六、检查信用证中有无矛盾之处

如：明明是空运，却要求提供海运提单；明明价格条款是 FOB，保险应由买方办理，而信用证中却要求提供保险单。

十七、检查有关信用证是否受国际商会丛刊第 500 号（或 600 号）《跟单信用证统一惯例解释通则》的约束

明确信用证受国际商会丛刊第 500 号（或 600 号）《跟单信用证统一惯例解释通则》的约束可以使我们在具体处理信用证业务中，对于信用证的有关规定有一个公认的解释和理解，避免因对某一规定的不同理解产生的争议。

十八、对某一问题有疑问，可以向通知行或付款行查询，得到他们的帮助

【信用证修改的原则程序和注意事项】

如果受益人和/或银行在审证中发现信用证条款不能接受和/或其中有与买卖合同不一致之处和/或含有不完整的条款等，受益人应要求修改信用证。有时，进口人也可能由于形势的变化而要求修改信用证。

一、修改的原则

在任何情况下，不可撤销信用证的修改应由开证申请人提出，由开证行修改，并经开证行、保兑行（如已保兑）和受益人的同意，才能生效。

二、修改的程序

1. 开证申请人向开证行发出修改信用证的指示。

2. 开证行审核同意后，向受益人发出信用证的修改书。自发出修改之时起，开证行即不可撤销地受该修改的约束。对保兑行而言，得将其保兑扩展至修改，并应自通知修改之时起不可撤销地受该修改的约束。若保兑行选择仅将修改通知受益人而不加保兑，必须毫不迟延地告知开证行和受益人。

3. 如开证行利用通知行的服务将原信用证通知受益人，则仍须利用同一银行的服务通知修改书。

4. 通知行收到修改书后，先鉴别其真实性，再通知受益人。

5. 受益人收到修改书后，如果同意接受，则信用证项下的修改自此生效。如果受益人拒绝接受修改，将修改通知书退回通知行，并附表示拒绝接受修改的书面文件，则信用证项下的修改视为无效。但受益人应该注意：对同一修改内容的部分接受是不允许的，因此是无效的。

受益人是否接受修改可以有两种表示方法：其一是在收到修改书后立即作出接受或拒绝接受修改的通知；其二是用交单表示，即受益人所交单据与修改书的内容相符，则认为其接受了该修改；反之，则视为其不接受修改。沉默不等于接受。

6. 在转让信用证的使用中，第一受益人必须在要求转让而未转让前不可撤销地指示转让行：它是否保留不允许转让行将信用证的修改通知第二受益人的权利。转让行如同意在这些条件下办理转让，它必须在转让时将第一受益人有关修改的指示通知给第二受益人。

三、修改费的收取

信用证修改费的收取通常视具体情形：如信用证修改是由开证行开证时失误引起的，开证行负担改证费；修改是受益人提出的，由受益人与进口人协商；如信用证修改是因为开证申请人在申请开证时未按照合同填写开证申请书而导致的改证费，由开证申请人承担。

四、信用证改证函

出口方审核信用证，发现有不符合买卖合同或不利于出口方安全收汇的条款，可及时联系进口方通过开证行对信用证进行修改。

通常信用证改证函包括以下几方面内容：

① 感谢对方通过银行开立的信用证；

Thank you for your L/C NO. ××××× issued by ××××× dated ××××××.

We are pleased to receive L/C NO. ××××× established by ××××× dated ×××× × against S/C NO. ×××××.

② 列明证中的不符点、不能接受的条款，并说明如何改正；

However, we are sorry to find it contains the following discrepancies:

But the following points are in discrepancy with the stipulations of our S/C NO. ×××:

Please add the word… before…

Please delete the clause… and insert the wording…

Pleased amend the… to…

The amount should be… not/instead of…

Please extend the shipment date and the validity of the L/C to… and… respectively.

③ 感谢对方合作,提醒信用证修改书应于某日前到达,以便按时装运等。

Thank you for your kind cooperation. Please see to it that the L/C amendment reach us before ×××× (date), falling which we shall not be able to effect punctual shipment.

【实训项目】

NO.1. 4—5 人为一组,以小组为单位互相检查信用证审核应包含的内容。

NO.2. 假设你是 TIFERT 贸易公司的单证员,请认真审核该下列信用证并填写审核记录。

TIFERT 贸易公司与日本通用贸易公司就出口"鸽牌"印花细布达成一出口合同,合同号为 TJ080208,合同主要条款摘录如下:

合同号码: TJ080208

签订日期、地点: 2007 年 10 月 11 日于天津

卖方: 泰佛贸易有限公司(Tifert Trading Co., Ltd)

买方: 日本通用贸易公司(General Trading Company, Japan)

商品名称:"鸽牌"印花细布("Dove" Brand Printed Shirting)

规格: 30s×36s 72×69 35/6′×42 码

数量: 67200 码

单价: CIF 大阪每码 3.00 日元

总值: 210 600.00 日元

装运期: 2008 年 1 月 31 日前自中国港口至大阪,允许分批装运和转船。

付款条件: 凭不可撤销即期信用证付款,于装运期前 1 个月开到卖方,并开上述装运期后 15 天内在中国议付有效。

保险: 由卖方根据中国人民保险公司 1981 年 1 月 1 日中国保险条款按发票金额的 110% 投保一切和战争险。

2007 年 11 月 1 日 TIFERT 贸易公司收到日本通用贸易公司开来第 L-1437 号不可撤销信用证,信用证主要条款摘录如下:

IRREVOCABLE DOCUMENTARY LETTER OF CREDIT

Date: 1 November, 2007

We hereby open our Irrevocable Letter of Credit NO. L-1437 in favor of Tifert Trading Co., Ltd for account of General Trading Company, Japan, up to an aggregate amount of JPY201,600.00 (Say Japanese Yuan Two Hundred and One Thousand Six Hundred Only) CIFC 2% Osaka for 100% of the invoice value relative to the shipment of : 67,200 Pieces of Dove Brand Printed Shirting 30s×36s 72×69 35/6′×42 yards as per Contract NO. TJ08028 dated October 11, 2007 from China port to Osaka, Japan.

Drafts to be drawn at 30 days after sight on our bank and accompanied by the following documents, marked "X":

(X) Signed Commercial Invoice in triplicate;

(X) Full set of CLEAN ON BOARD BILLS of LADING made out to our order quoting L/C NO. L-1437, marked FREIGHT PAID;

(X) One original Marine Insurance Policy or Certificate for 130% of invoice value covering ALL Risks and War Risk with claims payable in Japan in the currency of draft(s).

Partial shipments are permitted.

Transshipment is prohibited.

Shipment must be effected not later than January 31, 2008.

Draft(s) drawn under this credit must be negotiated in Japan on or before January 31, 2008.

信用证分析单

银行编号 证号		合约			受益人		
开证银行				进口商			
开证日期		索汇方式		起运口岸		目的地	
金额				可否转运		唛头	
汇票付款人				可否分批			
汇票期限	见票______天期			装运期限			
注意事项				效期地点			
				提单日____天内议付	____天内寄单		

单证名称	提单	副本提单	商业发票	其他发票	海关发票	装箱单	重量单	尺码单	保险单	产地证	普惠制产地证	贸促会产地证	出口许可证	装船证书	投保通知	寄投保通知邮据	寄单证明	寄单邮据	寄样证明		
银行																					
客户																					

提单	抬头		保险			
	通知					
运费预付				保额另加%	赔款地点	

【课后练习】

练习一、试根据下列合同条款及审证要求,审查国外来证,如发现有不妥之处,请提出修改意见。

合同如下所示:

中国国际纺织品进出口公司江苏分公司

CHINA INTERNATIONAL TEXTILES I/E CORP. JIANGSU BRANCH

20 RANJIANG ROAD, NANJING, JIANGSU, CHINA

销售确认书 编号 NO.: CNT0219

SALES CONFIRMATION 日期 DATE: MAY 10,2004

OUR REFERENCE: IT123JS

买方 BUYERS: TAI HING LOONG SDN, BHD, KUALA LUMPUR.

地址 ADDRESS: 7/F, SAILING BUILDING, NO. 50 AIDY STREET, KUALA LUMPUR, MALAYSIA

电话 TEL: 060-3-74236211 传真 FAX: 060-3-74236212

兹经买卖双方同意成交下列商品,订立条款如下:

THE UNDERSIGNED SELLERS AND BUYERS HAVE AGREED TO CLOSE THE FOLLOWING TRANSACTION ACCORDING TO THE TERMS AND CONDITIONS STIPULATED BELOW:

DESCRIPTION OF GOODS	QUANTITY	UNIT PRICE	AMOUNT
100% COTON GREE LAWN	300,000 YARDS	CIF SINGAPORE @ HKD3.00PER YARD	HKD900,000.00

装运 SHIPMENT: DURING JUNE/JULY, 2001 IN TRANSIT TO MALAYSIA

付款条件 PAYMENT: IRREVOCABLE SIGHT L/C

保险 INSURANCE: TO BE EFFECTED BY SELLERS COVERING WPA AND WAR RISKS FOR 10% OVER THE INVOICE VALUE

买方(签章)THE BUYER 卖方(签章)THE SELLER

TAI HING LOONG SDN, BHD, KUALA LUMPUR. 中国国际纺织品进出口公司江苏分公司

CHINA INTERNATIONAL TEXTILES I/E CORP. JIANGSU BRANCH,

买方开来的信用证如下所示:

FROM BANGKOK BANK LTD., KUALALUMPUR

DOCUMENTARY CREDIT NO.: 01/12345, DATE: JUNE 12, 2004

ADVISING BANK: BANK OF CHINA,JIANGSU BRANCH

APPLICANT: TAI HING LOONG SDN, BHD., P.O.B.666 KUALA LUMPUR

BENEFICIARY: CHINA INTERNATIONAL TEXTILES I/E CORP., BEIJING BRANCH

AMOUNT: HKD 900,000.00 (HONGKONG DOLLARS TWO HUNDRED THREE HOUSAND ONLY)

EXPIRY DATE: JUN 15, 2004 IN CHINA FOR NEGOTIATION

DEAR SIRS:

WE HEREBY ISSUE THIS DOCUMENTARY CREDIT IN YOUR FAVOR, WHICH IS AVAILA-

BLE BY NEGOTIATION OF YOUR DRAFT(S) IN DUPLICATE AT SIGHT DRAWN ON BENEFICIARY BEARING THE CLAUSE: "DRAWN UNDER L/C NO. 98/12345 OF BANGKOK BANK LTD., KUALA LUMPUR DATED JUNE 12, 2004" ACCOMPAINED BY THE FOLLOWING DOCUMENTS:

-SIGNED INVOICE IN QUADRUPLICATE(四份) COUNTER-SIGNED BY APPLICANT.

- FULL SET OF CLEAN ON BOARD OCEAN BILLS OF LADING MADE OUT TO ORDER, ENDORSED IN BLANK, MARKED 'FREIGHT COLLECT' AND NOTIFY BENEFICIARY.

- MARINE INSURANCE POLICY OR CERTIFICATE FOR FULL INVOICE VALUE PLUS 50% WITH CLAIMS PAYABLE IN NANJING IN THE SAME CURRENCY AS THE DRAFT COVERING ALL RISKS AND WAR RISKS FROM WAREHOUSE TO WAREHOUSE UP TO KUALALUMPUR INCLUDING SRCC CLAUSE AS PER PICC 1/1/1981.

- PACKING LIST IN QUADRUPLICATE.

- CERTIFICATE OF ORIGIN ISSUED BY BANK OF CHINA, NANJING.

- SHIP'S CLASSIFICATION ISSUED BY LIOYDS' IN LONDON.

COVERING:

ABOUT 300,000 YARDS OF 65% POLYESTER, 35% COTTON GREY LAWN. AS PER BUYER'S ORDER NO. TH-108 DATED MAY 4, 2004 TO BE DELIVERED ON TWO EQUAL SHIPMENTS DURING MAY/ JUNE.

ALL BANKING CHARGES OUTSIDE MALAYSIA ARE FOR THE ACCOUNT OF BENEFICIARY. SHIPMENT FROM CHINA TO PORT KELANG LATEST JULY 31, 2004. PARTIAL SHIPMENTS ARE ALLOWED. TRANSSHIPMENT PROHIBITED.

WE HEREBY ENGAGE WITH DRAWERS, ENDORSERS AND BONA FIDE HOLDERS(善意执票人)THAT DRAFTS DRAWN AND NEGOTIATED IN CONFORMITY WITH THE TERMS OF THIS CREDIT WILL BE DULY HONORED ON PRESENTATION. SUBJECT TO《UCP 600》

BANGKOK BANK LTD., KUALALUMPUR (SIGNED)

练习二、审核下列信用证,将证中有错的地方、我方做不到或应注意的地方指出来。

DEUTSCHE BANK A.G., HAMBURG

APPLICANT: HAMBURGER GEMEINWIRTSGESSELSCHAFTS A.G., HAMBURG, GERMANY

DATE AND PLACE OF EXPIRY: 1ST SEP. 2004 IN HAMBURG

ADVISING BANK: BANK OF CHINA, TIANJIN, CHINA

AMOUNT: USD 9,000.00 (SAY USD EIGHT THOUSAND)

SHIPMENT FROM CHINA TO HAMBURG NOT LATER THAN 20TH SEP. 2004

DRAFT AT SIGHT DRAWN ON BENEFICIARY ACCOMPANIED BY THE FOLLOWING DOCUMENTS:

1. SIGNED INVOICE COUNTER SIGNED BY APPLICANT.
2. CERTIFICATE OF ORIGIN ISSUED BY BANK OF CHINA, TIANJIN.
3. SHIP'S CLASSIFICATION ISSUED BY LLOYD'S IN LONDON.
4. FULL SET OF CLEAN ON BOARD OCEAN B/L, MADE OUT TO ORDER, BLANK EN-

DORSED, MARKED "FREIGHT PREPAID" AND NOTIFY BENEFICIARY, SHIPPER IS APPLICANT.

5. INSURANCE POLICY COVERING ALL RISKS AND WAR RISK ADDING ON DECK CLAUSE AS PER CIC FOR 150PCT INVOICE VALUE, CLAIM IF ANY PAYABLE IN GERMANY.
6. WEIGHT NOTE COUTER SIGNED BY APPLICANT.
7. INSPECTION CERT. ISSUED BY ADVISING BANK.

COVERING: 10 M/T BITTER APRCOT KERNELS 1 GRADE @ USD900 PER M/T CIF HAMBURG.

REMARKS:

1) ALL BANKING CHARGES ARE FOR BENEFICIARY'S ACCOUNT.
2) DRAFT AND DOCUMENTS TO BE SENT BY THE NEGOTIATING BANK TO US WITHIN 24 HOURS BY REGISTERED AIRMAIL IN TWO LOTS.
3) SHIPPING MARKS AS READ: ABC
ROTTERDAM
NO. 1 – UP

THIS CREDIT IS SUBJECT TO UCP NO. 500.

WE HEREBY ENGAGE THAT PAYMENT WILL BY DULY MODE AGAINST DOCUMENTS PRESENTED IN CONFORMITY WITH TERMS OF CREDIT.

DEUTSCHE BANK A. G., HAMBURG(SIGNED).

练习三、根据下述资料,拟写信用证信用证修改函一份。

1. 信用证

HUA CHIAO COMMERCIAL BANK LTD.

88—89 Des Voeux Road, Central, Hong Kong

Irrevocable Documentary Credit NO. F – 07567

Date and place of issue: 95/09/28 Hong Kong

Date and place of expire: 95/11/30 Hong Kong

Applicant: J. Brown & Co., 175 Queen's Way, Hong Kong

Beneficiary: Liaoning Textiles I/E Corp., Dalian, China

Advising Bank: Bank of China, Liaoning Branch, Dalian

Amount: USD26,700. —(SAY UNITED STATES DOLLARS TWENTY-SIX THOUSAND SEVEN HUNDRED ONLY)

Partial shipments and transshipment are prohibited.

Shipment from Dalian, China to Hong Kong, latest 95/11/30 Credit available against presentation of the documents detailed herein and of your draft at 90 days sight for full invoice value.

—Signed commercial invoice in quadruplicate.

—Full set of clean on board ocean Bills of Lading made out to order of HUA CHIAO COMMERCIAL BANK LTD. marked freight prepaid.

—Insurance certificate or policy endorsed in blank for full invoice value plus 10%, covering All

Risks and War Risk.

Covering 50 doz. woolen sweaters, S105, @ USD 120 per doz.

CFR Hong Kong

60 doz. woolen sweaters, M107, @ USD 150 per doz.

CFR Hong Kong

70 doz. woolen sweaters, L109, @ USD180 per doz.

CFR Hong Kong

As per Contract NO. 28KG063

2. 销货合同主要条款如下：

合同号码：28KG603

卖方：辽宁纺织品进出口公司

买方：J. Brown & Co., 175 Queen's Way, Hong Kong

商品名称及数量：羊毛衫　S105　50 打

M107　60 打

L109　70 打

单价：S105 每打成本加运费香港 120 美元

M107 每打成本加运费香港 150 美元

L109 每打成本加运费香港 180 美元

金额：27 600 美元

交货期：1995 年 11 月，不允许分批装运，可转运。

付款条件：不可撤销的见单后 90 天付款的信用证，效期为装运后 15 天在中国到期。

练习四、请根据信用证预审单的相关信息，为上海新联纺织品股份有限公司拟写一封信函，对其中标出的 5 个问题进行修改。

<table>
<tr><td>开证行</td><td colspan="4">BANK OF NAGOYA LTD.</td><td colspan="2">开征日期</td><td colspan="6">Oct. 6th, 2003</td></tr>
<tr><td>申请人</td><td colspan="4">THE GENRRU TRADING CO. LTD.</td><td colspan="2">受益人</td><td colspan="6">SHANGHAI NEW UNION TEXTILES IMP&EXP. CORP. PUDONG COMPANY 3409 NEW DENG ROAD SHANGHAI CHINA</td></tr>
<tr><td>信用证金额</td><td colspan="4">①USD172 006
（应为 USD172 066）</td><td colspan="2">信用证号</td><td colspan="6">NLC0310598</td></tr>
<tr><td>汇票付款人</td><td colspan="4">开证行</td><td colspan="2">汇票期限</td><td colspan="6">②见票后 60 天（应为即期）</td></tr>
<tr><td>可否转船</td><td colspan="4">可以</td><td colspan="2">可否分批装运</td><td colspan="6">可以</td></tr>
<tr><td>装运期限</td><td colspan="4">Dec. 15th, 2003 以前</td><td colspan="2">有效期</td><td colspan="2">Dec. 30th, 2003</td><td colspan="2">到期地点</td><td colspan="2">③KOBE</td></tr>
<tr><td>唛头</td><td colspan="4">未指定</td><td colspan="4">交单日</td><td colspan="4">提单日后 3 天</td></tr>
<tr><td>单据名称</td><td>提单</td><td>发票</td><td>装箱单</td><td>重量单</td><td>保险单</td><td>产地证</td><td>FORMA</td><td>寄单证明</td><td>寄单邮据</td><td>寄样证明</td><td>寄单邮据</td><td>寄样证明</td></tr>
<tr><td>银行</td><td>3/3</td><td>3</td><td>3</td><td></td><td>2</td><td>2</td><td></td><td>3</td><td></td><td></td><td></td><td>3</td></tr>
</table>

续表

<table>
<tr><td>开证行</td><td colspan="2">BANK OF NAGOYA LTD.</td><td>开征日期</td><td colspan="3">Oct. 6th,2003</td></tr>
<tr><td rowspan="3">提单或承运单据</td><td>抬头</td><td>To order</td><td rowspan="3">保险</td><td colspan="3">一切加战争险</td></tr>
<tr><td>通知</td><td>applicant</td><td rowspan="2">加成 10%</td><td rowspan="2">赔款地点</td><td rowspan="2">目的港</td></tr>
<tr><td>注意事项</td><td>注明运费已付</td></tr>
<tr><td>备注</td><td colspan="6">检验证明须由开证申请人签发</td></tr>
</table>

【本章基础理论实训】

一、翻译并解释下列名词

1. Letter of Credit, L/C
2. Irrevocable Letter of Credit
3. Confirmed L/C
4. Drawee
5. Partial shipment
6. Beneficiary

二、简答题

1. 信用证业务的特点有哪些？信用证业务中涉及的当事人有哪些？
2. 信用证支付方式的作用是什么？
3. 如何区别可撤销信用证和不可撤销信用证？

三、单项选择题

(　　)1. 在 L/C. D/P 和 D/A 三种支付方式下，就卖方风险而言，哪个正确________？

A. L/C < D/A < D/P　　B. L/C < D/P < D/A

C. D/A < D/P < L/C　　D. D/P < D/A < L/C

(　　)2. 以信用证项下的汇票是否附有货运单据来划分，信用证可分为________。

A. 不可撤销信用证和可撤销信用证　　B. 保兑信用证和不保兑信用证

C. 跟单信用证和光票信用证　　D. 循环信用证和不循环信用证

(　　)3. 信用证是进口商根据买卖合同规定的业务向银行申请开立的，信用证的第一付款人是________。

A. 进口商　　B. 开证银行

C. 视信用证的具体规定而定　　D. 议付行

(　　)4. 银行审单议付的依据是________。

A. 合同　信用证　　B. 合同　单据

C. 单据　信用证　　D. 信用证　委托书

(　　)5. 一张金额为 10 万美元的可撤销信用证，未规定是否允许分批装运，受益人装出价值 5 万美元的货物，在将单据交议付行后的第二天收到开证行撤销该信用证的通知，此时________。

A. 议付行应取消议付，并向受益人追索已议付的 5 万美元

B. 开证行对已支付的 5 万美元仍应偿付，但其余 5 万美元立即失效

C. 因在撤销通知到达之前已部分议付，故本证仍全部有效

(　　)6. 根据《跟单信用证统一惯例》[UCP500]规定，信用证中负责第一付款责任的是________。

A. 通知行　　B. 议付行　　C. 进口方　　D. 开证行

(　　)7. 所谓信用证"严格相符"的原则,是指受益人必须做到________。

A. 单证与合同严格相符

B. 单据与信用证严格相符

C. 信用证与合同严格相符

D. 当L/C与合同不符合时,提交单据已合同为准

(　　)8. 某公司出口某商品大约1 000公吨,根据《跟单信用证统一惯例》[UCP500]规定,该公司发货时,如果支取金额不会超过信用证总金额,最多可以装运__________。

A. 5%　　B. 8%　　C. 15%　　D. 10%

四、多项选择题

(　　)1. 用于议付信用证项下结算的汇票可以是________。

A. 即期汇票　　B. 远期汇票　　C. 跟单汇票　　D. 银行汇票

(　　)2. 信用证支付方式具有以下特点________。

A. 开证行在进口商不履行付款义务时向受益人付款

B. 银行信用

C. 开证行只受信用证的约束而与贸易合同完全无关

D. 一种纯单据的业务

E. 银行保证向进口方提供合格的货物

(　　)3. 已装船提单的签发期为7月15日,信用证规定的有效期为8月15日,交单期限为装运以后的15天,如果信用证要求卖方提供保险单,则保险单的出单日期可以为________。

A. 7月30日　　B. 7月15日　　C. 7月25日　　D. 7月10日

E. 8月15日

(　　)4. 循环信用证的循环方法有________。

A. 自动循环　　B. 半自动循环

C. 非自动循环　　D. 全自动循环

(　　)5. 根据《跟单信用证统一惯例》[UCP500]的规定,信用证单据审核的原则时________。

A. 银行只负责审核单据表面上的一致性

B. 银行对任何单据的形式 完整性 准确性 真实性等不负任何责任

C. 在任何情况下,银行都不能接受日期早于信用证开证日期的单据

D. 银行对于单据所代表的货物的描述　数量　重量　品质　状况　包装　交货　价格等不负任何责任

五、判断题

(　　)1. 信用证业务中有关各方面处理的是单据,而不是货物。

(　　)2. 某电开信用证,已附有"详情告后",它只能视为无效文件的简电通知书,不能凭以议付。

(　　)3. 信用证是银行应进口商的申请,向出口商开出的保证付款的凭证,因此,进口

商应承担第一付款人的责任。

(　　)4. 照国际惯例,凡信用证商没有注明可否转让字样的,即可视为可转让信用证。

(　　)5. 信用证是依据贸易合同开立的,受贸易合同的约束。

(　　)6. 信用证中所描述的单据主要是指能代表货物所有权的单据,如海运提单以及替他必须提交的单据。

(　　)7. 光票信用证仅凭汇票即可付款而不附加任何货运单据,但有时要求提供发票等非货运性质的票据。

(　　)8. 不可撤销信用证是指信用证一经开出,在有效期内未经受益人及有关当事人的同意,开证行不能片面修改或撤销的信用证。

六、技能实训题

我某公司向澳大利亚出口一批化工产品 3 000 公吨,采用信用证支付方式。国外来证规定:“禁止分批装运,允许转运”。该证还标明按《跟单信用证统一惯例》[UCP500]办理。现在按信用证规定的装期已临近,该公司原已订妥一艘驶往澳大利亚的货轮,该船先停靠天津新港,后停靠青岛港。但此时,该批化工产品在新港和青岛港各有 1 500 公吨。如果你是这笔业务的经办业务员,你会怎么处理这笔交易？为什么？

【本章经典案例】

案例一:开证行与寄单行谁有理?

案情回顾:

B 银行收到 A 银行开来的信用证,证中要求:

INSURANCE POLICY/CERTIFICATE ISSUED AND SIGNED BY INSURANCE COMPANY FOR 110% OF INVOICE VALUE, BLANK ENDORSED, COVERING INSTITUTE CARGO CLAUSE (A), INSTITUTE STRIKES CLAUSE, INSTITUTE WAR CLAUSES, WAREHOUSE TO WAREHOUSE CLAUSE AND WITH CLAIMS PAYABLE AT DESTINATION IN CURRENCY OF THIS CREDIT.

B 银行收到受益人提交的全套单据,在认真审核之后寄往了开证行。几天后接到开证行的拒付电报称:INSURANCE POLICY SHOWING EXCLUSION CLAUSE(保单上显示了排除条款)。于是 B 银行调出了该笔业务留底的档案材料,发现受益人提交的为中国人民保险公司深圳市分公司出具的保单,其上显示的险别为:

COVERING INSTITUTE CARGO CLAUSE(A),

INSTITUTE STRIKES CLAUSES, INSTITUTE WAR CLAUSES, WAREHOUSE TO WAREHOUSE CLAUSE AND WITH CLAIMS PAYABLE AT DESTINATION IN CURRENCY OF THIS CREDIT.

SUBJECT TO YEAR 2000 PROBLEM EXCLUSION CLAUSE

SUBJECT TO INSTITUTE RADIOACTIVE CONTAMINATION EXCLUSION CLAUSE.

B 银行在再次认真审看了保险单的留底后,认为 A 银行是无理拒付,于是在回电中阐述了拒绝接受该不符点的理由:

第一,根据[UCP500]第 36 条,当信用证规定“投保一切险”时,银行将接受含有任何“一切险”批注或条文的保险单据,不论其有无“一切险”标题,甚至表明不包括某种险别。银行对未经投保的任何险别不予负责。

第二,ISBP 第 186 条:"……如果保险单据标明投保(伦敦保险)协会货物保险条款(A),也符合信用证关于'一切险'条款或批注的要求。"

第三,国际商会第 632 号出版物(ICC 银行委员会意见汇编 1995—2001)第 219 条回复中指出:"保险单据中使用'千年'条款可以接受。"

电文发出后的第二天 B 银行收到了 A 银行的回复报文引用了 ISBP 186 条的前半部分:"如果信用证明确列明应投保的风险,则保险单据对上述风险不做任何排除。"A 银行仍然坚持其不符点的观点但也表示客户已同意接受单据,款项将很快到账。

A 银行与 B 银行谁有理?

A 银行的拒付是正确的。首先我们要看一下两家银行各自的立场在哪里,B 银行认为如果信用证要求投保 INSTITUTE CARGO CLAUSE(A)则可认为 INSTITUTE CARGO CLAUSE(A)就等于 ALL RISK,这样 B 银行就使用了 ISBP 第 186 条的后半部分:"如果保险单据标明投保(伦敦保险)协会货物保险条款(A),也符合信用证关于'一切险'条款或批注的要求。"由这一条又推出了该保单符合[UCP500]第 36 条的规定,即如果保单表明不包括某种险别,在这种情况下也是可以接受的,加上国际商会第 632 号出版物(ICC 银行委员会意见汇编 1995—2001)第 219 条回复中表明在投保了一切险(ALL RISKS)的情况下,即使在保单上显示了千年条款也是可以接受的。

A 银行的立场就是始终认为 INSTITUTE CARGO CLAUSE(A)和其他信用证要求的保险条款属于信用证明确要求的保险条款则提交的保单是不可以有任何的排除条款的。

由此看来,A 银行和 B 银行的争议点就在于当信用证规定投保险别为 ALL RISKS 时保单上显示 INSTITUTE CARGO CLAUSE(A)对不对?或是当信用证规定投保险别包括 INSTITUTE CARGO CLAUSE(A),而保单用 ALL RISKS 代替行不行?

由于 ALL RISKS 是一个很宽泛的概念,其字面上的含义表明投保的险别包含方方面面,是全方位的保险。而实际生活中没有哪一家保险公司能提供这样的产品或服务。因此,ALL RISKS 也就成为有漏洞的保险条款。在这种情况下,[UCP500]第 36 条规定,在信用证的要求中如果出现 ALL RISKS,只要保单上表明这样的批注,即使有排除条款也是可以接受的。在 ISBP 的 186 条中规定如果保险单据标明投保(伦敦保险)协会货物保险条款(A),也符合信用证关于"一切险"条款或批注的要求。这句话的意思表明当信用证规定投保险别为 ALL RISKS 时保单上显示 INSTITUTE CARGO CLAUSE(A),这样的保单是可以接受的。因为 INSTITUTE CARGO CLAUSE(A)的条款明确规定其承保保险标的损失或损害的一切风险。

那么,为什么 INSTITUTE CARGO CLAUSE(A)就不能代替 ALL RISKS。因为 INSTITUTE CARGO CLAUSE(A)是一个有明确范围的保险险别,既有投保的范围也有排除条款。该险具体规定的保险范围包括风险条款、共同海损条款和"双方有责碰撞"条款,同时也包含了普通除外条款,战争除外条款和罢工除外条款,该保险还对保险的期限和保险的受益人都做了相应的规定。

从以上的分析看,B 银行错误理解了[UCP500]第 36 条和 ISBP 第 186 条的规定的联系,混淆了 ALL RISKS 和 INSTITUTE CARGO CLAUSE(A)的界限,误认为两者是可以互换的,还不恰当地引用了 ICC 银行委员会意见汇编 1995—2001)第 219 条回复,实际上第 219 条回复中之所以千年问题可以排除而不算作不符点是因为在那个案例中保单要求的投保险别为 ALL RISKS 而不是 INSTITUTE CARGO CLAUSE(A)。也就是说,如果信用证要求投保的险别为 INSTITUTE CARGO CLAUSE(A)则有任何的不属于 INSTITUTE CARGO CLAUSE(A)中的除外责任的排除条款均应认为是不符点。

案例二:开证行的责任倾向

案情回顾:

我 PH 进出口公司对新加坡出口一批货物。2000 年 3 月 5 日由 N. H. M. 银行开来装船期为 3 月 23 日、效期为 4 月 3 日的信用证,在单据条款中要求提供“FULL SET OF CLEAN ON BOARD OCEAN BILL OF LADING AND ONE COPY OF NON—NEGOTIABLE B/L …… AND GENERALIZED SYSTEM OF PREFERENCES CERTIFICATE OF ORIGIN FORM A.”,“ALL DOCUMENTS EXCEPT DRAFT AND INVOICE MUST NOT SHOW THE CREDIT NUMBER AND INVOICE NUMBER.”

PH 进出口公司制单人员在装船前缮制 GSP 原产地证书时,发现信用证要求所有单据不能表示发票号,而 GSP 原产地证书格式 A 却要求填写“发票号和日期”。PH 公司立即与当地商检机构联系,商检机构坚决不同意出具发票号留空不填的 GSP 原产地证书,其理由是联合国贸发会对于填写 GSP 原产地证书格式 A 的有关规定,此栏目不得留空不填。

PH 进出口公司立即发传真给新加坡进口商,提出“你信用证要求一切单据除发票和汇票外,不得表示发票号和信用证号,但是你又要求我提供 GSP 原产地证书,该证书按照联合国贸发会规定必须填写发票号,故你信用证与上述规定有抵触,而且我地出证当局也不同意接受此条款。请你修改信用证为 ALL DOCUMENTS EXCEPT DRAFT, INVOICE AND GENERALIZED SYSTEM OF PREFERENCES CERTIFICATE OF ORIGIN FORM A MUST NOT SHOW THE CREDIT NUMBER AND INVOICE NUMBER.”

新加坡进口商电复:请立即装船,信用证正在申请办理修改中。

PH 进出口公司随即安排 3 月 22 日装船,装船后一周仍未见其修改信用证开到,效期将至。联系新加坡进口商,却称已经办理信用证修改。4 月 3 日,PH 进出口公司只好出具保函向中国光大银行办理担保议付。

PH 进出口公司向中国光大银行提交的提单中船名标明:“INTENDED VESSEL ‘FREESEA’”,但是在“已装船”批注中填有经承运人加注实际已装船的船名和装船日期,并有承运人签章。

单据寄到国外后,开证行提出单证不符,暂代保管单据。不符点有二:“其一,GSP 原产地证书格式 A 第 10 栏表示了发票号,与我信用证的规定不符;其二,正本提单上承运人加注了实际装船的船名和日期,但是在副本提单上却无此批注,开证申请人不同意接受。”PH 进出口公司接到中国光大银行送来的开证行拒付通知后感到奇怪,对于 GSP 原产地证书的发票号一事,早已向新加坡进口商提出,对方不但同意,而且还办理了信用证修改,为何还提出单证不符?

PH 进出口公司立即通过中国光大银行向开证行提出:对于 × × 号信用证项下单据的不符点一事:

(1) GSP 原产地证书表示了发票号系根据联合国贸发会的规定。只要稍有这方面的常识,就不应该提出异议。同时,开证申请人不但同意此不符点,而且已经修改了信用证,如何还存在单证不符？

（2）对于提单的“预期船名”，我方在提单上已经由承运人批注了实际装船的船名和装船日期，并有承运人签章。根据［UCP500］第23条A款Ⅱ项中规定：“……当提单中含有‘预期船’字样或类似有关限制船只的词语时，装上具名船只必须由提单上的装船批注来证实。该项装船批注除注明货物已经装船的日期外，还应该包括实际装货的船名，即使实际装船的船只就是‘预期船’，亦是如此。”故我所提供的提单已符合［UCP500］规定，构成“装上船”的要求，提单正本是有效文件。至于提单副本属于不生效的参考文件，承运人不可能在副本提单上加注和签章。因此，我提供的提单已构成“装上船”的提单，已经单证相符。根据上述情况，你方应该接受单据，按时付款。

开证行收到PH进出口公司的申辩后又提出反驳意见：对于GSP原产地证书不表示发票号的条款问题，我行并未修改信用证，经查对我申请人也未有申请过修改的情况。根据［UCP500］第13条规定，银行对单据审核的唯一标准就是以单据表面上是否与信用证条款相符，并不考虑什么联合国贸发会的规定。原产地证书上标明了发票号，就是表面上单证不符。对于正本提单上有承运人批注内容，而副本也应该有该批注的内容。虽然承运人可以对提单副本不进行签章，但其各面内容均应与提单正本内容完全一样齐全。正本有，而副本没有，即构成单单不符。

根据上述情况，申请人无法接受该单据。请速告对单据处理意见。

最后，买卖双方经过反复交涉，又由于当时货物价格趋涨，买方才决定付款。付款时间比正常收汇拖延了3个月，PH进出口公司损失利息14 000美圆。

分析：

首先，这是一起典型的进口商故意在信用证中设置障碍——也就是所谓的软条款，让出口商无法获得符合信用证规定的单据。信用证中要求除了发票和汇票外，其他单据不能显示发票号；而GSP原产地证书的签发机构不允许如此操作，这是审证不细所造成的后果。

其次，出口商在没有收到信用证修改通知书的情况下，仅凭进口商的一份回复函电就仓促出货，为以后未能及时收汇埋下了隐患。如果不是因为价格上涨，出口商承担的损失将远远超过现有的损失。

案例三：信用证中的软条款

某中行曾收到一份由香港KP银行开出的金额为USD117 000 000元的信 用证，受益人为广西某进出口公司，出口货物为木箱。采证有如下“软条款”：“本证尚未生效，除非运输船名已被申请人认可并由开证行以修证书形式通知受益人”（THIS CREDIT IS NON－OPERATIVE UNLESS THE NAME OF CARRYING VESSELHAS BEEN APPROVED BY APPLICANT AND TO BE ADVISED BY L/C OPENING BANK INFORM OF AN L/C ANENDMENT TO BENEFICIARY）。

该中行在将来证通知受益人时提醒其注意这一“软条款”，并建议其修改信用证，以避免可能出现的风险。后来，经磋商，申请人撤销该证，另由香港IB银行开出同一金额、同一货物、同一受益人的信用证，但证中仍有这样的“软条款”：“装运只有在收到本证修改书，指定运输船名和装 运日期时，才能实施”（SHIPMENT CAN ONLY BE EFFECTED UPON RECEIPT OF AN AMENDMENT OF THIS CREDIT ADVISING NAME OF CARRYING VESSE/AND SHIPMENT DATE）。可谓“换汤不换药”，主动权仍掌握在申请人手中，而受益人却 面临若申请人拒发装运通知，则无法提交全套单据给银行议付的风险，此时，该中 行了解到与该进出口公司联营的某工贸公司已将40万元人民币质保金汇往申请人在深圳的代表，而且该进出口公司正计划向其申请人民币打包贷款600万元作订货之用。于是，该中行果断地采取措施，一方暂停向该贷款，另一方面敦促其设法协助工贸公司追回质保金。后经多方配合，才免遭损失。

第二章
装运单证

【本章理论回顾】

国际货物运输的方式有三种：海运、空运、陆运。其中以海运、空运最为常见，而陆运的业务量所占份额很小。在单证制作方面，进口运输通常是委托代办，其装运单证也不需要出口单位缮制；只有出口运输的装运单证才要求出口单位自身缮制。

根据不同的运输方式，承运人出具不同的运输单据，例：邮政寄送方式出具"邮包收据"(PARCEL POST RECEIPT，不能凭以提货，邮包重量不超过 20 KGS，长不超过 1 米)，航空运输方式出具"航空运单"(AIRWAY BILL 简称 AWB，收货人凭航空公司的到货通知及有关证明提取货物，须作成记名式)，陆上运输方式出具"承运货物收据"或"国际货协运单"(RAILWAY BILL，以目的地收货人作记名抬头，正本随货物同行，凭副本办理托收或议付)，海运出具海运提单/不可转让海运单/租船提单/多式联运提单等。

一、包装单据

1. 定义

包装单据(PACKING DOCUMENTS)是指一切记载或描述商品包装情况的单据，是商业发票内容的补充。包装单据主要包括：装箱单、重量单、包装说明(PACKING LIST、WEIGHT LIST AND PACKING SPECIFICATION)等。

2. 作用

1) 是出口商缮制商业发票及其他单据时计量、计价的基础资料；

2) 是进口商清点数量或重量以及销售货物的依据；

3) 是海关查验货物的凭证；

4) 是公证或商检机构查验货物的参考资料。

二、托运单

出口货物托运单：是办理托运的凭证，也是取得货运单据的前期单据，尽管它不直接影响收汇，但若缮制错漏、延误等，就会影响结汇单据的正确缮制和快速流转，从而影响安全收汇。

海洋货物运输有传统上的散货运输和现代化的集装箱运输两种方式。

海运出口货物托运单的格式依各船公司的具体情况，也有不同，但内容基本一致，主要为散货运输托运单和集装箱货物托运单两种。目前，港口各单位为提高工作效率，减少重复劳动和差错,将装货单、收货单、大副收据等各种单据合而为一,成为集装箱货物托运单这样的多功能单据。

第一联:货主留底
第二联:船代留底
第三联:货代留底
第四联:装货单(场站收据副本)
第五联:场站收据副本(大副联)
第六联:场站收据
第七联:海关副本
第八联:港口费收据结算联

另外,托运人为了方便操作,在办理托运时,通常使用其公司内部的"出口货物明细单",传真给船公司作为订舱依据,船公司则依此缮制托运单,并交给托运人确认后签发提单。

集装箱货物托运单的流转程序

1. 托运人填制托运单,留下货主留存联,其余由货代交外运公司(船代)订舱签单。

2. 外运公司加注编号及所配船名,留下船代留底和运费通知联,并在装货单上签章确认订舱,其余退还货代,货代留底后,将装货单、场站收据及其副本用作报关。

3. 海关审核后,在装货单上加盖海关放行章,退还货代(报关人)。

4. 货代将集装箱号、封志号、件数等内容填入装货单及场站收据后,集装箱进港或场站完毕24小时内交场站签收。

5. 场站加批实际收箱数并签收,在场站收据上填上进场完毕日期,留下装货单,场站收据副本(大副联)由场站于装船前24小时送理货员进行理货,并在装船时交大副,场站收据交还托运人换取提单。

三、海运提单(OCEAN/MARINE BILL OF LADING)

海运提单是承运人或其代理人在收到货物后,签发给托运人的一种证明文件。

1. 海运提单的作用

1) 是托运人与承运人的运输合同的证明

海运合同有租船合同和提单运输合同两种,租船合同是为了运输整船货物而订立的合同,提单运输合同是以提单来代表双方的合同,因它只由船公司单方签发,故它不是合同,只是一种证明。

2) 是承运人装运货物的收据

海运提单是承运人签发给托运人的收据,确认承运人已收到提单所列货物并已装船,或者承运人已接管了货物,以待装船。

3) 是物权凭证

2. 海运提单的种类

1) 按提单是否有批注,分为清洁提单(CLEAN B/L)和不清洁提单(UNCLEAN B/L),后者一般银行都不接受。

2) 按货物是否已装船,分为已装船提单(ON BOARD B/L)和收讫备运提单(RECEIVED FOR SHIPPMENT),后者是凭仓库收据签发的提单,货物暂由船方代管,对收货人没有保障,故买方一般都拒绝接受。

3) 按运输方式,分为直达提单(DIRECT B/L)和联运提单(THROUGH B/L),联运提单一般由海运换船或其他运输才到达目的港,货损较大,故买方一般不愿接受。

4) 按提单抬头,分为记名提单、不记名提单和指示提单。

记名提单:一般在运输昂贵商品时使用。在有些国家,收货人可以不需提供正本提单,只凭“到货通知”上的背书即可提货，使银行垫款面临风险，故银行一般不愿接受此种提单，托运人不能转让，但收货人可以转让。

不记名提单：可不经背书转让，若遗失对货方不利，风险大，故使用很少。

指示提单：经指定人或空白背书后即可转让，使用最多。

5）按航运经营方式不同分为租船契约提单和班轮提单。前者是在大宗商品的买卖中，货方向船方租赁船舶时订立租船契约所使用的。租船提单依租船合同签发，以租船合同的有关规定为准，它只是租船合同的附加单据，作用有其局限性。后者是由班轮公司签发的。

6）按运费支付方法不同分为运费预付提单（FREIGHT PREPAIDB/L）和运费到付提单（FREIGHT COLLECT B/L），前者在 CIF、CFR 术语下使用，后者在 FOB、FAS 术语下使用。

7）按提单的格式和条款是否全面分为全式提单（LONG FORM B/L）和简式提单（SHORT FORM B/L），前者有背面条款，后者没有背面条款，若信用证未禁止，银行必须接受简式提单。

另外，还有舱面提单（ON DECK B/L），过期提单（STALE B/L），运输代理行提单（因货量少，多个托运人的货集中运输，由承运人签发一张提单给运输代理人，运输代理人再分别签提单给各托运人）。

四、不可转让的海运单（NON-NEGOTIABLE SEA WAYBILL）

不可转让海运单起源于欧洲。因欧洲各国距离近，常出现货到单未到的现象，为了能及时提货，即出现了此种提单，它只能作成记名式抬头，收货人凭船方的提货通知提货，故不是物权凭证，使用较少。

五、多式联运单据（MUTIMODEL TRANSPORT DOCUMENT）

或称 COMBIND TRANSPORT B/L，若陆海联运，如西安（火车）→天津九江轮（海运）→马赛（火车）→巴黎，则在提单的前段运输（PRECARRIGE BY）栏内填“TRAIN”或“WAGON-NO：”，收货地栏中填“西安”，船名栏填“JIUJIANG”，装货港栏填“XINGANG，TIANJIN”，卸货港栏填“MARSILLES”，交货地点栏填“PARIS”。

六、航空运单（Air WAYBILL）

航空运单是指承运货物的航空公司或其代理人，在收到承运货物、接受货物托运人空运要求后签发给托运人的货物收据。航空运单也是托运人与承运人之间的运输合同，但它与海运提单不同，不具有物权凭证的性质，是一种不可议付的单据。收货人在目的站提货，也不是凭航空运单，而是凭航空公司发出的提货通知单。航空运单每套有正本三份和至少六份副本。

第一节　装箱单的缮制

【实训目的】

通过本项目实训，我们应该掌握的基本技能是：

☐ 准确翻译信用证中的包装条款。

☐ 要具备一定的毛、净重和尺码的计算能力。

☐ 熟悉、掌握装箱单缮制的规则、方法，会独立缮制包装单据。

【建议课时】 2

【前期准备】

□ 生产厂家提供的详细码单
□ 计算器等计算工具
□ 空白的纸质包装单或空白的电子版包装单
□ 已经缮制完成的商业发票
□ 信用证付款方式下有关信用证
□ 销售合同或销售确认书

【操作步骤】

□ 根据生产厂家提供的详细码单,准确计算出拟出运货物的毛重、净重和尺码,注意单位的换算和统一。

□ 仔细阅读信用证或合同中的包装条款及与包装有关的特殊条款,特别注意信用证特别要求加注的有关内容,如信用证证号要显示在所有单据上等。

□ 根据信用证或合同要求认真缮制包装单据的各个栏目内容,做到准确、完整。

□ 对照信用证或合同中的包装条款审核包装单据,检查是否做到单证(单同)相符,对照已缮制妥的商业发票,检查是否做到单单相符。

【注意事项】

1. 如果信用证同时要求装箱单和重量单,受益人应分别出具两种单据,最好不要合二为一联合出具。如果受益人将两种单据名称印就在一起,来证仅要求其中一种时,最好将另一种单据的名称删除。

2. 如果没有特别要求,包装单据可以不显示收货人。

3. 装箱单上的唛头应与发票上的规定一致,唛头中如果有"C/NO 1 - UP",是指包装件号,应根据实际按序编写,这里的 UP 应理解为总件数,缮制包装单据时要具体化,标明总件数。

4. 装箱单中的货物描述,可以与发票相同,也可在与信用证中货物描述不抵触的情况下只显示商品统称。

5. 包装单据中毛重应注明每个包装件的毛重和此包装件内不同规格、品种、花色货物各自的总毛重(G - W),最后在合计栏处标注所有货物的总毛重;净重应注明每个包装件的净重和此包装件内不同规格、品种、花色货物各自的总净重,最后在合计栏处标注所有货物总净重;尺码则要求注明每个包装件的尺寸和总尺码。

6. 包装单据一般不显示货物的单、总价。进口商转售时通常自制发票或使用出口商提供的原始包装单据,这样就可以避免泄露其购买成本。

7. 货物如装托盘,尺码单上应同时标明托盘本身尺码和连同托盘的总尺码。

8. 包装单据应如实反映货物的实际包装情况,并且要符合信用证关于装箱的规定。如信用证规定货物装在 25 公斤或 50 公斤的编织袋内,货物实际装在 25 公斤的编织袋内,包装单据应该打制成"Packed in pp woven bags of 25 KGS net each."不应该照抄信用证原句。不管信用证是笼统规定(Sea worthy packing 或 standard export packing)还是具体要求(Packed in woven bags)等均应准确显示在单据之上。

9. 散装货物一般不需要提供包装单据。

10. 如来证规定包装单以"plain paper"、"in plain"或"in white paper"等形式出具,单据上不应显示双方的名称,也不可签章。

特别提醒:装箱单填制的每项内容一定要正确无误。特别是品名、件数、数量、重量等,一定要与实物一致。否则,一旦被国外海关查实,轻则将以走私货罚没,重则要追究刑事责任。在国内,一旦查实不符轻的不能及时出口,重的也要追究刑事责任,撤销装箱点等。

【参考示样】

江苏和泰股份有限公司

JIANGSU HOTIY CORPOARATION

HOTIY BUILDING,50 ZHONGSHAN.,NANJING,CHINA

装箱单

PACKING LIST

TO:

INVOICE NO.: A2400A/98

JYSK CHANALEF SILK A/S　　DATE: OCT.21, 2004

BRIGHT BUILDING 14, SKOVSGERD DK-9990 BROVET.

DENMARK

MARKS & NO.S	DESCRIPTIONS	QUANTITIES	PACKAGES	GW./NW. (KGS)	MEAS.
JYSK	X'MAS DECORATIONS	250 BOXES	5CTNS	@12/10	@65×36×45
COPENHAGEN	2-A15261	40 BOXES	1CTN	@12/10	@67×39×58
A2400A/98	2-A15261-1	23 BOXES	1CTN	@7/5	@67×39×36
1-7	2-A15261-2				
TOTAL:		313BOXES	7CTNS	79/65KGS	0.772M³

SAY TOTAL PACKAGED IN SEVEN CTNS ONLY.

【实训项目一】

根据所给销售合同制作装箱单。注:该批货最终运至法国马赛港。

SALES CONTRACT

NO.: 03CAN-1109

DATE: NOV. 08,2004

SELLER: JIANGSU INTERNATIONAL IMP. & EXP. CORP. LTD.
80 ZHONGSHAN ROAD, NANJING, CHINA
FAX: 86-025-23456789　TEL: 86-025-23456789

BUYER：SHEMSY NEGOCE ID CORP.
75 ROUTE 96570 DARDILLY，FRANCE
FAX：33－56－12345678　TEL：33－56－12345678
BUYER'S ORDER NO.：FE021G

THIS SALES CONFIRMATION IS HEREBY MUTUALLY CONFIRMED，TERMS AND CONDITIONS ARE AS FOLLOWS：

NAME OF GOODS AND SPECIFICATIONS	QUANTITY	UNIT PRICE	AMOUNT
LUGGAGE SET OF 8PCS	400SETS	USD20.00/SET	FOB SHANGHAI USD8 000.00
TOTAL	400SETS		USD8 000.00
SAY US DALLARS EIGHT THOUSAND ONLY			

PACKING：ONE SET IN ONE SEAWORTHY CARTON
GROSS WEIGHT：22.00 KGS EACH CARTON
NET WEIGHT：20.00KGS EACH CARTON
MEASUREMENT（**L×W×H**）：82.5 cm×25.5 cm×61 cm PER CARTON
SHIPPING MARKS：AS PER BUYER'S DEMANDS
SHIPMENT：__X__ TO BE MADE（45 DAYS BY SEA AFTER RECEIVED 30% T/T PAYMENT）FROM CHINA PORT TO（AS BUYER'S DEMANDS）PARTIAL SHIPMENTS AND TRANSSHIPMENT ARE ALLOWED.
PAYMENT：__X__ 30% T/T IN DEPOSIT，70% AGAINST FAXED B/L
INSURANCE：____TO BE EFFECTED BY THE SELLER FOR（____）% OF INVOICE VALUE TO COVER（______）RISK AND WAR RISK UPTP（______）AS PER THE OCEAN MARINE CARGO CLAUSE AND WAR RISK CLAUSE OF THE PEOPLE'S INSURANCE COMPANY OF CHINA __X__ TO BE EFFECTED BY THE BUYER
SELLER：JIANGSU INTERNATIONAL IMP. & EXP. CORP. LTD.
BUYER：SHEMSY NEGOCE ID CORP.

【实训项目二】

按以下材料缮制装箱单：

ISSUING BANK：THE HONGKONG AND SHANGHAI BANKING CORPORATION，HONGKONG
L/C NO.：CMD 20808
APPLICANT：HONGKONG ABC COMPANY
NO.18 BUILDING BROADSTONE STREET，HONGKONG，CHINA
BENEFICIARY：NINGBO SHANYA IMP& EXP CO.
NO. 12 ZHISHAN ROAD，NINGBO

COVERING：FROZEN SOYABEANS 10M/T CIF HONGKONG USD 920.00 PER M/T FROM NINGBO TO HONGKONG

PACKING：IN SEAWORTHY CARTONS SIZE IS 30 cm×30 cm×40 cm/CTN

NET WIGHT：20KGS PER CARTON

GROSS WEIGHT：21KGS PER CARTON

INVOICE NO.：SY22　　INVOCE DATE：APR. 15, 2000

CONTRACT NO.：SYA2000663

PACKING LIST

Date：

Invoice NO.：

Contract NO.：

Marks & Numbers	Descriptions	Quantity	Weight		Measurement
			Net	Gross	

第二节　托运单的缮制

【实训目的】

通过本项目实训，我们应该掌握的基本技能是：

☐ 准确翻译信用证中的装运条款。

☐ 要具备一定的运费计算能力。

☐ 熟悉、掌握托运单缮制的规则、方法，会独立缮制托运单据。

【建议课时】 2

【前期准备】

☐ 发运出口产品明细单和装箱单

☐ 计算器等计算工具

☐ 空白的纸质托运单或空白的电子版托运单

☐ 已经缮制完成的商业发票

☐ 信用证付款方式下有关信用证

□ 销售合同或销售确认书

【操作步骤】

□ 根据出口产品明细单和装箱单，准确计算出拟出运货物应支付的运费。

□ 仔细阅读信用证或合同中的装运条款及与装运有关的特殊条款，特别注意信用证特别要求加注的有关内容，如信用证证号要显示在所有单据上等。

□ 根据信用证或合同要求认真缮制托运单的各个栏目内容，做到准确、完整。

□ 对照信用证或合同中的装运条款审核托运单据，检查是否做到单证（单同）相符，对照已缮制妥的商业发票，检查是否做到单单相符。

【注意事项】

1. 发货人一般应在装运前10天制好出口货物托运单或明细单，送交承运公司办理托运手续。

2. 运费和费用(Freight & Charges)。本栏只填运费支付情况，CFR和CIF条件成交，应填写运费预付(Freight Prepaid)，FOB条件成交，一般填写运费到付(Freight Collect)，除非买方委托发货人代付运费。承租船一般只写明"AS ARRANGED"(按照约定)。如信用证另有规定，按信用证规定填写。

3. 通知人(Notify Party)。这是货物到达目的港时船方发送到货通知的对象，通常为进口方或其代理人。但无论如何，应按信用证规定填写。如果信用证没有规定，则正本提单以不填为宜，但副本提单中仍应将进口方名称地址填明，以便承运人通知。通知人的职责是及时接受船方发出的到货通知并将该通知转告真实收货人，通知人无权提货。

4. 目的地(PLACE OF DELIVERY)，此栏目按信用证的目的港填写。填写时注意重名港口的现象，一般将目的地所在国家名称填写在这一栏目中。如果目的地是一内陆城市，这一栏目填写卸下最后一艘海轮时的港口名称。在计算运费时，是根据托运单的本项内容计算航程的。

5. 收货人，即CONSIGNEE。在信用证支付的条件下，对收货人的规定通常有两种表示方法：

A. 记名收货人；B. 指示收货人。

A. 记名收货人是直接将收货人的名称、地址完整地表示出来。这时，收货人即是合同买方。但是记名收货人的单据不能直接转让，这给单据的买卖流通设下了障碍。故记名收货人的表示方法不常使用。

B. 指示收货人是将收货人以广义的形式表示出来。常用空白指示和记名指示两种表达法。指示收货人掩饰了具体的收货人的名称和地址，使单据可以转让。在空白指示（不记名指示、空白指示）的情况下，单据的持有人可以自由转让单据。在记名指示情况下，记名人有权控制和转让单据。指示收货人的方法补充了记名收货人方法的缺陷，但也给船方通知货方提货带来了麻烦。对此被通知人栏目作出补充。

【实训项目一】

根据以下信息制作订舱委托书：

1. 合同

SALES CONFIRMATION

S/C NO.：02EC301302

DATE：JAN. 26TH，2005

The seller：Anhui Chemicals Imp. & Exp. Co. Ltd.
Address：Jin'an mansion 306
Tunxi Road，Hefei，China

The Buyer：Hop Tong Hai（pte）Ltd.
Address：Blk 15，North Bridge Road
#04－9370 BARCELONA
SPAIN，100032

We hereby confirm having sold to you the following goods on terms and conditions as stated bellows：

Commodity & specification	quantity	Unit price	amount
100% cotton overalls	7 200PCS (600DOZS)	CIF BARCELONA USD45.00/DOZ	USD27 000.00
100% cotton shirts	7 200PCS (600DOZS)	USD16.50/DOZ	USD9 900.00
100% cotton singlets	1 200PCS (100DOZS)	USD9.50/DOZ	USD950.00
TOTAL	1 300DOZS		USD37 850.00
TOTAL CONTRACT VALUE：SAY US DOLLARS THIRTY SEVEN THOUSAND EIGHT HUNDRED AND FIFTY ONLY.			

PACKING：To be packed in cartons，total 304 cartons（100% cotton overalls：30pcs/ctn；100% cotton shirts：120pcs/ctn；100% cotton singlets：300pcs/ctn.）.

PORT OF SHIPMENT：Shanghai

PORT OF DESTINATION：BARCELONA

TIME OF SHIPMENT：Not later than Apr. 7，2005

TERMS OF PAYMENT：By irrevocable Letter of Credit to be available by sight draft and remain valid for negotiation in China until the 10th day after the aforesaid time of shipment

INSURANCE：To be covered by seller for 110% of CIF value against All Risks and War Risks as per CIC of PICC dated 01/01/1981.

REMARKS：

INSPECTION：

The certificate of Quality，Quantity/Weight issued by the China Entry－Exit Inspection and Quarantine Bureau or the seller shall be taken as the basis of delivery.

FORCE MAJEURE：

The seller shall not held responsible if they，owing to Force Majeure cause or causes，fail to make delivery within the time stipulated in the Contract or cannot deliver the goods. However，in such a case，the seller shall inform the buyer immediately by cable and if it is requested by the buyer， the seller shall also deliver to buyer by registered letter, a certificate attesting the existence of such a cause or causes.

DISCREPANCY AND CLAIM:

In case discrepancy on the quality or quantity (weight) of the goods is found by the buyer, after arrival of the goods at the port of destination, the buyer may, within 30 days and 15 days respectively after arrival of the goods at the port of destination, lodge with the seller a claim which should be supported by an Inspection Certificate issued by a public surveyor approved by the seller. The seller shall, on the merits of the claim, either make good the loss sustained by the buyer or reject their claim, it being agreed that the seller shall not be held responsible for any loss or losses due to natural cause failing within the responsibility of Shipowners of the Underwriters. The seller shall reply to the buyer within 30 days after receipt of the claim.

ARBITRATION:

All disputes in connection with this contract or the execution thereof shall be settled amicably by negotiation. In case no settlement can be reached, the case shall then be submitted to the China International Economic Trade Arbitration Commission for settlement by arbitration in accordance with the Commission's arbitration rules. The award rendered by the commission shall be final and binding on both parties. The fees for arbitration shall be borne by the losing party unless otherwise awarded.

The Seller:	The Buyer
Anhui Chemicals Imp. & Exp. Co. Ltd	Hop Tong Hai (pte) Ltd.
(signature)	(signature)

2. 信用证

ADVISING BANK: BANK OF CHINA, ANHUI BRANCH

IRREVOCABLE DOCUMENTARY CREDIT NO.: 211LC200116 DATED: 18FEB2005.

DATE AND PLACE OF EXPIRY: 17 APR. 2005 IN BENEFICIARY'S COUNTRY

BENEFICIARY: ANHUI CHEMICALS IMP. & EXP. CO. LTD.
JIN AN MANSION 306
TUNXI ROAD, HEFEI, ANHUI, CHINA
A/C NO.: 6018090000 - 185

APPLICANT: HOP TONG HAI (PTE) LTD.
BLK 15, NORTH BRIDGE ROAD
#04 - 9370 BARCELONA SPAIN 100032
FAX: 2953397

AMOUNT: USD37850.00
UNITED STATES DOLLARS THIRTY SEVEN THOUSAND EIGHT HUNDRED AND FIFTY ONLY.

PARTIAL SHIPMENT: NOT ALLOWED

TRANSHIPMENT: ALLOWED

SHIPMENT FROM CHINA TO BARCELONA W/T AT HONG KONG

LATEST SHIPMENT DATE: 7 APR. 2005

THIS CREDIT IS AVAILABLE WITH THE ADVISING BANK BY NEGOTIATION AGAINST PRESENTATION OF THE DOCUMENTS DETAILED HEREIN AND BENEFICIARY'S DRAFT(S) AT 30 DAYS AFTER SIGHT DRAWN ON ISSUING BANK FOR FULL INVOICE VALUE.

DOCUMENTS REQUIRED (IN THREE-FOLD UNLESS OTHERWISE STIPULATED):

1. SIGNED COMMERCIAL INVOICE;
2. SIGNED PACKING LIST;
3. CERTIFICATE OF CHINESE ORIGIN;
4. INSURANCE POLICY/CERTIFICATE ENDORSED IN BLANK FOR 110% CIF VALUE, COVERING ALL RISKS AND WAR RISK;
5. FULL SET OF CLEAN 'ON BOARD' OCEAN BILLS OF LADING MADE OUT TO ORDER OF BANK OF CHINA, BARCELONA MARKED FREIGHT PREPAID AND NOTIFY APPLICANT.
6. SHIPMENT ADVICE SHOWING THE NAME OF THE CARRYING VESSEL, DATE OF SHIPMENT, MARKS, AMOUNT AND THE NUMBER OF THIS DOCUMENTARY CREDIT TO APPLICANT WITHIN 3 DAYS AFTER THE DATE OF BILL OF LADING.

EVIDENCING SHIPMENT OF:

1300 DOZENS 100% COTTON OVERALLS, SHIRTS & SINGLETS AS PER S/C NO. 02EC301302 DATED 26-01-2005 AS DETAILS BELOW:

1) 600 DOZENS 100% COTTON OVERALLS AT USD45.00 PER DOZEN. CIF BARCELONA;
2) 600 DOZENS 100% COTTON SHIRTS AT USD16.50 PER DOZEN. CIF BARCELONA;
3) 100 DOZENS 100% COTTON SINGLETS AT USD9.50 PER DOZEN. CIF BARCELONA.

OTHER TERMS AND CONDITIONS:

1. ALL BANKING CHARGES, INCLUDING REIMBURSEMENT CHARGES, OUTSIDE BARCELONA ARE FOR ACCOUNT OF BENEFICIARY.
2. THE NUMBER AND DATE OF THIS CREDIT AND THE NEME OF ISSUING BANK MUST BE QUOTED ON ALL DRAFTS.
3. A FEE OF USD50.00 (OR ITS EQUIVALENT) TO BE DEDUCTED FROM THE PROCEEDS UPON EACH PRESENTATION OF DISCREPANT DOCUMENTS EVEN IN THE CREDIT INDICATES THAT ALL BANKING CHARGES ARE FOR THE ACCOUNT OF APPLICANT AND ACCEPTANCE OF SUCH DOCUMENTS DOES NOT IN ANY WAY ALTER THE TERMS AND CONDITIONS OF THIS CREDIT.
4. ONE ADDITIONAL COPY OF COMMERCIAL INVOICE AND PHOTOCOPY OF TRANSPORT DOCUMENT(S)/DELIVERY ORDER(S) ARE REQUIRED TO BE PRESENTED TOGETHER WITH THE DOCUMENTS FOR THE ISSUING BANK'S RETENTION, OTHERWISE USD5.00 OR EQUIVALENT WILL BE DEDUCTED FROM THE PROCEEDS IF THESE EXTRA DOCUMENTS ARE NOT PRESENTED.
5. 5 PCT MORE OR LESS IN QUANTITY AND AMOUNT ARE ALLOWED.
6. SHIPMENT MUST BE EFFECTED BY 1 × 20'FULL CONTAINER LOAD. B/L TO SHOW EV-

IDENCE OF THIS EFFECT IS REQUIRED.

7. ONE SET OF NON-NEGOTIABLE SHIPPING DOCUMENTS TO BE FAXED TO APPLICANT AFTER SHIPMENT. BENEFICIARY'S CERTIFICATE TO THIS EFFECT IS REQUIRED.

INSTRUCTIONS TO THE NEGOTIATING BANK:

THE AMOUNT AND DATE OF EACH NEGOTIATION MUST BE ENDORSED ON THE REVERSE OF THE ORIGINAL CREDIT BY THE NEGOTIATING BANK. ALL DOCUMENTS ARE TO BE SENT TO ISSUING BANK IN ONE LOT.

UPON RECEIPT OF DOCUMENTS IN CONFORMITY WITH THE TERMS AND CONDITIONS OF THIS CREDIT, WE SHALL REIMBURSE YOU BY CREDITING OUR HEAD OFFICE'S ACCOUNT WITH US.

THIS CREDIT IS ISSUED SUBJECT TO UNIFORM CUSTOMS AND PRACTICE FOR DOCUMENTARY CREDTIS (1993 REVISION) ICC PUBLICATION NO. 500.

BANK OF CHINA, BARCELONA

+++++++

AUTHORISED SIGNATURES

3. 其他信息

(1) PACKING INFORMATION

Commodity & specification	No of packages	Total gross weight	Total net weight	measurement
100% COTTON OVERALLS	250CTNS	5 750KGS	5 250KGS	24m^3
100% COTTON SHIRTS	60CTNS	1 980KGS	1 860KGS	4m^3
100% COTTON SINGLETS	4CTNS	248KGS	240KGS	1m^3
TOTAL	314CTNS	7 978 KGS	7 350KGS	29.000m^3

(2) SHIPPING MARKS:

C. T. H

BARCELONA

NO.: 1 -314

(3) DATE OF SHIPMENT: MARCH 31, 2005

VESSEL NAME AND VOYAGE NO.: TIANSHUN V. 138

按以下材料缮制托运单:

ISSUING BANK: NATIONAL BANK, SINGAPORE

L/C NO.: ZJ489 DATE: 030620

EXPORY DATE: JUN. 25, 2003

BENEFIGIARY: ZHEJIANG TEXTTILE IMPORT AND EXPORT CORPORATION

NO. 124 QINGCHUN ROAD HANGZHOU, CHINA

APPLICANT: CHANG LIN HAI COMPANY, LTD., SINGAPORE

NO. 111 AVENUE, SINGAPORE

SHIPMENT: FROM SHANGHAI TO SINGAPORE, NOT LATER THAN JUN. 20, 2003
PARTIAL SHIPMENT: NOT ALLOWED
TRANSSHIPMENT: ALLOWED
DESCRIPTION OF GOODS: 1000 DOZS 100% COTTON SHIRTS
DOCUMENTS REQUIRED:
……
+3/3 CLEAN ON BOARD OCEAN BILLS OF LADING MADE OUT TO ORDER OF SHIPPER BLANK ENDORSED AND MARKED FREIGHT PREPAID AND NOTIFY APPLICANT.

补充:
PACKING: 20DOZS/CTN
GROSS WEIGHT: @14KGS/CTN
NET WEIGHT: @12KGS/CTN
MEASUREMENT: @(50×30×20)CM/CTN
MARKS & NOS:
CLA
08998
SINGAPORE

海运出口货物托运单(散货)

托运人
Shipper ____________
编号   船名
NO. ________   S/S ____________
目的港
For ________

标志及号码 Marks & Nos.	数量 Quantity	货名 Description of Goods		重量 Weight Kilos	
				净 Net	毛 Gross
共计件数(大写) Total Number of Packages (In Writing)				运费付款方式	
运费计算		尺码 Measurement			
备注					
抬头		可否转船		可否分批	
通知人		装运期		有效期	提单张数
		金额			
		银行编号		信用证号	

制单日期______年______月______日

【实训项目二】

根据信用证有关内容,填制“集装箱货物托运单”一份。设本信用证项下货物的交接方式为 CY—CY，整批货被装在 2 个 20 尺，编号分别为 TEU982341、TEXU520142 的集装箱内，由 YINHU A3032 号船于 8 月 30 日装运出海。该批货物的合同号为 BEIT0112，体积为 66.4CBM，每个纸箱重 0.15KGS，唛头由受益人自行设计。

ISSUING BANK：FIRST ALABAMA BANK
201 ST. FRANCIS STREET MOBILE ALABAMA 36602 USA

BENEFICIARY：XIAMEN YINDU ENTERPRISE GENERAL CORP.
15 LUJIANG ROAD XIAMEN，CHINA（厦门银城企业总公司）
TELEX：93052 IECTA CN，TEL：86－592－2032841
FAX：86－592－2032396

APPLICANT：BAMA SEA PRODUCTS. INC.
1499 BEACH DRIVE S. E. ST PELERSBURG. FL 33701，USA

ADVISING BANK：THE BANK OF EAST ASIA LIMITED XIAMEN BRANCH
G/F & 1/F HUICHENG BUILDING 837 XIAHE ROAD，XIAMEN，CHINA
TELEX：93132 BEAXM CN FAX：86－592－5064980

DATE：AUGUST 1，2004

FORM OF DC：IRREVOCABLE L/C AT SIGHT

AMOUNT：USD 170，450.00

PARTIAL SHIPMENT：PERMITTED

TRANSSHIPMENT：PERMITTED ONLY FROM XIAMEN CHINA FOR TRANSPORTATION TO LONG BEACH，CA. USA. WITH FINAL PORT OF DESTINATION TAMPA，FL，USA.

SHIPMENT CONSISTS OF：34000KGS CHINESE SAND SHRIMP OR BIG HARD SHELL SHRIMP. BLOCK FROZEN SHRIMP（PTO），PACKED 6X2KGS/CTN.（RAW，PEELED，TAIL ON）

CONSISTING OF：

KGS.	SIZE(MM)	UNIT PRICE(/KGS)	TOTAL
3 000	71/90	USD6.60	USD19 800.00
5 000	91/110	USD6.35	USD31 750.00
6 000	111/130	USD5.45	USD32 700.00
8 000	131/150	USD4.55	USD36 400.00
12 000	151/200	USD4.15	USD49 800.00

TOTAL AMOUNT OF USD170450.00 CFR TAMPA FL. U. S. A.

THE LATEST SHIPMENT DATE IS AUGUST 31. 2004

DOCUMENTARY REQUIREMENTS：

…

1）FULL SET(3/3) CLEAN ON BOARD COMBINED TRANSPORT BILLS OF LADING CONSIGNED TO THE ORDER OF BAMA SEA PRODUCTS INC.，1499 BEACH DRIVE S. E.，ST，PELERSBURG，FL. 33701 MARKED "FREIGHT PREPAID" NOTIFYING WILLIAMS CLARKE，INC.，603 NORTH FRIES AVENUE，WILMINGTON，CA 90744，USA. AND MUST INDICATE CONTAINER(S) NUMBER AND STATE THAT CONTAINER(S) HAVE

BEEN MAINTAINED AT ZERO DEGREES FAHRENHEIT OR BELOW. IF COMBINED TRANSPORT BILL OF LADING IS PRESENTED, MUST BE INDICATE VESSEL NAME.

2) BILLS OF LADING MUST SHOW FREIGHT CHARGES PREPAID.

…

托运单示样

<table>
<tr><td colspan="6">Shipper</td><td colspan="3">D/R NO.（编号）</td></tr>
<tr><td colspan="6">Consignee</td><td colspan="3" rowspan="4">集装箱货物托运单</td></tr>
<tr><td colspan="6">Notify Party</td></tr>
<tr><td colspan="3">Pre-carriage by
* * * *</td><td colspan="3">Place of Receipt</td></tr>
<tr><td colspan="2">Ocean Vessel</td><td>Voy NO.</td><td colspan="3">Port of Loading</td></tr>
<tr><td colspan="3">Port of Discharge</td><td colspan="3">Place of Delivery</td><td colspan="3">Final Destination</td></tr>
<tr><td>Container NO.</td><td>Seal NO.
Marks & NO.</td><td>NO. of containers
Or kgs,</td><td colspan="3">Kind of Packages; Description of Goods</td><td>Gross Weight</td><td colspan="2">Measurement</td></tr>
<tr><td colspan="3">Total Number of containers or Packages (IN WORDS)</td><td colspan="6"></td></tr>
<tr><td colspan="3">Freight & Charges</td><td>Revenue Tons</td><td>Rate</td><td>Per</td><td>Prepaid</td><td colspan="2">Collect</td></tr>
<tr><td rowspan="2">Ex Tate</td><td colspan="3">Prepaid at</td><td colspan="2">Payable at</td><td colspan="3">Place of Issue</td></tr>
<tr><td colspan="3">Total Prepaid</td><td colspan="2">NO. of Original B(S)/L</td><td colspan="3"></td></tr>
<tr><td colspan="2">Service Type on Receiving
□—CY □—CFS
□—DOOR</td><td colspan="3">Service Type on Delivery
□—CY □—CFS
□—DOOR</td><td colspan="2">Reefer-Temperature Required</td><td>F</td><td>C</td></tr>
<tr><td rowspan="2">Type of Goods</td><td colspan="4">□ Ordinary, □ Reefer, □ Dangerous
□ Auto</td><td rowspan="2">危险品</td><td colspan="3" rowspan="2">Class:
Property:
IMDG Code Page:
UN NO.</td></tr>
<tr><td colspan="4">□ Liquid, □ Live Animal, □ Bulk
□ ________</td></tr>
<tr><td>可否转船</td><td colspan="4">可否分批</td><td colspan="4" rowspan="4"></td></tr>
<tr><td colspan="2">装运期</td><td colspan="3">有效期</td></tr>
<tr><td colspan="2">金额</td><td colspan="3"></td></tr>
<tr><td colspan="2">制单日期</td><td colspan="3"></td></tr>
</table>

第三节　提单的缮制

【实训目的】

通过本项目实训,我们应该掌握的基本技能是:

□ 熟悉并看懂出口业务中相关信用证(合同)中有关提单的条款。

□ 掌握海运提单缮制的规范和技巧。

□ 学会独立缮制海运提单的技能。

【建议课时】 2

【前期准备】

□ 出口商提供的商业发票、装箱单

□ 出口商提供的订舱委托书(BOOKING NOTE)

□ 货代或船公司提供的配舱回单、装货单(SHIPPING ORDER)

【操作步骤】

□ 浏览信用证对提单的要求及相关附加指示。

□ 浏览商业发票和箱单,明确货物描述的基本内容,如品名、运输标志、总毛重、总体积等。

【注意事项】

1. 提单中的货物描述可只填写商品名称,无需填写规格、牌号等详情。如果涉及的商品较多,则可只填写商品的统称,但不得与信用证中货物的描述有抵触。

2. 提单上最好不要加注关于包装状况的描述,如“新袋”(New Bag)、旧箱(Old Carton)等词语。

3. 提单上的修正和变更必须经过证实。证实从表面看来必须是由承运人、船长或其代理人所为(该代理人可以与出具或签署提单的代理人不同),只要表明其作为承运人或船长的代理人身份即可。

4. 对于正本提单上可能已做的任何修正或变更,不可转让副本提单,无需任何签字或证实。

5. 如果信用证要求提单注明运费已付或到目的地支付,则提单必须有相应标注。即使信用证对此未做具体规定,也应根据所采用的贸易术语,在运费支付栏填写“Freight Collect”或“Freight Prepaid”。

【实训项目】

一、根据下列资料填制海运提单(在单据的下面注出单据的份数)

资料如下:

1) APPLICANT: ADH TRADING CO. ,KARACHI

2）BENEFICIARY：ZHEJIANG LIGHT INDUSTRIAL PRODUCTS IMPORT AND EXPORT CORPORATION
3）EXPIRY DATE ：SEP 15,2006
4）PARTIAL SHIPMENT：ALLOWED　　TRANSSHIPMENT：ALLOWED
5）SHIPMENT FROM NINGBO TO KARACHI
6）DESCRIPTION OF GOODS："GOLD ELEPHANT" BRAND WATCH
7）FULL SET OF "SHIPPED ON BOARD" OCEAN BILL OF LADING MADE OUT TO ORDER OF SHIPPER AND BLANK ENDORSED, SHOWING FREIGHT PREPAID AND NOTIFY APPLICANT
8）QUANTITY OF GOODS：1000PCS；PACKING IN 40 CTNS
9）THE NAME OF STEAMER：CHANGJIANG　VOV. NO.：V. 231
10）B/L NO.：CJ2651　　B/L DATE：SEP 5, 2006
11）GROSS WEIGHT：@16KGS/CTN　　NET WEIGHT：@15KGS/CTN
12）MEASUREMENT：0.012 m^3

二、根据下列资料填制海运提单（在单据的下面注出单据的份数）

资料如下：

1）LETTER OF CREDIT NO.：LC－515
2）EXPIRY DATE：060315 PLACE IN CHINA
3）APPLICANT：BLUE SKY HOLDINGS LTD. HONGKONG
4）BENEFICIARY：ZHEJIANG LIGHT INDUSTRIAL PRODUCTS IMPORT AND EXPORT CORPORATION
5）AMOUNT：CURRENCY USD AMOUNT 25,000.00
6）PARTIAL SHIPMENTS：ALLOWED
7）TRANSHIPMENT：ALLOWED
8）LOADING IN CHARGE：SHANGHAI, CHINA
9）FOR TRANSPORT TO：HAMBURG
10）LATEST DATE OF SHIPMENT：060228
11）DESCRIPTION OF GOODS：TOYS DETAILS AS PER ORDER NO. P01009 FOB SHANGHAI
12）FULL SET (3/3) OF ORIGINAL CLEAN ON BOARD MARINE BILLS OF LADING MADE OUT TO ORDER OF APPLICANT MARKED "FREIGHT COLLECT" AND NOTIFY APPLICANT.
13）B/L MUST SHOW THIS LETTER OF CREDIT NO.
14）PACKING：TOTAL PACKED IN 200 CARTONS
15）QUANTITY：1000PCS
16）BILL OF LADING NO.：YB5008　B/L DATE：060220
17）VESSEL VOV. NO.：SUNFENG V. 188　CONTAINER NO.：GVDU2041118/SEAL 21281
18）NET WEIGHT：20KGS/CARTON　GROSS WEIGHT：21KGS/CARTON
19）MEASUREMENT：0.086CBM/CARTON
20）PORT OF TRANSSHIPMENT：HONG KONG

提单样本

<table>
<tr><td colspan="2">Shipper</td><td rowspan="6">B/L NO. RNSL060627

中国对外贸易运输总公司
CHINA NATIONAL FOREIGN TRANDE TRANSPORT CORPORATION
直运或转船提单
BILL OF LADING DIRECT OR WITH TRANSHIPMENT
SHIPPED on board in apparent good order and condition (unless otherwise indicated) the goods or packages specified
Herein and to be discharged at the mentioned port of discharge or
As near there to as the vessel may safely get and always afloat.
The weight, measure, marks and numbers, quality, contents and Value particulars furnished by the Shipper, are not checked by the Carrier on loading.
The Shipper, Consignee and the Holder of this Bill of loading
Hereby expressly accept and agree to all printed, written or
Stamped provisions, exceptions and conditions of this Bill of
Loading, including those on the hereof.
IN WITNESS where of the number of original Bill of Loading
Stated below have been signed, one of which being accomplished
The other(s) to be void.</td></tr>
<tr><td colspan="2">Consignee or order</td></tr>
<tr><td colspan="2">Notify address</td></tr>
<tr><td>Pre-carriage by</td><td>Port of loading</td></tr>
<tr><td>Vessel</td><td>Port of transshipment</td></tr>
<tr><td>Port of discharge</td><td>Final destination</td></tr>
</table>

<table>
<tr><td>Container Seal NO.
Or marks and Nos.</td><td>Number and kind of packages
Description of goods</td><td>Gross weight
(kgs)</td><td>Measurement
(m^3)</td></tr>
<tr><td></td><td></td><td></td><td></td></tr>
<tr><td colspan="2">Freight and charges
FREIGHT PREPAID</td><td colspan="2">DEGARDING TRANSHIPMENT
INFORMATION PLEASE CONTACT</td></tr>
</table>

<table>
<tr><td rowspan="2">EX. rate</td><td>Prepaid at</td><td>Fright payable at</td><td>Place and date of issue</td></tr>
<tr><td>Total Prepaid</td><td>Number of original Bs/L</td><td>Signed for or on behalf of the Master as Agent
(签署)</td></tr>
</table>

第四节 空运托运单的缮制

【实训目的】

通过本项目实训，我们应该掌握的基本技能是：

☐ 熟悉并看懂出口业务中相关信用证(合同)中有关空运单的条款。

□ 掌握空运托运单缮制的规范和技巧。

□ 学会独立缮制空运托运单的技能。

【建议课时】 2

【前期准备】

□ 出口商提供的商业发票、装箱单

□ 出口商提供的空运订舱委托书(BOOKING NOTE)

【操作步骤】

□ 浏览信用证对空运单的要求及相关附加指示。

□ 浏览商业发票和箱单,明确货物描述的基本内容,如品名、运输标志、总毛重、总体积等。

【注意事项】

1. 托运人姓名、地址、电话号码:

(1) 集中托运时托运人:货运代理人;直接托运方式时的托运人:货主。

(2) 有时承运人要求托运人提供账号,以便在收货人拒付运费时向托运人索偿。

(3) 在信用证结汇方式下,托运人一般按信用证的受益人内容填写。

(4) 托运危险货物时,托运人必须填写实际托运人,航空公司不接受货运代理人托运。

2. 收货人姓名、地址、电话号码:

(1) 本栏不得填写"TO ORDER"或"TO ORDER OF SHIPPER"等字样。

(2) 集中托运方式时收货人:货运代理人海外代理;直接托运时收货人:实际收货人。

(3) 承运人一般不接受一票货物有两个或两个以上收货人。如果实际上有两个以上收货人,本栏填第一收货人,通知栏填第二收货人。

3. 始发站:

提示:(1) 在始发站机场的全称不清楚的情况下,允许填写始发站所在城市名称。

(2) 与不同国家的其他城市同名的,还需要填写国家名称。

(3) 同一城市的不同机场,需要填写机场名称。

4. 目的港:填写最后目的站机场名称或三字代码。

提示:(1) 按国际航空运输协会 IATA 规范的机场代码填报。

(2) 机场名称不明确时,可填城市名称。

(3) 标签上的卸货港机场代码与托运单上目的地机场代码必须一致。

(4) 如果有"转运路线"要求,可以填在专门栏目内。

5. 要求运输路线:本栏用于航空公司安排运输路线时使用,但如果托运人有要求时,也可填入本栏。

6. 要求预订吨位:此栏用于航空公司安排舱位时使用,但如果托运人有要求时,也可以按计费吨位填入。

7. 运输用申明价值:托运人向承运人声明货物价值。

提示:若托运人不办理货物声明价值,必须打上 NVD 字样。交运贵重物品时,超过

1 000元,必须向承运人申明货物价值。

8. 海关用声明价值：托运人向海关申报的货物价值。

提示：托运人不办理此项声明价值,必须打上 NCV 字样。

9. 件数和包装方式：填写货物的件数,包装种类。

提示：如货物运价种类不同时,应分别填写,并将总件数相加,包装种类用 PACKAGES。

10. 毛重：填写货物实际毛重,用代码 K 表示千克。

提示：(1) 以公斤为单位时,保留小数后一位,并按 0.5 进位。

(2) 多项货物时,在画线下方对应栏内打上毛重之和。

11. 运价种类：填写所采用的货物运价种类的代号。

M——最低运价

N——45 公斤以下普通货物运价

Q——45 公斤以上普通货物运价

C——指定商品运价

12. 计费重量：填写据以计收航空运费的货物重量。

提示：(1) 当货物是重货时,计费重量可以是货物的实际毛重。

(2) 当货物是轻泡货时,计费重量可以是货物的体积重量。

(3) 当货物临近重量分界点时,可以是较高重量、较低运价的分界点重量。

13. 费率：填写所适用的货物运价。

提示：(1) 使用最低运费时,填写与运价代号 M 相对应的最低运费。

(2) 使用代号 N,Q,C,S,R 运价时,填写相对应的运价。

14. 货物品名和数量：填写货物的具体名称和数量。

提示：(1) 不得填写表示货物类别的名称,应填货物品名、数量、体积、产地等细节。

(2) 危险品、鲜活易腐货,应分别填写其标准的学术名称。

(3) 按货物外包装"最长×最宽×最高×件数"顺序或总计体积填写。

15. 运费：在 PP 下方打(×)表示预付;CC 下方打(×)表示到付。

16. 杂费：同运费表示方法一样。

17. 其他费用：托运时可以不填其他费用,但货运单上须填金额并冠以规定的操作代号。

18. 托运人签字、盖章：由托运人或其代理人签字盖章。

19. 日期和地点：由托运人填写开货运单的时间和地点。

【实训项目】

根据下列资料正确填制空运单一份。

Seller：Liuye Garment Imp. and Exp. Corp.
NO. 25 Huaihai East Road, Shanghai

Buyer：Mimmy Fashion Corp.
NO. 876 souceware, Paris.

Shipment：from Shanghai airport to Paris airport

Goods：500sets of men's sportwear

Packing: 20sets into each carton
Total gross weight.: 100kgs
Total measts: 3CBM
Chargeable weight: 500KGS
Shipping mark: mimmy/56789/paris/no. 1 - 25
Flight NO.: CA2007
Air waybill no.: 888888
Actual flight date: Jan. 28,2007
Date of issuing air waybill: Jan. 28,2007
空运单据由承运人的代理人刘达签发。

第五节 运费的计算

【实训目的】

通过本项目实训,我们应该掌握的基本技能是:
□ 熟悉海运运费计费规则。
□ 掌握各种运费计算方法。

【建议课时】 2

【前期准备】

□ 运输公司的运价表
□ 出口商提供的商业发票和装箱单

【操作步骤】

□ 浏览信用证对提单的要求及相关附加指示。
□ 浏览商业发票和箱单,明确货物描述的基本内容,如品名、运输标志、总毛重、总体积等。

【注意事项】

进出口货物的运输通常采用的是海运运输方式,在采用 CIF, CFR 价格术语时,办理运输并支付运费是出口商的责任。这时,运费就构成货价的要素之一。

在海运方式中,根据承运货物船舶的不同营运方法可以分为班轮运输和租船运输两种。进出口交易中除大宗初级产品的交易外,多数采用班轮运输的方式。在班轮运输中,根据托运货物是否装入集装箱又可区分为件杂货物与集装箱货物两类。

1. 班轮运价

(1) 选择相关的运价本;

(2) 根据货物名称,在货物分级表中查到运费计算标准(BASIS)和等级(CLASS);

(3) 在等级费率表的基本费率部分,找到相应的航线,启运港,目的港,按等级查到基本运价;

(4) 再从附加费部分查出所有应收(付)的附加费项目和数额(或百分比)及货币种类;

(5) 根据基本运价和附加费算出实际运价;

(6) 运费=运价×运费吨。

2. 租船的运费计算

承租合同中有的规定运费率,按货物每单位重量或体积若干金额计算;有的规定整船包价(LUMPSUM FREIGHT)。费率的高低主要决定于租船市场的供求关系,但也与运输距离,货物种类,装卸率,港口使用,装卸费用划分和佣金高低有关。合同中对运费按装船重量(INTAKEN QUANTITY)或卸船重量(DELIVERED QUANTITY)计算,运费是预付或到付,均须订明。特别要注意的是应付运费时间是指船东收到的日期,而不是租船人付出的日期。

装卸费用的划分法:(1) 船方负担装卸费(GROSS OR LINER OR BERTH TERMS),又称“班轮条件”。(2) 船方不负担装卸费(FREE IN AND OUT—FIO)。采用这一条件时,还要明确理舱费和平舱费由谁负担。一般都规定租船人负担,即船方不负担装卸,理舱和平舱费条件(FREE IN AND OUT, STOWED, TRIMMED—F. I. O. S. T.)。(3) 船方管装不管卸(FREE OUT—F. O.)条件。(4)船方管卸不管装(FREE IN—F. I.)条件。

3. 集装箱海运运费

目前,集装箱货物海上运价体系较内陆运价成熟。基本上分为两个大类,一类是袭用件杂货运费计算方法,即以每运费吨为单位(俗称散货价),另一类是以每个集装箱为计费单位(俗称包箱价)。

1) 件杂货基本费率加附加费

(1) 基本费率——参照传统件杂货运价,以运费吨为计算单位,多数航线上采用等级费率。

(2) 附加费——除传统件杂货所收的常规附加费外,还要加收一些与集装箱货物运输有关的附加费。

2) 包箱费率(BOX RATE):这种费率以每个集装箱为计费单位,常用于集装箱交货的情况,即CFS—CY或CY—CY条款,常见的包箱费率有以下三种表现形式:

(1) FAK包箱费率(FREIGHT FOR ALL KINDS)——即对每一集装箱不细分箱内货类,不计货量(在重要限额之内)统一收取的运价。

(2) FCS包箱费率(FREIGHT FOR CLASS)——按不同货物等级制定的包箱费率,集装箱普通货物的等级划分与件杂货运输分法一样,仍是1—20级,但是集装箱货物的费率差级大大小于件杂货费率级差,一般低级的集装箱收费高于传统运输,高价货集装箱低于传统运输;同一等级的货物,重货集装箱运价高于体积货运价。可见,船公司鼓励人们把高价货和体积货装箱运输。在这种费率下,拼箱货运费计算与传统运输一样,根据货物名称查得等级,计算标准,然后去套相应的费率,乘以运费吨,即得运费。

(3) FCB包箱费率(FREIGHT FOR CLASS或BASIS)——这是按不同货物等级或货类以及计算标准制订的费率。

4. 航空快递运费的计算

(1) 计费重量单位：

特快专递行业一般以每 0.5 kg(0.5 公斤)为一个计费重量单位。

(2) 首重与续重：

特快专递货品的寄递以 第一个 0.5 kg 为首重(或起重)，每增加 0.5 kg 为一个续重。通常起重的费用相对续重费用较高。

(3) 实重与材积：

是指需要运输的一批物品包括包装在内的实际总重量，称为实重。

当需寄递物品体积较大而实重较轻时，因运输工具(飞机、火车、船、汽车等)承载能力及能装载物品体积所限，需采取量取物品体积折算成重量的办法作为计算运费的重量，称为体积重量或材积。

体积重量大于实际重量的物品又常称为轻泡物。

(4) 计费重量：

按实重与材积两者的定义与国际航空货运协会规定，货物运输过程中计收运费的重量是按整批货物的实际重量和体积重量两者之中较高的计算。

(5) 包装费

一般情况下，快递公司是免费包装，提供纸箱、气泡等包装材料，但很多物品如衣物，不用特别细的包装就可以，但一些贵重、易碎物品，快递公司还是要收取一定的包装费用的。包装费用一般不计入折扣。

(6) 通用运费计算公式：

A) 当需寄递物品实重大于材积时，运费计算方法为：

$$首重运费 + (重量(公斤) \times 2 - 1) \times 续重运费$$

例如：7 kg 货品按首重 20 元、续重 9 元计算，则运费总额为：

$$20 + (7 \times 2 - 1) \times 9 = 137(元)$$

B) 当需寄递物品实际重量小而体积较大，运费需按材积标准收取，然后再按上列公式计算运费总额。求取材积公式如下：

规则物品：　长(cm) × 宽(cm) × 高(cm) ÷ 6 000 = 重量(kg)

不规则物品：最长(cm) × 最宽(cm) × 最高(cm) ÷ 6 000 = 重量(kg)

C) 国际快件有时还会加上燃油附加费

比如此时的燃油附加费为 9%，还需要在公式(A)的结果加上：运费 × 9%

(7) 总费用：

从以上公式得出：

$$总费用 = 运费 \times 折扣燃油附加费 + 包装费用 + 其他不确定费用$$

【实训项目】

1. 某公司拟向日本出口冻驴肉 30 公吨，共需装 1 500 箱，每箱毛重 25 千克，每箱体积为 20 cm × 30 cm × 40 cm，日商来电要求该公司报 CFR 神户价格，问应如何计算这批货物的运费和 CFR 价格？(设原为每公吨 30 美元 FOB 上海，该航线运费吨的运价为 144 美元)

已知在运价表中冻驴肉（FROZEN DONKEY-MEAT）为 8 级货物，征收标准为 W/M。又查知该航线没有其他附加费。

2. 我方出口羽绒服一批，总毛重 312 千克，总体积 2.275 立方米。该出口公司所在地至出口目的地日本大阪空运运价每千克 120 日元。试计算该批货物应付多少运费？（计算结果保留两位小数）

3. 甲货（蜂蜜）Measurement 为 10CBM（立方米），Weight 为 11MT，fm Melbourne（墨尔本，属 Australia）to Kawasaki（日本的川崎），订的是 P&O Nedlloyd 公司的舱位，知该公司采用英制单位，查该公司之 tariff 得：蜂蜜属于 7 级货，该公司 7 级货在 Europe - Australia 南、北行航线上运价分别为：USD135.00 与 USD115.00/R. T.。求该货的运费？

4. 甲货（蜂蜜）：Weight（W）重量为 8MT，Measurement（M）体积为 10CBM；乙货（糖果）：W 为 8MT，M 为 7CBM，现有一票货 form Far-east to Marseilles（法国马赛），查 COSCO TARIFF 知甲、乙均属 9 级货，9 级货在远东——欧洲东行、西行航线的 freight rate（运价）分别为 USD 65.00/RT 与 USD 85.00/RT，甲、乙货均订 COSCO 的舱，求甲、乙的计费吨及运费各为多少？（中国为采用米制单位的国家）

【本章综合实训】

一、翻译并解释下列名词

1. Partial Shipment
2. Transshipment
3. Shipping Advice
4. Booking Note
5. shipping note
6. sea waybill
7. bill of lading
8. mate's receipt
9. air waybill
10. through bill of lading
11. Multimodal Transport B/L
12. Combined Transport B/L

二、问答题

1. 什么条件下的装运期和交货期相同？

2. 如何理解“分批装运”？如果在合同和信用证中都没有规定双方允许分批装运，应该如何理解？

3. 什么是海运提单？如何理解海运提单是物权凭证？

三、单项选择题

(　　)1. 出口商办理装运后，凭以向船公司换取提单的凭证是________。

A. 装货单　　B. 大副收据

C. 商检证书　　D. 保险单

(　　)2. 必须经过背书才能转让的海运提单是________。

A. 记名提单　　B. 不记名提单

C. 指示提单　　D. 不清洁提单

(　　)3. 国际货物买卖合同中有关运输的主要交易条件是________。

A. 装运时间　　B. 离岸时间

C. 运输费用　　D. 转运时间

(　　)4. 按 FOB 条件成交时，卖方在将货物备妥后，一般按约定向买方发出________。

A. 装运通知　　B. 转运通知
C. 保险通知　　D. 提货通知

(　　)5. 当贸易术语采用 CIF 时,海运提单对运费的表示应为________。
A. Freight Prepaid　　B. Freight Collect
C. Freight Prepayable　　D. Freight Unpaid

(　　)6. 在进出口业务中,经过背书能够转让的单据有________。
A. 铁路运单　　B. 海运提单
C. 航空运单　　D. 邮包收据

(　　)7. 按提单收货人抬头分类,在国际贸易中被广泛使用的提单有________。
A. 记名提单　　B. 不记名提单
C. 指示提单　　D. 不清洁提单

(　　)8. 海运提单中的 Throngh B/L 是指________。
A. 直达提单　　B. 联运提单
C. 指示提单　　D. 转船提单

(　　)9. 理论上,集装箱班轮运输下签发的提单通常是________。
A. 预借提单　　B. 收货待运提单
C. 已装船提单　　D. 倒签提单

(　　)10. 已装船提单的日期是________。
A. 开始装船的日期
B. 装船完毕的日期
C. 船舶开航的日期
D. 货物运到码头的日期

四、多项选择题

(　　)1. 可以经过背书转让的提单是________。
A. 记名提单　　B. 不记名提单
C. 指示提单　　D. 海运提单

(　　)2. 按提单对货物表面状况是否有不良批注,可分为________。
A. 清洁提单　　B. 不清洁提单
C. 记名提单　　D. 不记名提单

(　　)3. 在出口业务中,卖方可凭以结汇的单据有________。
A. 海运提单　　B. 铁路运单成本
C. 承运货物收据　　D. 大副收据

(　　)4. 银行议付时接受________。
A. Clean B/L　　B. Stale B/L
C. Order B/L　　D. Received for B/L

(　　)5. 联运提单适用于________。
A. 海运 + 陆运　　B. 陆运 + 空运
C. 空运 + 邮购　　D. 海运 + 航空

五、判断题

(　　)1. 货物装船后,托运人凭船公司的装货单换取已装船提单。

(　　)2. 同一船只在同一航次中,多次从不同港口装相同的货物,即为分批装运。

(　　)3. 指示提单也被称为"空白抬头,空白背书提单",它不能通过背书而转让。

(　　)4. 海运提单要求空白抬头和空白背书,是指不填写收货人和不要背书。

(　　)5. 记名提单比不记名提单风险更大,故很少使用。

(　　)6. 提单的日期是以货物开始装船的日期为准。

(　　)7. 凭海运提单副本可以提货。

(　　)8. 记名提单和指示提单同样可以背书转让。

(　　)9. 清洁提单是指不载有任何批注的提单。

六、计算题

1. 出口货物一批,计 400 箱,每箱重 50 千克,体积为 60 cm×40 cm×30 cm,由天津装船去伦敦/鹿特丹/汉堡港口。查该货为 8 级,计费标准为 W/M,基本费率为 60 美元/运费吨,另有燃油附加费 20%,该港附加费每运费吨 2 美元,港口附加费 10%。求该批货物的运费?

2. 从我国大连运往某港口一批货物,计收运费标准 W/M 共 200 箱,每箱毛重 25 公斤,每箱体积长 49 厘米、宽 32 厘米、高 19 厘米,基本运费率每运费吨 60 美元,特殊燃油附加费率为 5%,港口拥挤费为 10%,试计算 200 箱应付多少运费?

3. 重 40 kg 货运往日本,运价等级为 45 kg 以下,按 CNY26.11 元/kg 计收;45 kg 及以上按 CNY19.61 元/kg 计收,试计算应付运费。

七、技能实训题

1. 某银行在审核单据时发现提单上有如下批注:

Shippers load, count and seal, Carriers not responsible for quantity, packing, condition and/or nature of goods.

问:这是否构成不清洁提单?

2. 依照所附海运提单,回答下列问题:

(1) 该提单应由谁首先背书?

(2) 作为收货人的代理人,你如何知道找谁提货?

(3) 收货人提货时应交出几份提单?

(4) 收货人提货时是否应交出海运提单?

(5) 卸货港是哪里?

(6) 谁是承运人?

(7) 该提单下有几个集装箱?

(8) XYZ Co. Ltd. 是否一定是收货人?

(9) 提单是否一定要经过 XYZ Co. Ltd. 背书?

(10) 该提单由谁签署?

1. Shipper Insert Name, Address and Phone	B/L NO.
SHANGHAI FOREIGN TRADE CORP	
2. Consignee Insert Name, Address and Phone	
TO ORDER OF BANGKOK BANK PUBLIC COMPANY LIMITED, BANGKOK	
3. Notify Party Insert Name, Address and Phone (It is agreed that no responsibility shall attach to the Carrier or his agents for failure to notify)	
MOUN CO., LTD NO. 443,249 ROAD BANGKOK THAILAND	
4. Combined Transport*	5. Combined Transport* **SHANGHAI**
Pre-carriage by	Place of Receipt
6. Ocean Vessel Voy. NO. : JENNY/03	7. Port of Loading
	SHANGHAI, CHINA
8. Port of Discharge **BANGKOK, THAILAND**	9. Combined Transport* **BANGKOK, THAILAND**
	Place of Delivery

中远集装箱运输有限公司

COSCO CONTAINER LINES

TLX: 33057 COSCO CN

FAX: +86(021) 6545 8984

ORIGINAL

Port-to-Port or Combined Transport

BILL OF LADING

RECEIVED in external apparent good order and condition except as other-Wise noted. The total number of packages or unites stuffed in the container, The description of the goods and the weights shown in this Bill of Lading are Furnished by the Merchants, and which the carrier has no reasonable means Of checking and is not a part of this Bill of Lading contract.

The carrier has Issued the number of Bills of Lading stated below, all of this tenor and date, One of the original Bills of Lading must be surrendered and endorsed or sig-Ned against the delivery of the shipment and whereupon any other original Bills of Lading shall be void. The Merchants agree to be bound by the terms And conditions of this Bill of Lading as if each had personally signed this Bill of Lading.

SEE clause 4 on the back of this Bill of Lading (Terms continued on the back Hereof, please read carefully).

*Applicable Only When Document Used as a Combined Transport Bill of Lading.

Marks & Nos. Container / Seal NO.	NO. of Containers or Packages	Description of Goods (If Dangerous Goods, See Clause 20)	Gross Weight Kgs	Measurement
N/M UXXU4240250/ 0169255	40 DRUMS 1×40'ONTAINERS CFS/CFS	2,000 KGS. ISONIAZID BP98 L/C NO. KKB1103043	2200KGS	
		Description of Contents for Shipper's Use Only (Not part of This B/L Contract)		

10. Total Number of containers and/or packages (in words)

Subject to Clause 7 Limitation	TOTAL FORTY DRUMS IN 40'CONTAINERS

续表

11. Freight & Charges	Revenue Tons	Rate	Per	Prepaid	Collect
FREIGT PREPAID					
Declared Value Charge					

Ex. Rate:	Prepaid at	Payable at	Place and date of issue
			12/10/2000 SHANGHAI, CHINA
	Total Prepaid	NO. of Original B(s)/L	Signed for the Carrier, COSCO CONTAINER LINES
		THREE	
LADEN ON BOARD THE VESSEL			
DATE 12/10/2000		BY	COSCO CONTAINERS INES

【课后练习】

1. 根据下列资料缮制进口托运单:

2007年2月3日,长城国际贸易公司填制编号为DT5555555的进口托运单,从韩国进口空调。

相关资料如下:

发货人:上海长城国际贸易公司

上海市南京路57号,电话:021-58699215,联系人:张杨

合同号:GT2007-01

品名:AIR CONDITIONER

数量:1 000台　包装:纸箱　重量:26 kg/台

总体积:86 m^3

装运港:釜山

目的港:上海

装运要求:2004年4月8日前,不准分批装运和转运

2. 请根据上海捷旭国际贸易有限公司发票及相关信用证资料填制订舱委托书

上海捷旭国际贸易有限公司

SHANGHAI JIEXU INTERNATIONAL TRADE CO., LTD

TOWER B, 23 SAN MEN RD SHANGHAI 200045, CHINA

TEL: 87655473 FAX: 93894849

TO: M/S　　INVOICE

INVOICE NO. JXPP9876

G. S. GILL SDN BHD　　DATE: MAY. 25, 1997

106 JALAN TRANKU ABDUL, RAHMNAN　　S/C NO. TX8876

50100 KUALA LUMPUR　　DATE: MAR, 17, 1997 MALAYSIA

FROM: SHANGHAI　TO: KUALA LUMPUR

L/C NO. CTTI98987　ISSUED BY: CITI BANK KUALA LUMPUR BR

MARKS &NUMBERS QUANTITIES AND DESCRIPTIONS UNIT PRICE AMOUNT

G. S. GILL	CLEAN EQUIPMENT			
TX8876	ART NO. KP3200	125CTNS	USD57.00	USD7125.00
JUALA LUMPUR	KP5464	57CTNS	USD49.00	USD2793.00
C/NO. 1 - 235	K42239	53CTNS	USD22.00	USD1166.00
				USD11084.00

TOTAL PACKAGE：235 CARTONS

TOTAL MEAS：23.679M3

ART NO. /PACKAGE	N. W.	G. W.
KP3200	17KG	19KG
KP5464	15KG	18KG
K42239	15KG	18KG

上海捷旭国际贸易有限公司

SHANGHAI JIEXU INTERNATIONAL TRADE CO. ,LTD

李济深

SOME MSG(信息) FROM THE L/C

LC NO. L/C NO. CTTI98987

LC DATE：APR 28TH,1997

EXPIRY DATE：JUL 15TH,1997

BENEFICIARY：SHANGHAI JIE XU INTERNATIONAL TRADE CO. ,LTD

TOWER B,23 SAN MEN RD.

SHANGHAI 200045 CHINA

APPLICANT：G. S. GILL SDN BHD

106 JALAN TRANKU ABDUL,RAHMNAN

50100 KUALA LUMPUR

MALAYSIA

SHIPMENT：SHIPMENT BY STEAMER NOT LATER THAN 30 JUN. 1997 FROM CHINA TO KUALA LUMPUR WITH PARTIAL SHIPMENT AND TRANSHIPMENT ALLOWED

DOCUMENTS REQUIRED：COMPLETE SET OF NOT LESS THAN TWO CLEAN NON BOARD LINER TERM OCEAN BILL OF LADING MARKED FREIGHT PAID MADE OUT TO THE ORDER OF L/C ISSUING BANK INDICATING BUYERS AS PARTY TO BE NOTIFIED

【本章经典案例】

案例一：集装箱托运代理纠纷案

2005年5月18日，被告吉祥公司向原告万同公司出具《集装箱货物托运单》，预订到英国南安普敦的1个20英尺和2个40英尺的集装箱舱位，并于同日向被告二运公司出具《拖柜委托书》，委托被告二运公司前往盐田港拖箱装货。原告接受了被告吉祥公司的订舱，并将其从赫伯罗特船务公司承租经营并管理的编号为HLXU4336633、HLXU3003094、

HLXU6131550 的 3 只集装箱向被告吉祥公司放舱。因为验货问题,5 月 19 日被告吉祥公司又电话通知原告取消原定航次。但同日上午 9 时左右,被告二运公司已将 3 个空箱从盐田港提走,并在 5 月 20 日将空箱拖至被告吉祥公司处。因被告吉祥公司已经取消订舱,被告二运公司又在 5 月 21 日将 3 个空箱运回深圳,并于同日传真通知被告吉祥公司要求其承担吊箱费和租箱费。被告二运公司将 3 只空箱运回深圳后,没有及时交给赫伯罗特船务公司,于 24 日将箱拖至蛇口沿山路南水工业区沿山派出所对面的停车场。此后,原告分别于 5 月 24 日、29 日致函被告吉祥公司要求返还 3 个集装箱,于 5 月 29 日致函被告二运公司要求返还集装箱,但未果。6 月 6 日,原告向本院申请海事强制令,请求责令被告二运公司向原告返还 3 个空箱。6 月 7 日,本院作出(2001)广海法强字第 1－1 号民事裁定,准许原告的海事强制令申请。6 月 9 日,被告二运公司同意向原告返还 3 个空箱并告知存放地点后,原告自派拖车拖回 3 个空箱并返还给赫伯罗特船务公司。原告向赫伯罗特公司支付了自 5 月 19 日至 6 月 9 日期间 3 个集装箱的租箱费港币 9 500 元,码头吊箱费港币 2 970 元;原告支付海事强制令申请费人民币 1 035 元,执行费人民币 2 000 元;原告支付集装箱拖车费人民币 450 元。上述费用共计港币 12 470 元、人民币 3 485 元。

法院经审理认为,本案是货运代理合同纠纷。原告以承运人的名义与被告吉祥公司签订《集装箱货物托运单》。该托运单是双方当事人真实一致的意思表示,没有违反现行法律规定,合法有效,对双方有约束力。依据该托运单,被告吉祥公司对于属原告经营的用以装载待托运货物的 3 个集装箱负有保管并如期返还的义务,被告吉祥公司取消原定航次后,应当及时返还原告的集装箱。

尽管被告吉祥公司和被告二运公司依据《拖柜委托书》形成了合同关系,但原告与被告二运公司之间并不存在法律关系。原告与被告吉祥公司签订的托运单的效力仅发生于当事人双方之间,不及于第三方。因此,原告主张由两被告承担连带赔偿责任的主张,没有事实和法律依据,予以驳回。

被告吉祥公司主张被告二运公司具有独立的法人资格,集装箱不能及时返还的责任全部由被告二运公司承担。根据《中华人民共和国合同法》第一百二十一条有关"当事人一方因第三人的原因造成违约的,应当向对方承担违约责任。当事人一方和第三人之间的纠纷,依照法律规定或者按照约定解决"的规定,被告吉祥公司不因其与被告二运公司之间的合同关系而免除对原告负有的返还集装箱的义务,应当对原告承担未按约定返还集装箱的违约责任。被告吉祥公司与被告二运公司之间的合同关系不属本案审理范围。被告吉祥公司主张其对被告二运公司的行为只负催促义务,没有事实和法律依据,不予支持。

综上,依照《中华人民共和国合同法》第一百零七条、第一百二十一条的规定,判决如下:

一、被告吉祥公司赔偿原告万同公司港币 12 470 元,人民币 3 485 元;

二、驳回原告万同公司对被告二运公司的诉讼请求。

案例二:装运单证与信用证不符遭拒付

某 A 公司在 1998 年 11 月与阿联酋迪拜某 B 公司签订了一份出口合同,货物为 1×20 集装箱一次性打火机。不久 B 公司即开来一份不可撤销即期信用证,来证规定装船期限为 1999 年 1 月 31 日,要求提供"Full set original clean on board ocean Bill of Lading……"(全套正本清洁已装船海运提单)。由于装船期太紧,A 公司便要求 B 公司延期,装船期限改为 1999 年 3 月 31 日。B 公司接受了 A 公司的要求修改了信用证。收到信用证并经全面审查后未发现问题,A 公司在 3 月 30 日办理了货物装船,4 月 13 日向议付行交单议付。

4 月 27 日接到收到议付行转来的开证行的拒付通知:"你第××××号信用证项下的单据经我行审查,发现如下不符点:提单上缺少'已装船'批注。以上不符点已经与申请人联系,亦不同意接受。单据暂代保管,听候你方的处理意见。"

A 公司的有关人员立即审复查了提单,同时与议付行一起翻阅与研究了《跟单信用证统一惯例》500 号出版物(以下简称《UCP500》)的有关规定,证实了开证行的拒付是合理的。A 公司立即电洽申请人,提单缺少"已装船"批注是我方业务人员的疏忽所致,货物确实是被如期装船的,而且货物将在 5 月 3 日左右如期到达目的港,我方同意他在收到目的港船代的提货通知书后再向开证行付款赎单。B 公司回复由于当地市场上一次性打火机的售价大幅下降,只有在我方降价 30% 后方可向开证行赎单。我方考虑到自己理亏在先,同时通过国内同行与其他客户又了解到,进口国当地市场价格确实已大幅下降,我方处于十分被动地位,只好同意降价 30%,了结此案。

【案例分析】

案例二的案情并不复杂,却给我方带来巨大的损失,不得不引起人们的深思。我们应该从中吸取以下教训:

1. 应尽早办理装运。A 公司虽然在信用证规定的装船期限内办理了装运,满足了信用证的要求,但距 B 公司开证时已 4 个多月了。在这段时间内,由于货物本身的消费特征以及国际市场供求情况的变化,货物的当地市场价格有可能大幅下降,为避免价格下降给我方带来的损失(其实也为避免我方的损失),我方应尽快办理装运。在此案中,B 公司曾多次来电要求我方尽早装运,但我方认为装运期仍未到,没有很合理地安排生产进度,以致在装船期即将临近时才办理装运,货物到港时已距 B 公司开证时 5 个多月,又恰逢当地市场价格下降,其实已为客户拒付货款埋下了伏笔。

2. 应严格按照信用证与《UCP500》的要求制作与审核单据。信用证要求提供"已装船"提单,我方应提供相应的提单,以便做到"单证相符"。根据《UCP500》第二十三条 A 款第 2 项规定,除非信用证另有规定,提单应注明货物已装船或已装具名船只,可由提单上印就的"货物已装上具名船只"或"货物已装运具名船只"的词语来表示,在此情况下,提单的出具日期即视为装船日期与装运日期。在所有其他情况下,装上具名船只,必须以提单上注明货物装船日期的批注来证实,在此情况下,装船批注日期即视为装运日期。案中的提单(提单上没有印就上述词语)则属于后一种情况,只要在提单上注明货物装船日期的批注就行了。如果我方业务人员能按照信用证的要求制作托运单(在托运单上注明要求提供"已装船"提单),承运人或其代理能根据托运单内容与《UCP500》的规定制作并签发提单,银行能根据信用证与《UCP500》来审核 A 公司交来的议付单据,那么上述案例也许就不会发生了。

因此,本案例的拒付带给我们的启示是,应在信用证的装船期内尽快办理装运,严格按照信用证与《UCP500》的要求制作与审核单据。

空运单样本

Shipper's name and address	NOT NEGOTIABLE **Air Waybill** Issued by
Consignee's name and address Issuing Carrier's Agent Name and City	It is agreed that the goods described herein are accepted in apparent good order and condition (except as noted) for carriage SUBJECT TO THE CONDITIONS OF CONTRACT ON THE REVERSE HEREOF, ALL GOODS MAY BE CARRIED BY ANY OTHER MEANS. INCLUDING ROAD OR ANY OTHER CARRIER UNLESS SPECIFIC CONTRARY INSTRUCTIONS ARE GIVEN HEREON BY THE SHIPPER. THE SHIPPER'S ATTENTION IS DRAWN TO THE NOTICE CONCERNING CARIER'S LIMITATION OF LIABILITY. Shipper may increase such limitation of liability by declaring a higher value of carriage and paying a supplemental charge if required.
Agents IATA Code / Account NO.	
Airport of Departure (Add. of First Carrier) and Requested Routing	Accounting Information

to	By first carrier	to	by	to	by	Currency	Declared Value for Carriage	Declared Value for Customs

Airport of Destination	Flight/Date	Amount of Insurance	INSURANCE—If carrier offers insurance and such insurance is requested in accordance with the conditions thereof indicate amount to be insured in figures in box marked "Amount of Insurance"

Handling Information

NO. of Pieces	Gross Weight	Rate Class	Chargeable Weight	Rate/Charge	Total	Nature and Quantity of Goods

Prepaid Weight charge Collect	Other Charges
Valuation Charge	
Tax	
Total Other Charges Due Agent	Shipper certifies that the particulars on the face hereof are correct and that insofar as any part of the consignment contains dangerous goods, such part is properly described by name and is in proper condition for carriage by air according to the applicable Dangerous Goods Regulations.
Total Other Charges Due Carrier	
	________________ Signature of Shipper or his agent

Total Prepaid	Total Collect	Executed on ______ at ______ Signature of issuing Carrier or as Agent	
Currency Conversion Rates	CC Charges in des. Currency		
For Carrier's Use Only at Destination	Charges at Destination	Total Collect Charges	AIR WAYBILL NUMBER

第三章
保险单证

【本章理论回顾】

一、海上运输风险

（一）海上风险

1. 自然灾害

2. 意外事故

（二）外来风险

1. 一般外来风险

2. 特殊外来风险

二、海上货物损失

（一）全部损失

全部损失分为以下两种情况：

1. 实际全损（Actual Total Loss）

指被保险货物的全部灭失，或原有用途和价值的丧失，或所有权的丧失等情形。

2. 推定全损（Constructive Total Loss）

指被保险货物遭遇风险后，未达到全部损失，但若经施救、整理、修复所耗费用估计要超过到达目的地货物完好状态的价格。

（二）部分损失（Partial Loss）

部分损失分为以下两种。

1. 共同海损（General Average）

2. 单独海损（Particular Average）

三、我国海运货物保险条款——CIC

我国海洋运输货物保险条款分为基本险和附加险。

（一）基本险

基本险又称“主险”，指保险公司可以独立承保的险别，主要承保海上风险所造成的货物损失。

1. 平安险

2. 水渍险

3. 一切险

（二）附加险

1. 一般附加险的险别——11 种

（1）偷窃、提货不着险（Risk of Theft Pilferage and Non – Delivery；TPND）；

（2）淡水雨淋险（Risk of Fresh Water and/or Rain Damage）；

（3）短量险（Risk of Shortage）；

（4）混杂、玷污险（Risk of Intermixture and Contamination）；

（5）渗漏险（Risk of Leakage）；

（6）碰损、破碎险（Risk of Clash and Breakage）；

（7）串味险（Risk of Taint of Odor）；

（8）受潮受热险（Risk of Sweat and Heating）；

（9）钩损险（Risk of Hook Damage）；

（10）包装破裂险（Risk of Breakage of Packing）；

（11）锈损险（Risk of Rust）。

2. 特殊附加险的险别——8 种

（1）战争险（War Risk）；

（2）罢工险（Strikes Risk）；

（3）舱面险（On Deck Risk）；

（4）拒收险（Rejection Risk）；

（5）黄曲霉素险（Aflatoxin Risk）；

（6）进口关税险（Import Duty Risk）；

（7）交货不到险（Failure to Deliver Risk）；

（8）货物出口到香港（包括九龙）或澳门存仓火险责任扩展条款（Fire Risk Extension Clause for Storage of Cargo at Destination Hong Kong，Including Kowloon pr Macao；FREC）。

（三）货物保险责任期限——W/W 条款

四、英国海运货物保险条款——ICC

目前，在国际保险市场上所使用的海运货物保险条款中，具有较大影响的是英国伦敦保险协会制定的《协会货物条款》（Institute Cargo Clause；ICC，1982 年 1 月 1 日）。

《协会货物条款》一共有六种险别，它们是：

（1）协会货物（A）险条款——ICC（A）；

（2）协会货物（B）险条款——ICC（B）；

（3）协会货物（C）险条款——ICC（C）；

（4）协会战争险条款（货物）——ICC 战争险；

（5）协会罢工险条款（货物）——ICC 罢工险；

（6）恶意损害险条款——ICC 恶意损害险。

五、其他货物运输保险条款

六、保险费的计算

1. 海运出口货物运输保险的保险金额一般是以 CIF 价格为基础，再加上一定百分比的“加成”（一成为 10%，二成为 20%，以此类推），即

$$保险金额 = CIF + CIF \times 加成率$$

或

$$保险金额 = CIF \times (1 + 加成率)$$

若对外报价需从 CFR 转换算成 CIF 价，则换算公式应为

$$CIF = CFR \div [1 - (1 + 加成率) \times 保险费率]$$

2. 关于 CIF、CIP 术语中的投保

《Incoterms 2000》规定：最低保额 = 合同价款 × 110%

3. 含折扣价保险费的计算

以折实售价为投保基数（除非另有规定）

$$保险费 = CIF/CIP 价 \times (1 - 折扣率) \times 保险加成 \times 保险费率$$

4. 超成保险费的计算

$$超成保险费 = CIP/CIF 价 \times 超成率 \times 保险费率$$

除非另有规定，应由买方负担。

【实训目的】

通过本项目实训，我们应该掌握的基本技能是：

□ 熟悉并看懂出口业务中相关信用证（合同）中有关保险单的条款。

□ 掌握保险单缮制的规范和技巧。

□ 学会独立缮制保险单的技能。

【建议课时】 2

【前期准备】

□ 出口商提供的商业发票、装箱单

□ 确定保险金额

□ 出口商提供的投保单（Application）

□ 计算器

【操作步骤】

□ 浏览信用证（合同）对保险单的要求，如保险加成、保险险别、赔付地点等及相关附加指示的规定。

□ 根据保险加成，计算保险金额。

□ 浏览商业发票和箱单，明确货物描述的基本内容，如品名、运输标志、总件数等。

【注意事项】

1. 保险单据必须在表面上看来是由保险公司为承保人或其代理人或其代表出具并签署，银行不接受由保险经纪人签发的暂保单。

2. 投保加成必须符合信用证的规定；

3. 保险险别必须符合信用证的规定并且无遗漏；

4. 保险单据的类型应与信用证的要求相一致，除非信用证另有规定，保险经纪人出具的暂保单银行不予接受；

5. 保险单据的正副本份数应齐全，如保险单据注明出具一式多份正本，除非信用证另有规定，所有正本都必须提交；

6. 保险单据上的币制应与信用证上的币制相一致；

7. 包装件数、唛头等必须与发票和其他单据相一致；

8. 运输工具、起运地及目的地，都必须与信用证及其他单据相一致；

9. 如转运，保险期限必须包括全程运输；

10. 除信用证另有规定，保险单据一般应作成可转让的形式，以受益人为投保人，由投保人背书。保险单据的转让无需取得保险人的同意，也无需通知保险人；

11. 保险单据的出单日期不得迟于运输单据所列货物装船或发运或承运人接受监管的日期。因此，办理投保手续的日期也不得迟于货物装运日期；

12. 中国人保公司可以按照 CIC 条款签发保险单，也可以按照 ICC 条款签发保险单，但不允许在一份保单内部分险别是依据 CIC 条款，而部分险别又是依据 ICC 条款，而这不能混用。

海运出口货物投保单

<table>
<tr><td colspan="6">1) 保险人：THE PEOPLE'S INSURANCE COMPANY OF CHINA
SHANGHAI BRANCH</td><td colspan="5">2) 被保险人：GOLDEN SEA TRADING CORPORATION</td></tr>
<tr><td colspan="2">3) 保单号次：</td><td colspan="4">JH-FLSBD01</td><td colspan="4">4) 保单日期：</td><td>7 - Aug - 99</td></tr>
<tr><td colspan="2">5) 标记</td><td colspan="4">6) 包装及数量</td><td colspan="4">7) 保险货物项目</td><td>8) 保险金额</td></tr>
<tr><td colspan="2">AS PER INVOICE</td><td colspan="3"></td><td colspan="5" rowspan="3">"FOREVER" BRAND BICYCLES
YE803 26'
TE600 24'</td><td rowspan="3">US $ 90420.00</td></tr>
<tr><td colspan="2">NO.: JH - FLSINV01</td><td colspan="3">600CTNS</td></tr>
<tr><td colspan="2"></td><td colspan="3">600CTNS</td></tr>
<tr><td>9) 总保险金额：</td><td colspan="10">SAY U. S. DOLLARS NINTY THOUSAND FOUR HUNDRED AND TWENTY ONLY</td></tr>
<tr><td>10) 运输工具：</td><td colspan="2">（船名）</td><td colspan="2">（航次）</td><td colspan="2"></td><td colspan="2">11) 装运港：</td><td colspan="2">12) 目的港：</td></tr>
<tr><td></td><td colspan="2">YI XIANG</td><td colspan="2">V307</td><td colspan="2">SHANGHAI</td><td colspan="2">COPENHAGEN</td><td colspan="2"></td></tr>
<tr><td rowspan="2">13) 承保险别：</td><td colspan="6" rowspan="2">OCEAN MARINE CARGO CLAUSES
ALL RISKS AND WAR RISKS
AS PER CIC OF PICC DATED 1/1/1981</td><td colspan="2">14) 保险代理：</td><td colspan="2"></td></tr>
<tr><td colspan="4">J. G. SAFE & CO. A/S
631 MAPLE ALLE, DK - 3240 VALBY
COPENHAGEN, DENMARK
TEL: (01)413277　FAX: (01)413376</td></tr>
<tr><td rowspan="2">15) 赔付地点：</td><td colspan="6" rowspan="2">DENMARK</td><td colspan="2" rowspan="2">17) 投保人签字</td><td colspan="2">DOLDEN SEA TRADING CORPORATION</td></tr>
<tr><td colspan="2">赵德明</td></tr>
<tr><td>16) 应缴保费：</td><td colspan="3">US $ 813.78</td><td colspan="3">（美元）</td><td colspan="2">18) 投保日期</td><td colspan="2">7 - Aug - 99</td></tr>
</table>

【实训项目】

请根据以下资料缮制保险单：

我国广东省机械进出口公司向荷兰罗纳因贸易公司出口不锈钢铲头 12 000 件，每件 9.60美元，CIF 鹿特丹，纸箱包装，每箱 12 件。合同规定投保一切险和战争险，运输标志为：

F. V.

ART NO =9099

ROTTERDAM

NOS：1—1 000

该货物于 2002 年 3 月 20 日在广州装"东方"号轮运往鹿特丹。

商业发票号：NM134

合同号：05MP561009

信用证号：T－027651

要求：根据以下条件填制下列保险单

中国人民保险公司广州市分公司

The People's Insurance Company of China GUANG ZHOU Branch

总公司设于北京　一九四九年创立

Head Office Beijing Established in 1949

货物运输保险单

CARGO TRANSPORTATION INSURANCE POLICY

发票号(INVOICE NO.)保单号次 PLC876

合同号(CONTRACT NO.) POLICY NO.

信用证号(L/C NO.)

被保险人：

Insured：

中国人民保险公司(以下简称本公司)根据被保险人的要求，由被保险人向本公司缴付约定的保险费，按照本保险单承保险别和背面所载条款与下列特款承保下述货物运输保险，特立本保险单。

THIS POLICY OF INSURANCE WITNESSES THAT THE PEOPLE'S INSURANCE COMPANY OF CHINA(HEREINAFTER CALLED "THE COMPANY") AT THE REQUEST OF THE INSURED AND IN CONSIDERATION OF THE AGREED PREMIUM PAID TO THE COMPANY BY THE INSURED,UNDERTAKES TO INSURE THE UNDERMENTIONED GOODS IN TRANSPORTATION SUBJECT TO THE CONDITIONS OF THIS OF THIS POLICY ASPER THE CLAUSES PRINTED OVERLEAF AND OTHER SPECIL CLAUSES ATTACHED HEREON.

标记 MARKS & NOS	包装及数量 QUANTITY	保险货物项目 DESCRIPTION OF GOODS	保险金额 AMOUNT INSURED

总保险金额

TOTAL AMOUNT INSURED：________________

保费

____

启运日期 装载运输工具：

AS ARRANGED DATE OF COMMENCEMENT：________ PER CONVEYANCE：Pessession V16

自 经 至

FROM：__________ VIA __________ TO __________

承保险别：

CONDITIONS：

所保货物，如发生保险单项下可能引起索赔的损失或损坏，应立即通知本公司下述代理人查勘。如有索赔，应向本公司提交保单正本（本保险单共有______份正本）及有关文件。如一份正本已用于索赔，其余正本自动失效。

IN THE EVENT OF LOSS OR DAMAGE WITCH MAY RESULT IN A CLAIM UNDER THIS POLICY, IMMEDIATE NOTICE MUST BE GIVEN TO THE COMPANY'S AGENT AS MENTIONED HEREUNDER. CLAIMS, IF ANY, ONE OF THE ORIGINAL POLICY WHICH HAS BEEN ISSUED IN ______ ORIGINAL(S) TOGETHER WITH THE RELEVENT DOCUMENTS SHALL BE SURRENDERED TO THE COMPANY. IF ONE OF THE ORIGINAL POLICY HAS BEEN ACCOMPLISHED. THE OTHERS TO BE VOID.

中国人民保险公司广州市分公司

The People's Insurance Company of China Guangzhou Branch

赔款偿付地点

CLAIM PAYABLE AT ________________

出单日期

Authorized Signature 王天华

ISSUING DATE ________________

地址（ADD）：中国广州黄河路 112 号　电话（TEL）：(020)86521049

地址（ADD）：邮编（POST CODE）：518000　传真（FAX）：(020)84404593

【本章综合实训】

一、单项选择题

(　　)1. 在海洋运输货物保险业务中，共同海损________。

A. 是部分损失的一种

B. 是全部损失的一种

C. 有时为部分损失，有时为全部损失

D. 是推定全损

(　　)2. 根据我国“海洋货物运输保险条款”规定，“一切险”包括________。

A. 平安险加 11 种一般附加险

B. 一切险加 11 种一般附加险

C. 水渍险加 11 种一般附加险

D. 11 种一般附加险加特殊附加险

(　　)3. 预约保险以________代替投保单，说明投保的一方已办理了投保手续。

A. 提单　　B. 国外的装运通知

C. 大副收据　　D. 买卖合同

(　　)4. 按国际保险市场惯例，投保金额通常在 CIF 总值的基础上________。

A. 加一成　　B. 加二成

C. 加三成　　D. 加四成

(　　)5. “仓至仓”条款是________。

A. 承运人负责运输起讫的条款

B. 保险人负责保险责任起讫的条款

C. 出口人负责缴获责任起讫的条款

D. 进口人负责付款责任起讫的条款

(　　)6. 我某公司出口稻谷一批，因保险事故被海水浸泡多时而丧失其原有用途，货到目的港后只能低价出售，这种损失属于________。

A. 单独损失　　B. 共同损失

C. 实际全损　　D. 推定全损

(　　)7. CIC“特殊附加险”是指在特殊情况下，要求保险公司承保的险别，________。

A. 一般可以单独投保

B. 不能单独投保

C. 可单独投保两项以上的“特殊附加险”

D. 在被保险人统一的情况下，可以单独投保

(　　)8. 某批出口货物投保了水渍险，在运输过程中由于雨淋致使货物遭受部分损失，这样的损失保险公司将________。

A. 负责赔偿整批货物

B. 负责赔偿被雨淋湿的部分

C. 不给予赔偿

D. 在被保险人同意的情况下，保险公司负责赔偿被雨淋湿的部分

(　　)9. 有一批出口服装，在海上运输途中，因船体触礁导致服装严重受浸，如果将这批服装漂洗后再运至原定目的港所花费的费用已超过服装的保险价值，这批服装应属于________。

A. 共同海损　　B. 实际全损

C. 推定全损　　D. 单独海损

(　　)10. 我方按 CIF 条件成交一批罐头食品，卖方投保时，按下列________投保是正确的。

A. 平安险 + 水渍险　　B. 一切险 + 偷窃提货不着险

C. 水渍险 + 偷窃提货不着险　　D. 平安险 + 一切险

(　　)11. CIF 合同的货物有装船后因火灾被焚，应由________。

A. 卖方承担损失　　B. 卖方负责请求保险公司赔偿
C. 买方负责请求保险公司赔偿　　D. 承担运费的一方赔偿

(　　)12. 在短卸情况下,通常向________提出索赔。
A. 卖方　　B. 承运人
C. 保险公司和承运人　　D. 卖方,保险公司和承运人

(　　)13. 同国际市场的惯例一样,我国海运货物基本险的保险期限一般也采用________的原则。
A. “门到门”　　B. “桌到桌”
C. “仓至仓”　　D. “港到港”

(　　)14. 海上保险合同的转让是指________。
A. 被保险人将其保险合同中的权利和义务转让给另一个人的行为
B. 保险合同随保险标的的所有权发生转移而转让
C. 可保利益的转让
D. 保险标的的转让

(　　)15. 某公司按 CIF 出口一批货物,但因海轮在运输途中遇难,货物全部灭失,买方________。
A. 可借货物未到岸之事实而不予付款
B. 应该凭卖方提供的全套单据付款
C. 可以向承运人要求赔偿
D. 由银行决定是否付款

二、多项选择题

(　　)1. 海上货物保险中,除合同另有约定外,哪些原因造成货物损失,保险人不予赔偿________。
A. 交货延迟　　B. 被保险人的过失
C. 市场行情变化　　D. 货物自然损耗

(　　)2. 出口茶叶,为防止运输途中串味,办理保险时,应投保________。
A. 串味险　　B. 平安险加串味险
C. 水渍险加串味险　　D. 一切险

(　　)3. 土畜产公司出口肠衣一批,为防止在运输途中因容器损坏而引起渗漏损失,保险时应投保________。
A. 渗漏险　　B. 一切险
C. 一切险加渗漏险　　D. 水渍险加渗漏险

(　　)4. 根据我国海洋运输保险条款规定,一般附加险包括________。
A. 短量险　　B. 偷窃提货不着险
C. 交货不到险　　D. 串味险

(　　)5. 我国海上货物保险的基本险种包括________。
A. 平安险　　B. 战争险
C. 水渍险　　D. 一切险

(　　)6. 共同海损分摊时,涉及的收益方包括________。

A. 货方　　　　　　　　　　B. 船方
C. 运费方　　　　　　　　　D. 救助方

(　　)7. 在我国海洋运输货物保险业务中,下列________险别均可适用“仓至仓”条款。
A. ALL RISKS　　　　　　　　B. WA or WPA
C. FPA　　　　　　　　　　　D. WAR RISK

(　　)8. 在发生以下________的情况下,可判定货物发生了实际全损。
A. 为避免实际全损所支出的费用与继续将货物运抵目的地的费用之和超过了保险价值
B. 货物发生了全部损失
C. 货物完全变质
D. 货物不可能归还被保险人

(　　)9. 某载货船只载着甲货主的3 000箱棉织品、乙货主的50公吨小麦、丙货主的200公吨大理石驶往美国纽约。货轮起航的第二天不幸遭遇触礁事故,导致船底出现裂缝,海水入侵严重,使甲货主的250箱棉织品和乙货主的5公吨小麦被海水浸湿。因裂口太大,船长为解除船、货的共同危险,使船舶浮起并及时修理,下令将丙货主的50公吨大理石抛入海中,船舶修复后继续航行。货轮继续航行的第三天又遭遇恶劣气候,使甲货主另外50箱货物被海水浸湿,下列说法________是正确的。
A. 因触礁而产生的船底裂缝及甲、乙货主的货物损失属于单独海损
B. 使船舶浮起并及时修理而抛入海中的丙货主损失属于共同海损
C. 因恶劣气候导致的甲货主50箱货物的损失属于单独海损
D. 本案中各货主都投保了平安险,保险公司将对以上A、B、C损失给予赔偿

(　　)10. 运输工具在运输途中发生了搁浅、触礁、沉没等意外事故,不论意外发生之前或之后货物在海上遭遇恶劣气候、雷电、海啸等自然灾害造成被保险货物的部分损失,属于以下________的承包范围。
A. 平安险　　　　　　　　　B. 水渍险
C. 一切险　　　　　　　　　D. 附加险

(　　)11. 共同海损与单独海损的区别是________。
A. 共同海损属于全部损失,单独海损属于部分损失
B. 共同海损由保险公司负责赔偿,单独海损由受损方自行承担
C. 共同海损是为了解除或减轻风险而人为造成的损失,单独还损是承保范围内的风险直接导致的损失
D. 共同海损由受益方按受益大小的比例分摊,单独海损由受损方自行承担

(　　)12. 我国对外贸易货运保险可分为________。
A. 海上运输保险　　　　　　B. 陆上运输保险
C. 航空运输保险　　　　　　D. 邮包运输保险

(　　)13. 伦敦保险协会海运货物保险条款所规定的险别种可单独投保的是________。

A. ICC(A) ICC(B) ICC(C)　　B. 协会战争条款
C. 协会罢工条款　　D. 恶意损害条款

(　　)14. 共同海损的构成条件有________。
A. 必须确有共同危险
B. 采取的措施是有意的、合理的
C. 牺牲和费用的支出是非常性质的
D. 构成共同海损的牺牲和费用的开支最终必须是有效的

三、判断题

(　　)1. 海上保险业务的意外事故,仅局限于发生在海上的意外事故。

(　　)2. 保险利益是投保人所投保的保险标的。

(　　)3. 我某公司按 CFR 贸易术语进口时,在国内投保了一切险,保险公司的责任起讫应为仓至仓。

(　　)4. 在海运货物保险业务中,仓至仓条款对于驳船运输造成的损失,保险公司不承担责任。

(　　)5. 在国际贸易中,向保险公司投保一切险后,在运输途中由于任何外来原因造成的一切货损,均可向保险公司索赔。

(　　)6. 托运出口玻璃制品时,被保险人在投保一切险后,还应加保破碎险。

(　　)7. 海运保险单的转让,可以无须事前征得保险人的同意,经被保险人背书后而自由转让。

(　　)8. 保险公司对陆运战争险的承保责任起讫与海运战争险的承保责任都是"仓至仓"。

(　　)9. 我进口货物一批,投保一切险,货物在海运途中部分被火焚。经查,一切险中 11 种附加险并无火险。对此损失保险公司不承担责任。

(　　)10. 国际海运货物的保险与一般货物保险一样,通常采用不定值保险方式。

(　　)11. 如果被保险货物运达保险单所载明的目的地,收货人提货后即将货物转运,则保险公司的保险责任转运到达目的地仓库时中止。

(　　)12. 海运提单的签发日期应早于保险单的签发日期。

(　　)13. 不论在实际全损和推定全损的情况下,保险公司都要按保险金额全额赔偿。

(　　)14. 按照中国人民保险公司现行的保险条款规定,凡已投保了战争险,若再加保罢工险,保险公司不另行增收保险费。

(　　)15. 伦敦保险协会指定的"协会货物条款"中的 A 险 B 险和 C 险,其承保的范围与我国海运货物保险的 FPA、WA 和 ALL RISKS 三种险别的承保范围大致相当。

四、计算题

1. 某公司出口货物一批,原报价 USD2 000/mt CIFC3% Sydney,客户要求改报 CFR5% Sydney,按发票金额的 110% 投保一切险加保战争险。经查,一切险和战争险的保险费率分别为 0.8% 和 0.4%。试计算 CFR5% Sydney 的价格?

2. 我方以 50 美元/袋 CIF 新加坡出口某商品 1 000 袋,货物出口前,由我方向中国人民保险公司投保水渍险、串味险及淡水雨淋险的保险费率分别为 0.6%、0.2% 和 0.3%,按发票金额 110% 投保。该批货物的投保金额和保险费各是多少?

3. 某货主在货物装船前，按发票金额的110%办理了货物投保手续，投保一切险加保战争险。该批货物以CIF成交的总价值为20.75万美元，一切险和战争险的保险费率合计为0.6%。计算(1) 该货主应缴的保险费是多少？(2) 若发生了保险公司承保范围内的风险导致该批货物全部灭失，保险公司的最高赔偿金额是多少？

4. 我出口某商品净重100公吨，装5 000箱，每箱单价为89美元，加一成投保一切险，货到目的港后，买方发现除短少5箱外，还短量380千克，问保险公司负责赔偿的金额是多少？

五、案例分析题

1. 我按CIF出口45头银铃牌餐具100箱，投保平安险。在装船时有10箱因吊钩脱落而落海。(1) 对此损失保险公司是否赔付，为什么？(2) 如果按CFR条件成交，结果又如何？

2. 有一份FOB合同，货物在装船后，卖方向买方发出装船通知，买方向保险公司投保了“仓至仓条款一切险”(All Risks with Warehouse to Warehouse Clause)，但货物在从卖方仓库运往码头的途中，被暴风雨淋湿了10%的货物。事后卖方以保险单含有仓至仓条款为由，要求保险公司赔偿此项损失，但遭到保险公司拒绝。后来卖方又请求买方以投保人名义凭保险单向保险公司索赔，也遭到保险公司拒绝。试问在上述情况下，保险公司能否拒赔？为什么？

3. 某外贸公司按CIF术语出口一批货物，装运前已向保险公司按发票总值110%投保平安险，6月初货物装妥顺利开航。载货船舶于6月13日在海上遇到暴风雨，致使一部分货物受到水渍，损失价值2 100美元。数日后，该轮又突然触礁，致使该批货物又遭到部分损失，价值为8 000美元。问：保险公司对该批货物的损失是否赔偿？为什么？

4. 我按CIFY条件向中东出口货物一批，根据合同规定投保水渍险附加偷窃提货不着险。海运途中因中东战争货船被扣。而后进口商因提货不着便向保险公司索赔，问：保险公司是否赔付，为什么？

5. 我按CIF向欧洲出口棉布一批，根据合同规定投保水渍险。海运途中，因舱内食用水管漏水而使其中30包遭受水渍。问：保险公司对此损失是否赔偿？为什么？我方应该怎么办？

6. 某货轮在航行途中因电线走火，第三舱内发生火灾，经灌水灭火后统计损失，被火烧毁货物价值5 000美元，因灌水救火被水浸坏货物损失6 000美元。船方宣布该轮共同海损，试根据上述案例分析回答下列问题：

(1) 该轮船长宣布共同海损是否合理？

(2) 被火烧毁的货物损失5 000美元船方是否应负责赔偿，理由是什么？

(3) 被水浸的货物损失6 000美元属什么性质的损失？应由谁负责？

7. 我某公司出口花生糖一批，投保一切险。由于货轮陈旧，速度慢，加上沿途揽载，结果航行3个月才到达目的港。卸货后，花生糖因受热时间过长全部潮解，无法销售。问这种情况保险公司是否应赔偿？为什么

8. 我某外贸公司与澳大利亚某商达成一项皮手套出口合同，价格条件为CIF悉尼，支付方式为不可撤销即期信用证，投保协会货物保险条款ICC(A)险。生产厂家在生产的最后一道工序将手套的适度降低限度，然后用牛皮纸包好装入双层瓦楞纸箱，再装入集装箱。货物

到达目的港后，检验结果表明，全部货物湿、霉、玷污、变色，损失达 8 万美元。据分析，该批货物出口地不异常热，进口地不异常冷，完全属于正常运输。问：(1) 保险公司对该批货物是否负责赔偿？为什么？(2) 进口商对受损货物是否支付货款？为什么？

9. 我方按 CIF 纽约出口冷冻羊肉一批，合同规定投保一切险加战争险、罢工险。货到纽约后，适逢码头工人罢工，货物因港口无法作业不能卸载。第二天货轮因无法补充燃料，以致冷冻设备厅级。等到第五天罢工结束，该批羊肉已变质。问进口商向保险公司索赔是否合理？

10. 某货轮在某港装货后，航行途中不慎发生触礁事故，船舶搁浅，不能继续航行。事后船方反复开倒车强行浮起，但船底划破，致使海水渗入货舱，造成船或部分损失。为使货轮继续航行，船长发出求救信号，船被拖至就近港的船坞修理，暂时卸下大部分货物。前后花了 10 天，共支出修理费 5 000 美元，增加各项费用支出(包括员工工资)共 3 000 美元。当船修复后继续装上原货起航。次日，忽遇恶劣气候，使船上装载的某货主的一部分货物被海水浸湿。(1) 从货运保险义务方面分析，以上所属的各项损失，各属于什么性质的损失？(2) 在投保了平安险的情况下，被保险人有权向保险公司提出哪些赔偿要求？为什么？

11. 某笔业务的 A 方向 B 方以 CFR 条件出口散装货物共 2 000 公吨，A 放同时也以相同的条件向 C 方出口同种货物 1 500 公吨，货物出运时，A 将 B、C 两方的货物装运在同一艘货运船只上，并与船公司联系好，在货物运抵目的港后，由船公司负责分拨，A 方在货物装船后及时向 B、C 两方发出了装运通知。不巧，受载船舶在运输途中遇到风险，使该批货物中的 1500 公吨全部灭失。事件发生以后，A 方致电 C 方，告知其所进口的 1 500 公吨货物，已在运输途中全部灭失，且风险再 CFR 条件下由 C 方承担。问在上述情况下，A 方对这 1 500 公吨的货物有无交货责任？为什么？

12. 我某公司以 CIF 条件出口大米 1 000 包，共计 100 000 千克。合同规定由卖方投保一切战争险，后应买方的要求加附罢工险，保险公司按“仓至仓”条款承包，货抵目的港卸至码头，适遇码头工人罢工与警方发生冲突，工人将大米垒成掩体进行抵抗。罢工历经 15 天才结束。当收货人提货时发现这批大米损失达 80%，因而向保险公司索赔。问保险公司应否给予赔偿？为什么？

【课后练习】

一、根据下列信用证及制单资料制作投保单和保险单

1. 制单参考资料：

a. CIF YOKOHAMA

b. SHIPPED BY S. S. HONG V26 ON MAY 28TH, 1999

c. B/L NO. 9905358

d. INVOICE NO. JYS698

2. 信用证

BASIC HEADER　F 01 BKCHCNBJA5XX 9109　069905

APPL. HEADRE　O 700 1332990223 SMITJPJSAXXX 4956 850438 9902231232 N

+SUMITOMO BANK LTD OSAKA JAPAN

(BANK NL: 2632001)　　+OSAKA, JAPAN

USER HEADER　　　BANK. PRIOITY 113：

MSG USER REF. 108：G/FO—7752807

：MT：700 ---------------------- ISSUE OF DOCUMENTARY CREDIT ----------------------

SEQUENCE OF TOTAL：27：1/1

FORM OF DOCUMENTARY CREDIT：40A：IRREVOCABLE

DOCUMENTARY CREDIT NUMBER：20：G/FO—7752807

DATE IF USSYE：31D：050610QUBGDAO CHINA

APPLICHNT：50：TOSHU CORPORATION OSALM

12 - 36，KYUTARO—MACHI4—CHOME CHUO - KU，OSAKA 561 - 8177JAPAN

BENEFICIARY：59：DONGYUE KNITWEARS AND HOMETEX TILES IMPORT AND EXPORT CORPORATION 197 ZHONGHUA ROAD，QINGDAO，CHINA

CURRENCY CODE，AMOUNT：32B：USD201780，00

AVAILABLE WITH ... BT ... ：41D：ANY BANK BY NEGOTIATION

DRAFTS AT ...：42C：AT SIGHT

DRAWEE：42D：THE SUMITOMO BANK，LTD. OSAKA

PARTIAL SHIPMENT：43P：ALLOWED

TRANSHIPMENT：43T：PROHIBITED

LOADING/DISPATCH/TAKING/FROM：44A：QINGDAO

FOR TRANSPORTATION TO ... ：44B：YOKOHAMA

LATEST DATE OF SHIPMENT：44C：050531

DESCRPT OF GOODS/SERVICES：45A：

CIF YOKOHAMA

MAN'S SHIRT（CONTRACT NO. 05JA7031KL）

ST/NO	Q'TY	UNIT PRICE
71 - 800	67 200PCS	USD1. 43/PC
71 - 801	48 000PCS	USD1. 46/PC
71 - 802	27 600PCS	USD1. 29/PC

DOCUMENTS REQUIRED　　　　　　　　　　　：46A：

+ COMMERCIAL INVOICE IN QUINTUPLICATE

+ FULL SET ORIGINAL CLEAN ON BOARD OCEAN BILL OF LADING MARKED FREIGHT PREPAID MADE OUT TO ORDER OF THE SHIPPER BLANK ENDORSED NOTIFY APPLICANT

+ PACKING LIST IN 3 COPIES

+ G. S. P CERTIFICATE OF ORIGIN FORM A IN 3 COPIES

+ INSURANCE POLICY OR CERTIFICATE IN DUPLICATE ENDORSED IN BLANK WITH CLAIM PAYABLE IN JAPAN IN THE CURRENCY OF THE DRAFT COVERING 110PERCENT OF INVOICE VALUE INCLUDING INSTITUTE WAR CLAUSES, INSTITUTE CARGO CLAUSES（A），INSTITUTE S. R. C. C. CLAUSES

+ BENEFICIARY'S CERTIFICATE STATING THAT ONE SET OF ORIGIN FORM A HAS

BEEN SENT DIRECTLY TO THE APPLICANT(ATTN. OSALM SECTION) WITHIN 2 DAYS AFTER SHIPMENT BY AIR COURIER.

ADDITIONAL CONDITIONS：47A：

THIS CREDIT IS SUBJECT TO UNIFORM CUSTOMS AND PRACTICE FOR DOCUMENTARY CREDITS(1993 REVISION) I. C. C. PUBLICATION NO. 500.

T. T. REIMBURSEMENT：UNACCEPTABLE

X) THE GOODS SHOULD BE CONTAINERIZED.

X) A COPY OF CABLE ADVISING SHIPPING DETAILS FAX TO THE ACCOUNTEE WITHIN 2DAYS AFTER SHIPMENT.

X) CLEAN ON BOARD COMDINED TRANSPORT B/L OF ITOCHU EXPRESS CO. ,LTD ACCEPTABLE.

CHARGES：71B：ALL BANKING CHARGES AND COMMISSIONS INCLUDING REIMBURSEMENT COMM. OUTSIDE JAPAN ARE FOR A/C OF BENEFICIARY.

PERIOD FOR PRESENTATIONS：48：DOCUMENTS TO BE PRESENTED WITHIN 10 DAYS AFTER THE DATE OF SHIPMENT BUTWITHIN THE VALIDITY OF THE CREDIT

CONFIRMATION INSTRUCTION：49：WITHOUT

INSTRUCTION TO BANK：78：

TO NEGOTIATING BANK：ALL SHIPPING DOCUMENTS TO BE SENT DIRECT TO THE OPENING OFFICE BY REGISTERED AIRMALL IN ONE LOT. UPON RECEIPT OF THE DRAFTS AND DOCUMENTS IN ORDER, WE WILL REMIT THE PROCEEDS TO YOUR ACCOUNT WITH THE BANK DESICNA DESIGNATED BY YOU.

TRAILER

MAC：51EF556F CHK：D3A3A848E00C

二、根据所给资料缮制投保单和保险单

1. 参考资料：

a：Commodity：LADIES SLIPPERS

b：Quantity：2000 pairs(37/500, 38/700, 39/600, 40/200)

c：Size：each carton containing 37/10 38/10 39/10 40 /10

d：Unit Price：USD15. 47per pair FOB QINGDAO, CHINA

e：Total amount：USD30 940

f：S/C NO.：00628

Invoice NO.：LS628

g：Packing：in Cartons of 40 pairs each

h：Measurement：0. 356 m^3/CTN

i：Shipping Mark：N/M

j：Shipped by S. S CaiHong V125 on 28th Aug. 2000

BASIC HEADER　F 01 BKCHCNBJA5XX 9828 707873

APPL. HEADER　O 700 1630000731 CATHUS6LAXXX 1809 042841 0008010730 N

+CATGAT BANK,LOS ABGELES,USA

(BANK NO: 2504000)　+LOS ANGELES,U. S. A

MT: 700 ---------- ISSUE OF A DOCUMENTARY CREDIT ----------

SEQUENCE OF TOTAL: 27: 1/1

FORM OF DOCUMENTARY CREDIT: 40: IRREVOCABLE

DOCUMENTARY CREDIT NUMBER　20: 05IM01413

DATE OF ISSUE: 31C: 050731

DATE AND PLACE OF EXPIRY: 31D: 050915CHINA

APPLICANT: 50: NEW WORLD INTERNATIONAL INC. NWI C AND A CO.

129 HAYWARD WAY SO. EL MONTE,CA 91733

BENEFICIARY: 59: QINGDAO YUANDA INDUSTRYAND CCOMMERCE CO. LTD.

PINGDU BRANCH QINGDAO,CHINA

CURRENCY CODE,AMOUNT: 32B: USD30 940

AVAILABLE WITH……. BY……: 41D: ANY BANK BY NEGOTIATION

DRAFTS AT……. : 42C: AT SIGHT FOR 100 PCT OF INVOICE

DRAWEE: 42D: CATHAY BANK LOS ANGELES,CA.

PARTIAL SHIPMENT: 43P: NOT ALLOWED

TRANSHIPMENT: 43T: NOT ALLOWED

LOADING/DISPATCH/TAKING/FROM: 44A: QINGDAO PORT,CHIAN

FOR TRANSPORTATION TO ...: 44B: LOS ANGELES PORT,CA,USA

LATEST DATE OF SHIPMENT: 44C: 050831

DESCRPT OF GOODS/SERVICES: 45A: LADIES SLIPPERS

FOB QINGDAO,CHINA

DOCUMENTS REQUIRED: 46A:

+SIGNED COMMERCIAL INVOICE IN 1 ORIGINAL AND 3 COPIES

+PACKING LIST IN 1 ORIGINAL AND 3 COPIES

+FULL SET OF CLEAN ON BOARD OCEAN BILLS OF LADING CONSIGNED TO ORDER OF NEW WORLD INTERNATIONAL INC. ,MARKED FREIGHT COLLECT

NOTIFY: NEW WORLD INTERNATIONAL INC. NWI C AND A CO. 129 HAYWARD WAY SO. EL MONTE,CA 91733

+CERTIFICATE OF ORIGINA IN 3 COPIES

ADDITIONAL CONDITIONS: 47A:

+INSURANCE TO BE COVERED BY BUYER.

+A DISCREPANCY FEE OF USD50. 00WILL BE DEDUCTED FROM PROCEEDS ON EACH SET OF DISCREPANT DOCUMENTS PRESENTED.

+THE REQUIRED DOCUMENTS MUST BE SENT TO CATHAY BANK, 777NORTH

BROADWAY, LOS ANGELES, CALIFORNIA 90012, USA ATTN. INTERNATIONAL DEPT. IN ONE LOT BY EXPRESS AIRMAIL.

CHARGES: 71B: ALL BANKING CHARGES OUTSIDE OF OURCOUNTER ARE FOR ACCOUNT OF THE BENEFICIARY.

PERIOD FOR PRESENTATIONS: 48:

DOCUMENTS MUST BE PRESENITD TO PAY/NEGO. BANK WITHIN 15 DAYS AFTER DATE OF SHIPMENT BUT WITHIN VALIDITY OF THE L/C.

CONFIRMATION INSTRUCTION: 49: WITHOUT

ADVICE THROUGH BANK: 57D: YOUR PINGDU SUB-BRANCH 98 ZGEBGTABG ROAD PINGDU DISTRICT QINGDAO, CHINA

SENDER TO RECEIVER INFO: 72: THIS CREDIT IS SUBJECT TO THE UNIFORM CUSTOMS AND PRACTICE FOR DOCUMENTARY CREDITS, 1993 REVI - SION, ICC PUBLICATION NO. 500.

TRAILER MAC: A75A8689 CHK: 39D0ADB5BC9A

三、根据下列制单资料制作投保单和保险单

1. 有关合同条款

这是上海市进出口公司与美国 COMETALS 公司签订的出售 200 吨金属铬的一笔业务。以 USD35550.00/MT CIF BALTIMORE 价格成交,90% 以即期不可撤销信用证结算,另外 10% 以 D/P 即期结算。

货物由上海检验检疫局 2004 年 11 月 21 日检验合格出证,运往上海港出口。

货物的基本情况如下:

合同号: JZIE041101

发票日期: 2004 年 11 月 22 日

净重: 40 公吨

每钢桶重: 3 公斤

装运期: 2004 年 11 月 28 日

船名/航次: BLUE SKY V. 312E

提单号: BS04112823

体积: 30 立方米

集装箱号/封号: 20′ CBHU0611758/25783 CY/CY

20′ CBHU2765381/25784 CY/CY

保险索赔代理: ABCD THE UNITED STATES

议付行: CHINA CONSTRUCTION BANK, SHANGHAI BRANCH

H. S. CODE: 81122100

2. 信用证

APPLICANT HEADER: CHASUS33DXXXN 1555 192579 030328 0458 N

*JPMORCAN CHASE BANK   NEW YORK, NY

SEQUENCE TOTAL   *27:   1/2

FORM OF DOCUMENTARY CREDIT   *40A   IRREVOCABLE

LETTER OF CREDIT NUMBER *20 C-788520

DATE OF ISSUE 31C 040112

DATE AND PLACE OF EXPIRY *31D DATE 041210 PLACE IN CHINA

APPLICANT *50 COMETALS

222 BRIDGE PLAZA SOUTH FORT LEE, NJ 07024

BENEFICIARY *59 SHANGHAI IMPORT AND EXPORT CORPORATION

NO. 29, ECTION 3, DONGFANG ROAD, SHANGHAI CHINA

CURRENCY CODE, AMOUNT *32B CURRENCY USD AMOUNT 7110.000,00

AVAILABLE WITH... BY... *41D AVAILABLE WITH ANY BANK BY NEGOTIATION

DRAFTS AT 42C SIGHT FOR 90 PCT OF INVOICE VALUE

DRAWEE 42D JPMORCAN CHASE BANK, NY

PARTIAL SHIPMENTS 43P PERMITTED

TRANSHIPMENT 43T PERMITTED

SHIPPING ON BOARD/DISPATCH/LOADING IN CHARGE AT/ FROM 44A

CHINESE MAIN PORT

TRANSPORTATION TO 44B BALTIMORE, MD

LATEST DATE OF SHIPMENT 44C 041130

PERIOD FOR PRESENTATION 48

DOCUMENTS MUST BE PRESENTED WITHIN 15 DAYS AFTER SHIPPMENT BUT WITHIN THE VALIDITY OF THE LETTER OF CREDIT.

CONFIMATION INSTRUCTIONS *49 WITHOUT

INSTRUCTIONS TO THE PAYING/ACCEPTING/NEGOTIATING BANK: 78

1. ALL DOCUMENTS MUST BE FORWARDED TO US IN ONE AIRMAIL TO THE JPMORCAN CHASE BANK.

2. A DISCREPANT DOCUMENT FEE OF USD 75.00 BE DEDUCTED FROM PROCEEDS IF DOCUMENTS WITH DISCREPANCIES ARE ACCEPTED.

3. UPON RECEIPT OF ALL DOCUMENTS AND DRAFT IN CONFORMITY WITH THE TERMS AND CONDITIONS OF THIS CREDIT, WE SHALL REMIT THE PROCEEDS TO THE BANK DESIGNATED BY YOU.

"ADVISING THROUGH" BANK 57 D: BANK OF CHINA, SHANGHAI BR. NO 25 SEC 5 JIEFANG RD SHANGHAI CHINA

MSG TYPE: 700(ISSUE OF A DOCUMENTARY CREDIT)

APPLICANT HEADER: CHASUS33DXXXN 1555 192579 030328 0458 N

* JPMORCAN CHASE BANK

* NEW YORK, NY

SEQUENCE TOTAL *27: 2/2

LETTER OF CREDIT NUMBER *20 C-788520

DESCRIPTION OF GOODS OR SERVICES: 45A

200 METRIC TONS CHROMIUM METAL FROM MAIN CHINESE PORT TO

BALTIMORE, MD AT USD35, 550.00 PER METRIC TON

GOODS ARE SUPPLIED IN STEEL DRUMS OF 250KGS NET EACH ON FUMIGATED WOODEN PALLETS, IN SEAWORTHY OCEAN CONTAINERS

SHIPPING TERMS: CIF BALTIMORE

DOCUMENTS REQUIRED: 46A

+ + ORIGINAL SIGNED COMMERCIAL INVOICE IN 3 COPIES

+ + ORIGINAL PACKING LIST IN 3 COPIES.

+ + CERTIFICATE OF ORIGIN IN 2 COPIES

+ + CERTIFICATE OF WEIGHT IN DUPLICATE ISSUED BY CIQ.

+ + CERTIFICATE OF QUALITY IN 3 COPIES ISSUED BY CIQ.

+ + FUMIGATION(熏蒸) CERTIFICATE ISSUED BY CIQ.

+ + INSURANCE POLICY IN TRIPLICATE FOR 110 PERCENT OF THE INVOICE VALUE SHOWING CLAIMS SETTING AGENT AT DESTINATION PORT AND THAT CLAMIS ARE PAYABLE IN THE CURRENCR OF THE DRAFT, COVERING ALL RISKS, WAR RISKS AND S. R. C. C.

+ + 3/3 OF SIGNED CLEAN ON BOARD OCEAN BILLS OF LADING MADE OUT TO ORDER OF COMETALS, NOTIFYING JOHN S. CONNOR, INC. INDICATIING OUR LETTER OF CREDIT NUMBER AND MARKED "FREIGHT PREPAID"

ADDITIONAL INSTRUCTIONS: 47A

1. THIS L/C IS NON TRANSFERABLE.

2. BOTH QUANTITY AND AMOUNT 10 PERCENT MORE OR LESS ARE ALLOWED.

3. ALL DOCUMENT MUST INDICATE THIS CREDIT NUMBER.

4. SHIPPING MARKS ON EACH DRUM:

CHROMIUM METAL/PC - 14228/COMETALS/MADE IN CHINA

5. BENEFICIARY'S STATEMENT INDICATES THAT A COPY OF SHIPPING ADVICE DESPATCHED TO THE ACCOUNTEE IMMEDIATELY AFTER SHIPMENT.

CHARGES 71B

ALL BANKING CHARGES OUTSIDE THE OPENNING BANK ARE FOR BENEFICIARY'S ACCOUNT.

REIMBURSING BANK 53A

PNBPUS3NNYC

CORESTATES BANK INTERNATIONAL

NEW YORK, NY

180 MAIDEN LANE

SENDER TO RECEIVER INFORMATION 72

THIS CREDIT IS ISSUED SUBJECT TO UNIFORM CUSTOMS AND PRACTICE FOR DOCUMENTARY CREDITS (1993 REVISION) ICC PUBLICATION NO. 500.

海运出口货物投保单

1）保险人：　　　　2）被保险人：

3）标记	4）包装及数量	5）保险货物项目	6）保险货物金额
7）总保险金额：（大写）			

8）运输工具：　　（船名）　　（航次）

9）装运港：　　　　10）目的港：

11）投保险别：　　　　12）货物起运日期：

13）投保日期：　　　　14）投保人签字：

中国人民保险公司
THE PEOPLE'S INSURANCE COMPANY OF CHINA

Head Office：BEIJING Established in 1949

保险单

INSURANCE POLICY

保险单次号次

INVOICE NO. HACT03167 POLICY NO. 1046HA

中国人民保险公司(以下简称本公司)

THIS POLICY OF INSURANCE WITNESSES THAT PEOPLE'S COMPANY OF CHINA (HERENAFTER CALLED"THE COMPANY")

根据

AT THE REQUEST OF HUAI－AN IMPORT & EXPORT CORP. LTD.

(以下简称被保险人)的要求,由被保险人向本公司缴付约

(HEREINAFTER CALLED "THE INSURED") AND IN CONSIDERATION OF THE AGREED PREMIUM PAID TO THE COMPANY BY THE

定的保险费,按照本保险单承保险别和背面所载条款与下列

INSURED UNDERTAKES TO INSURE THE UNDERMENTIONED GOODS IN TRANSPORTATION SUBJECT TO THE CONDITIONS OF THIS POLICY

特款承保下述货物运输保险,特立本保险单。

AS PER THE CLAUSES PRINTED OVERLEAF AND OTHER SPECIAL CLAUSES ATTACHED HEREON.

标记 MARKS & NOS.	包装及数量 QUANTITY	保险货物项目 DESCRIPTION OF GOODS	保险金额 AMOUNT INSURED

总保险金额：

TOTAL AMOUNT INSURED ____________________

保费 费率

PREMIUM：AS ARRANGED RATE AS ARRANGED

装载运输工具

PER CONVEYANCE S. S. ____________

开航日期 自 至

SLG. ON OR ABT. AS B/L FROM ________ TO ________

承保险别：

所保货物，如遇出险，本公司凭本险单及其他有关证件给付赔偿。

CLAIMS IF ANY PAYABLE ON SURRENDER OF THIS POLICY TOGETHER WITH OTHER RELEVANT DOCUMENTS.

所保货物，如果发生本保险单项下负责赔偿的损失或事故，

IN THE EVENT OF ACCIDENT WHEREBY LOSS OR DAMAGE MAY RESULT IN A CLAIM UNDER THIS POLICY IMMEDIATE NOTICE

应立即通知本公司下属代理人查勘。

APPLYING FOR SURVEY MUST BE GIVEN TO THE COMPANY'S AGENT AS MENTIONED HEREUNDER.

中国人民保险公司××分公司

THE PEOPLE'S INSURANCE CO. OF CHINA ××BRANCH

赔款偿付地点

CLAIM PAYABLE AT/IN ______________

日期 ________ 地点 ________

General Manager

地址：TEL

（签署）

四、保险费计算

1. 有一批出口货物，发票单价金额为 USD1 200M/T CIF LONDON，共 100 公吨，合同规定按发票金额的 110% 投保一切险和战争险，一切险和战争险的保险费率分别为 0.5% 和 0.02%，求这批货物的保险费是多少？

2. 某出口商按 CIF 条件出口一批货物，发票金额为 12 000 美元，客户要求按 130% 投保，保险费率为 0.6%，超成保险费是多少？（超出一成以外的）

【本章经典案例】

保险合同纠纷案

1. 案情介绍

1992 年 1 月 16 日，原告（中国轻工业品进出口总公司）与被告（中国平安保险公司）签订了货物运输保险合同。原告外购 92PMK－777925HK 合同项下货物磷酸二氨，数量 21 150 吨，保险金额按标的 CIF 价格加一成为 4 233 892.56 美元，承包条件是中国人民保险公司海洋货物运输保险条款（1981 年 1 月 1 日）一切险（包括“仓至仓”条款），附加超过装运总量 0.5% 的短重险。原告于签订保险合同当日，已将保险费 13 548.46 美元支付给被告。货物于 1992 年 8 月 11 日运至天津新港，船上所载包括原告以及其他收货人的 35 400 吨散装磷酸二氨（商检公估数为 35 195 吨，短卸 205 吨，短卸率为 5.8‰）全部卸入天津港第二港公司 203、204、207 号码头仓库内。原告作为 TPA－3 号提单项下的收货人，在货物到港前委托中国对外贸易运输总公司天津塘沽公司和中国农垦物资公司代办提货。至 1992 年 9 月 1 日止，原告共提取磷酸二氨 8 499.9 吨，并对此进行分配、分派运往河北、吉林等地。9 月 1 日，因遇特大海潮灾害，原告所属的 12 401.1 吨货物遭海水浸泡造成损失。经鉴定，货损共折合

5 398.32 吨,因对货物进行施救,原告支付了所发生费用人民币 50 522.59 元。此后,原告向被告索赔。同年 10 月 17 日,被告明确表示对该批货物的损失拒赔,被告认为保险人的责任,从货到卸货港,收货人提货后运至其仓库,货提货后不运往自己的仓库,到对货物进行分配、分派、分散转运时终止。同时认为原告于 1992 年 4 月 20 日已将投保货物全部卖给案外人中国农垦物资公司,并且在该批货物运抵天津新港前已将提单转让,原告因此失去了诉权和可保利益。

2. 案件结果

天津海事法院于 1993 年 6 月 30 日作出判决：被告赔偿原告保险货物因保险事故遭受的损失 1 087 191.75 美元,赔偿原告保险货物短重损失 3 407.59 美元,偿付原告上述款项自 1992 年 11 月 1 日起至给付之日的利息损失（按中国人民银行同期存款利率计算),偿付原告所支付的施救费用人民币 50 522.29 元,原告其他诉讼请求不予支持。

被告不服一审判决,向天津市高级人民法院上诉,后经二审法院主持调解,于 1994 年 1 月 15 日达成调解协议,除在赔偿金数额上有所改动外,其余内容于一审判决一致。

3. 基本理论

海上保险合同是一种补偿合同,其目的是使被保险人受到风险损失时得到补偿。各国法律都要求被保险人必须对保险标的物具有保险利益才能订立有效的保险合同,英国《1906 年海上保险法》对保险利益下的定义最具代表意义,它认为当被保险人因保险标的物的灭失和损坏而会遭受损失或因保险标的物的安全到达将获得预期利益时,即可认定被保险人对保险标的物具有保险利益。

海上货物运输保险的基本险别平安险、水渍险、一切险在国际上通常都按“仓至仓”条款办理。根据国际上通行的做法,“仓至仓”保险的责任期限是被保险货物远离保险单所载明的启运地仓库或储存处开始运输时起,至该货物到达保险单所载明的目的地收货人的最后仓库或储存处,被保险人用作分配、分派或非正常运输的其他储存处所为止。

4. 案例分析

保险人提出的抗辩理由主要是被保险人对保险标的物无保险利益,因此无权请求赔偿,这是不成立的。本案认定被保险人是否具有保险利益的关键在于被保险人是否享有保险标的物的所有权,也就是说他是否是海运提单的合法持有人。提单是货物所有权的凭证,谁持有提单,谁就是提单下货物所有人,提单上的权利经原持有人背书转让后方发生转移,有保险事故发生时,被保险人仍持有提单,那就仍是货物所有人。

在保险人责任期限上,保险单载明采用“仓至仓”条款,由于被保险人在港口没有自己的仓库和储存地点,无法对货物进行分配、分派。依据“仓至仓”条款的规定,保险人的责任期限应延至“货物运至被保险人用作分配、分派,或非正常运输的其他场所”为止。因此,本案中货物的风险损失,仍属于“仓至仓”条款,保险人在合同项下的义务是不容推卸的。

第四章

报关报检单证

【本章理论回顾】

一、报检单

1. 出境货物报检范围

(1) 列入《种类表》内的出境货物;

(2) 其他法律、行政法规规定需经检验检疫机构检验出证的货物;

(3) 对外贸易合同约定由检验检疫机构检验的货物;

(4) 有关国际条约规定须经检验检疫机构检验、检疫的货物;

(5) 装运出境易腐易变食品、冷冻品的船舱、集装箱等运载工具的适载检验;

(6) 出境危险货物包装容器的性能检验和使用鉴定;

(7) 装载动植物、动植物产品和其他检疫物的装载容器、包装物的检疫。

2. 报检时间、地点

(1) 报检时间

出境货物最迟应于报关或出境装运前10天向检验检疫机构申请报检;出境动物应在出境前60天预报,隔离前7天报检;出入境的运输工具应在出境前向口岸检验检疫机关报检或申报。

(2) 报检地点

出境货物应在货物所在地检验检疫机构办理报检。对有内地运往口岸分批、并批的货物,应在产地办理预检,合格后,方可运往口岸办理出境货物的查验换证手续。

对由内地运往口岸后,由于改变国别或地区有不同检疫要求的、超过检验检疫有效期的、批次混乱货证不符的,或经口岸查验不合格的,须在口岸重新报检。

3. 出境货物报检的要求

(1) 报检单位必须在检验检疫机构注册登记,报检时填写登记号;报检员在报检时应该出示报检员证。

(2) 每份报检单限填一批货物,特殊情况下,对批量小的同一类货物,以同一运输工具,运往同一地点,同一收货、发货人,同一报关单的货物,可填写同一份报检单。

(3) 应附资料:合同、信用证、厂检单或检验检疫机构出具的换证凭单(正本)、包装性能合格单、发票、装箱单等。

（4）凭样成交的应提供成交样品。

4. 出境报检时应提供的单证、资料

（1）对外贸易合同、销售确认书或订单，出口中成药（蜂王浆、蜂王浆剂、中药酒等）时，除提供外贸合同外，还应提供购销合同及中医药管理部门的批准证书；

（2）信用证，非信用证结汇的应在报检单上注明结汇方式；

（3）发票及装箱单；

（4）实施卫生注册及质量许可证管理的货物，应提供出入境检验检疫机构签发的卫生注册/质量许可证副本，并在报检单上注明卫生注册证号或质量许可证号，同时提供厂检合格证；

（5）法定检验检疫的出境货物，外包装（如：纸箱、木箱、麻袋、集装箱、塑编袋等）报检时应提供“出境货物运输包装容器性能检验结果单”正本。

5. 出境特殊情况，需提供

（1）凭样成交的：除提交一般性报检文件外，还需加附成交样品；

（2）出境尸体、棺柩、骸骨的报检，报检人应向检验检疫机构提供：

① 死亡者护照或海员证及其身份证复印件一份；

② 死亡者证明书一份；

③ 死亡医学证明书一份；

④ 当地政府出具的有关证明一份。

6. 出境货物报检的变更与撤销

对已检的货物有以下情况时，申请人应及时办理变更手续：

（1）国外开来信用证修改函，凡涉及与检验检疫有关条款的。

（2）由于生产、运输等原因造成数、重量变化的。

（3）经检验检疫合格的货物，已签发检验检疫证书，需做改动的。

申请变更须提交与变更内容相关的单证，并退回原签发的证书、通关单等。经检验检疫机构审核同意后，方可变更。经审核不符合规定的，不准变更，可重新报检。

已向检验检疫机构报检的出境货物，由于生产、货源、运输、批文等方面不能出境的，应向检验检疫机构申请撤销报检，经审核同意后，方可办理撤销手续。对已完成检验检疫工作的货物，不得撤销报检。并应按规定缴纳检验检疫费。

二、报关单

（一）类别

按进出口状态分

1. 进口货物报关单；2. 出口货物报关单

按表现形式分

1. 纸质报关单；2. 电子数据报关单

按海关监管方式分

1. 进料加工进（出）口货物报关单（粉红色）

2. 来料加工及补偿贸易进（出）口货物报关单（浅绿色）

3. 一般贸易及其他进（出）口贸易报关单（浅蓝色）

按用途分

1. 报关单录入凭单;2. 预录入报关单;3. 报关单证明联

(二) 进出口货物报关单各联

1. 进口(五联)海关作业联、海关留存联、企业留存联、海关核销联、进口付汇证明联;

2. 出口(六联)海关作业联、海关留存联、企业留存联、海关核销联、出口收汇证明联、出口退税证明联。

(三) 填制要求

1. 分单填报

(1) 不同批文或合同的货物、同一批货物中不同贸易方式的货物、不同备案号的货物、不同提运单的货物、不同征免性质的货物、不同运输方式或相同运输方式但不同航次的货物等,均应分单填报。

(2) 一份原产地证书只能对应一份报关单。

(3) 同一份报关单上的商品不能同时享受协定税率和减免税。

(4) 在一批货物中,对于实行原产地证书联网管理的,如涉及多份原产地证书或含非原产地证书商品,应分单填报。

2. 分项填报

须分项填报的主要有下列几种情况:商品编号不同的;商品名称不同的;原产国(地区)/最终目的国(地区)不同的。

3. 如实申报

4. 两个相符:一是单、证相符;二是单、货相符

5. 不得用铅笔或红色复写纸填写;若有更正,必须在更正项目上加盖校对章。

第一节 报检单的缮制

【实训目的】

通过本项目实训,我们应该掌握的基本技能是:

□ 准确翻译信用证或合同中的检验条款。

□ 掌握报检单缮制的规范,学会独立缮制报检单。

□ 熟悉、了解国家的检验检疫规定。

【建议课时】 2

【前期准备】

□ 出口商提供的合同和信用证

□ 生产厂家提供的详细码单

□ 计算器类的工具等

【操作步骤】

□ 浏览信用证或合同的要求及相关附加指示。

□ 浏览合同货物描述熟悉商品情况,结合码单了解具体包装细节和包装数量。

【注意事项】

一、报检类别

出境检验检疫: 即出境一般报检,法定检验检疫出境货物的货主或其代理人,持有关证单向产地检验检疫机构申请检验检疫以取得出境放行证明及其他证单的报检;

出境预检: 货主或其代理人持有关证单向产地检验检疫机构申请对暂时还不能出口的货物预先实施检验检疫的报检;

出境验证: 出境货物的货主或其代理人持产地局签发的换证凭单或换证凭条到口岸换发出口通关单的报检。

二、运输工具

1. 货物是通过海运的,运输工具选择"船舶";
2. 货物是通过空运的,运输工具选择"飞机";
3. 货物是通过路运的,运输工具选择"汽车或火车"。

三、贸易方式: 货物进口的贸易方式在以下选项中选择

1. 一般贸易 2. 样品 3. 对外承包工程进出口货物 4. 暂时进出口货物
5. 保税区进出境仓储货物 6. 保税区进出区货物 7. 出口加工区进出境货物
8. 出口加工区进出区货物 9. 退运货物 10. 过境货物 11. 暂时进出口货物
12. 来料加工 13. 展览品 14. 其他非贸易性物品 15. 进料加工
16. 易货贸易 17. 补偿贸易 18. 无偿援助 19. 外商投资 20. 其他贸易性货物。

四、标记及号码

标记及号码不可超过10行或200个字符,如超过限制或为图形标记,请输入:"见发票INVOICE NO.: ××××××";若没有标记号码则填"N/M";出境预检中标记及号码未确定的可输入"暂定"。

五、用途: 本批货物的用途,自以下9个选项中选择

1. 种用或繁殖 2. 食用 3. 奶用 4. 观赏或演艺 5. 伴侣动物 6. 试验 7. 药用 8. 饲用 9. 其他。

六、许可证/审批号: 选择相应的许可证类别并输入号码

1. 出口产品质量许可证 2. 食品生产企业卫生注册证 3. 食品生产企业卫生登记证 4. 出口电池产品备案书 5. 出口商品形式试验确认书 6. 出口其他证书。

七、特殊要求栏标注内容:

1. 按要求输入生产批号;
2. 进料加工或来料加工的货物需输入进口料件的部分占出口总值的百分比;
3. 包装种类为"其他"的,输入具体包装。

【实训项目】

根据以下合同填制出境货物报检单

SALES CONFIRMATION

S/C NO.: JH-FLSSC01

DATE: 14-July-1999

The Seller: GOLDEN SEA TRADING CORPORATION **The Buyer**: F. L. SMIDTH & CO. A/S

Address: 8TH FLOOR, JIN DU BUILDING, 277 WU XING ROAD, SHANGHAI CHINA

Address: 77, VIGERSLEV ALLE, DK-2500 VALBY COPENHAGEN, DENMARK

E-Mail: jinhai@ www. universal. com. cn **E-Mail**: FLSMITH@ SIFT. SIFT. EDU

Item NO.	Commodity & Specifications	Unit	Quantity	Unit Price (US $)	Amount (US $)
	CHINESE BICYCLE				CIFC5
YE803 26	FOREVER BRAND BICYCLE	SET	600	66	COPENHAGEN 39600.00
TE600 24	FOREVER BRAND BICYCLE	SET	600	71	49600.00
					82200.00
TOTAL CONTRACT VALUE: SAY US DOLLARS EIGHT-TWO THOUSAND TWO HUDRED ONLY.					

PACKING: BE PACKED IN CARTONS OF 1 SET EACH ONLY.
TOTAL: 1200 CARTONS

PORT OF LOADING & DESTINATION: FROM: SHANGHAI TO: COPENHAGEN

TIME OF SHIPMENT: TO BE EFFECTEDBEFORE THE END OF AUGUST 31 1999 WITH PARTIAL SHIPMENT ALLOWED

TERMS OF PAYMENT: THE BUYER SHALL OPEN THOUGH A BANK ACCEPTABLE TO THE SELLER AN ERREVOCABLE L/C AT 30 DAYS SIGHT TO REACH THE SELLER BEFORE AUGUST 15, 1999 VALID FOR NEGOTIATION IN CHINA UNTIL THE 15TH DAY AFTER THE DATE OF SHIPMENT.

INSURANCE: THE SELLER SHALL COVER INSUANCE AGAINST WPA AND CLASH & BREAKAGE & WAR RISKS FOR 110% OF THE TOTAL INVOICE VALUE AS PER THE RELEVANT OCEAN MARINE CARGO OF P. I. C. C. DATED 1/1/1981.

REMARKS:

1. The buyer shall have the covering letter of credit reach the Seller 30 days before shipment, failing which the Seller reserves the right to rescind without further notice, or to regard as still valid whole or any part of this contract not fulfilled by the Buyer, or to lodge a claim for losses thus sustained, if any.

2. In case of any discrepancy in Quality/Quantity, claim should be filed by the Buyer within

130 days after the arrival of the goods at port of destination; while for quantity discrepancy, claim should be filed by the Buyer within 150 days after the arrival of the goods at port of destination.

3. For transactions concluded on C. I. F. basis, it is understood that the insurance amount will be for 110% of the invoice value against the risks specified in the Sales Confirmation. If additional insurance amount or coverage required, the Buyer must have the consent of the Seller before Shipment, and the additional premium is to be borne by the Buyer.

4. The Seller shall not hold liable for non – delivery or delay in delivery of the entire lot or a portion of the goods hereunder by reason of natural disasters, war or other causes of Force Majeure, However, the Seller shall notify the Buyer as soon as possible and furnish the Buyer within 15 days by registered airmail with a certificate issued by the China Council for the Promotion of International Trade attesting such event(s).

5. All deputies arising out of the performance of, or relating to this contract, shall be settled through negotiation. In case no settlement can be reached through negotiation, the case shall then be submitted to the China International Economic and Trade Arbitration Commission for arbitration in accordance with its arbitral rules. The arbitration shall take place in Shanghai. The arbitral award is final and binding upon both parties.

6. The Buyer is requested to sign and return one copy of this contract immediately after receipt of the same. Objection, if any, should be raised by the Buyer within 3 working days, otherwise it is understood that the Buyer has accepted the terms and conditions of this contract.

7. Special conditions: (These shall prevail over all printed terms in case of any conflict.)

中华人民共和国出入境检验检疫出境货物报检单

报检单位(加盖公章): * 编号________

报检单位登记号: 联系人: 电话: 报检日期: 年 月 日

发货人	(中文)				
	(外文)				
收货人	(中文)				
	(外文)				
货物名称(中/外文)	H.S.编码	产地	数/重量	货物总值	包装种类及数量

运输工具名称号码		贸易方式		货物存放地点	
合同号		信用证号		用途	
发货日期		输往国家(地区)		许可证/审批号	
启运地		到达口岸		生产单位注册号	
集装箱规格、数量及号码					

合同订立的检验检疫条款或特殊要求	标记及号码	随附单据(划"√"或补填)	
		□合同 □信用证 □发票 □换证凭单 □装箱单 □厂检单	□包装性能结果单 □许可/审批文件 □ □ □ □

需要证单名称(划"√"或补填)		* 检验检疫费	
□品质证书 _正_副 □重量证书 _正_副 □数量证书 _正_副 □兽医卫生证书 _正_副 □健康证书 _正_副 □卫生证书 _正_副 □动物卫生证书 _正_副	□植物检疫证书 _正_副 □熏蒸/消毒证书 _正_副 □出境货物换证凭单 □出境货物通关单 □ □	总金额 (人民币元)	
		计费人	
		收费人	

报检人郑重声明: 1. 本人被授权报检。 2. 上列填写内容正确属实,货物无伪造或冒用他人的厂名、标志、认证标志,并承担货物质量责任。 签名:__________	领取证单	
	日期	
	签名	

注:有"*"号栏由出入境检验检疫机关填写

◆国家出入境检验检疫局制

[1-2(2000.1.1)]

第二节　报关单的缮制

【实训目的】

通过本项目实训,我们应该掌握的基本技能是:

☐ 准确把握商业发票、装箱单等单据上的商品信息。

☐ 掌握报关单缮制的规范,学会独立缮制报关单。

☐ 熟悉、了解国家的进出口管制政策和相关规定。

【建议课时】 2

【前期准备】

☐ 出口商提供的合同、信用证、商业发票、装箱单

☐ 生产厂家提供的详细码单

☐ 计算器类的工具等

【操作步骤】

☐ 浏览信用证或合同的要求及相关附加指示。

☐ 浏览合同货物描述熟悉商品情况,结合码单了解具体包装细节和包装数量。

【注意事项】

进出口货物报关单各栏目的填制规范如下:

一、预录入编号

指申报单位或预录入单位对该单位填制录入的报关单的编号,用于该单位与海关之间引用其申报后尚未批准放行的报关单。报关单录入凭单的编号规则由申报单位自行决定。预录入报关单及EDI报关单的预录入编号由接受申报的海关决定编号规则,计算机自动打印。

二、海关编号

指海关接受申报时给予报关单的编号。海关编号由各海关在接受申报环节确定,应标识在报关单的每一联上。报关单海关编号为9位数码,其中前两位为分关(办事处)编号,第三位由各关自定义,后六位为顺序编号。各直属海关对进口报关单和出口报关单应分别编号,并确保在同一公历年度内,能按进口和出口唯一地标识本关区的每一份报关单。各直属海关的理单岗位可以对归档的报关单另行编制理单归档编号。理单归档编号不得在部门以外用于报关单标识。

三、进口口岸/出口口岸

指货物实际进(出)我国关境口岸海关的名称。本栏目应根据货物实际进(出)口的口岸海关选择填报《关区代码表》中相应的口岸海关名称及代码。加工贸易合同项下货物必须

在海关核发的《登记手册》(或分册,下同)限定或指定的口岸海关办理报关手续,《登记手册》限定或指定的口岸与货物实际进出境口岸不符的,应向合同备案主管海关办理《登记手册》的变更手续后填报。进口转关运输货物应填报货物进境地海关名称及代码,出口转关运输货物应填报货物出境地海关名称及代码。按转关运输方式监管的跨关区深加工结转货物,出口报关单填报转出地海关名称及代码,进口报关单填报转入地海关名称及代码。其他未实际进出境的货物,填报接受申报的海关名称及代码。

四、备案号

指进出口企业在海关办理加工贸易合同备案或征、减、免税审批备案等手续时,海关给予《进料加工登记手册》、《来料加工及中小型补偿贸易登记手册》、《外商投资企业履行产品出口合同进口料件及加工出口成品登记手册》(以下均简称《登记手册》)、《进出口货物征免税证明》(以下简称《征免税证明》)或其他有关备案审批文件的编号。一份报关单只允许填报一个备案号。

具体填报要求如下:

1. 加工贸易合同项下货物,除少量低价值辅料按规定不使用《登记手册》的外,必须在报关单备案号栏目填报《登记手册》的12位编号。

加工贸易成品凭《征免税证明》转为享受减免税进口货物的,进口报关单填报《征免税证明》编号,出口报关单填报《登记手册》编号。

2. 凡涉及减免税备案审批的报关单,本栏目填报《征免税证明》编号,不得为空。

3. 无备案审批文件的报关单,本栏目免予填报。

备案号长度为12位,其中第一位是标记代码。备案号的标记代码必须与“贸易方式”及“征免性质”栏目相协调,例如:贸易方式为来料加工,征免性质也应当是来料加工,备案号的标记代码应为“B”。

五、进口日期/出口日期

进口日期指运载所申报货物的运输工具申报进境的日期。本栏目填报的日期必须与相应的运输工具进境日期一致。

出口日期指运载所申报货物的运输工具办结出境手续的日期。本栏目供海关打印报关单证明联用,预录入报关单及EDI报关单均免于填报。

无实际进出境的报关单填报办理申报手续的日期。

本栏目为8位数,顺序为年4位,月、日各2位。

六、申报日期

指海关接受进(出)口货物的收、发货人或其代理人申请办理货物进(出)口手续的日期。

预录入及EDI报关单填报向海关申报的日期,与实际情况不符时,由审单关员按实际日期修改批注。

本栏目为8位数,顺序为年4位,月、日各2位。

七、经营单位

经营单位指对外签订并执行进出口贸易合同的中国境内企业或单位。

本栏目应填报经营单位名称及经营单位编码。经营单位编码为10位数字,指进出口企业在所在地主管海关办理注册登记手续时,海关给企业设置的注册登记编码。

特殊情况下确定经营单位原则如下：

1. 援助、赠送、捐赠的货物，填报直接接受货物的单位；

2. 进出口企业之间相互代理进出口，或没有进出口经营权的企业委托有进出口经营权的企业代理进出口的，填报代理方。

3. 外商投资企业委托外贸企业进口投资设备、物品的，填报外商投资企业。

八、运输方式

指载运货物进出关境所使用的运输工具的分类。

本栏目应根据实际运输方式按海关规定的《运输方式代码表》选择填报相应的运输方式。

特殊情况下运输方式的填报原则如下：

1. 非邮政方式进出口的快递货物，按实际运输方式填报；

2. 进出境旅客随身携带的货物，按旅客所乘运输工具填报；

3. 进口转关运输货物，按载运货物抵达进境地的运输工具填报，出口转关运输货物，按载运货物驶离出境地的运输工具填报；

4. 无实际进出境的，根据实际情况选择填报《运输方式代码表》中运输方式“0”（非保税区运入保税区和保税区退区）、“1”（境内存入出口监管仓库和出口监管仓库退仓）、“7”（保税区运往非保税区）、“8”（保税仓库转内销）或“9”（其他运输）。

九、运输工具名称

指载运货物进出境的运输工具的名称或运输工具编号。

本栏目填制内容应与运输部门向海关申报的载货清单所列相应内容一致。

一份报关单只允许填报一个运输工具名称。

具体填报要求如下：

1. 江海运输填报船舶呼号（来往港澳小型船舶为监管簿编号）+“/”+航次号；

2. 汽车运输填报该跨境运输车辆的国内行驶车牌号+“/”+进出境日期（8位数字，即年年年年月月日日，下同）；

3. 铁路运输填报车次（或车厢号）+“/”+进出境日期；

4. 航空运输填报航班号+进出境日期+“/”+总运单号；

5. 邮政运输填报邮政包裹单号+“/”+进出境日期；

6. 进口转关运输填报转关标志“@”+转关运输申报单编号；出口转关运输只需填报转关运输标志“@”；

7. 其他运输填报具体运输方式名称，例如：管道、驮畜等；

8. 无实际进出境的加工贸易报关单按以下要求填报。

加工贸易深加工结转及料件结转货物，应先办理结转进口报关，并在结转出口报关单本栏目填报转入方关区代码（前两位）及进口报关单号，即“转入××（关区代码）×××××××××（进口报关单号）”。按转关运输货物办理结转手续的，按上列第6项规定填报。

加工贸易成品凭《征免税证明》转为享受减免税进口货物的，应先办理进口报关手续，并在出口报关单本栏目填报进口方关区代码（前两位）及进口报关单号。

上述规定以外无实际进出境的，本栏目为空。

十、提运单号

指进出口货物提单或运单的编号。

本栏目填报的内容应与运输部门向海关申报的载货清单所列相应内容一致。

一份报关单只允许填报一个提运单号,一票货物对应多个提运单时,应分单填报。

具体填报要求如下:

1. 江海运输填报进口提单号或出口运单号;
2. 汽车运输免于填报;
3. 铁路运输填报运单号;
4. 航空运输填报分运单号,无分运单的填报总运单号;
5. 邮政运输免于填报;
6. 无实际进出境的,本栏目为空。

进出口转关运输免于填报。

十一、收货单位/发货单位

收货单位指已知的进口货物在境内的最终消费、使用单位,包括:

1. 自行从境外进口货物的单位;
2. 委托有外贸进出口经营权的企业进口货物的单位。

发货单位指出口货物在境内的生产或销售单位,包括:

1. 自行出口货物的单位;
2. 委托有外贸进出口经营权的企业出口货物的单位。

本栏目应填报收、发货单位的中文名称或其海关注册编码。

加工贸易报关单的收、发货单位应与《登记手册》的"货主单位"一致。

十二、贸易方式(监管方式)

本栏目应根据实际情况,并按海关规定的《贸易方式代码表》选择填报相应的贸易方式简称或代码。

一份报关单只允许填报一种贸易方式。

加工贸易报关单特殊情况下填报要求如下:

1. 少量低值辅料(即5 000美元以下,78种以内的低值辅料)按规定不使用《登记手册》的,辅料进口报关单填报"低值辅料"。使用《登记手册》的,按《登记手册》上的贸易方式填报。

2. 三资企业按内外销比例为加工内销产品而进口的料件或进口供加工内销产品的料件,进口报关单填报"一般贸易"。

三资企业为加工出口产品全部使用国内料件的出口合同,成品出口报关单填报"一般贸易"。

3. 加工贸易料件结转或深加工结转货物,按批准的贸易方式填报。

4. 加工贸易料件转内销货物(及按料件补办进口手续的转内销成品)应填制进口报关单,本栏目填报"(来料或进料)料件内销";加工贸易成品凭《征免税证明》转为享受减免税进口货物的,应分别填制进、出口报关单,本栏目填报"(来料或进料)成品减免"。

5. 加工贸易出口成品因故退运进口及复出口,以及复运出境的原进口料件退换后复运进口的,填报与《登记手册》备案相应的退运(复出)贸易方式简称或代码。

6. 备料《登记手册》中的料件结转入加工出口《登记手册》的，进出口报关单均填报为“进料余料结转”。

7. 保税工厂加工贸易进出口货物，根据《登记手册》填报相应的来料或进料加工贸易方式。

十三、征免性质

指海关对进出口货物实施征、减、免税管理的性质类别。

本栏目应按照海关核发的《征免税证明》中批注的征免性质填报，或根据实际情况按海关规定的《征免性质代码表》选择填报相应的征免性质简称或代码。

加工贸易报关单本栏目应按照海关核发的《登记手册》中批注的征免性质填报相应的征免性质简称或代码。特殊情况下填报要求如下：

1. 保税工厂经营的加工贸易，根据《登记手册》填报“进料加工”或“来料加工”；

2. 三资企业按内外销比例为加工内销产品而进口料件，填报“一般征税”或其他相应征免性质；

3. 加工贸易转内销货物，按实际应享受的征免性质填报（如一般征税、科教用品、其他法定等）；

4. 料件退运出口、成品退运进口货物填报“其他法定”；

5. 加工贸易结转货物本栏目为空。

一份报关单只允许填报一种征免性质。

十四、征税比例/结汇方式

征税比例仅用于“非对口合同进料加工”贸易方式下（代码“0715”）进口料、件的进口报关单，填报海关规定的实际应征税比率，例如5%填报5，15%填报15。

出口报关单应填报结汇方式，即出口货物的发货人或其代理人收结外汇的方式。本栏目应按海关规定的《结汇方式代码表》选择填报相应的结汇方式名称或代码。

十五、许可证号

应申领进（出）口许可证的货物，必须在此栏目填报外经贸部及其授权发证机关签发的进（出）口货物许可证的编号，不得为空。

一份报关单只允许填报一个许可证号。

十六、起运国（地区）/运抵国（地区）

起运国（地区）指进口货物起始发出的国家（地区）。

运抵国（地区）指出口货物直接运抵的国家（地区）。

对发生运输中转的货物，如中转地未发生任何商业性交易，则起、抵地不变，如中转地发生商业性交易，则以中转地作为起运/运抵国（地区）填报。

本栏目应按海关规定的《国别（地区）代码表》选择填报相应的起运国（地区）或运抵国（地区）中文名称或代码。

无实际进出境的，本栏目填报“中国”（代码“142”）。

十七、装货港/指运港

装货港指进口货物在运抵我国关境前的最后一个境外装运港。

指运港指出口货物运往境外的最终目的港；最终目的港不可预知的，可按尽可能预知的目的港填报。

本栏目应根据实际情况按海关规定的《港口航线代码表》选择填报相应的港口中文名称或代码。

无实际进出境的,本栏目填报"中国境内"(代码"0142")。

十八、境内目的地/境内货源地

境内目的地指已知的进口货物在国内的消费、使用地或最终运抵地。

境内货源地指出口货物在国内的产地或原始发货地。

本栏目应根据进口货物的收货单位、出口货物生产厂家或发货单位所属国内地区,并按海关规定的《国内地区代码表》选择填报相应的国内地区名称或代码。

十九、批准文号

进口报关单本栏目用于填报《进口付汇核销单》编号

出口报关单本栏目用于填报《出口收汇核销单》编号。

二十、成交方式

本栏目应根据实际成交价格条款按海关规定的《成交方式代码表》选择填报相应的成交方式代码。

实际进出境的成交价,进口填报 CIF 价,出口填报 FOB 价。

二十一、运费

本栏目用于成交价格中不包含运费的进口货物或成交价格中含有运费的出口货物,应填报该份报关单所含全部货物的国际运输费用。可按运费单价、总价或运费率三种方式之一填报,同时注明运费标记,并按海关规定的《货币代码表》选择填报相应的币种代码。

运保费合并计算的,运保费填报在本栏目。

运费标记"1"表示运费率,"2"表示每吨货物的运费单价,"3"表示运费总价。例如:

5% 的运费率填报为 5;

24 美元的运费单价填报为 502/24/2;

7 000 美元的运费总价填报为 502/7000/3。

二十二、保费

本栏目用于成交价格中不包含保险费的进口货物或成交价格中含有保险费的出口货物,应填报该份报关单所含全部货物国际运输的保险费用。可按保险费总价或保险费率两种方式之一填报,同时注明保险费标记,并按海关规定的《货币代码表》选择填报相应的币种代码。

运保费合并计算的,运保费填报在运费栏目中。

保险费标记"1"表示保险费率,"3"表示保险费总价。例如:

3‰的保险费率填报为 0.3;

10 000 港元保险费总价填报为 110/10000/3。

二十三、杂费

指成交价格以外的、应计入完税价格或应从完税价格中扣除的费用,如手续费、佣金、回扣等,可按杂费总价或杂费率两种方式之一填报,同时注明杂费标记,并按海关规定的《货币代码表》选择填报相应的币种代码。

应计入完税价格的杂费填报为正值或正率,应从完税价格中扣除的杂费填报为负值或负率。

杂费标记"1"表示杂费率,"3"表示杂费总价。例如:

应计入完税价格的 1.5% 的杂费率填报为 1.5;

应从完税价格中扣除的1%的回扣率填报为 -1；

应计入完税价格的500英镑杂费总价填报为303/500/3。

二十四、合同协议号

本栏目应填报进(出)口货物合同(协议)的全部字头和号码。

二十五、件数

本栏目应填报有外包装的进(出)口货物的实际件数。特殊情况下填报要求如下：

1. 舱单件数为集装箱(TEU)的,填报集装箱个数；

2. 舱单件数为托盘的,填报托盘数。

本栏目不得填报为零,裸装货物填报为1。

二十六、包装种类

本栏目应根据进(出)口货物的实际外包装种类,按海关规定的《包装种类代码表》选择填报相应的包装种类代码。

二十七、毛重(公斤)

指货物及其包装材料的重量之和。

本栏目填报进(出)口货物实际毛重,计量单位为公斤,不足一公斤的填报为1。

二十八、净重(公斤)

指货物的毛重减去外包装材料后的重量,即商品本身的实际重量。

本栏目填报进(出)口货物的实际净重,计量单位为公斤,不足一公斤的填报为1。

二十九、集装箱号

集装箱号是在每个集装箱箱体两侧标示的全球唯一的编号。

本栏目用于填报和打印集装箱编号及数量。集装箱数量四舍五入填报整数,非集装箱货物填报为0。

例如：

"1"表示1个标准集装箱；

"2"表示2个集装箱,折合为2个标准集装箱,其中一个箱号为TEXU3605231。

在多于一个集装箱的情况下,其余集装箱编号打印在备注栏或随附清单上。

三十、随附单据

指随进(出)口货物报关单一并向海关递交的单证或文件。合同、发票、装箱单、许可证等必备的随附单证不在本栏目填报。

本栏目应按海关规定的《监管证件名称代码表》选择填报相应证件的代码。

三十一、用途/生产厂家

进口货物填报用途,应根据进口货物的实际用途按海关规定的《用途代码表》选择填报相应的用途代码,如"以产顶进"填报"13"。

生产厂家指出口货物的境内生产企业。本栏目供必要时手工填写。

三十二、标记唛码及备注

本栏目上部用于打印以下内容：

1. 标记唛码中除图形以外的文字、数字；

2. 受外商投资企业委托代理其进口投资设备、物品的外贸企业名称；

3. 加工贸易结转货物及凭《征免税证明》转内销货物,其对应的备案号应填报在本栏目,即“转至(自)×××××××××××××手册”。

4. 其他申报时必须说明的事项。

本栏目下部供填报随附单据栏中监管证件的编号,具体填报要求为:监管证件代码＋“:”＋监管证件号码。一份报关单多个监管证件的,连续填写。

一票货物多个集装箱的,在本栏目打印其余的集装箱号(最多160字节,其余集装箱号手工抄写)。

三十三、项号

本栏目分两行填报及打印。

第一行打印报关单中的商品排列序号。

第二行专用于加工贸易等已备案的货物,填报和打印该项货物在《登记手册》中的项号。

加工贸易合同项下进出口货物,必须填报与《登记手册》一致的商品项号,所填报项号用于核销对应项号下的料件或成品数量。特殊情况下填报要求如下:

1. 深加工结转货物,分别按照《登记手册》中的进口料件项号和出口成品项号填报。

2. 料件结转货物,出口报关单按照转出《登记手册》中进口料件的项号填报;进口报关单按照转进《登记手册》中进口料件的项号填报。

3. 料件复出货物,出口报关单按照《登记手册》中进口料件的项号填报。

4. 成品退运货物,退运进境报关单和复运出境报关单按照《登记手册》原出口成品的项号填报。

5. 加工贸易料件转内销货物(及按料件补办进口手续的转内销成品)应填制进口报关单,本栏目填报《登记手册》进口料件的项号。

6. 加工贸易成品凭《征免税证明》转为享受减免税进口货物的,应先办理进口报关手续。进口报关单本栏目填报《征免税证明》中的项号,出口报关单本栏目填报《登记手册》原出口成品项号,进、出口报关单货物数量应一致。

三十四、商品编号

指按海关规定的商品分类编码规则确定的进(出)口货物的商品编号。

加工贸易《登记手册》中商品编号与实际商品编号不符的,应按实际商品编号填报。

三十五、商品名称、规格型号

本栏目分两行填报及打印。

第一行打印进(出)口货物规范的中文商品名称,第二行打印规格型号,必要时可加注原文。

具体填报要求如下:

1. 商品名称及规格型号应据实填报,并与所提供的商业发票相符;

2. 商品名称应当规范,规格型号应当足够详细,以能满足海关归类、审价以及监管的要求为准。禁止、限制进出口等实施特殊管制的商品,其名称必须与交验的批准证件上的商品名称相符;

3. 加工贸易等已备案的货物,本栏目填报录入的内容必须与备案登记中同项号下货物的名称与规格型号一致。

三十六、数量及单位

指进(出)口商品的实际数量及计量单位。

本栏目分三行填报及打印。

具体填报要求如下：

1. 进出口货物必须按海关法定计量单位填报。法定第一计量单位及数量打印在本栏目第一行。

2. 凡海关列明第二计量单位的，必须报明该商品第二计量单位及数量，打印在本栏目第二行。无第二计量单位的，本栏目第二行为空；

3. 成交计量单位与海关法定计量单位不一致时，还需填报成交计量单位及数量，打印在商品名称、规格型号栏下方（第三行）。成交计量单位与海关法定计量单位一致时，本栏目第三行为空；

加工贸易等已备案的货物，成交计量单位必须与备案登记中同项号下货物的计量单位一致，不相同时必须修改备案或转换一致后填报。

三十七、原产国（地区）/最终目的国（地区）

原产国（地区）指进口货物的生产、开采或加工制造国家（地区）。

最终目的国（地区）指已知的出口货物的最终实际消费、使用或进一步加工制造国家（地区）。

本栏目应按海关规定的《国别（地区）代码表》选择填报相应的国家（地区）名称或代码。

加工贸易报关单特殊情况下填报要求如下：

1. 料件结转货物，出口报关单填报“中国”（代码“142”），进口报关单填报原料件生产国；

2. 深加工结转货物，进出口报关单均填报“中国”（代码“142”）；

3. 料件复运出境货物，填报实际最终目的国；加工出口成品因故退运境内的，填报“中国”（代码“142”），复运出境时填报实际最终目的国。

三十八、单价

本栏目应填报同一项号下进（出）口货物实际成交的商品单位价格。

无实际成交价格的，本栏目填报货值。

三十九、总价

本栏目应填报同一项号下进（出）口货物实际成交的商品总价。

无实际成交价格的，本栏目填报货值。

四十、币制

指进（出）口货物实际成交价格的币种。

本栏目应根据实际成交情况按海关规定的《货币代码表》选择填报相应的货币名称或代码，如《货币代码表》中无实际成交币种，需转换后填报。

四十一、征免

指海关对进（出）口货物进行征税、减税、免税或特案处理的实际操作方式。

本栏目应按照海关核发的《征免税证明》或有关政策规定，对报关单所列每项商品选择填报海关规定的《征减免税方式代码表》中相应的征减免税方式。

加工贸易报关单应根据《登记手册》中备案的征免规定填报。

四十二、税费征收情况

本栏目供海关批注进（出）口货物税费征收及减免情况。

四十三、录入员

本栏目用于预录入和 EDI 报关单,打印录入人员的姓名。

四十四、录入单位

本栏目用于预录入和 EDI 报关单,打印录入单位名称。

四十五、申报单位

本栏目指报关单左下方用于填报申报单位有关情况的总栏目。

申报单位指对申报内容的真实性直接向海关负责的企业或单位。自理报关的,应填报进(出)口货物的经营单位名称及代码;委托代理报关的,应填报经海关批准的专业或代理报关企业名称及代码。

本栏目还包括报关单位地址、邮编和电话等分项目,由申报单位的报关员填报。

四十六、填制日期

指报关单的填制日期。预录入和 EDI 报关单由计算机自动打印。

本栏目为 8 位数,顺序为年 4 位,月、日各 2 位。

四十七、海关审单批注栏

本栏目指供海关内部作业时签注的总栏目,由海关关员手工填写在预录入报关单上。

其中"放行"栏填写海关对接受申报的进出口货物作出放行决定的日期。

四十八、主管海关

本栏为网上申报特设栏目,主要是作为分发电子数据的依据,本栏填写报关单审单海关。

附:贸易方式、备案号、征免性质、征免、用途关系表

贸易方式(代码)	备案号(第一个字母)	征免性质(代码)	征免(代码)	用途(代码)
一般贸易(0110)	空	一般征税(101)	照章征税(1)	外贸自营内销(01)
	Z(征免税证明)	鼓励项目(789)	全免(3)	企业自用(04)
		自有资金(799)		
		科教用品(401)		
来料加工(0214)	B(登记手册)	来料加工(502)	全免(3)	加工返销(05)
进料对口(0615)	C(登记手册)	进料加工(503)	全免(3)	加工返销(05)
合资合作设备(2025)	Z(征免税证明)	鼓励项目(789)	全免(3)	企业自用(04)
外资设备物品(2225)	Z(征免税证明)	鼓励项目(789)	全免(3)	企业自用(04)

【实训项目】

1. 根据以下所列资料填制出口货物报关单一份。

深圳市电子进出口有限公司与 SUNLIT TRADE GMBH PEUTESTRASSE 6A－75589，HAMBURG，GERMANY 所签第 SSAB01－0032 合同项下商品情况如下：

CAR SPEAKER	PY－1009A	6720 PAIRS	560CTNS	USD3.30/PAIR
	PY－6960A	1705 PAIRS	341CTNS	USD17.10/PAIR
			TOTAL	USD51 331.50

2004 年 11 月 28 日，深圳市电子进出口有限公司收到了一份 STATE BANK OF GERMANY，HAMBURG，GERMANY 于 2004 年 11 月 26 日开来的信用证，购买汽车喇叭，信用证号码为 GSN118488LY，金额为 USD51 331.50，CIF BREMEN 条件，该公司立即与深圳市翔达电声器材厂联系，并签了合同 EL2001－321，商品的有关情况如下：

汽车喇叭	PY－1009A	6 720 对	RMB25.00/对	RMB168 000.00
	PY－6960A	1 705 对	RMB136.00/对	RMB231 880.00
			TOTAL	RMB 399 880.00

货备好后，深圳市电子进出口有限公司于 2004 年 12 月 9 日向深圳蛇口海关申报出口，将货装上了船名为深圳海，航次 661 的海轮运送出海，B/L NO.：SSAB01－001，NW：5.065MT，GW：5.966MT，唛头 N/M，2×20'FCL：SZWY7891012/7891013，核销单编号：448899662，海关计量单位：对/个，运费为 USD3000.00，保费率为 0.69%。商品编码为 8518.2100。

2. 根据下列资料，填制出口货物报关单一份

1）THE SELLER：DALIAN HAITIAN GARMENT CO.，LTD 中韩合资大连海天服装有限公司（2115930064）

2）THE BUYER：WAN DO APPAREL CO.，LTD，550-17，YANGCHUN-GU，SEOUL，KOREA

3）PORT OF LOADING：DALIAN CHINA，FINAL DESTINATION：INCHON KOREA，CARRIER：DAIN/431E

4）TERMS OF PAYMENT：DOCUMENTS AGAINST ACCEPTANCE

5）

NO. OF PACKAGES	DESCRIPTION	QTY/UNIT	UNIT PRICE	AMOUNT
FOB DALIAN CHINA				
260CTNS	LADY'S JUMPER	1 300PCS	@MYM11.00	USD14 300.00
	MAN'S JUMPER	1 300PCS	@MYM11.00	USD14 300.00

TOTAL：USD28 600.00

6）B/L NO.：DAINE 431227，INVOICE NO.：HT01A08

7）NW：2600KGS，GW：3380KGS，1×40'CONTAINER NO.：EASU9608490.

8）该公司在来料加工合同 9911113 项下出口男、女羽绒短上衣，分列手册（编号 B09009301018）第 2、3 项，外汇核销单编号：215157263，计量单位：件/千克。

9）大连亚东国际货运有限公司于 2004 年 3 月 25 日向大连海关申报出口，提单日期为 2004 年 3 月 26 日。

10）该男、女羽绒短上衣的商品编码分别为 6201.9310、6202.1310。

附：报关单样本见下

中华人民共和国海关出口货物关单

预录入编号　　　　　　　　　　　　　　　　　　　　　　　　　　海关编号

出口口岸	备案号	出口日期	申报日期	
经营单位	运输方式	运输工具名称	提运单号	
发货单位	贸易方式	征免性质	结汇方式	
许可证号	运抵(国地区)	指运港	境内货源地	
批准文号	成交方式	运费	保费	杂费
合同协议号	件数	包装种类	毛重(公斤)	净重(公斤)
集装箱号	随附单据	生产厂家		
标记唛码及备注				
项号　商品编号　商品名称规格型号　数量及单位　最终目的地国(地区)单价　总价　币制　征免				
税费征收情况				
录入员　　录入单位	兹声明以上申报无讹并承担法律责任	海关单批注及放行日期(签章)审单审价		
		征税　　统计		
报关员 申报单位(签章) 单位地址 邮编　　　　　　　　　电话 填制日期		查验 放行		

第五章 结汇单证

【本章理论回顾】

一、发票(Invoice)

发票(Invoice)是进出口贸易结算中使用的最主要的单据之一,我国进出口贸易中使用的发票主要有:

➢ 商业发票(Commercial Invoice)

➢ 海关发票(Customs Invoice)

➢ 厂商发票(Manufacturer's Invoice)

➢ 领事发票(Consular Invoice)

➢ 形式发票(Proforma Invoice)

(一) 商业发票

1. 含义:一般简称发票,是出口方向进口方开列的载有货物名称、数量、价格等内容的价目清单。

商业发票是结汇单证的中心单据,其他单据皆以其为缮制依据。

2. 作用

(1) 是装运货物的价目总清单;

(2) 进、出口商收付货款和记账的凭证;

(3) 进口商通关纳税的依据;

(4) 在不使用汇票的交易中,可替代汇票作为付款依据;

(5) 缮制其他单据的依据,及报关、报检、核销单据的组成部分。

(二) 海关发票

1. 含义:某些国家规定在进口货物时,须提供其海关规定的一种固定格式的内容的发票。

格式:由进口国(海关)制定格式,出口国出口人填写。

2. 作用

(1) 供进口商向海关办理进口报关、纳税等手续;

(2) 供进口国海关核定货物原产地国,以采取不同的国别政策;

(3) 供进口国海关掌握进口商品在出口国市场的价格情况,以便确定该商品是否属于低价倾销,以便征收反倾销税。

3. 供进口国海关作为统计的依据。

(三) 领事发票

1. 含义

由进口国驻出口国或邻近地区的领事签证的发票,是一种官方单据,又称签证发票。

2. 目的(作用)

(1) 了解进口货物的原产地、有无倾销;

(2) 领事馆的经费来源。

(四) 厂商发票

1. 含义:进口国要求出口商提交的由出口货物的制造厂商所出具的,以出口国货币计算的,用来证明出口国国内市场的出厂价的发票。

2. 作用:确定出口商有无倾销行为,以及为了进行海关估价、核税和征收反倾销税。

(五) 形式发票

形式发票是一种非正式发票,是卖方对潜在的买方报价的一种形式。买方常常需要形式发票,以作为申请进口和批准外汇之用。

Proforma Invoice 是指纯为形式的,无实际意义的发票。这种发票本来是卖方在推销货物时,为了供买方估计进口成本,假定交易已经成立所签发的一种发票。实际上,并没有发出货物的事实,正因为如此,在日本这种发票也被称之为"试算发票"。

形式发票的作用

(1) 作为数量化的报价;

(2) 作为销售确认;

(3) 让买方凭以申请输入许可、外汇许可和开立信用证。

形式发票与商业发票的区别

形式发票与商业发票不同的是在发票上有"形式"字样。这种发票可以用作邀请买方发出确定的订单。发票上一般注明价格和销售条件,所以一旦买方接受此条件,就能按形式发票内容签订确定合约。

由于形式发票上详细载明了进口货价及有关费用,所以有些国家规定可以凭形式发票申请进口许可证,或做为向海关申报货物价格之用。

形式发票的使用

在实务上,倘若 Proforma Invoice 具备报价单的内容而构成法律上的要约(Offer),则可以用来替代报价单,甚至可以作销售确认书(Sales Confirmation)。

形式发票还可以用于其他需要结算的场合。

(1) 用于预付货款,即在装货前要求现金支付。

(2) 在寄售方式中,出口的货物没有确定的销售合约,而是放在代理商手中,对代理商来说,形式发票可以作为向潜在的买方报价的指南。

(3) 如果是投标,形式发票可以使买方在许多相互竞争的供货商中按合理的价格和销售条件签订销售合同。

在具体操作中,一份完整的形式发票必须包括支付方式(T/T,L/C,T/T 加 L/C 等,其中还要写明定金和剩余款项的金额),目的港,货物的相关信息。

（六）厂商发票

是出口货物的制造厂商出具的以本国货币表示出厂价格的销货凭证。其目的是供进口国海关估价、核税及检查是否有削价倾销行为，征收反倾销税时使用。若 L/C 要求"MANUFACTURERS INVOICE "，发票名称应照打，且缮制时应注意：

（1）出票日期应早于商业发票日期。

（2）价格为以出口国币制表示的国内市场价。填制方法与海关发票相同，但应注意出厂价不能高于发票货价，应适当打个折扣（一般按 FOB 价打九折或八五折），以免被进口国海关视为压价倾销而征收反倾销税导致巨大损失。

（3）发票内应加注证明制造商的语句"WE HEREBY CERTIFY THAT WE ARE ACTUAL MANUFACTURER OF THE GOODS INVOICED"。

（4）抬头人打出口商，但出单人为制造厂商，应由厂方负责人在发票上签字盖章。

（5）货物出厂时，一般无出口装运标记，因此除非信用证有明确规定，厂商发票不必缮制唛头。

二、汇票

（一）汇票的定义

Draft/Bill of Exchange 是出票人（Drawer）签发的，要求受票人（Drawee）在见票时或在指定的日期无条件支付一定金额给其指定的受款人（Payee）的命令。

（此部分内容在讲付款方式时详细解释）在对外贸易业务中，通常是由卖方作为出票人开立以买方或被买方委托的银行为付款人的汇票，指定与其有往来关系的银行为受款人来结算款项。如托收：托收行——收款人，进口商——付款人；L/C：受益人向议付行交单议付时需开立以开证行或指定付款行为付款人，以持票人，出票人或背书人为收款人的汇票；汇付（金融/银行汇票）是由汇出行开立以汇入行为付款人、以出口商为收款人的汇票。

（二）汇票的当事人

一般有三个：出票人、受票人（付款人）和受款人

1. 出票人：即签发汇票的人，通常是出口商。

2. 受票人：即付款人，通常为进口商或其指定的银行；在 L/C 结算中，若 L/C 未指定付款人，根据《UCP500》规定，开证行即是付款人。

3. 受款人：若 L/C 未规定，通常是出口商本人或其指定银行。

另：还有非基本当事人：背书人（Endorser）、保证人（Guarantor）等。

（三）汇票的种类

1. 根据付款时间：即期和远期

（1）即期汇票（Sight Bill/Demand Draft）

要求见票即付或未规定付款期限的汇票。

（2）远期汇票（Time bill/Usance Bill）

是指约定在将来特定的日期或在将来一定期限进行支付的汇票。

远期汇票须先提示承兑。

2. 根据有无附有货运单据：光票和跟单汇票

（1）光票（Clean Bill）

是指不附货运单据的汇票。

光票的流通完全依靠当事人的信用(出票人、付款人或背书人),很少使用,只偶见于收取少量货款、保险费、运费等。

(2) 跟单汇票(Documentary Bill)

是指附有货运单据的汇票。除了当事人的信用外,还有物权的保证,使用广泛。

3. 按出票人不同

(1) 商业汇票(Trade Bill)

商号、企业或个人——出票人

商号、企业、个人或银行——付款人

在国际贸易结算中,出口商用逆汇法(托收或 L/C),向国外进口商收取货款而签发的汇票即属商业汇票。

(2) 银行汇票(Banker's Bill)

出票人和付款人都是银行。

汇票由银行(托收行)签发后,交汇款人,由汇款人寄交国外收款人向付款行(汇入行)取款。此种汇款方式称为顺汇法(汇付)。

4. 按承兑人不同,分为:

(1) 商业承兑汇票(Trader's Acceptance Bill)

是指由商号、企业或个人付款并承兑的远期汇票。

以承兑人的商业信用为基础,信用等级低于银行承兑汇票,较难办理贴现。

(2) 银行承兑汇票 (Banker's Acceptance Bill)

是由银行承兑的远期汇票。

以银行信用为基础,更易被接受。如 L/C 业务中的汇票。

5. 根据当事人的重复性:普通和变式

(1) 普通汇票:三基本当事人不同。

(2) 变式汇票:三方当事人当中有重复者则为变式汇票。分为三类:

出票人和受票人(付款人)相同的己付汇票;

出票人和收款人相同的己收汇票;

收款人和付款人相同的付收汇票。

6. 根据汇票的流通地域,分为:

(1) 国内汇票(Inland Bill /Domestic Bill)

出票地与付款地处于同一国家。

(2) 国际汇票/外国汇票 (International Bill/Foreign Bill)

出票地与付款地分处两国。

区分意义:(1) 遭遇退票(拒绝承兑或付款)时制作拒绝证书的必要性不同:前者由有关各方决定是否出具;后者须由公证人出具拒绝证书(Pretest)

(2) 运用的法律不同:国内法律→冲突法规

(3) 份数不同:国内汇票通常单份(solo),国际汇票通常两份或多份,银行汇票通常只签发一份。

(四) 汇票的内容:(主要讲商业汇票)

格式无统一格式,卖方可向银行购买也可自行设计。

每一张有效的汇票须具备以下项目：

（为了让学生对汇票有个整体认识，先向其展示各种汇票样本，并简单介绍汇票的内容。然后再具体讲解每一项内容填制的具体要求。）

1. 有“汇票”字样

“Bill of Exchange”；“Draft”

2. 汇票号码（NO.）

通常与发票号码相同，也可填其他有利于识别的号码。

3. 汇票的出票日期与地点

（1）汇票的出票日期：通常在交单时由银行打上交单当天的日期。

其他单据的签发日和实际装船日≤出票日期≤规定的交单日

日期月份需用英文。

（2）出票地点：关系到法律适用的问题（多使用“行为地法律”），原则上应是出口商所在地，一般与日期相连。通常由银行代填。

4. 出票条款又称出票根据，表明汇票起源。

（1）信用证项下的汇票必须有出票条款，包括三部分：开证行名称、信用证号和开证日期。如：

Drawn Under 开证行完整名称 L/C NO. 信用证号 Dated 开证日期。

注意：如果信用证列明了具体的出票条款，则照其原样填制。

（2）托收项下，如：

Drawn under Contract NO. 合同号 against Shipment of 货物名称 for Collection.

5. 金额（大、小写）：须是确定的金额

小写（Amount in figures）：USD1000,000.00

大写（Amount in words）：（the sum of）U.S. dollars one thousand thousand only.

如规定了利息，还须注明“Payable with interest …%”。

必须一致，不得涂改（我国：如不一致，无效；其他：以文字为准）。

三、原产地证

（一）含义与作用

1. 含义

产地证（CERTIFICATE OF ORIGIN），是出口商应进口商的要求而提供的、由公证机构等出具的证明货物原产地和制造地的一种证明文件。

资料链接：中华人民共和国出口货物原产地规则

（1992年3月8日国务院令第94号发布）

第二条　中华人民共和国出口货物原产地证明书（以下简称原产地证）是证明有关出口货物原产地为中华人民共和国的证明文件。

2. 作用

（1）证明有关出口货物符合中华人民共和国原产地规则；

（2）供进口国海关掌握进出口货物的原产地国别，从而采取不同的国别政策，决定进口税率和确定税别待遇；

（3）是对某些国家或某种商品采取控制进口额度和进口数量的依据；

(4) 是进出口通关、结汇和贸易统计的依据。

(二) 原产地证明书的主要种类

根据签发机构不同,使用范围不同、证书格式不同,分为:

种　类	简　称	可签发机构	证书格式
一般原产地证书	C/O 产地证 (Certificate of Origin)	质检总局(AQSIQ)、贸促会(CCPIT)、出口商、厂商	商务部统一格式
普惠制原产地证书	GSP 产地证 (Generalized System of Preferences 产地证)	质检总局	FORM AFORM 59AF ORM APR(IL)
输欧盟纺织品产地证		商务部(MOFCOM) (授权许可证事务局管理、指导发证工作)	商务部统一格式
输美国纺织品产地证		同上	商务部统一格式

另有 FORM E(东盟协定证书)、FORM F(中智证书)、亚太贸易协定证书、中巴证书,以下将一一介绍。

1. 中国与东盟自贸区产地证 FORM E

中国—东盟自由贸易区原产地证书是根据《中华人民共和国与东南亚国家联盟全面经济合作框架协议》的要求签发的具有法律效力的在协定成员国之间就特定产品享受互惠减免关税待遇的官方证明文件,签证依据为《中国—东盟自由贸易区原产地规则》及其《签证操作程序》。中国—东盟自由贸易区原产地证书采用专用证书格式 FORM E。

证书号编号方法如下:企业产地证注册号 + D + 年份 + 证书序号

例:产地证注册号为"ZC2813"的企业 2008 年第 1 份 FORM E 证书的编号为:

"ZC2813D/08/0001"(D 为 FORM E 证书的代码,新产地证系统的代码为 E),新产地证系统的编码规则是:证书类型(一位证书种类代码) + 年份(二位数字) + 新产地证注册号(九位数字) + 流水号(四位数字)。如:企业注册号是 470ZC2813,该企业 08 年的第一份 FORM E 号码可编写为 E08470ZC12340001。

第一栏:(出口商的名称、地址和国别)应填写中国境内出口商的名称和地址。

注意:

此栏是带有强制性的,必须填写中国境内的出口商详细名称、地址和中国国名,不能填写中国以外的出口商。

第二栏:(进口商的名称、地址和国别)一般应填写给惠国最终收货人名称、地址和国别(即信用证上规定的提单通知人或特别声明的收货人),但不要填中间转口商的名称。

注意:

① 此栏请勿留空,如不体现具体进口商,应在此栏填写"TO ORDER";

② 如果体现具体进口商,必须填写进口国的全名。

第三栏:填写货物离开中国日期、船名或飞机航班号(不详可填 BY SEA 或 BY AIR)及卸货口岸(卸货口岸须填港口名,不能只填国家名)。

注意：

① 货物出运日期必须与提单日期一致；

② 运输工具名必须与提单所列运输工具名称一致；

③ 目的地必须是给惠国境内的港口或城镇。

④ 凡经香港或澳门转运至东盟各国的优惠贸易协定项下的出口货物，在获得检验检疫机构签发的《中国—东盟自由贸易区优惠原产地证明书》后，申请人需持该证书及有关单证，向香港中国检验有限公司或澳门中国检验有限公司申请办理“未再加工证明”。

第四栏：(供官方使用)此栏由给惠国海关填写，出口企业应将此栏留空。

第五栏：(项目序号)一般情况下显示为“1”，在收货人、运输条件相同的情况下，如同批出口货物有不同品种，可按不同品种或不同＊号等分列“1”、“2”、“3”…。

第六栏：(运输唛头及包装号)按＊上唛头填写完整的图案文字标记及包装号。

注意：

① 如货物无唛头，应填“N/M”或“NO MARK”等；

② 如唛头过长此栏不够，可打在第7栏结束线下以及第8、9、10栏的空白处；

③ 如唛头特别长或者图案标记特别复杂，应该在此栏填写“SEE ATTACHMENT”同时将唛头打在专用的唛头附页上，唛头附页应该打上该证书号和该证书的签证地点和签证日期。

第七栏：(品名和包装数量及种类)应填商品的具体名称和6位HS编码、包装种类及数量。

例如：FIFTY SIX(56)CTNS OF TOYS

H. S. NO.：950300

注意：

① 商品的名称必须具体，限于已公布的《中国—东盟框架协议》“早期收获”方案项下所给予关税优惠的商品，即HS第1章至第8章产品。

② 包装种类必须填写具体运输包装，如CTN、PKGS、PALLET、CASE等。但裸装及散装商品应注明“IN BULK”。

③ 包装数量必须在注明英文大写的同时注明相应的阿拉伯数字。

④ 国外信用证如要求填写合同号、信用证号、提单号等说明内容时，可填写在此栏结束符下方的空白处。

⑤ 进口国HS编码即为我国现采用的国际上协调统一的HS编码，要求填写四位数以上HS品目号。

⑥ 在正文下方必须加打结束符，以示不能再添加内容。

第八栏：(原产地标准)此栏是普惠制原产地证书的核心内容。一般填写规定如下：

注意：

① 对完全原产于中国，不含进口成分的货物，此栏应填“X”；

② 对非完全原产于中国，但在该国的生产符合中国—东盟自由贸易区原产地规则中规则2所列的原产地标准的产品，被另一成员国用于其最终产品中，只要此最终产品的中国—东盟自由贸易区成分累计不低于40%，则此栏应填“东盟国家原产成分累计的百分比”，例如40%；

③ 对列入特定产品原产地标准清单的产品，应填写采用的具体标准：如按照增值百分

比标准的,填写具体的增值百分比,如“40%”; 符合特定产品的原产地标准的产品(指该产品发生实质性改变): 填写“PSR”(PRODUCT SPECIFIC RULES)。对 HS 编码为 510320、510330、510400、510531. 510539、510540 的货物须填“PSR”。

第九栏: 证书第九栏填写货物的毛重或数量,及货物的离岸价,例如: FOB: USD2000。(毛重或其他数量)一般应填写毛重,填写净重时应注明“N. W.”或“NET WEIGHT”。以其他计量单位计量的,也可填写其他计量单位。

第十栏: (* 号及日期)此栏不得留空,应按正式出口商业 * 填写号码和日期。* 日期不得晚于申请签证及出运日期。

注意:

为避免月份、日期的误解,月份一律用英文全称或通用缩写法如 JAN. 等表示。* 内容,必须与证书所列内容和货物完全相符。

第十一栏: (出口商的申明)应填出口商申请的地点、日期以及进口国国名。

注意:

① 申请单位的法人代表或其授权的手签人员必须在此栏中签字并加盖申请单位在签证机构注册备案的产地证中英文印章。非经授权备案的手签人员本人签字和非经授权备案的印章无效;

② 为避免月份、日期的误解,月份一律用英文全称或通用缩写如 JAN. 等表示。

第十二栏: (签证当局的证明)应填签署地点、日期。

注意:

① 签证印章加盖在证书第 12 栏,证书正本和 3 个副本均需加盖印章。

② 为避免月份、日期的误解,月份一律用英文全称或通用缩写如 JAN. 等表示。

③ 进口给惠国的国名必须是正式的全称或缩写。

④ 后发证书应由检验检疫机构在第 12 栏填写“ISSUED RETROACTIVELY”

⑤ 出口商在原产地证证书被盗、丢失或损毁时,出口商可以书面形式向签证机构申请补发证书。申请补发证书应该提供如下资料: (1) 补发申请书一份;(2) 填制好的 FORME 申请书一份;(3) 填制好的 FORME 证书一份;(4) 原签发证书的第二副本;(5) 出口商业 * 一份;(6) 出口报关单;(7) 海运或空运提单。

注意: (1) 补发证书标题栏中,应在注册号、证书类别号、年度号、证书序号后加英文大写字母“D”,例如: 原证书号 ZC2813D/08/0001 的补发证书号为: ZC2813D/2813/08/0001D(第二个大写字母 D 代表补发证书)(2) 补发证书的申请日期和签发日期与原遗失证书相同。签证机构在补发证书第十二栏加注“CERTIFIED TRUE COPY”。

2.《亚太贸易协定》优惠原产地证书

《亚太贸易协定》的前身为《曼谷协定》,我国于 2001 年 5 月加入,2002 年 10 月 1 日起签发《曼谷协定》优惠原产地证书。2005 年底,在北京召开的《曼谷协定》第一届部长级理事会上,《曼谷协定》正式更名为《亚太贸易协定》。与原有的《曼谷协定》关税减让相比,新一轮关税减让的商品范围和优惠幅度都将大幅扩大,并增加了孟加拉国家,这将有利于我国进一步开拓东亚和南亚的市场,扩大与亚太贸易协定各成员国之间的经贸往来,促进亚洲区域合作。

自 2006 年 9 月 1 日起,我国根据《亚太贸易协定》第三轮关税减让谈判结果,对原产于我国的部分化工产品、木制品、塑料制品、皮革、金属制品、机械电气等产品在出口到韩国、印度、斯里兰卡、孟加拉时，签发《亚太贸易协定》优惠原产地证书。进口商持有该证书可享受到优惠税率。

同时，我国对原产于韩国、印度、斯里兰卡、孟加拉和老挝五国的 1 700 多个税目商品实行降税，对原产于老挝、孟加拉的部分商品实行特惠税率。这些享受优惠和特惠税率的产品包括农产品、药品、化工产品、纺织品、金属制品、机电产品和汽车及其零件等。

《亚太贸易协定》优惠原产地证书（以下简称亚太证书）共有十二栏，各栏的填写方法如下：

产地证标题栏（右上角），填上签证当局所规定的证书号。具体规定如下：

A. 证书号码示意图如下：

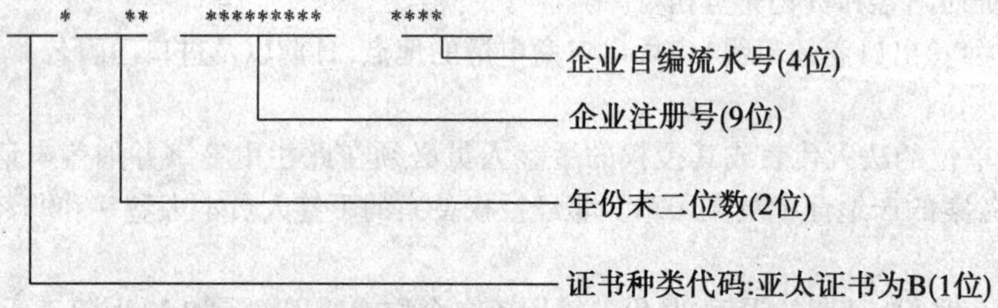

例如：证书号 B063800000050045 是注册号为 380000005 的单位 2005 年办理的第 45 票亚太证书。

B. 签证当局已经签发的证书，申报单位如需要更改，须提出更改申请，并退还原签发证书。更改证的号码与新证的编码规则一致，但改变流水号。

C. 如原签发的证书遗失，经签证当局重发证书，重发证的号码与新证的编码规则一致，但改变流水号。

第一栏：出口商的名称，地址，国别

例如：NINGBO SKYLAND GROUP CO. ,LTD.

ROOM 1209, ZHONGSHAN MANSION, 93 EAST ZHONGSHAN ROAD, NINGBO CHINA

注意：此栏是带有强制性的，应填明中国境内的出口商详细地址，包括街道名、门牌号码等。出口商必须是已办理产地注册的企业，且公司英文名称应与检验检疫局注册备案的一致。此栏切勿有香港、台湾等中间商出现。

第二栏：收货人的名称，地址，国家

例如：DCC CORPORATIN

12345BL 3LT, 693 - 2, GOJAN - DONG

NAMDONG - KU, INCHEON, KOREA

注意：一般应填《亚太协定》成员国最终收货人名称（即信用证上规定的提单通知人或特别声明的收货人），此栏不能填香港、台湾等其他中间商的名称，在特殊情况下，此栏也可填上 TO ORDER 或 TO WHOM IT MAY CONCERN。

第三栏：供签证当局使用

此栏由签证当局填写，申请单位应将此栏留空。签证当局根据实际情况，填写如下有关内容：

① 如属“后发”证书，签证当局会在此栏加打“ISSUED RETROSPECTIVELY”；

② 如属签发“复本”（重发证书），签证当局会在此栏注明原发证书的编号和签证日期，并声明原发证书作废，其文字是：THIS CERTIFICATE IS IN REPLACEMENT OF CERTIFICATE OF ORIGIN NO…… DATED…… WHICH IS CANCELLED，并加打“DUPLICATE”。

第四栏：运输方式与路线

例如：BY SEA FROM NINGBO TO BUSAN

注意：运输路线始发地应填中国内地最后一道离境地，如系转运货物，应加上转运港，如：BY SEA FROM NINGBO TO BUSAN VIA HONGKONG。运输方式有海运，陆运，空运，海空联运等。

第五栏：税则号

例如：3204

注明货物4位数的HS编码

第六栏：唛头及包装编号

例如：JENSON，

ORDER NO. 325952065

L/C E766896505

C/N 1 - 270

此栏按实际货物和发票上的唛头，填写完整的图案文字标记及包装号。唛头中处于同一行的内容不要换行打印。

注意：

① 唛头不得出现“HONGKONG”，“MACAO”，“TAIWAN”，“R. O. C.”等中国以外其他产地制造字样；

② 此栏不得留空。货物无唛头时，应填“N/M”。如唛头过多，可填在第7、8、9、10栏的空白处。如唛头为图文等较复杂的唛头，则可在该栏填上“SEE ATTACHMENT”，并另加附页。附页需一式三份，附页上方填上“ATTACHMENT TO THE CERTIFICATE OF ORIGIN NO……”（证书号码），参照亚太证书，附页下方两边分别打上签证地点、签证日期和申报地点、申报日期，右下方盖上申报单位签证章并由申报单位申报员签名。附页应与亚太证书大小一致。

③ 此栏内容及格式必须与实际货物的外包装箱上所刷的内容相一致。

第七栏：包装数量及种类；货物描述

例如：FOUR (4) DRUMS OF ACID GREEN DYESTUFFS

*** *** *** *** ***

注意：请勿忘记填写包件数量及种类，并在包装数量的英文数字描述后用括号加上阿拉伯数字。商品名称应填写具体，应详细到可以准确判定该商品的HS品目号。如果信用证中品名笼统或拼写错误，必须在括号内加注具体描述或正确品名。商品名称等项列完后，应在末行加上截止线，以防止加填伪造内容。国外信用证有时要求填写合同、信用证号码等，可加在此栏截止线下方，并以“REMARKS：”作为开头。

例如：FOUR (4) DRUMS OF ACID GREEN DYESTUFFS

* * * * * * * * * * * * * * *

REMARKS：

L/C：2846905067640

第八栏：原产地标准

此栏用字最少，但却是国外海关审证的核心项目。对含有进口成分的商品，因情况复杂，国外要求严格，极易弄错而造成退证，应认真审核。现将一般情况说明如下：

① 完全原产的，填写“A”；

② 含有进口成分的产品，填写如下：

a. 在一出口成员国境内最终制得或加工的产品，如果其使用的来自非成员国或不明原产地的原材料、零件或制品的总价值不超过该产品 FOB 价的 55%，则填写字母“B”并注明原产于非成员国或原产地不明的原材料、零部件或制品的总价值占出口产品 FOB 价的百分比（例如“B”50%）。

b. 符合原产地累积标准的，如果最终产品中成员国成分合计不低于其 FOB 价的 60%，则填写字母“C”并注明原产于成员国领土内的累计含量的总价值占出口产品 FOB 价的百分比（例如“C”60%）。

c. 最不发达成员国原产的产品在适用条件 a 时百分比不能超过 65%，适用条件 b 时百分比不能低于 50%。符合该特定原产地标准的产品，填写字母“D”。

第九栏：毛重及其他数量

例如：1200KGS

注意：此栏应以商品的正常计量单位填，如“只”，“件”，“匹”，“双”，“台”，“打”等。以重量计算的则填毛重，只有净重的，填净重也可，但要标上：N. W.（NET WEIGHT）。

第十栏：发票号及日期

例如：SDAKF0522

DEC 22，2006

注意：发票内容必须与正式商业发票一致，此栏不得留空，为避免误解，月份一般用英文缩写 JAN.、FEB.、MAR. 等表示，发票日期年份要填全，如“2006”不能为“06”。发票号太长需换行打印，应使用折行符“—”。发票日期不能迟于提单日期和申报日期。

第十一栏：出口商声明

生产国的横线上应填上“CHINA”（证书上已印制）。进口国横线上的国名一定要填写正确，进口国必须是亚太协定成员国，一般与最终收货人或目的港的国别一致。申请单位的申报员应在此栏签字，加盖已注册的中英文合璧签证章，填上申报地点、时间，印章应清晰，例如：NINGBO，CHINA　DEC 22，2006。

注意：申报日期不要填法定休息日，日期不得早于发票日期，一般也不要迟于提单日期，如迟于提单日期，则要申请后发证书。在证书正本和所有副本上盖章签字时避免覆盖进口国名称、原产国名称、申报地址和申报时间。更改证申报日期一般与原证一致。重发证申报日期应为当前日期。

第十二栏：签证当局证明

此栏填写签证地址和日期，一般情况下与出口商申报日期、地址一致，签证机构授权签证人员在此栏手签，并加盖签证当局印章。

例如：NINGBO, CHINA　DEC 22, 2006。

注意：签证当局只在证书正本加盖印章。

其他说明：

① 凡申请办理亚太优惠原产地证明书的单位，必须预先在当地检验检疫机构办理注册登记手续。

②《亚太协定》优惠原产地证明书使用英文填制。特殊情况下，第 2 栏可以使用进口国的文种，第 6 栏不受文种限制可据实申报。

③ 在申报亚太优惠原产地证明书时，申报单位需提交用"原产地电子签证系统企业端软件"打印出的商业发票（加盖公章及法人章）和一正二副的空白证书。

④ 如出口商品含有进口成分，但符合原产地标准，如系大市范围以内厂家生产，需提供含进口成分商品成本明细单；如系大市范围以外厂家生产，则需提供异地调查结果单。

⑤ 如申报日期迟于出运日期，申请后发的需提供正本提单复印件。

⑥ 如果签发的证书正本遗失或损毁，申请单位可向原签证机构申请重发，先登报申明作废，同时提供申请单位和丢证方书面说明及原证的复印件，经检验检疫机构审核通过，予以重发。

⑦ 出口商品系大市范围以外厂家生产，并在异地调查商品清单内，需提供异地调查结果单。

3. 中智 FORM /F 证书

根据智利关税减让清单，只要提供符合该项下的 FORM/F 产地证，该批产品即可获进口免税优惠，税率由 6% 降为零关税。FORM/F 证书是《中国—智利自由贸易协定》下的优惠原产地证书，是一种区域性、互惠性质的优惠原产地证。据了解，区域性优惠贸易将逐步成为我国进出口企业利用的主要优惠原产地政策。

FORM /F 证书填制要求：

① 由于申办企业之申报员都受过 FORMA 证书的业务培训，因此本证书填制要求，将以 FORMA 证书的填制要求为基础进行说明。

② 证书第一栏、第三栏的填制要求与 FORM A 证书相同。

③ 证书第二栏的填写该批货物的生产企业的名称地址，如需保密可填"Available to the competent government authority upon request"，如与出口商相同则填"SAME"。

④ 证书第四栏填离开中国内地的日期。船名或航班名（不详的可填"BY SEA"或"BY AIR"）。装运港/地必须为国内，如经香港转口可打"SHENZHEN VIA HONGKONG"。卸货港为智利港口。

⑤ 证书第六栏可留空，或填写订单号、信用证号、生产厂商的名称和地址。

⑥ 证书第七栏必须填上项目编号，且项目编号不得超过 20 项。

⑦ 证书第十一栏原产地的填制要求：

(1) 完全国产：填写"P"。

(2) 非完全国产，本区域价值成分≥40%，填"RVC"。

(3) 符合特定产品的原产地标准的产品，填"PSR"。

⑧ 证书第十四、十五栏填申请日期地点、签证日期地点，根据中智自贸区协议，FORMF 证书应在出货前或后 30 天内申办，否则不予办理。

⑨ FORM/F 证书遗失不补,故请妥善保管。

⑩ 其他填制要求同 FORM A 的要求相同。

4. 中国—巴基斯坦自由贸易区原产地证书

中国—巴基斯坦自由贸易区原产地证书签证简介《中华人民共和国政府与巴基斯坦伊斯兰共和国政府关于自由贸易协定早期收获计划的协议》项下的《中国—巴基斯坦自由贸易区原产地规则》已于 2005 年 12 月正式签署并将于 2006 年 1 月 1 日起实施,根据《协议》,中方将向原产于巴基斯坦的 769 个 8 位税目的产品提供零关税待遇,主要涉及蔬菜、水果、石料、棉坯布和混纺布。同时,中方将享受巴方提供的 486 个 8 位税目产品的零关税待遇,主要涉及蔬菜、水果、石料、纺织机械和有机化工品。上述产品的关税将在两年内分三次降税,到 2008 年 1 月 1 号全部降为零。

对于部分纺织品,巴基斯坦也有相当的关税减让,如对于部分 HS 编码为 5208 的棉布和部分 HS 编码为 6005 和 6006 的经编布就有 15% 的关税减让。

(1) 中国—巴基斯坦自由贸易区原产地证书签发的产品范围,限于已公布的《中国—巴基斯坦自由贸易协定》"早期收获"协议项下所给予关税优惠的产品,这些产品必须符合中国—巴基斯坦自由贸易区原产地规则和签证操作程序。

(2) 中国—巴基斯坦自由贸易区原产地证书采用规定的统一格式。(证书样本见附录)

(3) 出口人应向进口人提供正本,以便呈交给进口口岸的海关。第一副本应由出口成员方签证机构留存。第二副本由出口人留存。正本和副本均需加盖签证印章。

正本——米黄色

第一副本——白色

第二副本——白色

(4) 原产地证书应由出口成员方的相关政府机构根据《中国—巴基斯坦自由贸易区原产地规则》在产品出口前、出口时或在出口后 15 天内签发。在特殊情况下,如由于非主观故意的差错、疏忽或其他合理原因没有在货物出口前、出口时或出口后立即签发原产地证书,原产地证书可以在货物装运之日起一年内补发,但要注明"补发"(ISSUED RETROACTIVELY)字样。

(5) 如原产地证书被盗、遗失或毁坏,出口人可以向原政府签证机构书面申请签发原证正本及第二副本的经证实的真实复制本,复制本可根据签证机构存档的有关出口文件制发,并在第 12 栏中注明"经证实的真实复制本"(CERTIFIED TRUE COPY)。该复制本应注明原证正本的签发日期。原产地证书的经证实的真实复制本应在出口人向原签证机构提供了第二副本的情况下,并在其正本签发之日起一年之内方可补发。

(三) 原产地规则简介

1. 完全获得或生产的产品

2. 非完全获得或生产的产品

规则四:非完全获得或生产的产品

(1) 规则二(二)中,如原产于一成员方的成分在产品中不少于 40%,则该产品应视为该方原产。

(2) 计算本地增值成分应适用以下方法:

非原产材料的价格

－－－－－－－－－－－－－×100 % < 60%

船上交货价格(FOB)

(3) 非原产材料价值应为:

① 材料进口时的成本、运费加保险费价格(CIF);

② 在进行制造或加工的成员方境内最早确定的为不明原产地材料支付的价格。

规则五: 累计原产地规则

除另有规定外,符合规则二原产地要求的产品在一成员方境内用作生产享受《协议》优惠待遇的制成品的原材料,如果最终产品的中国—巴基斯坦累计成分不低于40%的,则该产品应视为原产于制造或加工该制成品的成员方境内。

规则六: 产品特定原产地标准

在一成员方经过充分加工的产品应视为该成员方的原产货物。符合本规则附件所列产品特定原产地标准的产品,应视为在一成员方经过了充分的加工。

中国—巴基斯坦自由贸易区原产地证书填制说明

第1栏: 注明出口人合法的全称、地址(包括国家)。

第2栏: 注明收货人合法的全称、地址(包括国家)。

第3栏: 注明生产商合法的全称、地址(包括国家)。如果证书上的货物生产商不止一个时,其他生产商的全称、地址(包括国家)也须列明。如果出口人或生产商希望对该信息保密时,也可接受在该栏注明"应要求向海关提供"(Available to Customs upon request)。如果生产商与出口商相同时,该栏只需填写"相同"(SAME)。

第4栏: 注明运输方式和路线,并详细说明离港日期、运输工具号、装货港和卸货港。

第5栏: 由进口成员方的海关当局在该栏简要说明根据协定是否给予优惠待遇。

第6栏: 注明项目编号。

第7栏: 该栏的商品名称描述必须详细,以便查验货物的海关官员可以识别,并使其能与发票上的货名及HS编码的货名对应。包装上的运输唛头及编号、包装件数和种类也应列明。每一项货物的HS编码应为货物进口国的六位HS编码。

第8栏: 从一成员方出口到另一成员方可享受优惠待遇的货物必须符合下列要求之一:(根据特定原产地规则可做调整)

① 符合中国—巴基斯坦自由贸易区原产地规则的规定,在出口成员方境内完全获得的产品;

② 为实施中国—巴基斯坦自由贸易区原产地规则的规定,使用非原产于中国、巴基斯坦或无法确定原产地的原材料生产和加工产品时,所用这种原材料的总价值不超过由此生产或获得的产品的离岸价格的60%,且最后生产加工工序在该出口成员方境内完成;

③ 符合中国—巴基斯坦自由贸易区原产地规则五的产品,且该产品在一成员方被用于生产可享受另一个成员方优惠待遇的最终产品时,如这部分成分在最终产品的中国—巴基斯坦自由贸易区成分累计中不少于最终产品的40%,则该产品应视为原产于对最终产品进行生产或加工的成员方;或

④ 符合中国—巴基斯坦自由贸易区原产地规则产品特定原产地标准的产品应被视为原产于使该产品发生实质性改变的成员方。

若货物符合上述标准,出口商必须按照下列表格中规定的格式,在本证书第八栏中标明

其货物申报享受优惠待遇所依据的原产地标准：

本表格第12栏列名的原产国生产或制造的详情填入第8栏

① 出口成员方完全原产的产品（见上述第8栏①项）“P”

② 符合上述第8栏②项的规定，在出口成员方加工但并非完全原产的产品单一国家成分的百分比，例如40%

③ 符合上述第8栏③项的规定，在出口成员方加工但并非完全原产的产品中国—巴基斯坦自由贸易区累计成分的百分比，例如40%

④ 符合产品特定原产地标准的产品“PSR”

第9栏：该栏应注明毛重的公斤数。其他的按惯例能准确表明数量的计量单位，如体积、件数也可用于该栏；离岸价格应该是出口人向签证机构申报的价格。

第10栏：该栏应注明发票号和发票日期。

第11栏：如有要求，该栏可注明订单号，信用证号等。

第12栏：该栏必须由出口人填制，签名、签署日期和加盖印章。

第13栏：该栏必须由签证机构经授权的签证人员签名、签署日期和加盖签证印章。

（四）原产地证明书的申领

1. 一般原产地证明书的申领

（1）申领时间

出口单位最迟于每批货物报关出运前3天向签证机构申请。

（2）所需文件

①《出口货物原产地证明书申请书》

②《中华人民共和国原产地证明书》一套

③ 商业发票正本一份

④ 合同、箱单等要求的其他证明文件

2. 普惠制原产地证明书的申领

（1）申领时间

出口单位最迟于每批货物报关出运前5天向签证机构申请

（2）所需文件

①《普惠制原产地证明书申请单》一份；

② 已缮制好的《普惠制原产地证明书（FORM A）》一套；

③ 正式的出口商业发票正本一份，申请单位使用的发票需盖章或手签，发票不得手写，并应注明包装、数量、毛重或另附装箱单或重量单。

④ 必要时，申请单位还应提交信用证、合同、提单、“加工工序清单”等。

⑤ 含有进口成分的商品，必须提交《含进口成分受惠商品成本明细单》。

对以来料加工、进料加工方式生产的出口商品，还应提交有关的进料凭证。

3. 资料：中华人民共和国出口货物原产地规则实施办法

（发布单位：原对外贸易部　文号：对外经济贸易部令[1992]第1号）

第八条　在确定货物原产地时，台湾省、香港和澳门地区的原材料、零配件暂视为进口成分。

第十条　在出口货物本身及其内、外包装或说明书上，没有其他国家或地区生产的字样或标记,方可申请签发原产地证。

第十三条　凡进口国和进口商不要求出具原产地证,也不要求出具产地证明的,出口企业不必申请原产地证,也不必出具产地证明。

第十四条　进口方只要求制造厂或出口商在商业发票上或任何其他单证上对货物原产地作以声明的,作法如下:货物系完全原产于中国的,制造厂或出口商可以在发票或单证上备注声明;货物含有国外或境外成分的,必须到经贸部指定的签发机构申请签发原产地证,方能作原产地声明。

第十五条　凡进口方要求由我官方机构签发一般原产地证的,申请单位应向商检局申请办理;凡进口方要求由我民间机构签发一般原产地证的,申请单位应向贸促会申请;未明确要求的,可向商检局或贸促会申请。政府间协议对原产地证的签发有特殊规定的,依照协议的规定申请;普惠制原产地证向商检局申请。

第一节　发票的缮制

【实训目的】

通过本项目实训,我们应该掌握的基本技能是:

☐ 准确翻译信用证中的发票条款。

☐ 掌握商业发票缮制的规范会独立缮制发票。

☐ 熟悉、了解海关发票缮制规则及其注意事项。

【建议课时】 2

【前期准备】

☐ 出口商提供的合同和信用证

☐ 生产厂家提供的详细码单

☐ 计算器类的工具等

【操作步骤】

☐ 浏览信用证对发票的要求及相关附加指示。

☐ 浏览合同货物描述熟悉商品情况,结合码单了解具体包装细节和包装数量。

【注意事项】

一、商业发票

1. 发票中的货物描述是发票的中心内容,必须反映实际装运的货物,必须与信用证规定相符。

2. 除非信用证要求,发票无需签字或标注日期。但是如信用证要求的证明文句加注在没有要求签字的发票上,则该发票必须要签署。

3. 发票的总金额不能超过信用证的最高限额。发票中显示的单价和币种必须与信用证一致,发票必须显示信用证要求的折扣或扣减,发票还可显示信用证未规定的与预付款或佣金、折扣相关的扣减额。

4. 如果一张发票中有多种货号的货物内容,在填制发票时要求格式整齐,且每个货号内容要排列整齐,互相对应。

商业发票制单要点如下:

(1) 出口商名称及地址:信用证中一般表示为“BENEFICIARY: × × ×”。通常出口商名称及地址都已事先印好。

(2) 单据名称:商业发票上应明确标明“INVOICE”(发票)或“COMMERCIAL INVOICE”(商业发票)字样。

(3) 发票抬头(TO: …):除信用证有其他要求之外,发票抬头一般缮制为开证申请人(APPLICANT)。信用证中一般表示为“FOR ACCOUNT OF × × ×”或“TO THE ORDER OF × × ×”中“× × ×”部分。

(4) 发票号码(INVOICE NO.):发票号码一般由出口商按统一规律自定。

(5) 发票日期(INVOICE DATE):发票日期最好不要晚于提单的出具日期。根据[UCP500],发票出具日期可以早于信用证开立日期,但必须在信用证及[UCP500]惯例规定的期限内提交。

(6) 合同及信用证号码(S/C NO.,L/C NO.):根据实际填写。

(7) 装运港和目的港:一般只简单地表明运输路线及运输方式,如FROM × × TO × × BY SEA/AIR。

(8) 唛头(SHIPPING MARKS):一般由卖方自行设计,但若合同或信用证规定了唛头,则须按规定。若无唛头,应注明 N/M。

(9) 货物描述(DESCRIPTION):必须与信用证中的货物描述(DESCRIPTION OF GOODS)完全一致,必要时要照信用证原样打印,不得随意减少内容,否则有可能被银行视为不符点。但有时信用证货物描述的表述非常简单,此时按信用证打印完毕后,再按合同要求列明货物具体内容。

(10) 数量(QUANTITY):按合同标明装运货物数量,必须标明数量单位如 PIECE、SET 等。

(11) 单价(UNIT PRICE)、总价(AMOUNT):对应不同货物标明相应单价,注意货币单位及数量单位。总价即实际发货金额,应与信用证规定一致,同时还应注明贸易术语。

(12) 签字盖章:若信用证要求 SIGNED INVOICE,就要求出口商签字或加盖图章。否则按《UCP500》的规定,发票可不需签章。

(13) 其他:有些国家对商业发票有特殊要求,如必须在商业发票上注明船名、重量、“无木制包装”等字样,需根据具体业务及信用证要求具体对待。

二、海关发票

海关发票的内容除了与商业发票类同的项目外,它主要是证明商品的成本价和生产国。各国、各地区都有自己不同的格式和名称,但是目前很多国家正在逐渐减少使用,而且由于各国海关规定的不同,其填制要求也有区别。若缮制有误则会影响出口。现以加拿大海关发票为例加以介绍。

加拿大海关发票要求各栏均需填满,不能留空,其主要内容有:

(1) 卖方名址(VENDOR):发货人名称及地址,或信用证的受益人。

(2) 装船日期(DATE OF DIRECT SHIPMENT TO CANADA):实际装运日期,即提单的签单日期。

(3) 其他参考项目(OTHER REFERENCE INCLUDE PURCHASER'S ORDER NO.)

(4) 收货人名址(CONSIGNEE'S NAME AND ADDRESS)

货物运交的最后收货人的名称和地址。

(5) 买方名址(PURCHASER'S NAME AND ADDRESS)

若合同买方与第4栏的收货人为同一人,则填"THE SAME AS 4 CONSIGNEE",若不同,则应详细填写。

(6) 转运国(COUNTRY OF TRANSSHIPMENT)

即货物运输途中中转转船的地点,若不转船,则填"N/A"(APPLICABLE)

(7) 原产地国别(COUNTRY OF ORIGN OF GOODS)

发票上所列货物的产地国即 CHINA

(8) 直接运往加拿大的运输方式及起运地点(TRANSPORTATION GIVE MODE AND PLACE OF DIRECT SHIMENT TO CANADA)

只要货物不在国外加工,不论是否转船,均填起运地、目的地名称及所用运输工具。如 FROM SHANGHAI TO MONTREAL BY VESSEL

(9) 贸易条件和支付方式(CONDITION OF SALES AND TERMS OF PAYMENT)

即交货的价格术语和支付方式。如 CFR MONTREAL BY L/C AT SIGHT

(10) 结算用货币(CURRENCY OF SETTLEMENT)

即支付货币,应与商业发票一致。

(11)~(17) 件数(NO. OF PACKAGES)、商品描述(SPECIFICATION OF COMMODITIES)、数量(QUANTITY)、单价(UNIT PRICE)、总金额(TOTAL)、总重量(TOTAL WEIGHT)、发票总金额(INVOICE TOTAL):按商业发票描述的内容填写。

(18) 若前述17项均已在商业发票中,则第18栏中打√,并在其后填上商业发票号码。

(19) 出口商名址:若与第一栏为同一人,则填 SAME AS 1 VENDOR。若不同,则应详细填写。

(20) 出口单位负责人名址:发票缮制人员或负责人的手签名称。

(21) 当局规定(DEPARTMENT RULING):加拿大海关方面的某些管理条例。

从第23~25栏各项目若不适用时,在第22栏中打√。

若第23栏已包括在17栏中,则填合适的金额,若有一项无法填时,则打"N/A"

若第24栏不包括在17栏中,按实际数额填,若某些项目不适用时,则打"N/A"

第25栏一般贸易不适用,填"N/A"

在缮制时应注意:如成交条件为CIF,应分别列明FOB、F、I三块价格,且其和应与CIF货值相等;签字人和证明人均须以个人身份出现,二者不能为同一人,个人签字须手签方有效。

☆ 一般产地证、普惠制产地证、亚太贸易协定证书主要区别

普惠制原产地证明书(FORM A)

普惠制原产地证书是具有法律效力的我国出口产品在给惠国享受在最惠国税率基础上

进一步减免进口关税的官方凭证。

目前给予我国普惠制待遇的国家共38个：欧盟27国（比利时、丹麦、英国、德国、法国、爱尔兰、意大利、卢森堡、荷兰、希腊、葡萄牙、西班牙、奥地利、芬兰、瑞典、波兰、捷克、斯洛伐克、拉脱维亚、爱沙尼亚、立陶宛、匈牙利、马耳他、塞浦路斯、斯洛文尼亚、罗马尼亚、保加利亚）、挪威、瑞士、土耳其、俄罗斯、白俄罗斯、乌克兰、哈萨克斯坦、日本、加拿大、澳大利亚和新西兰

一般原产地证明书（CO）

一般原产地证书是证明货物原产于某一特定国家或地区，享受进口国正常关税（最惠国）待遇的证明文件。

《亚太贸易协定》原产地证明书

2006年9月1日起签发《亚太贸易协定》原产地证书。可以签发《亚太贸易协定》原产地证书的国家有：韩国、斯里兰卡、印度、孟加拉等4个国家。降税幅度从5%到100%不等。

【实训项目】

1. 根据所给销售合同制作商业发票。注该批货最终运往法国马赛 Marseilles 港。

SALES CONFIRMATION

NO.: 03CAN-1108

DATE: NOV.08, 2004

THE SELLER: JIANGSU INTERNATIONAL IMP. & EXP. CORP. LTD.
80 ZHONGSHAN ROAD, NANJING, CHINA
FAX: 86-025-23456789　TEL: 86-025-23456789

THE BUYER: SHEMSY NEGOCE ID CORP.
75 ROUTE 96570 DARDILLY, FRANCE
FAX: 33-56-12345678　TEL: 33-56-12345678
BUYER'S ORDER NO.: FE021G

THIS SALES CONFIRMATION IS HEREBY MUTUALLY CONFIRMED, TERMS AND CONDITIONS ARE AS FOLLOWS:

NAME OF GOODS AND SPECIFICATIONS	QTY	UNIT PRICE	AMOUNT
LEATHER BAGS			FOB SHANGHAI
ITEM NO. SL100	1000PCS	USD2.00/PC	USD2000.00
ITEM NO. SG120	2000PCS	USD1.50/PC	USD3000.00
ITEM NO. SF200	3000PCS	USD3.00/PC	USD9000.00
TOTAL	6000PCS		USD14000.00
SAY US DALLARS FOURTEEN THOUSAND ONLY			

PACKING: AS PER BUYER'S DEMANDS

SHIPPING MARKS: AS PER BUYER'S DEMANDS

SHIPMENT: __X__ TO BE MADE (45 DAYS BY SEA AFTER RECEIVED 30% T/T

PAYMENT) FROM CHINA PORT TO (AS BUYER'S DEMANDS) PARTIAL SHIPMENTS AND TRANSHIPMENT TO BE ALLOWED.

PAYMENT: ___X___ 30% T/T IN DEPOSIT, 70% D/P AT SIGHT

INSURANCE: ______TO BE EFFECTED BY THE SELLER FOR (______)% OF INVOICE VALUE TO COVER (__________) RISK AND WAR RISK UPTP (________) AS PER THE OCEAN MARINE CARGO CLAUSE AND WAR RISK CLAUSE OF THE PEOPLE'S INSURANCE COMPANY OF CHINA ____X____ TO BE EFFECTED BY THE BUYER

SELLER: JIANGSU INTERNATIONAL IMP. & EXP. CORP. LTD. **BUYER**: SHEMSY NEGOCE ID CORP. ____________

JIANGSU INTERNATIONAL IMP. & EXP. CORP. LTD.

80 ZHONGSHAN ROAD, NANJING, CHINA

COMMERCIAL INVOICE

TO: INVOICE NO.: 自编

DATE: ORDER NO.: S/C NO.:

FROM TO PORT BY

MARKS	DESCRIPTION OF GOODS	QUANTITY	UNIT PRICE	AMONT

TOTAL:

SAY

JIANGSU INTERATIONAL IMP&EXP. CORP. LTD

80 ZHONGSHAN ROAD, NANJING, CHINA

STAMP

2. 根据信用证有关要求,缮制发票一份。设发票开票日期为040220。

QUANTITIES AND DESCRIPTIONS ARE AS FOLLOWS:

DESCRIPTION	QUANTITY	UNIT PRICE	AMOUNT
BALL PEN:			
631	1000 DOZS	@USD0.84/DOZ	USD 840.00
121F	300 DOZS	@USD5.00/DOZ	USD 1500.00
515B	400 DOZS	@USD2.84/DOZ	USD 1136.00
66D	480 DOZS	@USD1.86/DOZ	USD 892.80
157	400 DOZS	@USD2.50/DOZ	USD 1000.00
542 BLACK	600 DOZS	@USD0.50/DOZ	USD 300.00
BLUE	1200 DOZS	@USD0.50/DOZ	USD 600.00
RED	600 DOZS	@USD0.50/DOZ	USD 300.00

542B	4500 BAGS	@ USD0.15/BAG	USD 675.00
602	200 DOZS	@ USD3.60/DOZ	USD 720.00
620	560 DOZS	@ USD0.70/DOZ	USD 392.00
ROLLER PEN:			
886A	240 DOZS	@ USD3.95/DOZ	USD 948.00
886	240 DOZS	@ USD3.27/DOZ	USD 784.80
882 BLACK	400 DOZS	@ USD1.85/DOZ	USD 740.00
BLUE	400 DOZS	@ USD1.85/DOZ	USD 740.00
RED	200 DOZS	@ USD1.85/DOZ	USD 370.00
WATER COLOUR PEN:			
901 - 12	360 DOZS	@ USD3.66/DOZ	USD 1317.60
918 - 6	360 DOZS	@ USD2.37/DOZ	USD 853.20

TOTAL: 1) 5740 DOZS AND 4500 BAGS OF BALL PEN USD 14109.40

2) 1480 DOZS OF ROLLER PEN

3) 720 DOZS OF WATER COLOUR PEN

AS PER SALES CONTRACT NO. : 96FH1016

2) 买方开来的信用证如下所示:

DAO HENG BANK LTD. , HONGKONG

(INCORPORATED IN HONGKONG) 11 QUEENS ROAD, CENTRAL, HONGKONG TEL: 00852 - 28123334

TELEX: 22333 DHBHK HX

SWIFT: DHBLHKXXXX

<table>
<tr><td colspan="3">To: BANK OF CHINA SHANGHAI PUDONG BRANCH
L/C NO. : 16441688
Dated: 040115
Amount: USD14109.00</td></tr>
<tr><td colspan="3">PLEASE ADVISE BENEFICIARY THAT WE ISSUED AN IRREVOCABLE DOCUMENTARY CREDIT NO. 16441688 DATED 040115 FOR USD14109.00 (SAY U. S. DOLLARS FOURTEEN THOUSAND ONE HUNDRED AND NINE ONLY) DETAILED AS FOLLOWS:</td></tr>
<tr><td colspan="2">Beneficiary (full name and address):</td><td>Applicant (full name and address):</td></tr>
<tr><td colspan="2">SHANGHAI MEIHUA BALL PEN CO. LTD. , 3601MEIHUA ROAD SHANGHAI CHINA</td><td>LINKMAX INTERNATIONAL COMPANYROOM 3 24/F HANG SAM HOUSE KING TIN COURT SHATIN, HONGKONG</td></tr>
<tr><td>Partial shipment:</td><td>Transhipment:</td><td>Expiry Date: 040415</td></tr>
<tr><td>ALLOWED</td><td>ALLOWED</td><td>Latest Date of Shipment: 040331</td></tr>
<tr><td colspan="2">Shipment From: SHANGHAI, CHINA</td><td>Shipment To: BANGKOK, THAILAND</td></tr>
<tr><td colspan="3">Credit available with any Bank By Negotiation
with beneficiary's draft for ___100___ % of the invoice value at ________________ sight on issuing bank against the documents detailed herein</td></tr>
</table>

续表

Documents required:

1. (X) Signed commercial invoice in 5 folds indicating l/c no. and contract no. 96FH1016.
2. (X) Full set (3/3) of clean on board ocean bills of lading made out to order and blank endorsed marked "(X) freight prepaid/( ) to collect" notify the applicant.
3. (X) Insurance policy/certificate in 2 folds for 110% of the invoice value, showing claims pay in china in the currency of the draft, blank endorsed covering (X) ocean marine transportation/( ) air transportation/( ) overland transportation all risks, war risks as per CIC clause.
4. (X) Packing list/weight list in 3 folds indicating quantity/gross and net weights.
5. (X) Certificate of origin in 3 folds.
6. (X) Certificate of quantity/weight in 3 folds.
7. ( ) Certificate of quality in 3 folds issued by ( ) manufacturer/( ) beneficiary.
8. ( ) Beneficiary's certified copy of telex/fax dispatched to the applicant within ____ days/hours after shipment advising goods name, ( ) name of vessel/( ) flight no., date, quantity, weight and value of shipment.
9. ( )

DAO HENG BANK LTD., HONGKONG

(INCORPORATED IN HONGKONG) 11 QUEENS ROAD, CENTRAL, HONGKONG TEL:00852-28123334

TELEX:22333 DHBHK HX

SWIFT:DHBLHKXXXX

Commodity:

PEN

QUANTITIES AND DESCRIPTIONS AS PER SALES CONTRACT NO. 96FH1016

PRICE TERM: CIF BANGKOK, THAILAND

Additional instructions:

1. All banking charges outside the issuing bank are for beneficiary's account.
2. Documents must be presented within 15 days after the date of shipment but within the validity of this credit.
3. Both quantity and amount ____% more or less are allowed.

SPECIAL INSTRUCTION:

ALL DOCUMENTS MUST BE SENT TO ISSUING BANK BY COURIER/SPEED POST IN ONE LOT, UPON RECEIPT THE DOCUMENTS CONFOMED WITH THE CREDIT'S TERMS AND CONDITIONS, WE SHALL PAY THE PROCEEDS AS PER THE NEGOTIATING BANK'S INSTRUCTIONS.

YOUR FAITHFULLY

FOR DAO HENG BANK LTD., HONGKONG BRANCH

JACKEY NGAUTHORIZED SIGNATURE(S)

EXCEPT SO FAR AS OTHERWISE EXPRESSLY STATED, THIS DOCUMENTARY CREDIT IS SUBJECT TO UNIFORM CUSTOMS AND PRACTICE FOR DOCUMENTARY CREDITS (1993 REVISION) INTERNATIONAL CHAMBER OF COMMERCE PUBLICATION NO. 500.

WE HEREBY ENGAGE WITH DRAWERS AND/OR BONA FIDE HOLDERS THAT DRAFTS DRAWN AND NEGOTIATED IN CONFORMITY WITH THE TERMS OF THIS CRDIT WILL BE DULY HONOURED ON PRESENTATION.

上海美华圆珠笔有限公司

SHANGHAI MEIHUA BALL PEN CO. LTD

3601 MEIHUA ROAD, SHANGHAI, CHINA

COMMERIAL INVOICE

TO:

INVOICE NO.: 自定

DATE:

L/C NO.:

ISSUING BANK:

CONTRACT NO.:

FROM CHINA TO BY

MARKS	DESCRIPTION OF GOODS	QUANTITY	UNIT PRICE	AMOUNT
自编				

TOTAL:

SAY

SHANGHAI MEIHUA BALL PEN CO. LTD

STAMP

3. 根据下列所给资料缮制发票一份。唛头号码由受益人决定。

FROM BRITISH BANK OF THE MIDDLE EAST, JEBEL HUSSEIN, AMMAN, JORDAN.

TO THE HONG KONG AND SHANGHAI BANKING CORPORATION LIMITED.

SHANGHAI OFFICE: 6/F FU TAIANSION 104 HUQIU ROAD. SHANGHAI, CHINA

BENEFICIARY: GOOD FRIEND ARTS AND CRAFTS IMP. & EXP. CO.

301 SAN TIAO XIANG, CHAOZHOU, GUANGDONG, CHINA

APPLICANT: INTERNATIONAL TRADING AND RE - EXPORT CO. (ZERKA FREE ZONE). P. O. BOX 1147. AMMAN - JORDAN., FAX: 623267, TEL: 630353.

DC NO.: DCFJOM970603

FORM OF DC: IRREVOCABLE

DATE OF ISSUE: 20 MAY, 2004

EXPIRY DATE AND PLACE: 30 JULY, 2004 CHINA

DC AMOUNT: USD26160.00, CFR AQABA, JORDAN,

MAX CR AMT: NOT EXCEEDING....

AVAILABLE WITH/BY: ANY BANK BY NEGOTIATION

DRAFTS AT: AT SIGHT FOR FULL INVOICE VALUE, MENTIONING THIS DC NO.

DRAWEE: ISSUING BANK

LATEST DATE OF SHIPMENT: 15 JULY 2004

GOODS: 24000 PAIRS "EVA" **SLIPPER** MODEL DO27 SIZE 36 – 40

24000 PAIRS "EVA" **SLIPPER** MODEL DO02 SIZE 30 – 35

ALL IN 4 ASSORTED COLORS, LIGHT BLUE, RED, PINK AND VIOLET

AS PER S/C 97 ACX417 DATED 17.4,2004

DOUMENTS REQUIRED:

SIGNED INVOICES IN SIX COPIES SHOWING THAT THE GOODS EXPORTED ARE OF CHINESE ORIGIN, THE ORIGINAL INVOICE IS TO BE DULY CERTIFIED BY THE CHINA COUNCIL FOR THE PROMOTION OF INTERNATIONAL TRADE.

ADDITIONAL CONDITIONS:

1) "MADE IN CHINA" MUST BE STICKED ON EACH PAIR AND THE RELATIVE INVOICES MUST CERTIFY TO THIS EFFECT.

2) INVOICES MUST CERTIFY THAT THE CARTON SIZE ASSORTMENT IS AS FOLLOWS:

FOR SIZE 36—40: 36/6,37/12,38/15,39/15,40/12,EQUAL 60 PAIRS.

FOR SIZE 30—35: 30/8,31/8,32/10,33/10,34/12,35/12,EQUAL 60PAIRS.

3) ALL DOCUMENTS REQUIRED UNDER THIS DOCUMENTARY CREDIT SHOULD BE ISSUED

IN ARABIC AND/OR ENGLISH.

4) ALL DOCUMENTS REQUIRED UNDER THIS DOCUMENTARY CREDIT MUST MENTION

THIS DC NUMBER AND THE ISSUING BANK NAME.

好友工艺品进出口公司

GOOD FRIEND ARTS AND CRAFTS IMP. & EXP. CO.

301 SAN TIAO XIANG, CHAOZHOU, GUANGDONG, CHINA

INVOICE ORIGINAL

TO:

INVOICE NO.: 自编

DATE:

D/C NO.:

S/C NO.:

ISSUING BANK:

FROM TO BY

MARKS	DESCRIPTION	QUANTITY	UNIT PRICE	AMOUNT
自定				

TOTAL

ADDITIONAL CONDITIONS:

1)

2)

3)

CCPIT STAMP

好友工艺品进出口公司

GOOD FRIEND ARTS AND CRAFTS IMP. & EXP. CO.

广银芳

4. 根据下列提供资料,填制加拿大海关发票一份。商品的有关资料如下:

ALL THE GOODS ARE PACKAGED IN 728 CTNS, AND NET WEIGHT IS 17760KGS, GROSS WEIGHT IS 18890KGS, PAYMENT BY L/C 45DAYS SIGHT, PURCHASER'S ORDER NO.: TIANTANG2381, L/C NO.: NKB210C8, THE GOODS ARE SHIPPED ON 04.5.2.

该批商品的发票如下:

CHINA TIANTANG INTERNATIONAL TECHNICAL I/E CORP.

14 TIANTANG VILLAGE, NANJING, CHINA

INVOICE

MESSERS:　　　　NO.: A123

ABC TOOLS TRADE CO. LTD.　　　　DATE: MAY 9, 2004

3/17 SUN BUILDING, SHEARSON CAMBRIDGE

TORONTO, CANADA

FROM SHANG TO TORONTO BY SEA

MARKS	DESCRIPTION OF GOODS	QUANTITY	UNIT PRICE	AMOUNT
ABC	6V CORDLESS DRILL - TT1	798PCS	USD10.50	USD8 379.00
34KL - B	6V CORDLESS DRILL - TT2	1070PCS	USD28.00	USD29 960.00
1 - 728				**CIF**
TORONTO				
TOTAL:				1 868PCS
USD38 339.00				

CHINA TIANTANG INTERNATIONAL TECHNICAL I/E CORP.

张三

Revenue Canada　　　　CANADA CUSTOMS INVOIE

1. Vendor(Name and Address)	2. Date of Direct Shipment to Canada 3. Other References(Include Purchaser's Order NO.)	
4. consignee(Name and Address)	5. Purchaser's Name and Address(If other than Consignee)	
	6. Country of Transshipment	
	7. Country of Origin of Goods	IF SHIPMENT INCLUDES GOODS OF DIFFERENT ORIGINSENTER ORIGINS AGAINST ITEMS IN 12
8. Transportation: Gave Mode and Place of Direct Shipment to Canada	9. Conditions of Sale and Terms of Payment	
	10. Currency of Settlement	

11. NO. of Pkgs	12. Specification of Commodities(Kind of Packages, Marks and Numbers, General Description and Characteristics, i. e. Grade, Quality)	13. Quantity (State Unit)	Selling Price	
			14. Unit Price	15. Total

18. If any fields 1 to 17 are included on an attached commercial invoice, check this box □ Commercial Invoice NO.	16. Total weight		17. Invoice Total
	Net	Gross	

19. Exporter's Name and Address(If other than Vendor)	20. Originator(Name and Address)
21. Departmental Ruling(if applicable)	22. If fields 23 to 25 are not applicable, check this box □

23. If included in field 17 indicate amount: (ⅰ) Transportation charges, expenses and insurance from the place of direct shipment to Canada $ ________ (ⅱ) Costs for construction, erection and assembly incurred after importation into Canada $ ________ (ⅲ) Export packing $ ________	24. If not included in field 17 indicate amount: (ⅰ) Transportation charges, expenses and insurance to the place of direct shipment to Canada $ ________ (ⅱ) Amount for commissions other than buying commissions $ ________ (ⅲ) Export packing $ ________	25. Check(if applicable): (ⅰ) Royalty payments or subsequent proceeds are paid or payable by the purchaser (ⅱ) The purchaser has supplied goods or services for use in the production of these goods

第二节 汇票的缮制

【实训目的】

通过本项目实训，我们应该掌握的基本技能是：

□ 熟悉并看懂出口业务中相关信用证(合同)中有关汇票的条款。

□ 掌握汇票缮制的规范和技巧。

□ 学会独立缮制汇票的技能。

【建议课时】 2

【前期准备】

□ 出口商提供的合同和信用证

□ 出口商提供的商业发票

【操作步骤】

□ 浏览信用证对汇票的要求及相关附加指示。

□ 结合商业发票了解发票号、金额等内容。

【注意事项】

1. 票面必须整洁、干净、清楚，金额不得涂改，不得加注与汇票无关的内容。

2. 为防备单据在邮寄途中遗失，一般远洋单据都按两次邮寄，所以，汇票都应制成一式两联，“付一不付二”或“付二不付一”，两联具有同等效力。港澳地区一次寄单，可只出一联。

3. 一般情况下，汇票的金额与发票的金额一致，除非信用证另有规定。

4. 汇票必须由受益人或卖方出具。

5. 在信用证方式下汇票的收款人一般为议付行，在托收方式下汇票的收款人一般为托收行。

【实训项目】

1. 根据以下信用证缮制汇票。

NO. 1

05APR05 14：57：32

LOGICAL TERMINAL POO5

MT：S700　　ISSUE OF A DOCUMENTARY CREDIT　　PAGE 00001

FUNC SWPR3

UMR 00182387

MAGACK DWS7651 AUTH OK, KEY B19604214FAEA9B2, BKCHCNBJ SAIVJPJT RECORD

BASIC HEADER F 01 BKCHCNBJA 3008118 157214
APPLICATION HEADER 0 700 1547 050225 SAIBJPJTCXXX 3846 992024 970315 1447
ASAHI BANK LTD,
TOKYO

USER HEADER	SERVICE CODE 103:	
BANK PRIORITY 113:		
MSG USER REF 108:		· INFO. FROM
CI 115:		
SEQUENCE OF TOTAM	★27	1/1
FORM OF DOC, CREDIT	★40	IRREVOCABLE
DOC, CREDIT NUMBER	★20	ABL-AN107
DATE OF ISSUE	31C	050405
EXIPRY	★31D	DATE 050615T NEGOTIATING BANK'S COUNTER
APPLICANT	★50	ITOCHU CORPORATION, OSAKA, JAPAN OSACY SECTION
BENEFICIARY	★59	SHANGHAI TEXTILES IMP. AND EXP. CORPORATION. 27 ZHONGSHAN ROAD E, 1. SHANGHAI, CHINA
AMOUNT	★32B	CURRENCY USD AMOUND 9126,00
MAX. CREDIT AMOUNT	39B	NOT EXCEEDING
AVAILABLE WITH/BY	41D	ANY BANK BY NEGOTIATION
DRAFTS AT···	42C	DRAFTS AT SIGHT FOR FULL INVOICE VALUE
DRAWEE	41A	SAIBJPJT ASAHI BANK LTD, TOKYO
PARTIAL SHIPMENTS	43P	ALLOWED
TRANSSHIPMENT	43T	ALLOWED
LOADING IN CHARGE	44A	SHIPMENT FROM CHINESE PORT(S)
FOR TRANSPORT TO···	44B	TO OSAKA, JAPAN
LATEST DATE OF SHIP	44C	050531
DESCRIPT. OF GOODS	45A	100% COTTON APRON AS PER S/C NO. AN107

ART NO.	QUANTITY	UNIT PRICE
49394(014428)	3,216 PIECES	USD1.00
49393(014428)	3,960 PIECES	USD1.00
55306(014429)	1,560PIECES	USD1.25

PRICE TERM: CIF OSAKA

DOCUMENTS REQUIRED 46A

+2/3 SET OF ORIGINAL CLEAN ON BOARD OCEAN BILLS OF LADING MADE OUT TO ORDER OF SHIPPER AND BLANK ENDORSED AND MARKED "FREIGHT PREPAID" NOTIFY APPLICANT (WITH FULL NAME AND ADDRESS).

+ORIGINAL SIGNED COMMERCIAL INVOICE IN 5 COPIES INDICATING S/C NO.

+INSURANCE POLICY OR CERTIFICATE IN TWO ORIGINAL ENDORSED IN BLANK, FOR 110PCT OF THE INVOICE VALUE INCLUDING: THE INSTITUE CARGO CLAUSES(A), THE INSTITUTE WAR CLAUSES, INSURANCE CLAIMS TO BE PAYABLE IN JAPAN IN THE CURRENCY OF THE DRAFTS.

+CERTIFICATE OF ORIGIN GSP FORM A IN 1 ORIGINAL AND 1 COPY.

+PACKING LIST IN 3 COPIES

+BENEFICIARY'S CERTIFICATE STATING THAT ONE SET OF ORIGINAL SHIPPING DOCUMENTS HAS BEEN SENT DIRECTLY TO THE APPLICANT (ATT. OSACY SECTION)

ADDITIONAL COND. 47

1. T. T. REIMBURSEMENT IS PROHIBITED.
2. THE GOODS TO BE PACKED IN EXPORT STAONG COLORED CARTONS.
3. INSPECTION IS TO BE EFFECTED BEFORE SHIPMENT AND RELEVANT CERTIFICATES/REPORTS ARE REQUIRED FROM THE INSPECTING AGENCY OR INSPECTOR DESIGNATED BY THE BUYER.

DETAILS OF CHARGES 71B:

ALL BANKING CHARGES OUTSIDE JAPAN INCLUDING REIMBURSEMENT/COMMISSIONS, ARE FOR ACCOUNT OF BENEFICIARY.

PRESENTATION PERIOD 48:

DOCUMENTS TO BE PRESENTED WITHIN 15 DAYS AFTER THE DATE OF SHIPMENT. BUT WITHIN THE VALIDITY OF THE CREDIT.

CONFIRMATION ★49: WITHOUT

INSTRUCTIONS 78:

THE NEGOTIATION BANK MUST FORWARD THE DRAFTS AND ALL DOCUMENTS BY REGISTERED AIRMAIL DIRECT TO US (INT'L OPERATIONS CENTER MAIL ADDRESS: C. P. O. BOX NO. 800 TOK YO 100-91JAPAN) IN TWO CONSECUTIVE LOTS, UPON RECEIPT OF THE DRAFTS AND DOCUMENTS IN ORDER, WE WILL REMIT THE PROCEEDS AS INSTRUCTED BY THE NEGOTIATING BANK.

TRAILER: ORDER IS <MAS: ><PAC: ><ENC: ><CHK: ><TNG: > <PDE: >

MAC: 3CDFF763

CHK: 8A1A11203070

INVOICE NO.: TU321

ISSUING BANK: KUWAIT REAL ESTATE BANK

L/C NO.: SP00256 DATED: MARCH 21, 2002

INVOICE AMOUNT: USD 9,785.00

BENEFICIARY: BEIJING NATIONAL NATIVE PRODUCE IMP. & EXP. CORPORATION

APLLICANT: ABC COMPANY

NEGOTIATING BANK: THE INDUSTRIAL & COMMERCIAL BANK OF CHINA

DATE OF NEGOTIATION; APRIL 18, 2002

......AVAILABLE WITH YOUR DRAFT AT SIGHT DRAWN ON APPLICANT FOR THE FULL INVOICE VALUE. ALL DRAFTS MUST BE MARKED "DRAWN UNDER KUWAIT REAL ESTATE BANK.

NO. 2

WE HEREBY ISSUE OUR IRREVOCABLE DOCUMENTARY L/C NO.; 45BC123 DATED JAN. 02, 2003 AVAILABLE WITH US BY PAYMENT AT 30DAYS AFTER RECEIPT OF FULL SET OF DOCUMENTS AT OUR COUNTERS FOR ACCOUNT OF JPY99,012.52

INVOICE NO.: NL0321

ISSUING BANK: THE CHARTERED BANK LONDON, ENGLAND

BENEFICIARY: CHINA NATIONAL LIGHT INDUSTRIAL PRODUCTS IMP. &EXP. CORP. GUANGDONG BRANCH, NO. 87 THE BUND, GUANGZHOU, CHINA

APPLICANT: LONDON EXPORT CO. LTD

P. O. BOX 56777 LONDON, ENGLAND

NEGOTIATING BANK: BANK OF CHINA, GUANGDONG BRANCH

DATE OF NEGOTIATION: FEB 23, 2003

NO. 3

COVERING 3,000 DOZ OF GARMENTS AT JPY20.2 PER DOZ. UNDER CONTRACT NO. 02PT744. THE BUYERS SHALL DULY ACCEPT THE DOCUMENTARY DRAFT DRAWN BY THE SELLERS AT 90 DAYS SIGHT UPON FIRST PRESENTATION AND MAKE PAYMENT ON ITS MATURITY. THE SHIPPING DOCUMENTS ARE TO BE DELIVERED AGAINST PAYMENT ONLY.

REMITTING BANK: THE BANK OF TOKYO, LTD

P. O BOX 240, NAGOYA - NAKA, NAGOYA, 460 - 91 JAPAN

PRINCIPAL: SHANGHAI FENGHUA TEXTILE I/E CORP.

25 GUANGZHOU ROAD, SHANGHAI. CHINA

PAYER: TOYOHANM AND CO. LTD

58 NISHIKI 6 - CHOME, NAKAKU

INVOICE NO. YU 123456

DATE OF NEGOTIATION: APR. 14. 2002

请根据上述内容分别缮制三张汇票

第三节　原产地证的缮制

【实训目的】

通过本项目实训，我们应该掌握的基本技能是：

☐ 掌握一般原产地证书(C/O)和普惠制产地证书(FORM A)的含义和作用。

☐ 能够根据 INVOICE 和原产地证明申请书缮制一般原产地证书(C/O)和普惠制产地证书(FORM A)掌握缮制的规范和技巧。

☐ 学会独立缮制原产地证的技能。

【建议课时】 2

【前期准备】

☐ 出口商提供的合同和信用证

☐ 出口商提供的商业发票

【操作步骤】

☐ 浏览信用证对原产地证的要求及相关附加指示。

☐ 结合商业发票了解发票号、金额等内容。

【注意事项】

一、原产地证书的注意事项：

1. 证书号

如果本栏空白，该证书无效。

2. 出口人

出口人的地址要求详细填写，包括街道、门牌号码、城市和国家。如果货物需要转运，在出口商后面加 via。例如：

SINOCHEM International Engineering & Trading Corp.
40 Fucheng Road, Beijing, China
Via HongKong Daming Co., Ltd.
656 Guangdong Road, HongKong

3. 收货人

通常为买方或提单的通知方。如果要求空白，应填写："To whom It May Concern"或"To order"，但不得留空。如果是转口贸易，在收货人后面加 via，例如：

AL OTHAIANM TRADING CO., LTD.
P. O. BOX 23631
DUBAI, U. A. E.

VIA HONGKONG DAMING CO. ,LTD.

566 GUANGDONG ROAD, HONGKONG

4. 运输方式及路线

填写目的港和装运港、运输方式。如果允许转船,要标明转运地。例如:

FROM DALIAN TO ROTTERDAM VIA HONGKONG BY VESSEL.

5. 目的地国家/地区

填写收货人或货物到达国家或地区(货物最终运抵港,一般应与最终收货人或最终目的港国别一致),不能填写中间商。

6. 仅供官方使用

申请单位通常留空不填。由签发机构发证书、补发证书或加注其他申明时使用。

7. 标记和号码

根据发票填写,不能填写"as per invoice No." or "As per B/L NO.",如果没有唛头,填写"N/M"

8. 包装的数量和种类;商品描述

商品名称要具体填写,不得用概括性表述。包装数量及种类要按具体单位填写。本栏的末行要打上表示结束的符号(* * * * * * * * * * * * * * *)以防加添内容。

ONE HUNDRED AND FIFTY (150) CARTONS OF MEN'S

T/C PRINTED JACKET

SIXTY - SEVEN (67) CARTONS OF BOY'S T/C PRINTED JACKET

* *

OR

150 CARTONS (ONE HUNDRED AND FIFTY CATRTONS ONLY)

OF MEN'S T/C PRINTED JACKET

67 CARTONS (SITY - SEVEN CARTONS ONLY) OF BOY'S

T/C PRINTED JACKET

* *

9. H. S. 编码

即《商品分类和编码协调制度》相关分类填写,要求填写六位 H. S. 数字税目号。要和报关单保持一致。若同一证书包含有几种商品,则应将相应的税目号全部填写。此栏不得留空。

10. 数量

要求填写数量和计量单位,例如:

100 sets

N. W. 1000 M/T or 1000M/T (N. W.)

11. 发票号码和日期

根据发票填写,月份用英文表达,NOV. 12, 2002

12. 证明

填写出口人的名称、地点、签发日期。签发日期不晚于提单日期不早于发票日期。

13. 签字机构证明

由签发机构签字盖章。签字、盖章不得重合,并填写签订日期、地点。

二、GSP 格式 A 的注意事项：

“4. 仅供官方使用”

如果商品已出口，用“ISSUED RETROSPECTIVELY”红色印章。如果证书丢失或被盗，填写“THIS CERTIFICATE IS IN REPLACEMENT OF CERTIFICATE OF ORIGIN NO. DATED WHICH IS CANCELLED”，并加盖“Duplicate”红色印章。

“5. 项号”

如果同一批货物有不同的品种，填写“1”、“2”、“3”……；如果只有一批货物，必须标明“1”。

“8. 原产地标准”

根据 GSP FORM A 证书反面内容填写。本栏是证书的核心内容，也是给惠国海关最注意的项目。情况复杂，要求严格，如有差错会被给惠国海关拒绝接受。

完全国产，无进口成分填“P”；含进口成分但符合原产地标准填“W”；对加拿大出口商品，其进口成分不超过产品价格的 40% 填“F”。

其他项目略。

【实训项目】

一、单项选择题

(　　)1. 在《一般原产地证书》中在商品名称栏目填完后，在下面一行加上______表示填写结束。

A. * * * * * * *　　B. …………

C. ○○○○○○　　D. + + + + + +

(　　)2. 原产地证书中原产地标准，按货物原料进口成分的实际情况分别按比例填制。按规定用一个英文大写字母表示，______表示完全不进口成分，并冠以引号。

A. “F”　　B. “G”　　C. “P”　　D. “W”

(　　)3. 欧洲经济共同体纺织品专用产地证，简称：______产地证。

A. DCO　　B. FORMA　　C. FORM59A　　D. EEC

(　　)4. 根据我国有关规定，出口企业最迟应于货物出运前______天，向签证机构申请办理原产地证。

A. 一天　　B. 两天　　C. 三天　　D. 四天

(　　)5. 原产国的基本含义是出口产品的______。

A. 起运国　　B. 制造国　　C. 出口国　　D. 消费国

二、多项选择题

(　　)1. 根据我国有关规定，出口企业最迟于货物出运前三天向签证机构申请办理原产地证书，并按签证机构提供的格式和填制要求，应提供已缮制的______文件。

A.《一般原产地证明书申请单》

B.《中华人民共和国原产地证明书》

C. 出口商业发票

D. 装箱单

(　　)2. 普惠制产地证是发达国家给予发展中国家出口商品的一种普遍的优惠关税，具有有价证券的性质，所以是一份重要单证。2003 年，全球有 32 个给惠国，除了______对我国不给此种待遇，其他 29 个国家给予中国产品以普惠制待遇。

A. 美国　　B. 比利时　　C. 匈牙利　　D. 保加利亚

(　　)3. 给予中国产品以普惠制待遇。主要有：______。

A. 比利时　　B. 荷兰　　C. 日本　　D. 加拿大

E. 卢森堡　　F. 法国　　G. 韩国　　H. 香港

(　　)4. 我国出口商可以向以下三大机构______或其下属机构申领原产地证明书。

A. 中华人民共和国海关

B. 中华人民共和国国家质量监督出入境检验检疫总局

C. 中国国际贸易促进委员会

D. 中华人民共和国商务部

(　　)5. 请从下列报关单证中，指出根据国家有关法律、法规规定实行进出境管理的特殊单证。

A. (进)出境货物通关单　　B. (进)出口货物许可证

C. 出口货物的原产地证明书　　D. 海关签发的减免税证明

三、判断题

(　　)1. 我国某贸易商把进口布料剪裁缝制为服装再出口至日本，因为布料是进口的所以不能申请办理《普惠制产地证 FORMA》。

(　　)2. 海关规定的实质性加工是指产品加工后，在海关进出口税则中的税号(四位数一级的税则号)已有改变。

(　　)3. 货物经过加工后，增值部分占新产品总值的比例已经达到 20% 和 20% 以上的产品，海关认定是经过了实质性加工。

(　　)4. 欧共体纺织品专用产地证可以向"中国国际贸易促进委员会"申请。

(　　)5. 填报普惠制产地证中"进口商名称"栏目时，如果有中间商，也可以将中间商的名称填入此栏。

【本章综合实训】

一、翻译并解释下列名词

1. Bills of Exchange, Draft
2. Time Draft, Usance Draft
3. Acceptance

二、简答题

1. 什么是海关发票？
2. 包装单据的作用是什么？
3. 简述汇票的付款人。
4. 什么是多式联运单据？

三、单项选择题

(　　)1. 关于结汇单证,以下说法正确的是______。

A. 结汇单证是指国际贸易中,为解决货币收付问题所使用的单据、证明和文件

B. 结汇单证就是商业单证：以商业发票、包装单据、运输单据、保险单等为主

C. 仅指国家外汇管理需要的单证：出口收汇核销单

D. 结汇单证就是金融单证：主要指汇票

(　　)2. 对进口商而言,根据出口商提供的结汇单证,了解掌握出口商交付货物的品质、交货时间。在信用证方式下,______是开证银行付款的唯一依据。

A. 只有出口许可证　B. 只有发票　C. 只有提单　D. 结汇单证

(　　)3. 结汇单证中最重要的单据,能让有关当事人了解一笔交易的全貌。其他单据都是以其为依据的单据是______。

A. 装箱单　B. 产地证书　C. 发票　D. 提单

(　　)4. 如果发票的货物涉及不止一个合约的,发票上显示合约号必须包括全部合约。在信用证方式下______。

A. 信用证号码可以标明,也可以省略

B. 必须标明该笔交易中的信用证号码

C. 必须标明该笔信用证的性质

D. 必须标明该笔信用证对所有单据的要求

(　　)5. 凡"约"、"大概"、"大约"或类似的词语,用于信用证数量时,应理解为______。

A. 有关数量不超过10%的增减幅度

B. 有关数量不超过15%的增减幅度

C. 有关数量的增减幅度可双方协议

D. 有关数量的增减幅度可按单方要求来定

(　　)6. 目前经常使用的有______海关发票,其他的已不多见。

A. 美国海关发票　B. 日本海关发票

C. 加拿大海关发票　D. 英国海关发票

(　　)7. 厂商发票是厂方出具给出口商的销售货物的凭证。来证要求提供厂商发票,其目的是______。

A. 检查是否有削价倾销行为,以便确定应否征收"反倾销税"

B. 是按某些国家法令规定,出口商对其国家输入货物时必须取得进口国在出口国或其邻近地区的领事签证的、作为装运单据一部分和货物进口报关的前提条件之一的特殊发票

C. 为进口商向其本国当局申请进口许可证或请求核批外汇之用

D. 作为国际商务单据中的基础单据,是缮制报关单、产地证、报检单、投保单等其他单据的依据

(　　)8. 结汇单证中的汇票,指用于托收和信用证收汇方式中,出口商向进口商或银行签发的,要求后者即期或在一个固定的日期或在可以确定的将来时间,对某人或某指定人或持票人支付一定金额的无条件的书面支付命令。大部分

情况下，使用______跟单汇票。

A. 光票　　B. 跟单汇票　　C. 银行汇票　　D. 商业承兑汇票

(　　)9. 关于汇票的出票人正确的有______。

A. 出票人一般都位于汇票的左下角

B. 出票人通常为信用证申请人

C. 出票人通常为信用证议付行

D. 出票人一般位于汇票右下角，通常为出口人或信用证的受益人，应具企业全称和负责人的签字盖章

(　　)10. 预约保险单(Open Policy)，又称开口保险单，它一般适用于______。

A. 是保险人签发正式保单前所出立的临时证明

B. 保险单出立后，根据投保人的需求，对保险内容补充或变更而出具的一种凭证

C. 经常有相同类型货物需要陆续装运的保险

D. 投保人与保险人订立保险合同时，在还有一些条件尚未确定而投保人又急需保险凭证的情况下，由保险人先行开立的

四、多项选择题

(　　)1. 结汇单证的作用有______。

A. 付款依据，对进口商而言，根据出口商提供的结汇单证，了解掌握出口商交付货物的品质、交货时间

B. 履约证明，国际贸易中无论采用哪种方式收取货款，出口商都要提供结汇单证，说明自己已经履行了合同中规定的义务

C. 物权凭证，国际贸易中的买卖双方相隔遥远，交货过程中，有关单据起到了物权凭证的作用

D. 企业经营成果的体现

(　　)2. 商业发票(Commercial Invoice)，在实际工作中简称为发票(Invoice)。商业发票是______。

A. 出口方向进口方开列发货价目清单

B. 买卖双方记账的依据，也是进出口报关交税的总说明

C. 它是结汇单证中最重要的单据，能让有关当事人了解一笔交易的全貌

D. 其他单据都是以发票为依据的

(　　)3. 商业发票由出口企业自行拟制，无统一格式，但基本栏目大致相同。包括以下几个部分______。

A. 关于信用证介绍部分

B. 首文部分包括发票名称、号码、出票日期地点、抬头人、合同号、运输线路等

C. 本文部分包括货物描述、单价、总金额、唛头等

D. 结文部分包括有关货物产地、包装材料等各种证明句、发票制作人签章等

(　　)4. 唛头是货物的识别标志，运输企业在装卸、搬运时，根据唛头来识别货物，作为交货清单的发票，必须正确显示这一装运标志。唛头一般包括______。

A. 收货人简标　　B. 合同号、目的港、件号等

C. 重量、单价等　　D. 体积和总价等

(　　)5. 在显示发票抬头人时,必须注意的事项有______。

A. 抬头可以是空白的

B. 如果信用证有指定其他抬头人的,按来证规定制单

C. 如果该信用证已被转让,则银行也可接受由第二受益人提交的以第一受益人为抬头的发票

D. 必须做成信用证的申请人名称、地址

(　　)6. 发票中的价格条件十分重要,以下说法正确的是______。

A. 因为它涉及买卖双方责任的承担、费用的负担和风险的划分问题,另外,也是进口地海关核定关税的依据

B. 来证价格条件如与合同中规定的有出入,应及时修改信用证,如事先没有修改,还是应该照信用证规定制单,否则会造成单证不符

C. 另外,也是进口地海关核定关税的依据

D. 价格可以根据具体情况酌情修改

(　　)7. 如果信用证没有规定货物数量有增减幅度,只要同时符合下述条件______,对货物数量的容差允许有5%的增减幅度。

A. 信用证未规定数量不得增减

B. 信用证已有条款规定数量增减幅度

C. 支取金额不超过信用证金额

D. 货物数量不是按包装单位或个数计数的,如长度(米、码);体积(立方米);容量(升、加仑);重量(吨、磅)等

(　　)8. 国外来证有时要求在发票上加注各种费用金额、特定号码、有关证明句,一般可将这些内容打在发票商品栏以下的空白处,大致有以下几种______。

A. 唛头

B. 运费、保险费等

C. 缮打证明句,如澳大利亚来证要求加注原料来源证明句,有些国家来证要求加注非以色列证明句等

D. 注明特定号码,如进口证号、配额许可证号码等

(　　)9. 海关发票是根据某些进口国海关的规定,由出口商填制的一种特定格式的发票,它可供进口商凭以向海关办理进口报关、纳税等手续。它的作用有______。

A. 进口国的海关以估价完税或征收差别待遇关税

B. 海关发票上与其他单据的相同项目必须相互一致

C. 有的海关发票必须有一证明人(WITNESS)签字,也应用手签,证明人与单据签名者 不能为同一人,也不能是其他货运单据上的签字人

D. 作为编制统计资料用

(　　)10. 形式发票也称预开发票或估价发票,通常在未成交之前,为进口商向其本国当局申请进口许可证或请求核批外汇之用。下列说法正确的是______。

A. 形式发票不是一种正式发票

B. 能用于托收和议付，正式成交后不要另外重新缮制商业发票

C. 形式发票与商业发票的关系密切，信用证在货物描述后面常有"按照某月某日之形式发票"等条款

D. 假如来证附有形式发票，则形式发票构成信用证的组成部分，制单时要按形式发票内容全部打上

五、判断题

(　　)1. 在出口发票上必须明确显示数量、单价、总值和贸易术语(价格条款)等。

(　　)2. 出口发票的出票日期可以迟于装运日。有的商品，如矿砂、煤等散装货物，必须装完后才能根据装货实际重量制作商业发票。如信用证有规定，不能早于信用证的开证日。

(　　)3. 信用证只规定了货物的总称，发票应照样显示外，还可加列详细的货名，可以与总称不一样。

(　　)4. 出口货物的重量，在单据中是一项可忽视的内容，除了重量单、装箱单上应注明毛、净重外，商业发票可不必标明总的毛重、净重。

(　　)5. 单价和总值是发票的主要项目，必须准确计算，正确缮打，并认真复核，特别要注意小数点的位置是否正确，金额和数量的横乘、竖加是否有矛盾。

(　　)6. 来证规定的数量已装完，而发票金额还有一些多余，在议付行表示接受的情况下，可采取"扣除"、"放弃"的办法处理，即在总额下面减除差额零头，减除后的发票总金额不超过信用证所允许的金额。

(　　)7. 总体来说，海关发票中的内容不必与商业发票或其他单据相一致。它的内容主要有商品的价值(VALUE)和商品的产地(ORIGIN OF GOODS)。

(　　)8. 形式发票是一种正式发票，能用于托收和议付。

(　　)9. 领事发票和商业发票是平行的单据，领事发票是一份官方的单证，有些国家规定了领事发票的固定格式，这种格式可以从领事馆获得。

(　　)10. 作为可以支取信用证金额的凭证，汇票在本质上是一种单据，而不是票据。

六、问答题

如果信用证没有规定，商业发票不需要签署。当信用证要求"Signed invoice"，这时发票就需要签署；而要求"Manually signed invoice"时，该发票必须是手签。如果发票上有证明的字句(We certify that…)，此类发票必须签署。另外还需注意什么事项？

【课后练习】

一、根据所给资料缮制汇票

参考资料：

1：Commodity：LADIES SLIPPERS

2：Quantity：2000 pairs(37/500, 38/700, 39/600, 40/200)

3：Size：each carton containing　37/10　38/10　39/10　40 /10

4：Unit Price：USD15.47per pair FOB QINGDAO, CHINA

5：Total amount：USD30 940

6：S/C NO.：00628

Invoice NO.：LS628

7: Packing: in Cartons of 40 pairs each

8: Measurement: 0.356M3/CTN

9: Shipping Mark: N/M

10: Shipped by S. S CaiHong V125 on 28th Aug. 2000

BASIC HEADER F 01 BKCHCNBJA5XX 9828 707873

APPL. HEADER 0 700 1630000731 CATHUS6LAXXX 1809 042841 0008010730 N

+ CATGAT BANK, LOS ABGELES, USA

(BANK NO.: 2504000) + LOS ANGELES, U. S. A

MT: 700 ---------------------------------- ISSUE OF A DOCUMENTARY CREDIT ----------------

SEQUENCE OF TOTAL : 27: 1/1

FORM OF DOCUMENTARY CREDIT : 40: IRREVOCABLE

DOCUMENTARY CREDIT NUMBER 20: 05IM01413

DATE OF ISSUE : 31C: 050731

DATE AND PLACE OF EXPIRY : 31D: 050915CHINA

APPLICANT : 50: NEW WORLD INTERNATIONAL INC. NWI C AND A CO.
129 HAYWARD WAY SO. EL MONTE, CA 91733

BENEFICIARY : 59: QINGDAO YUANDA INDUSTRYAND CCOMMERCE CO. LTD.
PINGDU BRANCH QINGDAO, CHINA

CURRENCY CODE, AMOUNT : 32B: USD30 940

AVAILABLE WITH……. BY…… : 41D: ANY BANK BY NEGOTIATION

DRAFTS AT……. : 42C: AT SIGHT FOR 100 PCT OF INVOICE

DRAWEE : 42D: CATHAY BANK LOS ANGELES, CA.

PARTIAL SHIPMENT : 43P: NOT ALLOWED

TRANSHIPMENT : 43T: NOT ALLOWED

LOADING/DISPATCH/TAKING/FROM : 44A: QINGDAO PORT, CHIAN

FOR TRANSPORTATION TO... : 44B: LOS ANGELES PORT, CA, USA

LATEST DATE OF SHIPMENT : 44C: 050831

DESCRPT OF GOODS/SERVICES : 45A: LADIES SLIPPERS
FOB QINGDAO, CHINA

DOCUMENTS REQUIRED: 46A:

+ SIGNED COMMERCIAL INVOICE IN 1 ORIGINAL AND 3 COPIES

+ PACKING LIST IN 1 ORIGINAL AND 3 COPIES

+ FULL SET OF CLEAN ON BOARD OCEAN BILLS OF LADING CONSIGNED TO ORDER OF NEW WORLD INTERNATIONAL INC., MARKED FREIGHT COLLECT

NOTIFY: NEW WORLD INTERNATIONAL INC. NWI C AND A CO. 129 HAYWARD WAY SO. EL MONTE, CA 91733

+ CERTIFICATE OF ORIGINA IN 3 COPIES

ADDITIONAL CONDITIONS：47A：

+INSURANCE TO BE COVERED BY BUYER.

+A DISCREPANCY FEE OF USD50.00WILL BE DEDUCTED FROM PROCEEDS ON EACH SET OF DISCREPANT DOCUMENTS PRESENTED.

+THE REQUIRED DOCUMENTS MUST BE SENT TO CATHAY BANK, 777NORTH BROADWAY, LOS ANGELES, CALIFORNIA 90012, USA ATTN. INTERNATIONAL DEPT. IN ONE LOT BY EXPRESS AIRMAIL.

CHARGES：71B：ALL BANKING CHARGES OUTSIDE OF OURCOUNTER ARD FOR ACCOUNT OF THE BENEFICIARY.

PERIOD FOR PRESENTATIONS：48：

DOCUMENTS MUST BE PRESENITD TO PAY/NEGO. BANK WITHIN 15 DAYS AFTER DATE OF SHIPMENT BUT WITHIN VALIDITY OF THE L/C.

CONFIRMATION INSTRUCTION：49：WITHOUT

ADVICE THROUGH BANK：57D：YOUR PINGDU SUB-BRANCH 98 ZGEBGTABG ROAD PINGDU DISTRICT QINGDAO, CHINA

SENDER TO RECEIVER INFO：72：THIS CREDIT IS SUBJECT TO THE UNIFORM CUSTOMS AND PRACTICE FOR DOCUMENTARY CREDITS, 1993 REVI－SION, ICC PUBLICATION NO.500.

TRAILER MAC：A75A8689 CHK：39D0ADB5BC9A

二、根据以下信用证缮制汇票

MSG TYPE：700(ISSUE OF A DOCUMENTARY CREDIT)

APPLICANT HEADER：　THE ROYAL BANK OF CANADA

SEQUENCE TOTAL　*27：　1/2

FORM OF DOCUMENTARY CREDIT　*40A　IRREVOCABLE

LETTER OF CREDIT NUMBER　*20　FTC－05/0501

DATE OF ISSUE　31C　050316

DATE AND PLACE OF EXPIRY　*31D　DATE 050515 IN CHINA

APPLICANT　*50　CANADIAN K. & LIFDON DISTRIBUTORS

RM 1008－1011, OFFICE TOWER, CONVENTION PLAZA,

1 HARBOUR ROAD, VANCOUVER, CANADA

BENEFICIARY　*59　TIANJING MORNING STAR CORPORATION,

16TH FLOOR, DRAGON MANSION, 1008 LIYANG ROAD, TIANJIN, CHINA

CURRENCY CODE, AMOUNT　*32B　CURRENCY AMOUNT USD15235,00

AVAILABLE WITH... BY...　*41D AVAILABLE WITH ANY BANK BY NEGOTIATION

DRAFTS AT　42C　SIGHT FOR 80PCT OF INVOICE VALUE

DRAWEE　42D　THE ROYAL BANK OF CANADA

PARTIAL SHIPMENTS　43P　ALLOWED

TRANSHIPMENT　43T　ALLOWED

SHIPPING ON BOARD/DISPATCH/LOADING IN CHARGE AT/ FROM 44A

CHINESE MAIN PORT

TRANSPORTATION TO 44B VANCOUVER,CANADA

LATEST DATE OF SHIPMENT 44C 050430

PERIOD FOR PRESENTATION 48

DOCUMENTS MUST BE PRESENTED WITHIN 15 DAYS AFTER SHIPPMENT BUT WITHIN THE VALIDITY OF THE LETTER OF CREDIT.

CONFIMATION INSTRUCTIONS *49 WITHOUT

INSTRUCTIONS TO THE PAYING/ACCEPTING/NEGOTIATING BANK: 78

1. ALL DOCUMENTS MUST BE FORWARDED TO US IN ONE AIRMAIL TO THE ROYAL BANK OF CANADA

2. A DISCREPANT DOCUMENT FEE OF USD 35.00 BE DEDUCTED FROM PROCEEDS IF DOCUMENTS WITH DISCREPANCIES ARE ACCEPTED.

"ADVISING THROUGH" BANK 57 D: TIANJIN A FINANCE, CORPRATION 59, DAQING ROAD TIANJIN CHINA

MSG TYPE: 700(ISSUE OF A DOCUMENTARY CREDIT)

APPLICANT HEADER: THE ROYAL BANK OF CANADA

SEQUENCE TOTAL *27: 2/2

LETTER OF CREDIT NUMBER *20 FTC-05/0501

DESCRIPTION OF GOODS OR SERVICES: 45A

COMMODITY: VALLEYBALL

SPECIFICATION	QUANTITY	UNIT PRICE
GBW32	2000PCS	USD2.15
GBW322	2000PCS	USD2.60
ERVS	3000PCS	USD1.45

CONTRACT NO.: TJCHX050212

PRICE TERM: CIF VANCOUVER

DOCUMENTS REQUIRED: 46A

++ ORIGINAL SIGNED COMMERCIAL INVOICE IN 3 COPIES

++ ORIGINAL PACKING LIST IN 3 COPIES.

++ CERTIFICATE OF ORIGIN(FORM A) IN 2 COPIES

++ CERTIFICATE OF QUALITY IN 3 COPIES ISSUED BY PRODUCER.

++ 3/3 OF SIGNED CLEAN ON BOARD OCEAN BILLS OF LADING MADE OUT TO THE ORDER OF THE ROYAL BANK OF CANADA, NOTIFYING APPLICANT INDICATIING OUR LETTER OF CREDIT NUMBER AND MARKED "FREIGHT PREPAID"

++ INSURANCE POLICY/CERTIFICATE COVERING ALL RISKS AND WAR RISKS OF PICC UP TO FINAL DESTINATION AT VANCOUVER, FOR AT LEAST 110 PCT OF CIF VALUE.

ADDITIONAL INSTRUCTIONS: 47A

1. THIS L/C IS NON TRANSFERABLE

2. BOTH QUANTITY AND AMOUNT 10 PERCENT MORE OR LESS ARE ALLOWED.

3. ALL DOCUMENT MUST INDICATE THIS CREDIT NUMBER

4. SHIPPING MARKS：C. K. L. D. /0512/ VANCOUVER/1 - UP

CHARGES 71B

ALL BANKING CHARGES OUTSIDE THE OPENNING BANK ARE

FOR BENEFICIARY'S ACCOUNT.

SENDER TO RECEIVER INFORMATION 72

THIS CREDIT IS ISSUED SUBJECT TO UNIFORM CUSTOMS AND PRACTICE FOR DOCUMENTARY CREDITS(1993 REVISION) ICC PUBLICATION NO. 500

【本章经典案例】

案例一：

我国荣塔公司向日本富士株式会社订购彩电 800 台，合同规定，彩电价格为每台 600 美元 CIF 宁波，2000 年 6 月 30 日，长崎港装货。货物于 2000 年 6 月 30 日装船，装船时外包装有严重破损，富士株式会社向船舶公司出具了货物品质的保函。船长应富士株式会社的请求，出具了清洁提单，富士株式会社据此向银行取得了货款。货物到达宁波后，荣塔公司发现，电视机外包装箱有严重破损，船舶公司出示了富士株式会社提供的保函，认为该事应向富士株式会社索赔。现问：

(1) 船舶公司是否应承担责任？为什么？

(2) 富士株式会社是否应承担责任？为什么？

(3) 保险公司如何对待荣塔公司的索赔？

(4) 荣塔公司的损失如何得到补偿？

案例二：

1990 年，发货人中国厦新进出口公司委托某对外贸易运输公司将 750 箱茶叶从大连港出口运往印度，某对外贸易运输公司又委托其下属 S 分公司代理出口。S 分公司接受委托后，向思捷达远洋运输公司申请舱位，思捷达远洋运输公司指派了箱号为 HTM - 5005 等 3 个满载集装箱后签发了清洁提单，同时发货人在中国人民保险公司处投保海上货物运输的战争险和一切险。货物运抵印度港口。收货人拆箱后发现部分茶叶串味变质，即向中国人民保险公司在印度的代理人申请查验，检验表明，250 箱茶叶被污染。检验货物时，船方的代表也在场。因此中国人民保险公司在印度为代理人赔付了收货人的损失之后，中国人民保险公司向人民法院提起诉讼。现问：

(1) 在集装箱运输中，思捷达远洋运输公司应负有什么义务？它是否应对损失负责？

(2) 在集装箱运输中，S 分公司应负有什么义务？它是否应对损失负责？

(3) 中国人民保险公司是否是合格的原告？为什么？

(4) 如果中国人民保险公司有资格作原告，它应将谁列为被告？

中巴证书正本

样板

<table>
<tr><td colspan="2">1、出口商名称、地址、国家：
SHENZHEN JI SHUN IMPORTS AND EXPORTS CO. LTD（CHINA）(跟 FORMA 类似)</td><td colspan="4" rowspan="3">证书号：ZW191B/06/0001（注册号+B/06/0001）

中国—巴基斯坦 FTA 原产地证书

签发国中华人民共和国</td></tr>
<tr><td colspan="2">2、收货人的名称、地址、国别：
(跟 FORMA 类似)</td></tr>
<tr><td colspan="2">3、生产商的名称、地址（在已知情况下）：
①多个生产商时，要一一列出。
②如果希望对该信息保密时，应注明“应要求向海关提供”（AVAILABLE TO CUSTOMS UPON REQUEST）
③如生产商与出口商相同时，填写“相同”（SAME）</td></tr>
<tr><td colspan="2">4、运输方式及路线（就所知而言）

离港日期 ON/AFTER SEP 30, 2006

船只/飞机/火车/货车编号(按实际填写)

装货口岸 SHENZHEN, CHINA(港口按实际填)

卸货口岸 VALPARAISO, CHILE(港口按实际填)</td><td colspan="4">5、供官方使用
（　）可享受中国-巴基斯坦自由贸易区自贸区优惠待遇
（　）不能享受中国-巴基斯坦自由贸易区自贸区优惠待遇
理由：
进口国官方机构的授权人手签</td></tr>
<tr><td>6、项目编号</td><td>7、包装上的运输唛头及编号;包装件数及种类;货物名称;进口国 HS 编码.填写唛头,且能与发票上的货名、HS 编码对应相同,HS 编码须为六位数.
例如:
STYLE NO:
CTNS NO:
MADE IN CHINA
460 CARTONS GLOVES　　4203. 29
TOTAL: FOUR HUNDRED AND SIXTY(460) CARTONS ONLY. ***</td><td>8、原产地标准
①完全获得货物填写“P”。
②国产价值要大于 40%，例如：填写 45%。
③产品含中国或巴基斯坦累计成分大于产品离岸价的 40%，例如，填写 41%。
④特定产品的原产地规则填写“PSR”。</td><td>9、毛重、数量（数量单位）或其他计量单位（升、立方米等）及发票 FOB 价</td><td>10、发票号、发票日期
例如
2006HE01
SEP. 30, 2006</td><td>11、如有要求，该栏可注明订单号，信用证号等</td></tr>
<tr><td colspan="2">12、出口商声明
下列签字人声明上述资料及申明正确无误，所有货物产自
中国　　CHINA
（出口国）
且符合自贸区原产地规则的相关规定，该货物出口至
巴基斯坦
（进口国）
SHENZHEN OCT. 12, 2006

企业申报地点、日期及授权签字人手签</td><td colspan="4">15、证明
根据所实施的监管，兹证明出口商的上述申报正确。

SHENZHEN OCT. 12, 2006
官方授权地点、日期及授权签字人手签</td></tr>
</table>

FORM F 正本

1、出口商名称、地址、国家
SHENZHEN JI SHUN IMPORTS AND EXPORTS CO. LTD
(CHINA) (跟FORMA 类似)

证书号：ZW191F/060001(注册号+ F/06/0001)

中国—智利自贸区原产地证书**FORM F**

签发国中华人民共和国

2、生产商的名称、地址（在已知情况下）：
①多个生产商时，要一一列出
②如果不知道生产商, 可填写“不知道(UNKNOWN)”

3、收货人的名称、地址、国别：
SICSA. S. A SAN FRANCISCO
SANTIAGO CHILE (跟FORMA 类似)

4、运输方式及路线（就所知而言）

离港日期ON/AFTER SEP 30. 2006

船只/飞机/火车/货车编号（按实际填写）

装货口岸SHENZHEN, CHINA (港口按实际填)

卸货口岸VALPARAISO, CHILE (港口按实际填)

5. 供官方使用
（ ）可享受中国智利自由贸易区自贸区优惠待遇
（ ）不能享受中国智利自由贸易区自贸区优惠待遇

理由：……………………………………………………
进口国官方机构的授权人手签

6.备注　如有要求可以填写客户订单号、信用证号等。如果发票由非成员方经营者出具，应在此栏填写原产国生产商的姓名、地址及国家。

7、项目编号(最多20项)	8、唛头及包装号(按实际情况填写)	9、包装数量及种类，商品说明。并列明每种货物的详细名称,以便于查验的海关关员识别。货物名称应与发票上名称和协调制度下的货物名称相一致，如果货物无包装，应填写“散装”。例如 460 XARTONS GLOVES TOTAL: FOUR HUNDRED AND SIXTY (460) CARTONS ONLY.	10、HS 编码（填六位编码）例如 4203.29	11、原产地标准 ① 完全获得货物填“P”. ②含区域而价值成分≥40%填“RVC” 特定产品的原产地规则填写“PSR”	12、毛重、数量（数量单位）或其他计算单位（升、立方米等）毛重应以“千克“位单位 例如1070KGS	13、发票号、发票日期及发票FOB价 例如 2006HEDI SEP. 30. 2006 USD940 (FOB价值)

14. 出口商声明
下列签字人声明上述资料及申明正确无误，所有货物产自
中国 CHINA
（出口国）
且符合自贸区原产地规则的相关规定，该货物出口至
智利 CHILE
（进口国）

SHENZHEN OCT, 12, 2006

申报地点\日期及授权签字人手签

15. 证明
根据所实施的监管，兹证明出口商的上述申报正确。

SHENZHEN OCT, 12, 2006

签证地点、日期、签证机构的签字即印章

签证机构
电话 86-755-82914197 传真86-755-82914197
地址 6TH FLOOR, CAIHONG BUILDING
SOUTH CAITIAN ROAD SHENZHEN, CHINA

注：第二栏如果出口人或生产商希望对该信息予以保密，可以填写应要求提供主管政府机构（Available to competent government authority upon request）。

ORIGINAL

1.Goods consigned from: (Exporter's business name, address, country)	Reference No. **CERTIFICATE OF ORIGIN** **Asia-Pacific Trade Agreement** **(Combined declaration and Certificate)** Issued in the People's Republic of China (Country)
2. Goods consigned to: (Consignee's name, address, country)	3.For Official use
4. Means of transport and route:	

5.Tariff item number	6. Marks and number of Packages	7. Number and kind of packages/ description of goods:	8. Origin criterion (see notes overleaf)	9. Gross weight or other quantity	10. Number and date of invoices

11. Declaration by the exporter The undersigned hereby declares that the above details and statements are correct: that all the goods were produced in CHINA (Country) and that they comply with the origin requirements specified for these goods in the Asia-Pacific Trade Agreement for goods exported to …………………………………………………………… (Importing Country) …………………………………………………………… Place and date, signature of authorized Signatory	12. Certificate It is hereby certified on the basis of control carried out, that the declaration by the exporter is correct. …………………………………………………………… …………….. Place and date, signature and Stamp of Certifying Authority

AQSIQ070321283

亚太证书

ORIGINAL

1.Goods consigned from(Exporter's business name, address, country)	Reference No. **ASEAN-CHINA FREE TRADE AREA** **PREFERENTIAL TARIFF** **CERTIFICATE OF ORIGIN** (Combined declaration and certificate) **FORM E** Issued in **THE PEOPOE'S REPUBLIC OF CHINA** (Country)
2.Goods consignee to (Cousignee's name, address,country)	
3.Means of transport and route(as far as known) Departure Date Vessel /Flight/Train/Vehicle No. Port of discharge	4.For official use ☐ Preferential Tariff Treatment Given Under ______ ☐ Preferential Treatment Not Given (Please state reasons) ....

5.Item number	6.Mrks and number of packages	7.Number and kind of packages;description of goods	8.Origin criterion (seeNotes overleaf)	9.Gross weight or other quantity	10.Number and date of invoices

11.Certification It is hereby certified,on the basis of control carried out, the dsclaration by the exporter is correct. CHINA -- 商检局盖印 -- Place and date. signature and stamp of certifying authority	12.Declaration by the exporter he undersigned hereby declares that the above detail and statements are correct that the goods were produce in 公司盖印 -- Place and date,signature of authorized signatory

东盟协定证书(FORM E)

普惠制产地证明书申请书

申请人郑重声明：　　　　　　　　　　　　　　　　　　　　　FORM　A　No_______________

本人是被正式授权代表出口单位办理和签署本申请书的。　　　　报检单位备案号：

本申请书及普惠制产地证格式 A 所列内容正确无误，如发现弄假作假，冒充格式 A 所列货物，擅改证书，自愿接受签证机关的处罚及负法律责任。现将有关情况申报如下：

<table>
<tr><td colspan="2">申请单位</td><td colspan="6"></td><td colspan="2">注册号</td><td colspan="2"></td></tr>
<tr><td colspan="2">商品名称
（中英文）</td><td colspan="6"></td><td colspan="2">发票号</td><td colspan="2"></td></tr>
<tr><td colspan="2">H.S.税目号
（以六位数码计）</td><td colspan="3"></td><td colspan="2">商品总值
（FOB）
（以美元计）</td><td colspan="2"></td><td>数(重量)
单位</td><td colspan="2"></td></tr>
<tr><td colspan="2">最终销售国</td><td colspan="3"></td><td colspan="2">转口国(地区)</td><td colspan="2"></td><td>提单日期</td><td colspan="2">年　月　日</td></tr>
<tr><td rowspan="2">贸易方式</td><td>一般贸易
C</td><td>灵活贸易
L</td><td>零售业务
Y</td><td>展卖商品
M</td><td>其　它
Q</td><td rowspan="2" colspan="2">证书种类
(划√)</td><td colspan="2">加急证书</td><td colspan="2">普通证书</td></tr>
<tr><td></td><td></td><td></td><td></td><td></td><td colspan="2"></td><td colspan="2"></td></tr>
<tr><td>生产单位</td><td colspan="11"></td></tr>
<tr><td colspan="12">原产地标准：
本项商品系在中国生产，完全符合该給惠国给惠方案规定，其原产地情况符合以下第　　条：
（1）“P”　(完全国产，未使用任何进口原材料)；
（2）“W” 其 H.S.税目号为_______________；(以四位数码计)
（3）“F”　(对加拿大出口商品，其进口成份不超过产品出厂价的 40%)
（4）“Y”　(对东欧出口产品，其进口成份不超过产品 FOB 价格的 50%)</td></tr>
<tr><td>运输情况</td><td colspan="11">从　　　　　　经由　　　　　　到　　　　　　（海运、空运、其它）</td></tr>
<tr><td colspan="12">申请人说明　　　　　　　　申请单位（盖章）　　　　　　申请人（签名）
电话：
申请日期：　　年　　月　　日</td></tr>
</table>

现提交中国出口商业发票副本一份，普惠制产地证明书格式 A(FORMA) 一正二副，以及其他附件　　　份，请予审核签证。

注：凡含有进口成份的商品，必须按要求提交《含进口成份受惠商品成本明细单》。

签　证　流　程

流　程	接　证	输　机	审　　　证	核　发
签　名				
日　期				

领证人：　　　　　　　　　　　　　　　　　　　　　年　　月　　日

ORIGINAL

<table>
<tr><td colspan="2">1.Exporter</td><td colspan="3" rowspan="2">Certificate No.

CERTIFICATE OF ORIGIN
OF
THE PEOPLE'S REPUBLIC OF CHINA</td></tr>
<tr><td colspan="2">2.Consignee</td></tr>
<tr><td colspan="2">3.Means of transp ort and route</td><td colspan="3" rowspan="2">5.For certifying authority use only</td></tr>
<tr><td colspan="2">4.Country/region of destination</td></tr>
<tr><td>6.Mrks and numbers</td><td>7.Number and kind of packages;description of goods</td><td>8.H.S Code</td><td>9.Quantity</td><td>10.Number and date of invoices</td></tr>
<tr><td colspan="3">11.Declaration by the exp orter
The unsersingned hereby declares that the abore details and statements Are correct,that all the goods were produced in china and that they comply With the rules of Origin of the People's Republic of china.

公司盖印

Place and date,signature and stamp of authorized signatory</td><td colspan="2">12.Certification
It is hereby certified that the declaration by the exporter is correct

商检局盖印

Place and date,signature and stamp of certifying authority</td></tr>
</table>

一般产地证

一般原产地证明书/加工装配证明书

申　请　书

申请单位盖章:　　　　　　　　　　　　　　　　　　　　报检单位备案号:

企业名称		注册号		证书号	

申请人郑重声明:

本人被正式授权代表本企业办理和签署本申请书.

本申请书及一般原产地证明书/加工装配证明书所列内容正确无误,如发现弄假作假，冒充证书所列货物，擅改证书，本人愿按《中华人民共和国出口货物原产地规划》的有关规定接受处罚。

现将有关情况申报如下:

生产单位		发票号	
商品名称		H.S.编号（六位数）	
商品FOB总值(以美元计)		数（重）量 / 单位	件或套或只 公斤或米或平方米

最终目的国家（地区）		转口国（地区）		拟出运日期	年　月　日

贸易方式和企业性质（请划“√”）											
一　般　贸　易				三　来　一　补				其　他　贸　易　方　式			
国营企业		三资企业		国营企业		三资企业		国营企业		三资企业	

证书种类(划“√”)	一般原产地证书		加工装配证明书		一般证书		加急证书	

现提交中国出口货物商业发票副本一份，一般原产地证明书/加工装配证明书一正三副，以及其它附件　　份，请予审核签证。

申请人说明:	申请人（姓名）	
	电话:	
	申请日期	年　月　日

签证流程	项目	接　证	输机	审证	核发
	签名				
	日期				

领证人:　　　　　　　日期:　　　　年　　月　　日

ORIGINAL

<table>
<tr><td colspan="3">1.Exporter's Name, Address, Country</td><td colspan="3" rowspan="3">CERTIFICATE NO.

CERTIFICATE OF ORIGIN
CHINA-PAKISTAN FTA
(Combined Declaration and Certificate)

Issued in the PEOPLE' SREPUBLICOFCHINA
(Country)
See Instructions Overleaf</td></tr>
<tr><td colspan="3">2. Consignee's Name, Address, Country</td></tr>
<tr><td colspan="3">3. Producer's Name and Address, Country</td></tr>
<tr><td colspan="3">4. Means of transport and route (as far as known)

Departure Date

Vessel /Flight/Train/Vehicle No.

Port of loading

Port of discharge</td><td colspan="3">5. For Official Use Only
☐ Preferential Treatment Given Under China-Pakistan FTA Free Trade area Preferential Tariff

☐ Preferential Treatment Not Given (Please state reasons)

……………………………………………………
Signature of Authorized Signatory of the Importing Country</td></tr>
<tr><td>6.Item number</td><td>7. Marks and numbers on packages; Number and kind of package; description of goods; HS code of the importing country</td><td>8. Origin Criterion</td><td>9. Gross weight, Quantity and FOB Value</td><td>10. Number and date of invoice</td><td>11. Remarks</td></tr>
<tr><td> </td><td> </td><td> </td><td> </td><td> </td><td> </td></tr>
<tr><td colspan="3">12. Declaration by the exporter
The undersigned hereby declares that the above details and statement are correct; that all the goods were produced in

……………………………………………………
(Country)
and that they comply with the origin requirements specified for these goods in the China-Pakistan Free Trade area Preferential Tariff or the goods exported to

……………………………………………………
(Importing country)

……………………………………………………
Place and date, signature and stamp of authorized signatory</td><td colspan="3">13. Certification
It is hereby certified, on the basis of control carried out, that the declaration of the exporter is correct.

Place and date, signature and stamp of certifying authority</td></tr>
</table>

AQSIQ060066659

中巴证书

ORIGINAL

<table>
<tr><td colspan="3">1.Goods consigned from(Exporter's business name, address, country)</td><td colspan="3" rowspan="2">Reference No.

**GENERALIZED SYSTEM OF PREFERENCE
CERTIFICATE OF ORIGIN**
(Combined declaration and certificate)
FORM A
Issued in **THE PEOPOE'S REPUBLIC OF CHINA**
(Country)</td></tr>
<tr><td colspan="3">2.Goods consignee to (Cousignee's name, address,country)</td></tr>
<tr><td colspan="3">3.Means of transport and route(as far as known)</td><td colspan="3">4.For official use</td></tr>
<tr><td>5.Item number</td><td>6.Mrks and number of packages</td><td>7.Number and kind of packages;description of goods</td><td>8.Origin criterion (seeNotes overleaf)</td><td>9.Gross weight or other quantity</td><td>10.Number and date of invoices</td></tr>
<tr><td colspan="3">11.Certification
It is hereby certified,on the basis of control carried out, the dsclaration by the exporter is correct.

商检局盖印

Place and date. signature and stamp of certifying authority</td><td colspan="3">12.Declaration by the exporter
he undersigned hereby declares that the above detail and
statements are correct that the goods were produce in
----
and that they comply with the original requirements sp ecified
for those goods in the Generaliderl System of Preferences for
goods exp orted to 公司盖印

(importing country)

Place and date,signature of authorized signatory</td></tr>
</table>

普惠制产地证(FORM A)

Certificate of Origin
ORIGINAL

1、Exporter's name, address, country:

2、Producer's name and address, if known:

3、Consignee's name, address, country:

Certificate No.:

CERTIFICATE OF ORIGIN
Form F for China-Chile FTA
Issued in ____________

4.Means of transport and route (as far as known)

Departure Date

Vessel /Flight/Train/Vehicle No.

Port of loading

Port of discharge

5. For Official Use Only
Preferential Tariff Treatment Given Under ______
Preferential Treatment Not Given (Please state reasons)
....
Signature of Authorized Signatory of the Importing Country

6. Remarks

7.Item number (Max 20)	8. Marks and numbers on packages	9. Number and kind of packages; description of goods	10. HS code (Six digit code)	11. Origin criterion	12. Gross weight, quantity (Quantity Unit) or other measures (liters,m^3,etc)	13. Number, date of invoice and invoiced value

14. Declaration by the exporter
The undersigned hereby declares that the above details and statement are correct, that all the goods were produced in
（Country） CHINA
and that they comply with the origin requirements specified in the FTA for the goods exported to
（Importing country）CHILE
Place and date, signature of authorized signatory

15. Certification
It is hereby certified, on the basis of control carried out, that the declaration of the exporter is correct.
Place and date , signature and stamp of certifying authority
Certifying authority
Tel: Fax:
Address:

A Certificate of Origin under China-Chile Free Trade Agreement shall be valid for one year from the date of issue in the exporting country.

中智证书

第六章
其他附属单证

【本章理论回顾】

一、装船通知

装船通知也叫装运通知，主要指的是出口商在货物装船后发给进口方的包括货物详细装运情况的通知，其目的在于让进口商做好筹措资金、付款和接货的准备，如成交条件为FOB/FCA、CFR/CPT等还需要向进口国保险公司发出该通知以便其为进口商办理货物保险手续，出口装船通知应按合同或信用证规定的时间发出，该通知副本(copy of telex/fax)常作为向银行交单议付的单据之一；在进口方派船接货的交易条件下，进口商为了使船、货衔接得当也会向出口方发出有关通知；通知以英文制作，无统一格式，内容一定要符合信用证的规定，一般只提供一份。

装船通知的主要内容及其缮制

1. 单据名称。主要体现为：Shipping/Shipment Advice, Advice of shipment 等，也有人将其称为 shipping statement/declaration，如信用证有具体要求，从其规定。

2. 通知对象。应按信用证规定，具体讲可以是开证申请人、申请人的指定人或保险公司等。

3. 通知内容。主要包括所发运货物的合同号或信用证号、品名、数量、金额、运输工具名称、开航日期、启运地和目的地、提运单号码、运输标志等，并且与其他相关单据保持一致，如信用证提出具体项目要求，应严格按规定出单。此外通知中还可能出现包装说明、ETD(船舶预离港时间)、ETA(船舶预抵港时间)、ETC(预计开始装船时间)等内容。

4. 制作和发出日期。日期不能超过信用证约定的时间，常见的有以小时为准(Within 24/48 hours)和以天(within 2 days after shipment date)为准两种情形，信用证没有规定时应在装船后立即发出，如信用证规定"Immediately after shipment"(装船后立即通知)，应掌握在提单后三天之内。

5. 签署。一般可以不签署，如信用证要求"certified copy of shipping advice"，通常加盖受益人条形章。

装船通知的一般格式

格式一：

Shipping Advice

Contract NO: Shipment date:
L/C NO: B/L NO:
Date
To
From
Commodity Packing Quantity Gross weight Net weight
Shipping Marks

Total value
Please be informed that these goods have been shipped from xxx to xxx with MV xxx

Beneficiary's signature

格式二:

SHIPPING ADVICE

Contract NO.: CH/99/66.809
L/C NO.: LC84E0074/99
To:
Dalian Weida Trading Co., Ltd. NO. 10 Yunming Road Xigang District Dalian China
From:
Deling Trade bv P. O. Box 100 3700 GC Bunsten Holland
Commodity
DEMINERALIZED WHEY POWDER
Packing conditions: As called for by the L/C
4760 × 25kg in 4 - ply paper sacks with inner polyethylene liner and big bags in 7 × 20' containers

Quantity	Gross weight	Net weight
119.00 Mt	121 380 kgs	119 000 kgs

Total value: USD1 118 860.00
Please be informed that these goods have been shipped from Rotterdam to Dalian with Shipment date September 15, 1999.
B/L NO: SEAU871107101
We herewith certify this message to be true and correct.

Deling Trade bv as beneficiary
Bunsten, September 17, 1999

格式三:

GOLDEN SEA TRADING CORPORATION

ADD.: 8TH FLOOR, JIN DU BUILDING, 277 WU XING ROAD, SHANGHAI, CHINA
TEL: 86 - 21 - 64331255
FAX: 86 - 21 - 64331256
EMAIL: BOX01@ SIFT. SIFT. EDU

TO:	F. L. SMIDTH & CO. A/S 77, VIGERSLEV ALLE DK－2500 VALBY COPENHAGEN, DENMARK	**FROM**:	GOLDEN SEA TRADING CORP. 8TH FLOOR, JIN DU BUILDING, 277 WU XING ROAD, SHANGHAI, CHINA
SUBJECT:	SHIPPING ADVISE	**DATE**:	12－Aug－99

S/C NO. JH-FLSSC01

L/C NO. FLS-JHLC01

B/L NO. JH-FLSBL01

GOODS 2 **ITEMS OF 'FOREVER' BRAND BICYCLES**

VALUE **US $** 82200.00

QUANTITY 1200UNITS

PACKAGES CARTON

G. W. (KGS.) 39600.0KGS

N. W. (KGS.) 33600.0KGS

MEAS. (M^3) 547.2M^3

VESSEL **YI XIANG V307**

FROM SHANGHAI

TO COPENHAGEN

ETD 12－Aug－99

ETA 3－Sep－99

GOLDEN SEA TRADING CORP.

×××

二、受益人证明

受益人证明(Beneficiary's Certificate/Statement/Declaration),也称出口商证明(Exporter's Certificate),顾名思义是由受益人按合同、信用证和有关规定对外出具的说明其已履行了某义务、完成了某工作或行为符合进口商和进口国的要求的各种证明文件,一般无固定格式,内容多种多样,以英文制作,通常签发一份。

(一) 受益人证明的基本要求

1. 单据名称。这种单据的名称因所证明事项不同而略异,可能是寄单证明、寄样证明(船样、样卡和码样等)、取样证明、证明货物产地、品质、唛头、包装和标签情况、电抄形式的装运通知、证明产品生产过程、证明商品业已检验、环保人权方面的证明(非童工、非狱工制造)等。

2. 证明上通常会显示发票号、合同号或信用证号以表明与其他单据的关系。

3. 证明的内容应严格与合同或信用证规定相符。

4. 因属于证明性质,按有关规定证明人(受益人)必须签字。

5. 单据一般都应在规定的时间内做出。

(二) 几种常见证明的内容和缮制要求

1. 寄单证明(Beneficiary's certificate for despatch of documents)。

是最常见的一种,通常是受益人根据规定,在货物装运前后一定时期内,邮寄/传真/快递给规定的收受人全套或部分副本单据,并将证明随其他单据交银行议付。如 CERTIFICATE FROM THE BENEFICIARY STATING THAT ONE COPY OF THE DOCUMENTS CALLED FOR UNDER THE LC HAS BEEN DISPATCHED BY COURIER SERVICE DIRECT TO THE APPLICANT WITHIN 3 DAYS AFTER SHIPMENT.

2. 寄样证明

(Beneficiary's certificate for despatch of shipment sample)。例如: CERTIFICATE TO SHOW THAT THE REQUIRED SHIPMENT SAMPLES HAVE BEEN SENT BY DHL TO THE APPLICANT ON JULY 10, 2005(受益人只要按规定出单即可)。

3. 包装和标签证明。

例 1: 某信用证要求: A CERTIFICATE FROM THE BENEFICIARY TO THE EFFECT THAT ONE SET OF INVOICE AND PACKING LIST HAS BEEN PLACED ON THE INNER SIDE OF THE DOOR OF EACH CONTAINER IN CASE OF FCL CARGO OR ATTACHED TO THE GOODS OR PACKAGES AT AN OBVIOUS PLACE IN CASE OF LCL CARGO,其意思是受益人应证明已把一套发票和箱单贴在集装箱箱门内侧(整箱货)或拼箱货的显眼的地方。

例 2: BENEFICIARY CERTIFICATE IN TRIPLICATE STATING THE SHIPMENT DOES NOT INCLUDE NON - MANUFACTURED WOOD DUNNAGE, PALLETS, CRATING OR OTHER PACKAGING MATERIALS; THE SHIPMENT IS COMPLETELY FREE OF WOOD BARK, VISIBLE PESTS AND SIGNS OF LIVING PESTS(要求三份单据,证明货物未再加工、非木制包装、无树皮、无肉眼可见虫害、无活虫)。

4. 其他规定。

如 CERIFICATE CONFIRMING THAT ALL GOODS ARE LABELLED IN ENGLISH(货物加贴英文标签); BENEFICIARY'S CERTIFICATE STATING ORIGINAL B/L OF 1 SET CARRIED BY THE CAPTAIN OF THE VESSEL(一套正本提单已交由船长携带); A STATEMENT FROM THE BENEFICARY EVIDENCING THAT PACKING EFFECTED IN 25KGS CTN(货物25公斤箱装); BENEFICIARY'S CERTIFICATE CONFIRMING THEIR ACCEPTANCE OF THE AMENDMENT DATED 10/09/2005 MADE UNDER THIS CREDIT QUOTING THE RELEVANT AMENDMENT NUMBER(确认改证内容); CERTIFICATE TO SHOW GOODS ARE NOT OF ISRAELI ORIGIN AND DO NOT CONTAIN ANY ISRAELI MATERIAL(货物须保证非以色列产并且不含以色列的材料)。

三、出口收汇核销单

(一) 出口收汇核销的含义

所谓出口收汇核销,是国家加强出口收汇管理,确保国家外汇收入,防止外汇流失,指定外汇管理部门对出口企业贸易下的外汇收入情况进行监督检查的一种制度。它以出口货物的价值为标准,核对是否有相应的外汇收回国内的一种管理措施。

出口单位凭出口收汇核销单报关出口,收汇后到外汇局办理核销,再向税务机关申请出口退税。

根据我国《对外贸易法》的有关规定,对外贸易经营者在对外贸易经营活动中,应当依照国家外汇管理制度的要求结汇、用汇,银行对企业的收、付汇实行结汇、售汇制。国家为保障银行结汇、售汇制度的执行,保证充分的外汇来源,满足用汇需要,在货物的进出口过程中,实行较为严格的收汇核销制度。

实行出口收汇核销制度的意义

改革开放以来,我国的出口贸易逐年扩大,外汇收入不断增加,为国家建设积累了丰厚的资金。但由于种种原因,出口方通过银行实际结汇的数额与我国外贸出口额之间的差额不断扩大,套汇、逃汇等非法活动还较为严重,不法分子通过伪造报关单、批文等单证骗购外汇,通过高报进口价或低报出口价将外汇留存在境外,严重影响了社会正常的外汇收支活动。

为监督企业在货物出口后及时、足额地收回货款,堵塞出口收汇环节的逃骗汇漏洞,我国于1991年1月1日实行了出口收汇核销制度。这一制度对监督企业出口收汇、维护国际收支平衡发挥了积极作用。

(二)新的《出口收汇核销管理办法》主要内容

为适应我国加入世贸组织后出口贸易发展的新形势,进一步完善出口收汇管理,提高核销管理效率,促进对外贸易发展,国家外汇管理局于2003年10月1日发布了新的《出口收汇核销管理办法》,对现行出口收汇核销制度进行了修改和完善。

按照新规定,国家将对出口单位收汇核销实行分类管理,除保留原有的逐笔核销外,新增批次核销和自动核销两种管理方式。新增两种方式对简化核销环节的手工操作,提高工作效率将起到显著的作用,尤其是自动核销方式的应用,标志着出口收汇核销管理正在由逐笔核销转向总量核销;同时改变出口核销监管模式,由企业自行报告,外汇局通过电子数据进行核对监管。出口核销监管模式的转变,建立在“出口收汇核报系统”运行的基础上,有利于提高外汇局的工作效率,简化企业出口收汇核销程序,降低企业的经营管理成本,充分体现了出口收汇核销监管手段和监管水平的提升。

(三)出口收汇核销制度的特点

1. 以出口收汇核销单为中心

外汇管理局通过核销单的发放与收回,并采取核销的方法来管理出口收汇工作。出口企业必须凭核销单及其他有关单据向海关办理出口货物报关,向银行交单结汇。它涉及海关、银行、外贸运输和国家有关职能部门,贯穿于整个出口业务的全过程。

2. 实行先收汇后核销的方法

出口企业待货物装运后,向银行结汇,凭银行收款通知单才可以办理核销手续,提高了收汇管理工作的效率。

3. 以提高收汇率为目的

出口收汇核销制度实行全方位的管理,准确及时掌握出口收汇情况,加强对逾期收汇的监督,保证了收汇的安全。

(四)出口收汇核销的基本流程

出口收汇核销工作的主要当事人有出口企业、外汇管理局、海关和银行。出口企业向当地外汇管理局申领出口外汇核销单,一份出口报关单只能申领一份,不得相互借用,也不得转让或倒卖。

说明:

1. 出口企业凭有关单证,向外汇管理局申领有编号,并加盖“国家外汇管理局监制章”的核销单。

2. 出口企业领单后90天内,向海关出具核销单、注明核销单编号的出口报关单和其他有关单据,向海关报关。

3. 海关核准无误后，在核销单“海关核放情况”栏处加盖“验讫章”，退还出口企业。

4. 出口企业于报关后15天（异地报关为25天）内，将出口报关单、出口外汇核销单存根、发票和汇票副本交外汇管理局备案。

5. 出口企业在汇票和发票上注明核销单编号，持全套结汇单据向银行办理托收或议付。

6. 银行结汇后，在出口收汇核销结水单或收账通知上注明核销单号交出口企业。

7. 出口企业持经海关签章的收汇核销单、结水单或收账通知及其他有关文件，到外汇管理局办理核销。

8. 外汇管理局在核销单上加盖“已核销”章后，将核销单和报关单（出口退税专用）给出口企业。

9. 出口企业向税务机关申请办理退税手续。

10. 税务机关核准后，向出口企业退税。

出口收汇核销的基本流程

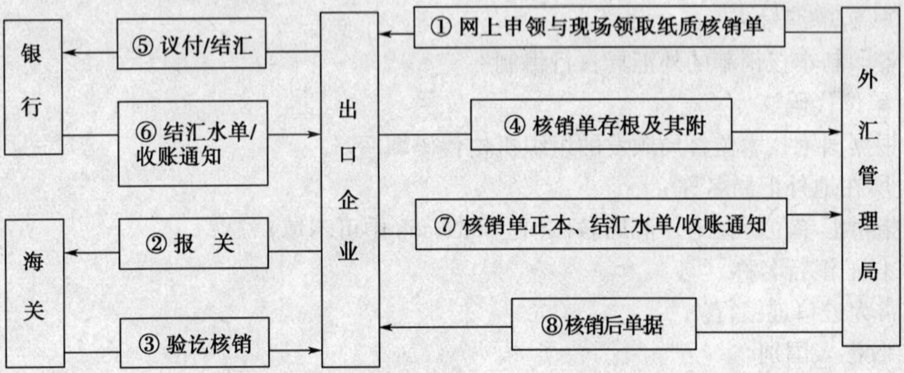

出口收汇核销单 <存根>

编号：

出口单位（盖章）：	
出口总价：	
收汇方式：	
预计收款日期：	
报关日期：	
出口单位备注： 1. 发票编号： 2. 合同（契约）编号 3. 其他	

出口收汇核销单

监制章

编号：

外汇指定银行结汇/收账情况： 我行已凭此单办理结汇/收账 年 月 日
海关核放情况： 年 月 日
外汇管理局核销情况 年 月 日

出口收汇核销单

监制章

出口退税专用

编号：

出口单位（盖章）：		
货物名称	货物数量	出口总价
报关单编号：		
外汇管理局核销情况： 年 月 日（盖章）		

四、进口付汇核销单(了解)

(一) 进口付汇核销单的含义

"贸易进口付汇核销单(代申报单)"(以下简称进口核销单)系指由国家外汇管理局监制、保管和发放,进口单位和银行填写,银行凭以为进口单位办理贸易进口项下的进口售付汇和核销的凭证。每份进口核销单只能凭以办理一笔售付汇手续。

根据《国际收支统计申报办法实施细则》,进口核销单既用于贸易项下进口售付汇核销,又用于国际收支申报统计。

(二) 进口付汇核销单的内容及缮制

在填写进口核销单时,应注意各项内容与售付汇情况是否一致。

1. 印单局代码

为印制本核销单的六位外汇局代码(在 SimTrade 中可不填)。

2. 核销单编号

由各印制本核销单的外汇局自行编制。

3. 单位代码

应根据国家技术监督局颁发的组织机构代码填写。

4. 所在地外汇局名称

系指付汇单位所在地外汇局名称(在 SimTrade 中可不填)。

5. 付汇银行名称

通常为进口地银行。

6. 收汇人国别

系指该笔对外付款的实际收款人常驻国家,即出口国家,如"China"。

7. 交易编码

应根据本笔对外付汇交易的性质对应国家外汇管理局国际收支交易编码表填写。

0101　一般贸易
0102　国家间、国际组织无偿援助和赠送的物资
0103　华侨、港澳台同胞、外籍华人捐赠物资
0104　补偿贸易
0105　来料加工装配贸易
0106　进料加工装配贸易
0107　寄售代销贸易
0108　边境小额贸易
0109　来料加工装配进口的设备
0111　租赁贸易
0112　免税外汇商品
0113　出料加工贸易
0114　易货贸易
0115　外商投资企业进口供加工内销的料、件
0116　其他
0201　预付货款

在 SimTrade 中,货物都为一般贸易。

8. 交易附言

是付款人对该笔对外付款用途的描述,可不填。

9. 对外付汇币种、报关单币种

应按币种的英文缩写填写,如:USD。

10. 对外付汇总额、购汇金额、现汇金额、其他方式金额、汇款中报关单“金额”应用阿拉伯数字填写。

11. 人民币账号、外汇账号

应根据如下规定填报:如所付款项系从现汇账户中支出,则在“外汇账号”栏填写该现汇账户的账号;如所付款项系从银行购得的外汇,则在“人民币账号”栏填写其用于购汇的人民币账户的账号。

12. 付汇性质

应选择适当的付汇性质打“√”。其中,“正常付汇”系指除不在名录、90 天以上信用证、90 天以上托收、异地付汇、90 天以上到货、转口贸易、境外工程使用物资、真实性审查以外无须办理进口付汇备案业务的付款业务;“90 天以上信用证”及“90 天以上托收”均系指付汇日期距承兑日期在 90 天以上的对外付汇业务;除“正常付汇”之外的各付汇性质在标注“√”时,均须对应填写备案表编号。

13. 结算方式

应选择适当的结算方式打“√”。其中:90 天以内信用证、90 天以内托收的付汇日期距该笔付汇的承兑日期均小于 90 天且含 90 天;90 天以上信用证、90 天以上托收的付汇日期距该笔付汇的承兑日期均大于 90 天;结算方式为“货到付汇”时,应同时填写对应“报关单号”、“报关日期”、“报关单币种”、“金额”。

14. 申报号码

共 22 位。第 1 至第 6 位为地区标识码、第 7 至第 10 位为银行标识码、第 11 和第 12 位为金融机构顺序号、第 13 至第 18 位为该笔贸易进口付汇的付汇日期或该笔对外付汇的申报日期,最后 4 位为银行营业部门的当日业务流水码。

15. 其他各栏

均应按栏目提示对应填写。

贸易进口付汇核销单(代申报单)

印单局代码：　　　　　　　　　　　　　　　　　　　　　　核销单编号：

<table>
<tr><td>单位代码</td><td>单位名称</td><td>所在地外汇局名称</td></tr>
<tr><td>付汇银行名称</td><td>收汇人国别</td><td>交易编码</td></tr>
<tr><td>收款人是否在保税区：是　否</td><td colspan="2">交易附言</td></tr>
<tr><td colspan="3">对外付汇币种　　对外付汇金额
其中：购汇金额　　现汇金额　　其他方式金额
人民币账号　　外汇账号</td></tr>
<tr><td colspan="3">付　汇　性　质
正常付汇
不在名录　　90天以上信用证　　90天以上托收　　异地付汇
90天以上到货　　转口贸易　　境外工程使用物资　　真实性审查
备案表编号</td></tr>
<tr><td>预计到货日期　/　/</td><td>进口批件号</td><td>合同/发票号</td></tr>
<tr><td colspan="3">结　算　方　式</td></tr>
<tr><td colspan="3">信用证 90天以内　90天以上　承兑日期　/　/付汇日期　//期限　　天</td></tr>
<tr><td colspan="3">托收　90天以内　90天以上　承兑日期　//　付汇日期//　期限　　天</td></tr>
<tr><td colspan="3">预付货款　　货到付汇(凭报关单付汇)　　付汇日期　　//
报关单号　　报关日期　　//　　报关单币种　　金额
报关单号　　报关日期　　//　　报关单币种　　金额
报关单号　　报关日期　　//　　报关单币种　　金额
报关单号　　报关日期　　//　　报关单币种　　金额
报关单号　　报关日期　　//　　报关单币种　　金额
(若报关单填写不完,可另附纸。)</td></tr>
<tr><td colspan="3">其他　　付汇日期　　//</td></tr>
<tr><td colspan="3">以下由付汇银行填写
申报号码：□□□□□□　□□□□　□□□□　□□□□ □□□□
业务编号：　　审核日期：　　//　　(付汇银行签章)</td></tr>
</table>

进口单位签章

注：1. 核销单编号为8位顺序号,由各印制本核销单的外汇局自行编制；

2. 核销单一式三联：第一联送所在地外汇局;第二联退进口单位;第三联外汇指定银行存档；

3. 本核销单尺寸为16开纸。

五、船龄、船籍证明等(了解)

在我国对外贸易实践中,经常会遇到进口商在信用证中提出要求船公司证明(以下称“船证”)的情形,尤以来自中东和非洲地区的客户为多,所以单证从业人员必须对此进行恰当的理解和把握。船证通常由出口商或船方用英文制作,具体内容应以信用证中要求为准,所有船证必须签署。

(一) 船舶本身的证明文件

1. 集装箱船只证明(Certificate of Container Vessel)。进口商或银行在合同/信用证中规定货物须装集装箱船并出具相应证明的,可由受益人自行制作并加盖有关签发人的图章,也可在运输单据上加以注明。

2. 船龄证明。有些国家/地区来证规定装载货物的船舶的船龄不得超过15年,受益人必须要求船代或船公司出具载货船只的船龄证明书(Certificate to evidence the ship is not over 15 years old 或 is under 15 years of age),这样的要求主要目的在于禁止使用老龄船,保护货物运输安全。

3. 船籍证明(Certificate of Registry)用于证明船舶所属国籍。

4. 船级证明(Confirmation of Class)。有的信用证规定提供英国劳合社船级证明,如"Class certificate certifying that the shipment is made by a seaworthy vessel which are classified 100 A1 issued by Lloyds or equivalent classification society",劳合社的船级符号为LR,标志100A1,100A表示该船的船体和机器设备是根据劳氏规范和规定建造的,I表示船舶的装备如船锚、锚链和绳索等处于良好和有效的状态,对这样的要求我们通常应予以满足。国际上著名的船级社有英国劳合社 、德国船级社(GL)、挪威船级社(DNV)、法国船级社(BV)、日本海事协会(NK)、美国船级社(ABS)等。

(二) 运输和航行证明

1. 航程证明(Certificate of Itinerary)。主要说明航程中船舶停靠的港口,一些阿拉伯国家开来的信用证中,往往要求在提单上随附声明一份,明确船籍、船名、船东及途中所经港口顺序,出口方须按要求签发此类证明并按证明中所述行驶、操作船舶。

2. 转船证明书(Certificate of Transshipment)。出口方出具转船证明书,说明出口货物将在中途转船且已联系妥当,并由托运人负责将有关转船事项通知收货人。

3. 货装具名船舶证明。如信用证要求:"A certificate from the shipping company or its agent stating that goods are shipped by APL"(意思是要求出口方提供由船公司或其代理出具的货装美国总统轮船公司的证明)。

4. 船长收据(Captain's Receipt)。有的信用证规定,样品或单据副本交载货船只的船长带交进口商,并提供船长收据,如委托船长带去而未取得船长收据将影响出口商收汇,常见于近洋运输。

此外船证还包括进港证明、运费已交收据、港口费用单(port charges documents)、装卸准备就绪通知书(NOR)和装卸时间事实记录等,由于政治原因,巴基斯坦和印度互不允许悬挂对方国旗的船舶靠岸,巴基斯坦港口还不接受来自南非、韩国、以色列和中国台湾的船舶,如要求出具相应证明的,出口方必须提供。

(三) 航运组织和公约证明

1. 班轮公会证明(Conference Line Certificate)。信用证规定货物须装班轮公会船只时,向银行所交单据中应包括船公司或船代出具的证明。例1,信用证要求"A certificate issued by the carrier, shipping Co or their agents certifying that shipment has been effected by conference line and/or regular line vessels only covered by institute classification clause to accompany the documents."其意思是由承运人、船公司或他们的代理签发证明,证实货物业已装运在符合伦敦协会船级条款的班轮公会船只或定期船上,该船证随单据提交。例2,某信用证要求"Shipping company's certificate stating that the carrying vessel has entered P&I Club and should

be attached with the original documents",其要求船证应明确载货船舶系船东保赔协会成员并应随附正本证明。

2. 黑名单证明。典型的是阿拉伯国家所要求的抵制以色列证明(Certificate of Boycott Israel)。其通常规定为:The vessel carrying the goods is not Israeli and will not call on any Israeli ports while carrying the goods and that the vessel is not banned entry to the port of the Arab States for any reasons whatever under law and the laws and regulations of such Sates allowed(船上所装货物为非以色列原产,船不经停任何以色列港口,船只可依法自由进入阿拉伯国家法律和规则所容许进出的港口)。

3. SMC、DOC 和 SOLAS。这几个缩略语近年来常出现在信用证的要求中,SMC(Safety Management Certificate 船舶安全管理证书)和 DOC(Document of Compliance 安全符合证书,也有人称其为船/港保安符合证书)是按照国际安全管理规则(ISM)的规定载货船舶应在船上拥有的必要证书。我国海事局按 ISM 的规章发给船公司 DOC,船舶则可获 SMC,如船公司没有相应证书,那么就没有办法按信用证要求来出具此类证明。信用证中的一般要求是:"The carrying vessel should comply with the provisions of the(ISM) Code which necessitates that such vessel must have on board, copies of the two(SMC and DOC) valid Certificates and copies of such certificate must be presented with the original documents."也可体现为"Certificate issued, signed and stamped by the owner/carrier/ master of the carrying vessel holds valid ISM certificate and ISPS(International Shipping And Port Security Safety Code《国际船舶和港口设施保安规则》)";SOLAS 指的是《1974 年国际海上人命安全公约》(简称 SOLAS 公约)。"9·11"事件后国际海事组织于 2002 年 12 月召开缔约国大会通过对 SOLAS 公约的修正案,并在 2004 年 7 月 1 日起开始实施。按上述有关规定,船舶应持有"安全管理证书"正本,其船名与国籍证书一致,所载公司名称与"符合证明"中的公司名称相一致。

第一节　装船通知的缮制

【实训目的】

通过本项目实训,我们应该掌握的基本技能是:

□ 掌握装船通知的含义和重要性。

□ 能够根据信用证和合同的要求缮制装船通知,掌握缮制的规范和技巧。

□ 学会独立缮制装船通知的技能。

【建议课时】 1

【前期准备】

□ 出口商提供的合同和信用证

□ 船公司提供的提单

□ 出口商提供的商业发票、装箱单

【操作步骤】

☐ 浏览信用证对装船通知的要求及相关附加指示。

☐ 结合商业发票、提单等了解相关的内容。

【注意事项】

一、缮制装船通知应注意的事项

1. CFR/CPT 交易条件下拍发装运通知的必要性。因货物运输和保险分别由不同的当事人操作,所以受益人有义务向申请人对货物装运情况给予及时、充分的通知,以便进口商保险,否则如漏发通知,则货物越过船舷后的风险仍由受益人承担。

2. 通知应按规定的方式、时间、内容、份数发出。

3. 几个近似概念的区别。Shipping Advice(装运通知)是由出口商(受益人)发给进口商(申请人)的;Shipping Instructions 意思是"装运须知",一般是进口商发给出口商的;Shipping Note/Bill 指装货通知单/船货清单;Shipping Order 简称 S/O,含义是装货单/关单/下货纸(是海关 放行和命令船方将单据上载明的货物装船的文件)。

二、信用证中有关装船通知条款分析

1. ORIGINAL FAX FROM BENEFICIARY TO OUR APPLICANT

EVIDENCING B/L NO. ,NAME OF SHIP,SHIPMENT DATE,QUANTITY AND VALUE OF GOODS. 其要求应向申请人提交正本通知一份,通知上列明提单号、船名、装运日期、货物的数量和金额。制作单据时只要按所列项目操作即可。

2. INSURANCE EFFECTED IN IRAN BY IRAN INSURANCE CO. ,THE NAME OF INSURANCE CO. AND THE POLICY NO. XXX DD. ——HAVE TO BE MENTIONED ON B/L, SHIPMENT ADVICE TO BE MADE TO SAID INSURANCE CO. VIA TLX NO. XXX INDICATING POLICY NO. AND DETAILS OF SHIPMENT,A COPY OF WHICH IS TO BE ACCOMPANIED BY THE ORIGINAL DOCS. 该条款要求货物的保险由伊朗保险公司办理,提单上应明确保险公司的名称、保单号码和出单日期,所出的装运通知则应标明保险公司名称、电传号码、保单号码和货物的详细情况,电抄副本随正本单据向银行提交。

3. SHIPMENT ADVICE WITH FULL DETAILS INCLUDING SHIPPING MARKS, CTN NUMBERS,VESSEL'S NAME,B/L NUMBER,VALUE AND QUANTITY OF GOODS MUST BE SENT ON THE DATE OF SHIPMENT TO US. 该项规定要求装运通知应列明包括运输标志、箱号、船名、提单号、货物金额和数量在内的详细情况,并在货物发运当天寄开证行。

4. BENEFICIARY MUST FAX ADVISE TO THE APPLICANT FOR THE PARTICULARS BEFORE SHIPMENT EFFECTED AND A COPY OF THE ADVICE SHOULD BE PRESENTED FOR NEGOTIATION. 根据这条规定,受益人发出的装运通知的方式是传真,发出时间是在货物装运前,传真副本作为议付单据提交。

5. INSURANCE COVERED BY OPENERS. ALL SHIPMENTS UNDER THIS CREDIT MUST BE ADVISED BY YOU IMMEDIATELY AFTER SHIPMENT DIRECT TO M/S ABC INSURANCE CO. AND TO THE OPENERS REFERRING TO COVER NOTE NO CA364 GIVING FULL DETAILS OF SHIPMENT. A COPY OF THIS ADVICE TO ACCOMPANY EACH SET OF

DOCUMENTS. 该条款要求保险由申请人负责，货物装运后由受益人直接发通知给 ABC 保险公司和申请人，通知上应注明号码为 CA364 的暂保单，并说明货物的详细情况。每次交单都应随附该通知副本。

6. BENEFICIARY'S CERTIFIED COPY OF FAX SENT TO APPLICANT WITHIN 48 HOURS AFTER SHIPMENT INDICATING CONTRACT NO. , L/C NO. , GOODS NAME, QUANTITY, INVOICE VALUE, VESSEL'S NAME, PACKAGE/CONTAINER NO. , LOADING PORT, SHIPPING DATE AND ETA. 按这条信用证要求，受益人出具的装运通知必须签署，通知应在发货后 48 小时内发出，具体通知内容为合同号、信用证号、品名、数量、发票金额、船名、箱/集装箱号、装货港、装运日期和船舶预抵港时间。受益人应严格按所要求的内容缮制。

7. SHIPMENT ADVICE QUOTING THE NAME OF THE CARRYING VESSEL, DATE OF SHIPMENT, NUMBER OF PACKAGES, SHIPPING MARKS, AMOUNT, LETTER OF CREDIT NUMBER, POLICY NUMBER MUST BE SENT TO APPLICANT BY FAX, COPIES OF TRANSMITTED SHIPMENT ADVICE ACCOMPANIED BY FAX TRANSMISSION REPORT MUST ACCOMPANY THE DOCUMENTS. 表明船名、装船日期、包装号、唛头、金额、信用证号、保险单号的装船通知必须由受益人传真给开证人，装船通知和传真副本以及发送传真的电讯报告必须随附议付单据提交。

8. BENEFICIARY'S CERTIFICATE CERTIFYING THAT THEY HAVE DES PATCHED THE SHIPMENT ADVICE TO APPLICANT BY FAX(FAX NO 2838 - 0983) WITHIN 1 DAY AFTER B/L DATE ADVISING SHIPMENT DETAILS

INCLUDING CONTRACT NO, INVOICE VALUE, NAME OF THE VESSEL, LOADPORT, QUANTITY GOODS LOADED, B/L DATE, THE VESSEL MOVEMENT INCLUDING TIME OF ARRIVAL, TIME OF BERTHED, TIME OF START LOADING, TIME OF FINISH LOADING AND DEPARTURE TIME

FROM DALIAN AND THIS CREDIT NO. 这条规定来自香港的某份信用证，其对装船通知的要求是：装运货物后一天内受益人通过传真加以通知，内容包括：合同号、发票金额、船名、装港、货物数量、提单日，包括抵达时间、靠泊时间、开始装货时间、装货完毕时间和驶离大连港的时间等船舶的航行轨迹和本信用证号码。

【实训项目】

1. 请根据下列所给内容缮制装船通知。注意唛头由卖方自行设计。

BUYER：WEILI INT'L TRADING CORP.

SELLER：SUNSHINE TOY CORP.

DESCRIPTION：

ORDER NO.	GOODS	QUANTITY/PACKAGES	COLOUR
A220	BAGS	3200PCS/100CTNS	GREY
A320		4000PCS/200CTNS	WHITE
C153		4000PCS/200CTNS	WHITE

SHIPMENT：MAR. 22, 2004 FROM SHANGHAI TO HAMBURG

CONTAINER NO. & SEAL NO.：1X40'GP MLCU4578610/C423775

VOYAGE NAME & NO.：CMA CGM NEPTUNE V.485W

B/L NO.：CGLSHA0303088NA

INVOICE NO. & AMOUNT：SUNJA20040322 TOTAL USD22000.00

卖方表头格式如下：

SUNSHINE TOY CORP.

221/18 SUNSHINE BUILDING，SHANGHAI，CHINA

2. 根据下述条件制作受益人证明和装船通知，要求格式清楚、内容完整。

信用证

ADVISING BANK：BANK OF CHINA，ANHUI BRANCH

IRREVOCABLE DOCUMENTARY CREDIT NO.：211LC2000616 DATED：18FEB2005.

DATE AND PLACE OF EXPIRY：17 APR. 2005 IN BENEFICIARY'S COUNTRY

BENEFICIARY：ANHUI CHEMICALS IMP. & EXP. CO. LTD.
JIN AN MANSION 306
TUNXI ROAD，HEFEI，ANHUI，CHINA
A/C NO.：6018090000－185

APPLICANT：HOP TONG HAI (PTE) LTD.
BLK 15，NORTH BRIDGE ROAD
#04－9370 SINGAPORE 100032
FAX：2953397

AMOUNT：USD37850.00
UNITED STATES DOLLARS THIRTY SEVEN THOUSAND EIGHT HUNDRED AND FIFTY ONLY.

PARTIAL SHIPMENT：NOT ALLOWED

TRANSHIPMENT：ALLOWED

SHIPMENT FROM CHINA TO SINGAPORE

LATEST SHIPMENT DATE：7 APR. 2005

THIS CREDIT IS AVAILABLE WITH THE ADVISING BANK BY NEGOTIATION AGAINST PRESENTATION OF THE DOCUMENTS DETAILED HEREIN AND BENEFICIARY'S DRAFT(S) AT SIGHT DRAWN ON ISSUING BANK FOR FULL INVOICE VALUE.

DOCUMENTS REQUIRED (IN THREE－FOLD UNLESS OTHERWISE STIPULATED)：

1. SIGNED COMMERCIAL INVOICE；
2. SIGNED PACKING LIST；
3. CERTIFICATE OF CHINESE ORIGIN；
4. INSURANCE POLICY/CERTIFICATE ENDORSED IN BLANK FOR 110% CIF VALUE，COVERING ALL RISKS AND WAR RISK；
5. FULL SET OF CLEAN 'ON BOARD' OCEAN BILLS OF LADING MADE OUT TO OR-

DER OF BANK OF CHINA, SINGAPORE MARKED FREIGHT PREPAID AND NOTIFY APPLICANT;

6. SHIPMENT ADVICE SHOWING THE NAME OF THE CARRYING VESSEL, DATE OF SHIPMENT, MARKS, AMOUNT AND THE NUMBER OF THIS DOCUMENTARY CREDIT TO APPLICANT WITHIN 3 DAYS AFTER THE DATE OF BILL OF LADING.

EVIDENCING SHIPMENT OF:

1300 DOZENS 100% COTTON OVERALLS, SHIRTS & SINGLETS AS PER S/C NO. 02EC301302 DATED 26 -01 -2005 AS DETAILS BELOW:

(1) 600 DOZENS 100% COTTON OVERALLS AT USD45.00 PER DOZEN. CIF SINGAPORE;

(2) 600 DOZENS 100% COTTON SHIRTS AT USD16.50 PER DOZEN. CIF SINGAPORE;

(3) 100 DOZENS 100% COTTON SINGLETS AT USD9.50 PER DOZEN. CIF SINGAPORE.

OTHER TERMS AND CONDITIONS:

1. ALL BANKING CHARGES, INCLUDING REIMBURSEMENT CHARGES, OUTSIDE SINGAPORE ARE FOR ACCOUNT OF BENEFICIARY.

2. THE NUMBER AND DATE OF THIS CREDIT AND THE NEME OF ISSUING BANK MUST BE QUOTED ON ALL DRAFTS.

3. A FEE OF USD50.00 (OR ITS EQUIVALENT) TO BE DEDUCTED FROM THE PROCEEDS UPON EACH PRESENTATION OF DISCREPANT DOCUMENTS EVEN IN THE CREDIT INDICATES THAT ALL BANKING CHARGES ARE FOR THE ACCOUNT OF APPLICANT AND ACCEPTANCE OF SUCH DOCUMENTS DOES NOT IN ANY WAY ALTER THE TERMS AND CONDITIONS OF THIS CREDIT.

4. ONE ADDITIONAL COPY OF COMMERCIAL INVOICE AND PHOTOCOPY OF TRANSPORT DOCUMENT(S)/DELIVERY ORDER(S) ARE REQUIRED TO BE PRESENTED TOGETHER WITH THE DOCUMENTS FOR THE ISSUING BANK'S RETENTION, OTHERWISE USD5.00 OR EQUIVALENT WILL BE DEDUCTED FROM THE PROCEEDS IF THESE EXTRA DOCUMENTS ARE NOT PRESENTED.

5. 5 PCT MORE OR LESS IN QUANTITY AND AMOUNT ARE ALLOWED.

6. SHIPMENT MUST BE EFFECTED BY 1 ×20' FULL CONTAINER LOAD. B/L TO SHOW EVIDENCE OF THIS EFFECT IS REQUIRED.

7. ONE SET OF NON - NEGOTIABLE SHIPPING DOCUMENTS TO BE FAXED TO APPLICANT AFTER SHIPMENT. BENEFICIARY'S CERTIFICATE TO THIS EFFECT IS REQUIRED.

INSTRUCTIONS TO THE NEGOTIATING BANK:

THE AMOUNT AND DATE OF EACH NEGOTIATION MUST BE ENDORSED ON THE REVERSE OF THE ORIGINAL CREDIT BY THE NEGOTIATING BANK. ALL DOCUMENTS ARE TO BE SENT TO ISSUING BANK IN ONE LOT.

UPON RECEIPT OF DOCUMENTS IN CONFORMITY WITH THE TERMS AND CONDITIONS OF THIS CREDIT, WE SHALL REIMBURSE YOU BY CREDITING OUR HEAD OFFICE'S ACCOUNT WITH US.

THIS CREDIT IS ISSUED SUBJECT TO UNIFORM CUSTOMS AND PRACTICE FOR DOCUMENTARY CREDTIS (1993 REVISION) ICC PUBLICATION NO. 500.

BANK OF CHINA, SINGAPORE

+++++++

AUTHORISED SIGNATURES

其他信息

(1) VESSEL NAME AND VOYAGE NO.: TIANSHUN V. 138

(2) DATE OF SHIPMENT: MARCH 31, 2005

第二节 受益人证明的缮制

【实训目的】

通过本项目实训,我们应该掌握的基本技能是:

☐ 掌握受益人证明的含义和作用。

☐ 能够根据信用证和合同的要求缮制受益人证明,掌握缮制的规范和技巧。

☐ 学会独立缮制受益人证明的技能。

【建议课时】 1

【前期准备】

☐ 出口商提供的合同和信用证

☐ 出口商提供的商业发票

【操作步骤】

☐ 浏览信用证对受益人证明的要求及相关附加指示。

☐ 结合商业发票了解相关的内容。

【注意事项】

1. 单据名称应合适恰当。

2. 一般的行文规则是以所提要求为准直接照搬照抄,但有时也应做必要的修改。如信用证规定"BENEFICIARY'S CERTIFICATE EVIDENCING THAT TWO COPIES OF NON – NEGOTIABLE B/L WILL BE DESPATCHED TO APPLICANT WITHIN TWO DAYS AFTER SHIPMENT",在具体制作单据时应将要求里的"WILL BE DESPATCHED"改为"HAVE BEEN DEPATCHED";再比如对"BENEFICIARY'S CERTIFICATE STATING THAT CERTIFICATE OF MANUFACTURING PROCESS AND OF INGREDIENTS ISSUED BY ABC CO SHOULD BE SENT TO SUMITOMO CORP"的要求,"SHOULD BE SENT"最好改为"HAD/HAS BEEN SENT"

3. 证明文件通常以"THIS IS TO CERTIFY"(或 DECLARE,STATE,EVIDENCE 等)或"WE HEREBY CERTIFY"等开始。

4. 制单日期应与证明内容相吻合,而且最迟不得晚于交单日期,如提单日期为 4 月 15 日,信用证规定:"BENEFICIARY'S CERTIFICATES CERTIFY THAT CABLE COPY OF SHIPPING ADVICE DISPATCHED TO THE APPLICANT IMMEDIATELY AFTER SHIPMENT",则受益人证明的出单日期只能在 4 月 15—18 日之间,而不能是其他时间。

5. 若为寄单证明还应列明卖方所寄单据的种类和份数。

【实例分析】

1. BENEFICIARY'S CERTIFICATE CERTIFYING THAT 2 LITRES OF COMPOSITE SAMPLE WHICH TO BE DRAWN FROM——1 LITRE FROM DALIAN SHORE TANK BY AQSIQ BEFORE LOADING——1 LITRE ON BOARD THE VESSEL BY AQSIQ AFTER LOADING COMPLETED INDICATING THAT THE SAMPLE HAS BEEN RETAINED AT AQSIA COUNTER FOR AT LEAST 90 DAYS AFTER SHIPMENT EFFECTED. 这是出口粗苯的信用证中的要求,制作该文件时应明确货物装船前、后由质检局分别取样一公升并于货物实际发运后将样品留存该局至少 90 天。

2. BENEFICIARY'S CERTIFICATE CERTIFYING THAT BENEFICIARY HAS FAXED THE SHIPPING DOCS(B/L, INVOICE, PACKING LIST, PHYTOSANITARY CERTIFICATE) WITHIN 2 WORKING DAYS AFTER SHIPMENT DATE TO APPLICANT AND THE RELATE CERTIFIED TRUE COPY OF FAX. 对这样的受益人证明应做到: 发货后两日内传真发送有关单据给申请人,传真报告应证实并向银行提交。

3. TWO SETS OF SHIPPING SAMPLES AND ONE SET OF NON – NEGOTIABLE SHIPPING DOCUMENTS MUST BE SENT TO APPLICANT BY SPEED POST/COURIER SERVICE WITHIN 5 DAYS FROM THE DATE OF BILL OF LADING AND A CERTIFICATE TO THIS EFFECT FROM BENEFICIARY TOGETHER WITH RELATIVE SPEED POST/ COURIER RECEIPT MUST ACCOMPANY THE DOCUMENTS. 该要求的意思是: 两套船样和一套不可议付的装运单据须在提单日后 5 日内通过邮局快递寄给开证人,受益人证明应表明已照此行事,相应的邮政快递收据必须随议付单据提交,应注意要提交两样单据——受益人证明和邮政快递收据。

4. BENEFICIARY'S CERTIFICATE STATING THAT INTEREST CHARGES IF ANY FOR USANCE PERIOD INCLUDED IN INVOICE VALUE ARE NOT MORE THAN THE PREVAIL-

ING LIBOR FOR USD ON THE DATE OF SHIPMENT PLUS 0.50 PER CENT P. A. AND SEPARATE INVOICES TO BE PREPARED FOR CIF VALUE AND INTEREST, SUCH LIBOR SHOULD BE CERTIFIED BY THE NEGOTIATING BANK ON THEIR COVERING SCHEDULE TO THE DOCUMENTS, HOWEBER, TOTAL DRAWINGS UNDER THE CREDIT NOT TO EXCEED THE LETTER OF CREDIT VALUE, IF NO INTEREST CHARGES ARE INCLUDED IN THE INVOICE, BENEFICIARY'S CERTIFICATE CONFIRMING THE SAME IS REQUIRED. 这张受益人证明要求，如需要支付远期利息，发票金额应包括两部分（CIF 金额和利息），利息按货物装运当天美元 LIBOR 加 50 个点支付，议付行还需在交单面函上对 LIBOR 加以确认，如索偿金额不超过信用证金额，无远期贴息产生，受益人也要出证说明。

参考格式如下所示：

如信用证规定：BENEFICIARY'S CERTIFICATE EVIDENCING THAT 2/3 B/L MUST BE SENT BY AIRMAIL TO MENINI IMP & EXP. CORP., NOT LATER THAN DATE OF PRESENTATION OF NEGOTIABLE DOCUMENTS. 则受益人证明如下：

江苏阳光集团毛针织品进出口有限公司

SUNSHINE GROUP JIANGSU WOOLLEN KNIT & GARMTEX I/E CORP. LTD.

NO. 91 SUNSHINE ROAD, NANJING, CHINA

BENEFICIARY'S CERTIFICATE

MESSRS: MENINI IMP & EXP. CORP. **DATE**: MAR 15, 2003

FAX NO.: 0039-036-3368010 **PLACE.**: NANJING, CHINA

WE HEREBY CERTIFY THAT 2/3 B/L HAVE BEEN SENT BY AIRMAIL TO MENINI IMP & EXP. CORP.

江苏阳光集团毛针织品进出口有限公司

SUNSHINE GROUP JIANGSU WOOLLEN KNIT & GARMTEX I/E CORP. LTD

如信用证中规定，SHIPMENT MUST BE EFFECTED NOT ISRAELI VESSEL AND NOT CALL AT ANY ISRAELI PORTS, AND NOT BLACKLISTED VESSEL. 则有关运输方面的证明如下：

江苏阳光集团毛针织品进出口有限公司

SUNSHINE GROUP JIANGSU WOOLLEN KNIT & GARMTEX I/E CORP. LTD.

NO. 91 SUNSHINE ROAD, NANJING, CHINA

CERTIFICATE

MESSRS: MENINI IMP & EXP. CORP. **DATE**: MAR 15, 2003

FAX NO.: 0039-036-3368010 **PLACE.**: NANJING, CHINA

RE: INV. NO. ××, L/C NO. ××

THIS IS TO CERTIFY THAT M. S./S. S. XXX FLYING THE PEOPLE'S REPUBLIC OF CHINA FLAG, WILL NOT CALL AT ANY ISRAELI PORTS DURING THIS PRESENT VOYAGE, ACCORDING TO THE SCHEDULE, AND SO FAR AS WE KNOW THAT IT'S NOT

BLACKLISTED BY THE ARAB COUNTRIES.

江苏阳光集团毛针织品进出口有限公司

SUNSHINE GROUP JIANGSU WOOLLEN KNIT & GARMTEX I/E CORP. LTD

如信用证规定,BENEFICIARY MUST SEND ONE NON－NEGOTIABLE SHIPPING DOCUMENT AND TWO COPIES INVOICE TO THE APPLICANT BY AIRMAIL. 则受益人所作的寄单证明如下：

江苏阳光集团毛针织品进出口有限公司

SUNSHINE GROUP JIANGSU WOOLLEN KNIT & GARMTEX I/E CORP. LTD.

NO. 91 SUNSHINE ROAD, NANJING, CHINA

CERTIFICATE

MESSRS：MENINI IMP & EXP. CORP. **DATE**：MAR 15, 2003

FAX NO.：0039－036－3368010 **PLACE.**：NANJING, CHINA

RE. L/C NO. TYRO1104

WE HEREBY CERTIFY THAT WE HAVE BEEN AIRMAILED THE FOLLOWING DOCUMENTS：

1. ONE NON－NEGOTIABLE SHIPPING DOCUMENT
2. TWO COPIES INVOICE

江苏阳光集团毛针织品进出口有限公司

SUNSHINE GROUP JIANGSU WOOLLEN KNIT & GARMTEX I/E CORP. LTD

【实训项目】

1. 根据下列所给资料,制作受益人证明一份。

L/C NO.：894010151719

BENEFICIARY：CATICO IMPORT AND EXPROT CORP.

87 LIANHU ROAD, NANJING, CHINA

APPLICANT：FLY TRAVEL GOODS I/E GROUP.

OSSERSTRA 12, 7256DZ ENSCHEDE THE NETHERLANDS

DOCUMENTS REQUIRED：

－INVOICE IN TRIPLICATE

－PACKING LIST IN DUPLICATE

－FULL SET ORIGINAL CLEAN B/L IN TRIPLICATE

－CERTIFICATE ISSUED BY BEFICIARY STATING THAT GOODS UNDER ORDER NO. 8561 HAS BEEN SHIPPED BEFORE MAR 06, 2004 AND ALL THE REQUIRED DOCUMENTS HAVE

BEEN FAXED TO THE APPLICANT IN ONE WEEK AFTER SHIPPING DATE.

(INVOICE & PACKING LIST NO.：SUNJA0306; B/L NO. NIFBCMAFF990887)

表头如下：

CATICO IMPORT AND EXPROT CORP.

87 LIANHU ROAD, NANJING, CHINA

2. 请根据所给内容缮制木材包装声明

L/C NO.：894010151720

BENEFICIARY：JIAYI IMPORT AND EXPROT CORP.

187 DONGSAN ROAD, NANJING, CHINA

APPLICANT：JOHHAN INT'L I/E GROUP.

DOCUMENT REQUIRED：

- INVOICE IN TRIPLICATE
- PACKING LIST IN DUPLICATE
- FULL SET ORIGINAL CLEAN B/L IN TRIPLICATE
- DECLARATION ISSUED BY BEFICIARY STATING THAT GOODS SHIPPED ARE WITHOUT WOOD PACKING

(INVOICE & PACKING LIST NO.：SUNJA0406；B/L NO. CGLNKG040605)

表头如下：

JIAYI IMPORT AND EXPROT CORP.

187 DONGSAN ROAD, NANJING, CHINA

第三节　出口收汇核销单的缮制

【实训目的】

通过本项目实训，我们应该掌握的基本技能是：

□ 掌握出口收汇核销单的含义和作用。

□ 能够根据国家政策的要求缮制受益人证明，掌握缮制的规范和技巧。

□ 学会独立缮制出口收汇核销单的技能。

【建议课时】 1

【前期准备】

□ 出口商提供的合同和信用证

□ 出口商提供的商业发票

□ 国家的相关政策

【操作步骤】

□ 了解国家对相关贸易的政策:《出口收汇核销管理办法》《出口收汇核销管理实施细则》《关于出口收汇核销管理有关问题的补充规定》。

□ 结合报关单了解相关的内容。

【注意事项】

出口收汇核销单是由国家外汇管理局统一印制,由出口企业和银行缮制,海关凭以受理报关,各级外汇管理部门凭以核销外汇的凭证。它由核销单存根、出口外汇核销单及出口退税专用三联构成。下面分别阐述缮制要点:

1. 核销单存根联的缮制方法

核销单存根联的填制应以本套结汇单据的发票的出口报关单内容为依据,在货物发运和出口报关后交回当地外汇管理局留存备案。

(1) 编号

编号事先已由国家外汇管理局统一印就。

(2) 出口单位名称

注明合同的出口方全称,并加盖公章,应与出口货物报关单、发票同项内容一致。

(3) 单位代码

此栏填出口单位的税务登记9位数代码。

(4) 出口币种总价

按外汇的原币种填入该批货物的应收总额,通常与商业发票总金额相同。

(5) 收汇方式

根据合同的规定填制收汇方式。如,L/C、D/D、D/A、T/T等。

(6) 预计收款日期

根据具体的收汇方式,推算出可能外汇的日期填入此栏。具体的推算方法有:即期信用证或托收项下的货款,属近洋的地区,为寄单日后第25天,如远洋地区则为35天;远期信用证或托收项下的货款,属近洋地区,为付款日后35天,如远洋地区则为45天;分期付款要注明每次收款日期和金额;寄售项下的货款最迟在报关日起360天之内结汇;自寄单据项下的货款,自报关日起50天内结算。

(7) 报关日期

按海关放行日期填写。

(8) 报关单位备注

填写收汇方面需要说明的事项。如,委托代理方式下,代理出口企业必须注明委托单位名称,并加盖代理出口企业的公章;属两个或两个以上单位联合出口,应注明其他单位名称及其出口金额,并加盖报关单位公章;原出口商品如发生变更,要填原核销单的编号等。

(9) 此单报关有效期截止到

一般填写出口货物的装运日期。

2. 核销单缮制方法

核销单的内容除与存根联同项内容以外，还有下栏项目：

(1) 银行签注栏

由银行填写商品的类别号、货币名称和金额，注明日期，并加盖公章。

(2) 海关签注栏

此栏由海关批注有关内容，加盖公章。

(3) 外汇局签注栏

由外汇管理局在本栏批注有关内容，填制日期，加盖公章。

3. 核销单出口退税专用联的缮制方法

出口外汇核销单出口退税专用栏目除与上述两联相同以外，还有如下内容：

(1) 货物名称

填实际出口货物名称，并与发票、出口货物报关单的品名一致。

(2) 数量

按包装方式的件数填写，应与报关单同项内容相符。

(3) 币种总价

按发票或报关单的总金额和币种填写。

(4) 报关单编号

按出口货物报关单的实际编号填入。

【实训项目】

根据以下资料缮制出口收汇核销单

贸易合同：

SHANGHAI INTERNATIONAL TRADE CORPORATION

1321 ZHONGSHAN ROAD SHANGHAI 200032 CHINA

TEL: (021) 65788877　　**SALES CONTRACT**　　S/C NO.: ST061088

Fax: (021) 65788876　　DATE: OCT. 14, 2006

To Messrs:

XINQIAO IMPORT & EXPORT CORPORATION

NO. 206 CHANGJ NORTH STREET SINGAPORE

TEL: 218 - 76911　　FAX: 218 - 76912

Dear Sirs,

We hereby confirm having sold to you the following goods on terms and conditions as specified below:

NAME OF COMMODITY AND SPECIFICATIONS	QUANTITY (SET)	UNIT PRICE (USD)	TOTAL AMOUNT (USD)
CAR SPEAKERCIF		SINGAPORE	
TYPE: NO. WXY 422 NO. WHY 432 NO. WTY 442 NO. WTY 442 NO. WTY 442	1000 2000 3000 4000 5000	1.00 2.00 1.00 1.00 1.00	1000.00 4000.00 3000.00 4000.00 5000.00

LOADING PORT& DESTINATION: FROM SHANGHAI TO SINGAPORE

TIME OF SHIPPMENT: NOT LATER THAN NOV. 30, 2006

PARTIAL SHIPPMENT: ALLOWED

TRANSSHIPMENT: ALLOWED

INSURANCE: FOR 110 PCT. OF INVOICE VALUE COVERING ALL RISKS

TERMS OF PAYMENT: 30% BY T/T IN ADVANCE, 70% BY L/C 60 DAYS SIGHT

信用证

SEQUENCE OF TOTAL	*27: 1/1
FORM OF DOC. CREDIT	*40A: IRREVOCABLE
DOC. CREDIT NUMBER	*20: TH062035
DATE OF ISSUE	31C: 061020
DATE AND PLACE OF EXPIRY	*31D: DATE 070131 PLACE IN THE BENEFICIARY'S COUNTRY
APPLICANT	*50: XINQIAO IMPORT & EXPORT CORPORATION NO. 206 CHANGJ NORTH STREET SINGAPORE
ISSUING BANK	52A: BANK OF CHINA SINGAPORE BRANCH NO. 204 MARSHALL VEDONCASTER SINGAPORE
BENEFICIARY	*59: SHANGHAI INTERNATIONAL TRADE CORPORATION 1321 ZHONGSHAN ROAD SHANGHAI, CHINA
AMOUNT	*32B: CURRENCY USD AMOUNT 17 000.00
AVAILABLE WITH/BY	*41D: ANY BANK IN CHINA BY NEGOTIATION
DRAFTS AT…	42C: DRAFTS AT SIGHT
PARTIAL SHIPMENTS	43P: ALLOWED
TRANSSHIPMENT	43T: ALLOWED
LOADING ON BOARD	44A: SHANGHAI
FOR TRANSPORTATION TO	44B: SINGAPORE
LATEST DATE OF SHIPMENT	44C: 061130
DESTINATION OF GOODS	45A: CAR SPEAKER

AS PER S/C NO. ST061088

CIF SINGAPORE

DOCUMENTS REQUIRED 46A:

+ SIGNED COMMERCIAL INVOICE IN TRIPLICATE

+ PACKING LIST IN TRIPLICATE

+ CERTIFICATE OF ORIGIN GSP CHINA FORM A, ISSUED BY THE CHAMBER OF COMMERCE OR OTHER AUTHORITY DULY ENTITLED FOR THIS PURPOSE

+ 3/2 SET OF CLEAN ON BOARD OCEAN BILLS OF LADING, MADE OUT TO ORDERS OF SHIPPER AND BLANK ENDORSED AND MARKED "FREIGHT PREPAID" AND NOTIFY APPLICANT

+ FULL SET OF NEGOTIABLE INSURANCE POLICY OF CERTIFICATE BLANK ENDORSED FOR 110 PCT. OF INVOICE VALUE COVERING ALL RISKS AND WAR RISK

+ NO SOLID WOOD PACKING CERTIFICATE ISSUED BY MANUFACTURE

CHARGES 71B: ALL BANKING CHARGES OUTSIDE JAPAN ARE FOR ACCOUNT OF BENEFICIARY

PERIOD FOR PRESENTATION 48: DOCUMENTS MUST BE PRESENTED WITHIN 15 DAYS AFTER THE DATE OF SHIPPMENT BUT WITHIN THE VALIDITY OF THE CREDIT

补充资料

(1) INVOICE NO.: XH0655443

(2) PACKING: PACKED IN 1 CARTON OF 100 SET EACH

G. W. 30.2 KGS/ CTN N. W.: 30 KGS/ CTN MEAS: $0.3m^3$/CTN

PACKING IN TWO 40' CONTAINER (集装箱号: TEXU22636643/TEXU22636644)

(3) H. S, CODE: 8518.2900

(4) 货运委托书编号: JF0666897

(5) VESSEL: XINHAI V. 756A

(6) B/L NO.: TES061989

(7) B/L DATE: NOV. 20, 2006

(8) 注册号: 88559966

(9) FREIGHT FEE: USD 1003.00

(10) INSUARANCE FEE: USD 950.00

(11) 生产厂家: 上海电器厂

(12) REFERENCE NO.: 245805114

(13) 报检单编号: 14896576

(14) 报检单位登记号: 6612547894

(15) 生产单位注册号: 67123Q

(16) 投保单编号: TB0677623

(17) POLICY NO.: ST061056

（18）境内货源地：上海

（19）海关编号：3017896866

海关注册号：3018712462

出口收汇核销单
存根

编号：

<table>
<tr><td>出口单位：</td></tr>
<tr><td>单位编码：</td></tr>
<tr><td>出口币种总价：</td></tr>
<tr><td>收汇方式：</td></tr>
<tr><td>约计收款日期：</td></tr>
<tr><td>报关日期：</td></tr>
<tr><td>备注</td></tr>
<tr><td>此单报关有效期截止到</td></tr>
</table>

出口收汇核销单

编号：

<table>
<tr><td colspan="4">出口单位：</td></tr>
<tr><td colspan="4">单位编码：</td></tr>
<tr><td rowspan="2">出口单位盖章</td><td>银行签注栏</td><td>类别</td><td>币种金额</td><td>盖章</td></tr>
<tr><td></td><td></td><td></td><td></td></tr>
<tr><td colspan="5">海关签注栏：</td></tr>
<tr><td colspan="5">外汇局签注栏：</td></tr>
</table>

出口收汇核销单
出口退税用

编号：

<table>
<tr><td colspan="3">出口单位：</td></tr>
<tr><td colspan="3">单位编码：</td></tr>
<tr><td rowspan="2">出口单位盖章</td><td>货物名称</td><td>数量</td><td>币种总价</td></tr>
<tr><td></td><td></td><td></td></tr>
<tr><td colspan="4">报关编号：</td></tr>
<tr><td colspan="4">外汇局签注栏：</td></tr>
</table>

正确理解船证制作要求。

1. 某信用证中要求：Certificate from the shipping agents issued at the port of shipment stating that cargo and/or interests are carried by a mechanically self propelled seaworthy vessel classified under Lloyd's register of shipping as 100A1 or equivalent provided such vessels are not over fifteen years of age or over fifteen years but not over twenty five years of age and have established and maintained a regular pattern of trading on an advertised schedule to load and unload at specific ports or equivalent. 船证由船代在装港制作，明确货物系由英国劳合社或其他相应机构确认的100A1级、机械驱动、适航的船舶运输，船龄应15年以下，或能按预先公布的船期表在特定港口持续定期投入装卸货物的商业运营的，船龄也可在15年以上25年以下。证明内容以证内文字及船舶的实际情况加以叙述即可。

2. A certificate from the shipping company or their agent stating that the goods are shipped on vessels:

– that are exempted from the "solas" convention certification requirement and is not required to have a certificate of conformity to the ISM code or that have a current ISM code certificate if the carrying vessel is subject to "solas"

– covered by the institution classification clause.

– that are allowed by the Arab authorities to call at arabian ports and not scheduled to call at any israel port during its voyage to the U. A. E.

– under 15 years of age.

该船证要求来自阿拉伯联合酋长国开的信用证,船证由船公司或其代理签发,证明载货的船舶: 如适用"SOLAS"公约则必须持有有效的 ISM 证明,否则可以豁免相关证明;船舶符合协会船级条款;经阿拉伯国家授权,船舶可挂靠所有阿拉伯口岸,船舶在驶往阿联酋途中不停靠任何以色列港口;船龄 15 年以下。

CERTIFYING THAT THE CARRYING VESSEL IS NOT EXCEEDCING 15 YEARS OLD BUT IN ALL CASES SHOULD NOT EXCEED 20 YEARS OF AGE SEAWORTHY FULLY CLASSIFIED AS LLOYDS 100 A 1 CLASS REGISTERED WITH P AND I CLUB AND MUST BE SUBJECT TO INSTITUTE CLASSIFICATION CLAUSE. VALID TRUE COPY OF DOCUMENTS OF COMPLIANCE AND VALID TRUE COPY OF SAFETY MANAGEMENT CERTIFICATE SHOWING THAT THE CARRYING VESSEL IS COMPLYING WITH THE PROVISIONS OF INTERNATIONAL SAFETY MANAGEMENT TO BE ATTACHED TO THE DOCUMENTS

证明船龄不多于 15 年, 且无论如何不能超过 20 年. 并按 LLOYD 船级社 100A 1 分级适于海运,……并有安全管理证明显示承运船只与国际安全管理(条款)相符.

船证明这样显示

WE HEREBY CERTIFY THAT THE CARRYING VESSEL IS NOT EXCEED 15 YEARS OLD SEAWORTHY FULLY CLASSIFIED AS LLOYDS 100A 1 CLASS REGISTERED WITH P AND I CLUB AND IS SUBJECT TO INSTITUTE CLASSIFICATION CLAUS.

另需附上: VALID TRUE COPY OF SAFETY MANAGEMENT CERTIFICATE

证明: THE CARRYING VESSEL IS COMPLYING WITH THE PROVISIONS OF INTERNATIONAL SAFETY MANAGEMENT

举例如下:

CERTIFICATE

THIS IS TO CERTIFY THAT THE CARRYING VESSET"KOTA SEJATI" FULLY OWNED BY US IS NOT MOTE THAN 25 YEARS OLD AND FITS FOR LONG SEA SAILING AND THAT SHE IS NOT INCLUEDED IN THE IRAQI GOVERMENT BLACK LIST.

INV. NO.
L/C NO.
in transit to Baghdad

船公司盖章
提单日期

—科威特客户要求提供船公司证明,要求如下:

Shipping Company Certificate requirement

SHIPPING COMPANY'S CERTIFICATE REQUIRED STATING THAT CARRYING VESSEL

BELONGS TO CONFERENCE LINE OR ARABIAN GULF CONFERENCE LINE OR REGULAR LINE AND IS NOT MORE THAN 15 YEARS OLD

CERTIFICATE

VESSEL NO. :

B/L NO. :

DATE:

WE HEREBY CERTIFY THAT SHIPMENT HAS BEEN MADE BY A CONFERENCE LINE VESSEL, NOT MORE THAN 25 YEARS OLD, APPROVED UNDER INSTITUTE CLASSIFICATION CLAUSE EQUIVALENT OF LLOYDS 100 A1.

综合实训

第一章 信用证方式下的单证缮制

第一节 实训方案

【实训目的】

在教学实训过程中,通过综合业务模拟制单,系统了解外贸企业单证工作流转程序和具体的制单要求,掌握信用证方式下的制单技巧,培养学生的实际操作能力,提高制单水平;同时培养学生耐心、细致的学习态度。为学生今后从事外贸工作,奠定坚实的基础。

【实训目标】

通过教学实训,让学生懂得外贸单证的基础知识,进一步加深对国际商会跟单信用证统一惯例有关条款的理解,培养学生审核信用证、防范贸易风险的能力;熟练掌握各种结汇单证的缮制。

【实训步骤】

本教学实训要求所有学生以 5—7 人为一组,轮流担任组长,组长先充当企业单证主管对单据进行审核,实训教师则充当议付银行对单据进行审核。实训教师应全程对学生进行现场指导。具体操作步骤为:

◇ 实训老师首先将外贸单证的空白单据逐个进行讲解,直到学生熟悉单据上各项内容后,才进入下一个实训环节。

◇ 学生应认真审阅合同、信用证等资料,并将有关信息标记、摘录。

◇ 根据相关信息,学生首先制作发票和装箱单,发票、装箱单的号码可由学生自行确定。

◇ 根据发票、装箱单内容,制作信用证项下有关单据。

◇ 按出口业务单证工作程序,确定以上所作单证的合理日期,并注意不能相互矛盾。

◇ 审核单据与信用证、合同的要求一致后，交与各小组组长，组长先审核，审核后向实训教师交单。

【课时分配】

建议本章 14 学时

【实训评价】

1. 实训考核方式：结合学生在实训期间的出勤率、实训表现、实训作业、实训小结和教师的鉴定进行综合评定。

2. 评定标准：

1）实训总成绩评定：

出勤率	实训表现	实训作业	实训小结	教师鉴定
10%	10%	60%	10%	10%

2）出勤率评定：

出满勤	缺课 2 节	缺课 4 节	缺 6 课节	缺课 8 节	缺课 12 节	缺课超过 12 节
10	9	8	6	5	3	0

3）实训表现评定：

1. 实训期间不迟到、不早退、不旷课	2
2. 实训期间学习态度认真	2
3. 实训期间有强烈的团队合作意识	2
4. 服从实训老师的安排	2
5. 保质保量完成实训任务	2

4）实训作业评定：

1. 按时完成实训作业	5
2. 单据内容填制准确	20
3. 表述规范	20
4. 实训作业书写规范，	5
5. 单据清洁美观。	10

5）实训小结评定：

1. 按时提交实训小结	2
2. 实训小结独立完成	2
3. 实训小结包含实训内容回顾、体会以及建议	2
4. 实训小结书写整洁	2
5. 实训小结规范	2

6）教师对学生实训表现评价：

优秀	良好	及格	不及格
10	8	6	5

第二节　信用证方式下单证回顾与总结

【实训内容】

复习单证的结构、要点和难点，从而使学生能够在信用证方式下熟练地缮制各种单证。

【操作步骤】

1. 审核信用证

实训重点

对照合同和国际商会跟单信用证统一惯例，审核信用证。

实训难点

1）首先能够准确地看懂信用证。

2）对照合同，审核信用证的开证人、受益人的名称和地址、商品条款、价格条件与货币、汇票的付款期限。

3）信用证特殊条款的审核。

4）信用证“三期”，即信用证有效期、装运期和交单期的审核。

2. 信用证的修改

实训重点

根据审证结果，列明不符点。

实训难点

修改信用证时应注意的问题。

1）对于信用证主要条款的重大缺漏，如无信用证有效期，信用证号码前后不一致、装运期与信用证颠倒等问题，受益人可以经通知行提请开证行澄清。

2）信用证中条款与合同不符而不能接受的，受益人要直接向开证申请人提出，并督促尽快向开证行提出书面修改。由开证行以电讯的方式开立修改书，同时应规定一个修改书到达的时限。

注：信用证的修改书必须经各方当事人同意方为有效

3）对于必须修改的内容，受益人一次提出，如分多次提出，会增加改证费用，影响交货日期。

4）对银行转来的修改通知书，其内容经审核如不能接受，受益人应及时退还通知行并明确表示不接受该通知。

注：对修改通知书内容，受益人只能全部接受或全部拒绝。

3. 缮制商业发票和装箱单

商业发票简称发票,英文名称为 Commercial Invoice,是出口贸易结算单据中最主要的单据之一,也是对货物项目和装货状况的总说明。商业发票作为全套出口单据的中心单据,缮制得最早,其他单据都根据其内容来缮制。

装箱单,英文名称为 Packing List,是包装单据中最常见的一种,是指记载或描述货物内在详细包装情况的单据。它是商业发票的附属单据,也是货运单据中的一项重要单据。

实训重点:缮制商业发票和装箱单

实训难点:

1)UCP600 对商业发票的规定:

◇ 商业发票的货物描述,必须与信用证规定相符。

◇ 除非信用证另有相反规定,商业发票的金额不能超过信用证所允许的金额。

◇ 商业发票必须做成以开证申请人的名称为抬头。如果信用证有指定其他抬头人的,按来证规定制单。

2)装箱单一般不显示货物的单价和总价。因为进口商把货物转售给第三者时,只要交付包装单和货物,不愿泄露其购买成本。

单据附样(单据重要内容附有中文翻译和说明)

(1)商业发票

<table>
<tr><td colspan="5">SUZHOU TIANYUN TRADING CO. ,LTD
ROOM 201 HUASHENG BUILDING SUZHOU P. R. CHINA
TEL: 0086 - 512 - 24704016 FAX: 0086 - 512 - 24691619</td></tr>
<tr><td colspan="5">Commercial Invoice
商 业 发 票</td></tr>
<tr><td rowspan="4">To: 致:</td><td rowspan="4" colspan="2"></td><td>Invoice NO.: 发票号</td><td></td></tr>
<tr><td>Invoice Date: 发票日期</td><td></td></tr>
<tr><td>S/C NO.: 外销合同号码</td><td></td></tr>
<tr><td>S/C Date: 外销合同日期</td><td></td></tr>
<tr><td>From: 从:</td><td></td><td>To: 往:</td><td colspan="2"></td></tr>
<tr><td>Letter of Credit NO.:
信用证号</td><td></td><td>Issued By:
由________出具</td><td colspan="2"></td></tr>
<tr><td>Date of Issue: 开证日</td><td></td><td></td><td colspan="2"></td></tr>
<tr><td>Marks and Numbers
唛 号</td><td>Description of goods
货物描述</td><td>Quantity
数量</td><td>Unit Price
单价</td><td>Amount
总金额</td></tr>
<tr><td></td><td></td><td></td><td></td><td></td></tr>
<tr><td>Total: 合计</td><td></td><td></td><td></td><td></td></tr>
<tr><td>Total Amount:</td><td colspan="4"></td></tr>
<tr><td colspan="5">For and on behalf of: 出口商签章
SUZHOU TIANYUN TRADING CO. ,LTD
(Signature)</td></tr>
</table>

英文翻译和说明：

① To：致。此栏填写买方的全称和地址。在信用证项下，除非信用证另有规定，发票的抬头人一般必须是开证申请人。如果信用证上有指定抬头人，则按来证规定制单。

② Invoice NO.：发票号码。发票号码一般由出口商自定。

③ Invoice Date：发票日期。发票日期不要晚于提单的出具日期。

④ From：从……此栏填写装运港。

⑤ To：往…… 此栏填写目的港。

⑥ Issued By：由________出具信用证。

⑦ Marks and Numbers：唛号。一般由卖方自行设计，但若合同或信用证规定了唛头，则须按规定。若无唛头，应注明 N/M。

⑧ Description of goods：货物描述。在信用证项下，必须与信用证中的货物描述（DESCRIPTION OF GOODS）完全一致，必要时要照信用证原样打印，不得随意减少内容，否则有可能被银行视为不符点。但有时信用证货物描述的表述非常简单，此时按信用证打印完毕后，再按合同要求列明货物具体内容。

⑨ Quantity：数量。按合同标明装运货物数量，同时须标明数量单位如 PIECE、SET 等。

⑩ Unit Price、Amount：单价、总价。对应不同货物标明相应单价，注意货币单位及数量单位。总价即实际发货金额，应与信用证规定一致，同时还应注明贸易术语。

⑪ Total Amount：总金额。此栏填写英文大写文字数目。

（2）装箱单

<table>
<tr><td colspan="7">SUZHOU TIANYUN TRADING CO. ,LTD
ROOM 201 HUASHENG BUILDING SUZHOU P. R. CHINA
TEL：0086－512－24704016　　FAX：0086－512－24691619</td></tr>
<tr><td colspan="7">Packing List
装箱单</td></tr>
<tr><td rowspan="4">To：致：</td><td rowspan="4" colspan="3"></td><td colspan="2">Invoice NO.：</td><td></td></tr>
<tr><td colspan="2">Invoice Date：</td><td></td></tr>
<tr><td colspan="2">S/C NO.：</td><td></td></tr>
<tr><td colspan="2">S/C Date：</td><td></td></tr>
<tr><td colspan="2">From：从：</td><td colspan="4">To：往：</td><td></td></tr>
<tr><td colspan="2">Letter of Credit NO.：信用证号</td><td colspan="4">Issued By：由..出具信用证</td><td></td></tr>
<tr><td colspan="2">Date of Issue：开证日</td><td colspan="3"></td><td colspan="2"></td></tr>
<tr><td>Marks and Numbers
唛　号</td><td>Description of goods
货物描述</td><td>Quantity
数量</td><td>Package
包装</td><td>G. W
毛重</td><td>N. W
净重</td><td>Meas.
体积</td></tr>
<tr><td></td><td></td><td></td><td></td><td></td><td></td><td></td></tr>
<tr><td colspan="2">Total：合计</td><td></td><td></td><td></td><td></td><td></td></tr>
<tr><td colspan="7">For and on behalf of：出口商签章
SUZHOU TIANYUN TRADING CO. ,LTD
(Signature)</td></tr>
</table>

英文翻译和说明：

① Package 包装，要写明包装物的名称及数量．如：18CTNS。

② G. W 毛重：此栏填总毛重。

③ N. W 净重：此栏填总净重。

④ Meas 体积：即外包装尺寸，也就是每箱的长×宽×高。此栏需要把单件包装进行合计。

4．填制海运提单

海运提单，英文名称为 Marine Bill of Lading 或 Ocean Bill of Lading，简称 B/L，是承运人或其代理人签发给托运人证明货物表面状况良好的、已收到或已装上指定的船只，负责运载到达指定目的港，交给指定收货人的一种货权凭证。

实训重点：填制海运提单。

实训难点：

◇ 应注意海运提单的“收货人”和“通知人”应按信用证中的提单条款填写。

◇ 运费支付一般根据成交的价格条件分为两种：若在 CIF 和 CFR 条件下，则注明“Freight Prepaid”；FOB 条件下则填“Freight Collect”。

◇ 提单的签发地点为货物装运港所在地，签发日期则按信用证的装运期要求，一般不得晚于装运期。

单据附样

<table>
<tr><td colspan="2">Shipper</td><td rowspan="2"></td><td>B/L NO.</td></tr>
<tr><td colspan="2"></td><td rowspan="3">中远集装箱运输有限公司
COSCO CONTAINER LINES
TLX：33057 COSCO CN
FAX：+86(021) 6545 8984
ORIGINAL</td></tr>
<tr><td colspan="2">Consignee</td><td rowspan="2"></td></tr>
<tr><td colspan="2"></td></tr>
<tr><td colspan="2">**Notify Party Insert Name，Address and Phone**
(It is agreed that no responsibility shall attach to the Carrier or his agents for failure to notify)</td><td colspan="2" rowspan="4">Port-to-Port or Combined Transport
BILL OF LADING
RECEIVED in external apparent good order and condition except as other-Wise noted. The total number of packages or unites stuffed in the container，The description of the goods and the weights shown in this Bill of Lading are furnished by the Merchants，and which the carrier has no reasonable means of checking and is not a part of this Bill of Lading contract. The carrier has issued the number of Bills of Lading stated below，all of this tenor and date，One of the original Bills of Lading must be surrendered and endorsed or signed against the delivery of the shipment and whereupon any other original bills of Lading shall be void. The Merchants agree to be bound by the terms and conditions of this Bill of Lading as if each had personally signed this Bill of Lading. SEE clause 4 on the back of this Bill of Lading (Terms continued on the back hereof，please read carefully). *Applicable Only When Document Used as a Combined Transport Bill of Lading.</td></tr>
<tr><td>Combined Transport* Pre-carriage by</td><td>Combined Transport* Place of Receipt</td></tr>
<tr><td>Ocean Vessel NO.</td><td>Port of Loading</td></tr>
<tr><td>Port of Discharge</td><td>Combined Transport* Place of Delivery</td></tr>
<tr><td rowspan="2">Marks & Nos.
Container/Seal NO.</td><td rowspan="2">NO. of Containers or Packages</td><td>Description of Goods</td><td>Gross Weight | Measurement</td></tr>
<tr><td colspan="2">Description of Contents for Shipper's Use Only
(Not part of This B/L Contract)</td></tr>
</table>

续表

Total Number of containers and/or packages (in words)					
Freight & Charges	Revenue Tons	Rate	Per	Prepaid	Collect
Declared Value Charge					
Ex. Rate:	Prepaid at	Payable at	Place and date of issue		
	Total Prepaid	NO. of Original B(s)/L	Signed for the Carrier, COSCO CONTAINER LINES		
LADEN ON BOARD THE VESSEL: DATE: BY COSCO CONTAINER LINES					

英文翻译和说明:

① Shipper 托运人:即与承运人签订运输契约,委托运输的货主,即发货人。在信用证支付方式下,一般以受益人为托运人。另外,根据《UCP500》第 31 条规定:除非信用证另有规定,银行将接受表明以信用证受益人以外的第三者为发货人的运输单据。

② Consignee 收货人:收货人要按合同和信用证的规定来填写。一般的填法有下列几种:

(a) 记名式:在收货人一栏直接填写上指定的公司或企业名称。该种提单不能背书转让,必须由收货人栏内指定的人提货或收货人转让。

(b) 不记名式:即在收货人栏留空不填,或填"To Bearer"(交来人/持票人)。这种方式承运人交货凭提单的持有人,只要持有提单就能提货。

(c) 指示式:指示式的收货人又分为不记名指示和记名指示两种。

不记名指示,是在收货人一栏填"To Bearer",又称空白抬头。该种提单,发货人必须在提单背面背书,才能转让。背书又分为记名背书和不记名背书(空白背书)两种。前者是指在提单背面填上"Deliver to × × ×""Endorsed to × × ×",然后由发货人签章;后者是发货人在背面不做任何说明只签章即可。记名背书后,其货权归该记名人所有,而且该记名人不可以再背书转让给另外的人。不记名背书,货权即归提单的持有人。

记名指示,是在收货人一栏填"To Order of Shipper",此时,发货人必须在寄单前在提单后背书;另外还有凭开证申请人指示即 L/C 中规定"To Order of Applicant",在收货人栏就填"To Order of × × × Co"凭开证行指示,即 L/C 中规定"To Order of Issuing Bank",则填"To Order of × × ×Bank"。

③ Notify Party 被通知人:原则上该栏一定要按信用证的规定填写。被通知人即收货人的代理人或提货人,货到目的港后承运人凭该栏提供的内容通知其办理提货,因此,提单的被通知人一定要有详细的名称和地址,供承运人或目的港及时通知其提货。若 L/C 中未规定明确地址,为保持单证一致,可在正本提单中不列明,但要在副本提单上写明被通知人的详细地址。

④ Ocean Vessel 船名:即由承运人配载的装货的船名。班轮运输要加注航次(Voy. NO.)。

⑤ Port of Loading 装运港：填实际装运货物的港名。

⑥ Port of Discharge 卸货港：原则上，L/C 项下提单卸货港一定要按 L/C 规定办理。但若 L/C 规定两个以上港口者，或笼统写"××主要港口"如"European Main Ports"（"欧洲主要港口"）时，只能选择其中之一或填明具体卸货港名称。如果 L/C 规定卸货港名后有"In Transit to ××"只能在提单上托运人声明栏或唛头下方空白处加列。尤其我国只负责到卸货港而不负责转运者，不能在卸货港后加填，以说明卖方只负责到卸货港，以后再转运到何地由买方负责。

⑦ Shipping Marks & Nos. 唛号：如果信用证有明确规定，则按信用证缮制；信用证没有规定，则按买卖双方的约定，或由卖方决定缮制，并注意做到单单一致。

⑧ NO. of Containers. or Packages 包装与件数或集装箱号。一般散装货物该栏只填"In Bulk"，大写件数栏可留空不填。单位件数与包装都要与实际货物相符，并在大写合计数内填写英文大写文字数目。如总件数为 120 CARTONS 填写在该栏项下，然后在总件数大写栏（Total numbers of Packages in Words）填写：One hundred And Twenty Cartons on1y。如果货物包括两种以上不同包装单位（如纸箱、铁桶），应分别填列不同包装单位的数量，然后再表示件数。

⑨ Description of Goods 商品名称描述：原则上提单上的商品描述应按信用证规定填写并与发票等其他单据相一致。但若信用证上货物的品名较多，提单上允许使用类别总称来表示商品名称。如出口货物有餐刀、水果刀、餐叉、餐匙等，信用证上分别列明了各种商品名称、规格和数量但包装都用纸箱，提单上就可以笼统写：餐具×××Cartons。

⑩ Gross Weight 毛重：除非信用证有特别规定，提单上一般只填货物的总毛重，不表明净重。一般重量均以公斤表示。

⑪ Measurement 体积：除非信用证有特别规定，提单上一般只填货物的总体积，体积用立方米表示。

⑫ Freight & Charges 运费支付：信用证项下提单的运费支付情况，按其规定填写。一般根据成交的价格条件分为两种：若在 CIF 和 CFR 条件下，则注明"Freight Prepaid"或"Freight Paid"；FOB 条件下则填"Freight Collect"或"Freight Payable at Destination"。

⑬ P1ace and date of Issue 签发地点与日期。提单的签发地点一般在货物装运港所在地，日期则按信用证的装运期要求，一般要早于或与装运期为同一天。

⑭ NO. of Original B/L 提单签发的份数：信用证支付方法下提单正本的签发份数一般都有明确规定，因此，一定要按信用证的规定出具要求的份数。

⑮ Signed for the Carrier 承运人签章：提单必须由承运人或其代理人签字才能生效。

⑯ B/L NO. 提单号码：一般位于提单的右上角，是为便于工作联系和核查，承运人对发货人所发货物承运的编号。其他单据中，如保险单、装运通知的内容往往也要求注明提单号。

5. 填制出口货物报关单

出口货物报关单是向海关申报出口货物及海关凭其验关放行的重要单据，也是海关总署对我国出口货物汇总统计的原始资料。不同合同的货物不能填报在一份报关单上。申报人于装船前 24 小时前向海关申报。

实训重点：填制报关单。

实训难点：报关单中备案号、运费、保费、杂费的填制。

单据附样

中华人民共和国海关出口货物报关单

预录入编号　　　　　　　　　　　　　　　　　　　　　　　　海关编号

出口口岸	备案号	出口日期	申报日期	
经营单位	运输方式	运输工具名称	提运单号	
发货单位	贸易方式	征免性质	结汇方式	
许可证号	运抵(国地区)	指运港	境内货源地	
批准文号	成交方式	运费	保费	杂费
合同协议号	件数	包装种类	毛重(公斤)	净重(公斤)
集装箱号	随附单据	生产厂家		
标记号码及备注				

项号	商品编号	商品名称	规格型号	数量及单位	最终目的地国(地区)	单价	总价	币制	征免

税费征收情况		
录入员　　录入单位	兹声明以上申报无讹并承担法律责任	海关单批注及放行日期(签章) 审单 审价
报关员		
申报单位(签章)		征税 统计
单位地址 邮编　　　　电话　　　　填制日期		查验 放行

6. 填制保险单

保险单，英文名称为 Insurance Policy，俗称大保单，是使用最广泛的一种保险单据。它是保险人根据被保险人的要求，表示已经接受承保责任而出具的一种独立文件。

实训重点：填制保险单。

实训难点：

1）弄清保险金额与发票金额区别。保险金额一般按发票金额加上投保加成后的金额填写，信用证支付方式下，严格按信用证规定办理。货币要与信用证的币制相符。

2）保险金额计算原则为“进一取整”。

3）投保险别应按照信用证所规定的进行填写。

单据附样

平安保险股份有限公司

PING AN INSURANCE COMPANY OF CHINA, LTD.

NO. 1000005959

货 物 运 输 保 险 单

CARGO TRANPORTATION INSURANCE POLICY

被保险人:

Insured

中国平安保险股份有限公司根据被保险人的要求及其所交付约定的保险费,按照本保险单背面所载条款与下列特别条款承保下述货物运输保险,特签发本保险单。

This Policy of Insurance witnesses that PING AN INSURANCE COMPANY OF CHINA, LTD., at the request of the Insured and in consideration of the agreed premium paid by the Insured, undertakes to insure the undermentioned goods in transportation subject to the conditions of Policy as per the clauses printed overleaf and other special clauses attached hereon.

保单号
Policy NO.

赔款偿付地点
Claim Payable at

发票或提单号
Invoice NO. or B/L NO.

运输工具
per conveyance S. S.

查勘代理人
Survey By:

起运日期 Slg. on or abt.　　自 From　　至 To

保险金额
Amount Insured

保险货物项目、标记、数量及包装:
Description, Marks, Quantity & Packing of Goods:

承保条件
Conditions:

签单日期
Date:

For and on behalf of

PING AN INSURANCE COMPANY OF CHINA, LTD.

英文翻译和说明:

① Insured 被保险人:若信用证有规定,应按规定填写。以CIF条件成交时,一般填出口商,此时出口商应对保单进行背书转让。

② Claim Payable at 赔款偿付地点:赔款偿付地点一般为目的地,并注明使用货币的币种。

③ Survey By 保险勘查代理人:由保险公司自定,但是要提供其地址,以便发生损失时收货人通知其进行勘查和理赔。

④ Amount Insured 保险金额：应为发票金额加上投保加成后的金额，并注明币制，币制应与信用证规定相符。

⑤ Conditions 承保险别：按合同或信用证的规定填。

⑥ Date 签发日期：签发日期须早于运输单据，才能证明是在装运前办理的投保。

7. 填制原产地证明书

一般原产地证书，英文名称为 Certificate of Origin，简称 C/O，是由出口国政府有关机构签发的一种证明货物的原产地或制造地的法律文件。一般原产地证书一般由中华人民共和国出入境检验检疫局或中国国际贸易促进委员会签发。

普惠制原产地证书，英文名称为 Generalized System of Preferences，Certificate of Origin FORM A，又称 G. S. P 证书或 FORM A 证书，是一种受惠国有关机构就本国出口商品向给惠国出口受惠商品而签发的用以证明原产地的证明文件。普惠制原产地证书一般由中华人民共和国出入境检验检疫局签发。目前给予我国普惠制待遇的国家有 36 个，分别为欧盟 25 国（奥地利、比利时、丹麦、芬兰、法国、德国、希腊、爱尔兰、意大利、卢森堡、荷兰、葡萄牙、西班牙、瑞典、英国、波兰、捷克、匈牙利、斯洛伐克、斯洛文尼亚、拉脱维亚、爱沙尼亚、立陶宛、塞浦路斯和马耳他）、瑞士、挪威、日本、新西兰、澳大利亚、加拿大、俄罗斯、白俄罗斯、乌克兰、哈萨克斯坦和土耳其。

除一般原产地证书和普惠制原产地证书外，还有区域性优惠原产地证书。区域性优惠原产地证书是订有区域性优惠贸易协定的国家官方机构签发的享受相互减免关税待遇的凭证。区域性优惠证书上所列产品应是优惠贸易协定项下的产品。签证依据为相应的区域性优惠原产地规则。目前我国在签的区域性优惠原产地证书有《亚太贸易协定》原产地证书、中国—东盟自由贸易区原产地证书、中国—智利自由贸易区原产地证书。

中国—东盟自由贸易区优惠原产地证书是根据《中华人民共和国与东南亚国家联盟全面经济合作框架协议》的要求签发的具有法律效率的在协定成员国之间就特定产品享受互惠减免关税待遇的官方证明文件。签证依据为《中国—东盟自由贸易区原产地规则》及其《签证操作程序》。中国—东盟自由贸易区原产地证书采用专用证书格式 FORM E。目前可签发国家有文莱、柬埔寨、印度尼西亚、老挝、马来西亚、缅甸、菲律宾、新加坡、泰国和越南。

中国—智利自由贸易区优惠原产地证书 是根据《中国—智利自由贸易协定》的要求签发的具有法律效力的在协定成员国之间就特定产品享受互惠减免关税待遇的官方证明文件，签证依据为《中国—智利自由贸易区原产地规则》及其《签证操作程序》。中国—智利自贸区原产地证书采用专用证书格式 FORM F。签发国家是智利。

亚太贸易协定证书是根据《亚太贸易协定》的要求签发的具有法律效力的在协定成员国之间就特定产品享受互惠减免关税待遇的官方证明文件，签发依据为《亚太贸易协定》原产地规则及《亚太贸易协定原产地证书签发和核查程序》。《亚太贸易协定》原产地证书采用专用证书样式。《亚太贸易协定》成员国是中国、韩国、斯里兰卡、孟加拉和印度。

实训重点：学生学会填制原产地证明书

实训难点：

1）应注意一般原产地证书收货人这一栏应显示本批货物最终目的地收货人的名称、地址和国别。普惠制原产地证书收货人这一栏显示本批货物最终目的地给惠国收货人的名称、地址和国别，不可将中间商的名称填入此栏，收货人应是在给惠国。

2）普惠制原产地证书对含有进口成分的商品，原产地标准应选择正确代码填报。

3）中国—东盟自由贸易区优惠原产地证书格式中的第八栏“原产地标准”中应填入产品适用的原产地标准，内容如下：

原产地标准	填入第 8 栏的内容
(1) 完全获得产品	“X”
(2) 符合增值标准的产品	单一国家成分的百分比，例如 40%
(3) 符合累计增值标准的产品	中国—东盟累计成分的百分比，例如 40%
(4) 符合产品特定原产地标准的产品	“产品特定原产地标准”

4）亚太贸易协定证书格式中的第八栏“原产地标准”应选择正确代码填报。

<table>
<tr><th>原产地标准</th><th>填入第 8 栏的内容</th></tr>
<tr><td>(1) 完全获得或者生产的</td><td>“A”</td></tr>
<tr><td rowspan="3">(2) 非完全获得或者生产的</td><td>符合第三条规定的原产地标准的产品，第 8 栏填写字“B”。字母“B”后应填写原产于非成员国或原产地不明的原料、部件或产品的总货值占出口产品离岸价的百分比（例如“B”50%）。</td></tr>
<tr><td>符合第四条规定的原产地标准的产品，第 8 栏填写字母“C”。字母“C”后应填写原产于成员国领土内的累计含量的总值与出口产品离岸价的百分比（例如“C”60%）。</td></tr>
<tr><td>符合第十条特定原产地标准的产品，第 8 栏填字母“D”。</td></tr>
</table>

5）中国—智利自由贸易区优惠原产地证书格式中的第十一栏“原产地标准”，内容如下：

原产地标准	填入第 11 栏的内容
(1) 完全原产品	“P”
(2) 含进口成分，区域价值≥40%	“RVC”
(3) 产品特定原产地标准	“PSR”

单据附样

(1) 一般原产地证书

<table>
<tr><td colspan="2">1. Exporter</td><td colspan="3" rowspan="2">Certificate NO.
CERTIFICATE OF ORIGIN OF
THE PEOPLE'S REPUBLIC OF CHINA</td></tr>
<tr><td colspan="2">2. Consignee</td></tr>
<tr><td colspan="2">3. Means of transport and route</td><td colspan="3" rowspan="2">5. For certifying authority use only</td></tr>
<tr><td colspan="2">4. Country/region of destination</td></tr>
<tr><td>6. Marks and numbers</td><td>7. Number and kind of packages; description of goods</td><td>8. H. S code</td><td>9. Quantity</td><td>10. Number and date of invoice</td></tr>
</table>

续表

11. Declaration by the exporter The undersigned hereby declares that the above details and statements are correct; that all the goods were produced in china and that they comply with the rules of origin of the people's republic of china. …………………………………… Place and date, signature and stamp of certifying authority	12. Certification It is hereby certified that the declaration by the exporter is correct. …………………………………… Place and date, signature and stamp of certifying authority

英文翻译和说明：

① Exporter 出口商：此栏不得留空，填写出口商的名称、详细地址及国家（地区）。若经其他国家或地区需填写转口商名称时，可在出口商后面加填英文 VIA，然后再填写转口商名称、地址和国家。

② Consignee 收货商：应填写最终收货方的名称、详细地址及国家（地区），通常是外贸合同中的买方或信用证上规定的提单通知人。但往往由于贸易的需要，信用证规定所有单证收货人一栏留空，在这种情况下，此栏应加注"TO WHOM IT MAY CONCERN 或 TO ORDER"，但不得留空。若经其他国家或地区需填写转口商品名称时，可在出口商后面加英文 VIA，然后在填写转口商名称、地址和国家。

③ Means of transport and route 运输方式和路线：海运、陆运应填写启运港、到货港及运输路线。如经转运，还应注明转运地。例如"FROM SHANGHAI TO ROTTERDAM BY VESSEL VIA HONGKONG。"

④ Country/region of destination 目的地国家（地区）：指货物最终运抵国，一般应与最终收货人或最终目的港国别一致，不能填写中间商国家名称。

⑤ For certifying authority use only 签证机构用栏：此栏为签证机构在签发后发证书，补发证书或加注其他声明时使用。证书申领单位应将此留空。

⑥ Marks and numbers 唛头：如果货物无唛头，应填："N/M"。如唛头过多此栏缮制不下，可填写在第七、八、九栏结束符下面的空白处，如还不够，可另加附页，在第六栏打上 SEE ATTACHMENT，附页用 A4 纸，打上 ATTACHED TO CERTIFICATE OF ORIGIN NO.：TZC/xxxxx/04xxxx 打上原证号，手签并盖印。附页手签的笔迹、地点、日期均与证书第 11、12 栏一致。

⑦ Number and kind of packages; description of goods 商品名称、包装数量及种类：商品名称要填写具体名称，如：ONE HUNDRED AND FIFTY (150) CTNS OF MENS JACKETS. 这一栏填写应注意以下几个问题：

(a) 包装数量必须用英文和阿拉伯数字同时表示，如上例所示；

(b) 应具体填明货物的包装种类（如 case, carton, bag 等），不能只填"package"。如果无包装，也应填明货物出运时的状态，如"裸装货"（Nude Cargo），"散装货"（Bulk Cargo），"挂装"（Hanging Garments）等；

(c) 品名应填写具体，能够找到其相对应的 HS 编码（前四位数）。如，"女大衣"（Women's Overcoats），不能笼统填"服装"（garments）。

(d) 如果信用证开过来的品名有误、不具体或采用英文以外的其他文字，应在该品名后的括号内补填正确、具体的英文品名。

(e) 一般情况下,商品的商标、牌名、货号可不填,商品名称等项列完后,应在末行或次行加上“＊＊＊＊＊＊＊＊”表示结束的符号,以防止外商加填伪造内容,国外信用证有时要求填具合同、信用证号码等,可加在此栏空白处。

⑧ H. S code 商品编码:此栏要求填写四位数的 HS 编码,与报关单一致。若同一证书包含有几种商品,则应将相应的税目号全部填写。此栏不得留空。

⑨ Quantity 出口货物的数量:如 500PCS,800SETS。以重量为单位的,要填上毛净重,如“G. W. 6000KGS.”

⑩ Number and date of invoice 发票号码及日期:此栏必须按照所申请出口货物的商业发票填写。该栏日期应早于或同于实际出运日期。

⑪ Declaration by the exporter 出口方声明:该栏由申领单位已在签证机构注册的人员签字或者加盖法人代表的手签章并加盖中英文对照的签证章,并填写申领地点和日期。该栏日期不得早于发票日期(第十栏),而且应早于货物的出运日期。

⑫ Certification 签证机构证明:由签证机构签字、盖章。签字和盖章不得重合,并填写签证日期、地点。此栏日期不得早于十栏的发票日期和十一栏的申报日期,而且应早于货物的出运日期。

(2) 普惠制原产地证书

<table>
<tr><td colspan="3">1. goods consigned from (Exporter's name, address, country)</td><td colspan="3" rowspan="2">Reference NO.
GENERALIZED SYSTEM OF PREFERENCES
CERTIFICATE ORIGIN
(combined declaration and certificate)
FORM A
Issued in THE PEOPLE'S REPUBLIC OF CHINA
(COUNTRY)</td></tr>
<tr><td colspan="3">2. goods consigned to (Consignee's name, address, country)</td></tr>
<tr><td colspan="3">3. Means of transport and route (as far as known)</td><td colspan="3">4. For official use</td></tr>
<tr><td>5. Item number</td><td>6. Marks and numbers</td><td>7. Number and kind of packages; description of goods</td><td>8. Origin criterion (see notes overleaf)</td><td>9. Gross weight or other Quantity</td><td>10. Number and date of invoice</td></tr>
<tr><td></td><td></td><td></td><td></td><td></td><td></td></tr>
<tr><td colspan="3">11. Certification
It is hereby certified, on the basis of control out, that the declaration by the exporter is correct.

Place and date, signature and stamp of certifying authority</td><td colspan="3">12. Declaration by the exporter
The undersigned hereby declares that the above details and statements are correct; that all the goods were produced in CHINA and that they comply with the origin requirements specified for those goods in the generalized system of preferences for goods exported to
--.
(importing country)
--.
Place and date, signature and stamp of certifying authority</td></tr>
</table>

英文翻译和说明：

① Goods consigned from(Exporter's name, address, country)出口商的全称、地址、国别。此栏是带有强制性的，应填明在中国境内的出口商详细地址，包括街道名、门牌号码等。

② Goods consigned to(Consignee's name, address, country)：收货人的名称、地址、国别。

一般应填给惠国最终收货人名称(即信用证上规定的提单通知人或特别声明的收货人)，如最终收货人不明确，可填发票抬头人。但不要填间转口商的名称。在特殊情况下，欧洲联盟国家的进口商要求此栏留空，也可接受。

③ Means of transport and route(as far as known)运输方式及路线(就所知而言)：一般应填装货、到货地点(始发港、目的港)及运输方式(如海运、空运、陆海联运等)。例如：FROM SHNGHAI TO HAMBURG BY SEA。如系转运商品，应加上转运港，例如："VIA HONGKONG"

④ For official use 供官方使用：此栏由签证当局填具，出口公司应将此栏留空。

⑤ Item number 顺序号：在收货人、运输条件相同的情况下，如同批出口货物有不同品种，则可按不同品种、发票号等分列"1"、"2"、"3"……。单项商品，此栏可不填。

⑥ Marks and numbers 唛头及包装号：按发票上唛头填具完整的图案文字标记及包装号。如果货物无唛头，应填："N/M"。如唛头过多此栏缮制不下，可填写在第七、八、九栏结束符下面的空白处，如还不够，可另加附页，在第六栏打上 SEE ATTACHMENT，附页用 A4 纸，打上 ATTACHED TO CERTIFICATE OF ORIGIN NO.：TZC/xxxxx/04xxxx 打上原证号，手签并盖印。附页手签的笔迹、地点、日期均与证书第 11、12 栏一致。

⑦ Number and kind of packages; description of goods 包件数量及种类，商品说明：商品名称要填写具体名称，如：ONE HUNDRED AND FIFTY (150) CTNS OF MENS JACKETS. 这一栏填写应注意以下几个问题：

(a) 包装数量必须用英文和阿拉伯数字同时表示，如上例所示。

(b) 应具体填明货物的包装种类(如 case, carton, bag 等)，不能只填"package"。如果无包装，也应填明货物出运时的状态，如"裸装货"(Nude Cargo)，"散装货"(Bulk Cargo)，"挂装"(Hanging Garments)等。

(c) 品名应填写具体，能够找到其相对应的 HS 编码(前四位数)。如，"女大衣"(Women's Overcoats)，不能笼统填"服装"(garments)。

(d) 如果信用证开过来的品名有误、不具体或采用英文以外的其他文字，应在该品名后的括号内补填正确、具体的英文品名。

(e) 一般情况下，商品的商标、牌名、货号可不填，商品名称等项列完后，应在末行或次行加上"＊＊＊＊＊＊＊"表示结束的符号，以防止外商加填伪造内容，国外信用证有时要求填具合同、信用证号码等，可加在此栏空白处。

⑧ Origin criterion 原产地标准：此栏用字最少，但却是国外海关审证的核心项目。对含有进口成分的商品，国外要求严格，极易弄错而造成退证，应认真审核。现将一般规定说明如下：

(a) P：完全原产，无进口成分。

(b) W：含有进口成分，但符合加工标准，货物运往欧盟成员国、挪威、瑞士和日本，在字母下面标上产品的 H. S. 品目号。例如："W" 96.01

(c) F：货物运往加拿大，含有进口成分(占产品出厂价的 40% 以下)。

(d) G：货物运往加拿大，含有进口成分，实施全球性原产地累计条款。

(e) Y：货物运往独联体国家和东欧国家，在字母下面标上进口成分占产品离岸价的百分比率。例如：Y38%货物运往美国，在字母下面标上本国成分占产品出厂价的百分比率。例如："Y"35%

(f) Z：货物运往美国，实施原产地区域性累计。在字母下面标上本国成分占产品出厂价的百分比率。例如："Z"35%

(g) PK：货物运往独联体国家和东欧国家，实施全球性累计。运往澳大利亚、新西兰的商品，此栏可以留空。

⑨ Gross weight or other Quantity 毛重或其他数量：此栏应以商品的正常计量单位填。以重量计算的则填毛重，只有净重的，填净重亦可。但要标上：N. W.（NET WEIGHT）

⑩ Number and date of invoice 发票号及日期：此栏不得留空，此栏必须按照所申请出口货物的商业发票填写。该栏日期应早于或同于实际出运日期。

⑪ Certification 签证机构的证明：由签证机构签字、盖章。签字和盖章不得重合，并填写签证日期、地点。此栏日期不得早于十栏的发票日期和十二栏的申报日期，而且应早于货物的出运日期。

⑫ Declaration by the exporter 出口商的申明：生产国的横线上应填"中国"CHINA。进口国横线上的国名一定要填正确。进口国一般与最终收货人或目的港的国别一致。如果难于确定，以第3栏目的港国别为准。进口国必须是给惠国，例如：Germany。货物运往欧盟进口国不明确时，可填EU，但一般尽可能不这样做。申请单位的手签人员应在此栏签字，加盖中英文对照的单位印章，填上申报地点和时间。申明时间不得早于发票日期。

(3) 中国—东盟自贸区的原产地证书

<table>
<tr><td colspan="3">1. 货物运自(出口人名称、地址、国家)：</td><td colspan="3" rowspan="2">编号：
中国—东盟自由贸易区
优惠关税
原产地证书
(申报与证书合一)
表格 E
<u>The People's Republic of China</u> 签发
(国家)</td></tr>
<tr><td colspan="3">2. 货物运至(收货人名称、地址、国家)：</td></tr>
<tr><td colspan="3">3. 运输工具及路线(待通知)：
离港日期：________
船舶名称/飞机等：________
卸货口岸：________</td><td colspan="3">4. 官方使用
□ 根据中国—东盟自由贸易区优惠关税协议给予优惠待遇；
□不给予优惠待遇(请注明原因)

____
进口国有权签字人签字</td></tr>
<tr><td>5. 项目编号</td><td>6. 包装唛头及编号</td><td>7. 包装件数及种类；货品名称(包括相应数量及进口国 HS 编码)</td><td>8. 原产地标准</td><td>9. 毛重或其他数量及价格(FOB)</td><td>10. 发票编号及日期</td></tr>
<tr><td></td><td></td><td></td><td></td><td></td><td></td></tr>
</table>

续表

<table>
<tr>
<td>11. 出口人声明
下列签字人声明上述资料及申报正确无讹，所有货物产自
____
（国家）
且符合中国—东盟自由贸易区优惠关税协议所规定的原产地要求，该货物出口至
____
（进口国）
____
地点和日期，有权签字人的签字</td>
<td>12. 证明
根据所实施的监管，兹证明出口商所做申报正确无讹。
____
地点和日期，签字和发证机构印章</td>
</tr>
</table>

（4）亚太贸易协定证书

AMPLE CERTIFICATE OF ORIGIN

Asia-Pacific Trade Agreement

(Combined declaration and certificate)

<table>
<tr>
<td colspan="3">1. Goods consigned from:
(Exporter's business name, address, country)</td>
<td colspan="3">Reference NO.
Issued in ……………….
(Country)</td>
</tr>
<tr>
<td colspan="3">2. Goods consigned to:
(Consignee's name, address, country)</td>
<td colspan="3">3. For Official use</td>
</tr>
<tr>
<td colspan="6">4. Means of transport and route:</td>
</tr>
<tr>
<td>5. Tariff item number:</td>
<td>6. Marks and number of Packages:</td>
<td>7. Number and kind of packages/description of goods:</td>
<td>8. Origin criterion (see notes overleaf)</td>
<td>9. Gross weight or other quantity:</td>
<td>10. Number and date of invoices:</td>
</tr>
<tr>
<td></td><td></td><td></td><td></td><td></td><td></td>
</tr>
<tr>
<td colspan="3">11. Declaration by the exporter:
The undersigned hereby declares that the above details and statements are correct: that all the goods were produced in
----
(Country)
and that they comply with the origin requirements specified for these goods in the Asia - Pacific Trade Agreement for goods exported to
----
(Importing Country)

Place and date, signature of authorized Signatory</td>
<td colspan="3">12. Certificate
It is hereby certified on the basis of control carried out, that the declaration by the exporter is correct.
____
Place and date, signature and Stamp of Certifying Authority</td>
</tr>
</table>

英文翻译和说明：

① Goods consigned from（Exporter's name，address，country）货物出口商：注明出口人的全称、地址和国家。须与发票上的出口商名称一致。

② Goods consigned to（Consignee's name，address，country）货物收货人：注明收货人的全称、地址和国家。该收货人名称必须与发票上的进口商名称一致。如果属于第三方贸易，应该注明“凭背书”字样。

③ For official use 供官方使用：此栏由签证当局填具，出口公司应将此栏留空。

④ Means of transport and route 运输方式及路线：详细注明出口货物的运输工具和路线。如果信用证等单证未详细列明时，应注明“空运”或“海运”字样；如果货物运输途中经过第三国时，如系转运商品，应加上转运港，例如：“VIA HONGKONG”。

⑤ Tariff item number 税则号列：注明各项商品的4位HS编码。

⑥ Marks and numbers 包装唛头及编号：注明包装上的唛头及编号。应当与货物包装上的唛头及编号相一致。

⑦ Number and kind of packages；description of goods 包件数量及种类，商品说明：注明出口货物名称。应当与发票上的名称相符。

⑧ Origin criterion 原产地标准：享受关税减让优惠的货物必须符合《亚太贸易协定》原产地规则第二条规定，是在出口成员国完全获得或者生产的；或者在出口成员国非完全获得或者生产的符合原产地规则第三条、第四条规定的。

a）完全获得或者生产的：在第8栏中填写字母“A”

b）非完全获得或者生产的：在第8栏中应当按照下列方式填写：

（a）如果符合第三条规定的原产地标准，则在第8栏中填写字母“B”。在字母“B”的后面填上使用非成员国原产或不明原产地的材料、零件或产物的总价值，以在船上交货价格（FOB价格）中所占的百分比表示，（如“B”50%）；

（b）如果符合第四条规定的原产地标准，则在第8栏中填写字母“C”。在字母“C”的后面填上在出口成员国原产成分的累计总和，以占出口货物的成本加运费、保险费价格（CIF价格）的百分比表示，（如“C”60%）；

（c）如果符合原产地规则第十条规定的特殊比例标准，则第8栏中填写字母“D”原产地标准。

⑨ Gross weight or other Quantity 毛重或其他数量：此栏应以商品的正常计量单位填。以重量计算的则填毛重，只有净重的，填净重亦可，但要标上：N. W.（NET WEIGHT）。

⑩ Number and date of invoice 发票号及日期：此栏不得留空，此栏必须按照所申请出口货物的商业发票填写。该栏日期应早于或同于实际出运日期，不应当迟于原产地证书格式正式启用的日期。

⑪ Declaration by the exporter 出口商的申明：“出口人”是指发货人，该发货人可以是贸易商也可以是制造商。声明中应当注明原产国、进口国、地址和日期，且该栏目应当由公司授权人员签名。

⑫ Certification 签证机构的证明：由签证机构签字、盖章。签字和盖章不得重合，并填写签证日期、地点。此栏日期不得早于十栏的发票日期和十一栏的申报日期，而且应早于货物的出运日期。

（5）中国—智利自由贸易区优惠原产地证书

Certificate of Origin

ORIGINAL

<table>
<tr><td colspan="3">1. Exporter's name, address, country:</td><td colspan="4" rowspan="3">Certificate NO.:
CERTIFICATE OF ORIGIN
Form F for China-Chile FTA
Issued in ________
(see Instruction overleaf)</td></tr>
<tr><td colspan="3">2. Producer's name and address, if known:</td></tr>
<tr><td colspan="3">3. Consignee's name, address, country:</td></tr>
<tr><td colspan="3" rowspan="2">4. Means of transport and route (as far as known)
Departure Date
Vessel/Flight/Train/Vehicle NO.
Port of loading
Port of discharge</td><td colspan="4">5. For Official Use Only
☐ Preferential Tariff Treatment Given Under ______
☐ Preferential Treatment Not Given (Please state reasons)

Signature of Authorized Signatory of the Importing Country</td></tr>
<tr><td colspan="4">6. Remarks</td></tr>
<tr><td>7. Item number(Max 20)</td><td>8. Marks and numbers on packages</td><td>9. Number and kind of packages; description of goods</td><td>10. HS code (Six digit code)</td><td>11. Origin criterion</td><td>12. Gross weight, quantity (Quantity Unit) or other measures (liters, m^3, etc)</td><td>13. Number, date of invoice and invoiced value</td></tr>
<tr><td colspan="3">14. Declaration by the exporter
The undersigned hereby declares that the above details and statement are correct, that all the goods were produced in
____
(Country)
and that they comply with the origin requirements specified in the FTA for the goods exported to
____
(Importing country)
____
Place and date, signature of authorized signatory</td><td colspan="4">15. Certification
It is hereby certified, on the basis of control carried out, that the declaration of the exporter is correct.

Place and date*, signature and stamp of certifying authority

Certifying authority
Tel: Fax:
Address:</td></tr>
</table>

* A Certificate of Origin under China-Chile Free Trade Agreement shall be valid for one year from the date of issue in the exporting country.

英文翻译和说明：

① Exporter's name, address, country 出口人合法的全称、地址(包括国家)。

② Producer's name and address, if known 生产商合法的全称、地址(包括国家)。如果证书包含一个以上生产商的商品,应该列出其他生产商的名称、地址(包括国家)。如果出口人或生产商希望对该信息予以保密,可以填写“应要求提供给主管政府机构(Available to competent governmental authority upon request)”。如果生产商和出口人相同,应填写“同上(SAME)”。如果不知道生产商,可填写“不知道(UNKNOWN)”。

③ Consignee's name, address, country 收货人合法的全称、地址(包括国家)。

④ Means of transport and route (as far as known): 运输方式及路线(就所知而言)。此栏应填离港日期,卸货口岸及运输工具,例:

离港日期: 06 OTC., 2008

船舶名称/航次等 : WAN HAI 266

装运口岸: Shanghai

卸货口岸: Hamburg, Germany

⑤ For Official Use Only 由进口方的海关当局在该栏简要说明根据协定是否给予优惠待遇。

⑥ Remarks 备注。如有要求,该栏可注明客户订单编号、信用证编号等。如果发票由非成员方经营者出具,应在此栏填写原产国生产商的名称、地址及国家。此栏不能留空,无填写内容,须填写"* * *"。

⑦ Item number(Max 20)注明项目编号,但不得超过 20 个。当项目超过 20 个时,应使用新一页 FORM F 证书作续页,续页从第七栏起开始填制。

⑧ Marks and numbers on packages 注明包装上的运输唛头及编号。此栏不能留空,无唛头内容填制"N/M"。

⑨ Number and kind of packages; description of goods 注明包装数量及种类,并列明每种货物的详细名称,以便查验的海关官员可以识别,并使其能与发票上的货名及 HS 编码上的货名相对应。如果货物无包装,应注明"散装(IN BULK)"。货物描述结束后,应在后面添加"* * *"或"\"(截止符)。

⑩ HS code(Six digit code) 对应第九栏中的货物名称注明相应的协调制度编码,以六位编码为准。

⑪ Origin criterion 原产地标准: 若货物符合原产地规则,出口人必须按照下表中规定的格式,在本证书第十一栏中注明其申报货物享受优惠待遇所依据的原产地标准。

出口人申报其货物享受优惠待遇所依据的原产地标准	填入第 11 栏
(1) 完全原产	"P"
(2) 含进口成分,区域价值≥40%	"RVC"
(3) 产品特定原产地标准	"PSR"

⑫ Gross weight, quantity (Quantity Unit) or other measures (liters, m^3, etc) 该栏应注明毛重的公斤数,其他按惯例能准确表明数量的计量单位,如体积、件数等也可用于该栏。

⑬ Number, date of invoice and invoiced value 以商品正常计量单位填。以重量计算的则填毛重,填净重亦可,但要标上"N. W."或"net weight"字样。货值为正式出口商业发票上的价值,以 FOB 价计。发票价值列项应与第七栏、第九栏、第十栏、第十一栏和第十二栏对应。

⑭ Declaration by the exporter 该栏必须由出口人填写,签名、签署日期和加盖印章。

⑮ Certification 该栏必须由签证机构经授权的签证人员签名、签署日期并加盖签证印章,并应填写签证机构的电话号码、传真及地址。

8. 填制装运通知

装运通知,英文名称为 Shipping Advice,是受益人根据信用证的规定在一定时间内通过传真、邮寄或电传等方式,将货物装运情况通知开证申请人、申请人的指定人或保险公司等。因为货物运输和保险分别由不同的当事人操作,所以受益人有义务向开证申请人对货物装运情况给予及时、充分的通知,以便进口商保险,否则如漏发通知,则货物越过船舷后的风险仍由受益人承担。

实训重点:填制装运通知。

实训难点:

1)装运通知应按信用证规定的方式、时间、内容、份数发出。

2)弄清几个近似概念的区别。

◇ Shipping Advice(装运通知)是由出口商(受益人)发给进口商(开证申请人)的;

◇ Shipping Instructions 意思是"装运须知",一般是进口商发给出口商的;

◇ Shipping Note/bill 指装货通知单/船货清单;

◇ Shipping Order 简称 S/O,含义是装货单/关单/下货纸(是海关放行和命令船方将单据上载明的货物装船的文件)。

单据附样

SHIPPING ADVICE

装运通知

TO:(收货人的信息) DATE: ______

INV NO.: ______

S/C NO.: ______

L/C NO.: ______

DEAR SIRS:(敬启者:)

WE HEREBY INFORM YOU THAT THE GOODS UNDER THE ABOVE MENTIONED CREDIT HAVE BEEN SHIPPED. THE DETAILS OF THE SHIPMENT ARE STATED BELOW.

我们特此通知你们,上述信用证项下的货物已装运。其细节如下所示:

COMMODITY:(商品名称) ______

NUMBER OF CTNS:(包装数量) ______

VESSEL'S NAME:(船名) ______

DATE OF DEPARTURE:(装运日期) ______

B/L NO.:(提单号) ______

ETD:(船舶预离港时间) ______

ETA:(船舶预抵达时间) ______

PORT OF LOADING:(装运港) ______

PORT OF DESTINATION:(目的港) ______

9. 缮制受益人证明

受益人证明,英文名称为 Beneficiary's Certificate, 是受益人按信用证规定将有关单据寄出后,出具的书面证明,说明寄单的情况或根据信用证中的要求写明其规定的内容。

实训重点:缮制受益人证明。

实训难点:根据信用证的规定缮制受益人证明。

受益人证明样本如下:

江苏通扬集团毛针织品进出口有限公司
TONGYANG GROUP JIANGSU WOOLLEN KNIT & GARMTEX I/E CORP. LTD.
91 SUNSHINE ROAD, NANJING, CHINA

BENEFICIARY' S CERTIFICATE
受益人证明

TO: MENINI IMP & EXP CORP. **DATE**: MAR 15, 2003
L/C NO.: HBZF/340589

RE: SHIPPING DOCUMENT UNDER L/C NO. 01/12345
DEAR SIRS,

WE HEREBY CERTIFY THAT WE HAVE SENT THE FOLLOWING DOCUMENT TO MENINI IMP & EXP CORP. BY REGISTERED AIRMAIL

1. TWO COPIES OF OCEAN BILL OF LADING
2. ORIGINAL FORM A

TONGYANG GROUP JIANGSU WOOLLEN KNIT & GARMTEX I/E CORP. LTD
张 明

10. 填制汇票

汇票，英文名称为 Bill of Exchange，简称 Bill 或 Draft，是一个人向另一个人签发的无条件书面支付命令，要求付款人在见票时或在指定日期无条件支付确定金额给收款人或持票人的票据。它是一种有价证券，是国际贸易结算中使用最为广泛的票据之一。

实训重点：在信用证项下填制汇票。

实训难点：1）出票人、抬头人及付款人的名称和地址要正确。
2）付款期限是否与信用证规定相符

单据附样

凭
Drawn under ______ 出票条款 ______ Irrevocable L/C NO. ______
日期
Dated ______ with interest @ ______ % 支取 ______ 按 ______ 息 ______ 付款
号码 汇 票 金 额 南京 年 月 日
NO.: 出票号码 ______ Exchange for ______ 汇票金额小写 Nanjing 出票日期 ______
见票 日 后（本 汇 票 之 副 本 未 付）
At ______ 付款期限 ______ Sight of this FIRST of Exchange (Second of exchange being unpaid) pay to the order of ______ 受款人 ______ 或其指定人
付金额
The sum of 汇票金额英文大写
此致
To ______ 付款人 ______

______ 出票人签章 ______
______

英文翻译和说明：

① Drawn under 出票依据/出票条款：信用证项下包括开证行名称、信用证号码及开证日期。托收项下留空不填或填 FOR COLLECTION。

② 出票地点及出票日期：出票地点为卖方所在地，出票日期为交单议付期，一般出口商向银行交单时由银行填写。

③ No 汇票编号：填发票号码或其他有利于识别的号码。

④ 汇票金额：即汇票上的灰色区域，分为小写和大写两部分。小写部分填货币代号和阿拉伯数字，大写部分由小写金额翻译而成。

⑤ At sight 付款期限：即期汇票：填………、…或 * * *；远期汇票根据规定填写。

⑥ Pay to the order of 受款人：通常称为“抬头”，是汇票第一次的债权人。

汇票抬头有三种写法：

(a) 限制性抬头。不得转让他人。如：“Pay to John Davids only”（仅付给约翰.戴维斯）

(b) 指示性抬头。可用背书和交付的方法转让。如：“Pay to the order of ABC Co.”（支付给 ABC 公司指定的人）

(c) 来人抬头。仅凭交付即可转让，无须背书。如：“Pay to bearer”。

⑦ To 付款人：信用证项下为开证行或指定的付款行，托收项下为进口商。

⑧ Drawer 出票人：即签发汇票的人，应写明出口人名称，并由负责人签字，否则无效。

11. 审核结汇单据

信用证项下的一套结汇单据制成后，需要对单据进行审核。针对单套单据可采用两种审单方法：

1) 纵横审单法

首先以信用证与出口单据中的发票进行自上而下、逐字逐句的核对，再将其他单据与信用证的有关条款核对，这叫做纵向审单。完成纵向审单之后，再以发票为中心与其他单据进行核对，特别注意相同的项目是否相一致，这就是横向审单。这种方法概括为纵横审单法。

2) 先数字后纵横审单法

在单据的数量比较集中时，可以先将各种单据的所有数字，如单价、总价、数量、毛净重、尺码、包装件数等数据进行全面的复核，然后再采用纵横审单法对其他内容进行审核。

实训重点：学生学会审核缮制完毕的结汇单据。

实训难点：学生应掌握结汇单据的审查要求。

第三节 实训练习

练习 1 根据下列合同条款及信用证进行审核，指出信用证存在的问题并做出修改。

2007 年 10 月 31 日，扬州市纺织品公司收到创鸿（香港）有限公司通过香港南洋银行开来的编号为 L8959344 的信用证。买卖双方签订的合同（CONTRACT NO：GL0082）和信用证如下所示：

YANGZHOU TEXTILES IMOPRT & EXPORT CORP.
20 RANJIANG ROAD, YANGZHOU, JIANGSU, CHINA
TELEPHONE: 0514 - 87548706 .FAX: 0514 - 83574239
CONTRACT

NO.: GL0082
DATE: Oct. 10, 2007

BUYER: SUPERB AIM (HONGKONG) LTD.,

7/F, SAILING BUILDING, 6 - 8A PRATT AVE, TSIMSHATSUI, KOWLOON, HONGKONG

THE UNDERSIGNED SELLERS AND BUYERS HAVE AGREED TO CLOSE THE FOLLOWING TRANSACTION ACCORDING TO THE TERMS AND CONDITIONS STIPULATED BELOW: (兹经买卖双方同意成交下列商品,订立条款如下:)

Shipping Marks	Name of commodity	Quantity	Unit Price	Amount
SUPERB H. K. NO. 1-75 MADE IN CHINA	SEVENTY FIVE (75) CTNS OF 80% COTTON 20% POLYESTER LADIES KNIT JACKET ART. NO. 49394 ART. NO. 49393 ART. NO. 55306	 600 PIECES 600 PIECES 600 PIESES	CIF H. K. USMYM 14.25 USMYM 14.25 USMYM 14.25	 US $ 8550.00 US $ 8550.00 US $ 8550.00
	TOTAL	1 800 PIECES		US $ 25650.00
TOTAL AMOUNT	SAY US DOLLARS TWENTY-FIVE THOUSAND SIX HUNDRED AND FIFTY ONLY.			

SHIPMENT: WITH 45 DAYS OF RECEIPT OF LETTER OF CREDIT AND NOT LATER THAN THE MONTH OF DEC. 2007 WITH PARTIAL SHIPMENT AND TRANSSHIPMENT ALLOWED.
PORT OF LOADING & DESTINATION: FROM SHANGHAI TO HONGKONG.
TERMS OF PAYMENT: BY 100% CONFIRMED IRREVOCABLE SIGHT L/C OPENED BY THE BUYER TO REACH THE SELLER NOT LATER THAN OCT 31, 2007 AND TO BE AVAILABLE FOR NEGOTIATION IN CHINA UNTIL THE 15TH DAY AFTER THE DATE OF SHIPMENT.
INSURANCE: TO BE EFFECTED BY THE SELLER FOR 110% OF THE CIF INVOICE COVERING ALL RISKS AND WAR RISK AS PER CHINA INSURANCE CLAUSES.

THE BUYER: THE SELLER
SUPERB AIM (HONGKONG) LTD., YANGZHOU TEXTILES IMPORT&EXPORT CORP.

买方开来的信用证如下所示:
FROM NANYANG COMMERCIAL BANK LTD, HONGKONG
FORM OF DOC. CREDIT: REVOCABLE
DOCUMENTARY CREDIT NO.: 01/12345, DATE: OCT 20, 2007

EXPIRY: DATE DEC 31 AT NEGOTIATING BANK'S COUNTER
APPLICANT: SUPERB AIM (HONGKONG) LTD.,
BENEFICIARY: YANGZHOU TEXTILES IMPORT & EXPORT CORP.
AMOUNT: CURRENCY USD AMOUNT 25650.00
AVAILABLE WITH/BY: NANYANG COMMERCIAL BANK, LTD. H. K BY NEGOTATION
DRAFTS AT: DRAFTS AT 20 DAYS' SIGHT FOR FULL INVOICE VALUE
DRAWEE: NANYANG COMMERCIAL BANK, LTD
PARTIAL SHIPMENTS: ALLOWED
TRANSHIPMENT: PROHIBITED
LOADING IN CHARGE: SHIPMENT FROM CHINESE PORT
FOR TRANSPORT TO: SINGAPORE/HONGKONG
LATESET DATE OF SHIPMENT: 001215
DESCRPPTION OF GOODS: 80% COTTON 20% POLYESTER LADIES KNIT JACKET AS PER

S/C NO. GL10082 ART. NO.	QUANTITY	UNIT PRICE
49394	600 PCS	USD14.25
49393	600 PCS	USD14.25
55306	600 PCS	USD14.25

PRICE TERM: CIF H. K.

DOCUMENTS REQUIRED:
-3/3 SET OF ORIGINAL CLEAN ON BOARD OCEAN BILLS OF LADING MADE OUT TO ORDER OF SHIPPER AND BLANK ENDORSED AND MARKED "FREIGHT COLLECT" NOTIFY APPLICANT(WITH FULL NAME AND ADDRESS).
-ORIGINAL SIGNED COMMERCIAL INVOICE IN 5 FOLD INDICATING S/C NO.
-MARINE INSURANCE POLICY OR CERTIFICATE IN TWO FOLD ENDORSED IN BLACK, FOR 120 PCT OF FULL INVOICE VALUE COVERING THE INSTITUTE CARGO CLAUSES (A), THE INSTITUTE WAR CLAUSE, INSURANCE CLAIMS TO BE PAYABLE AT DESTINATION IN THE CURRENCY OF THE DRAFTS.
- PACKING LIST IN 3 FOLD
- CERTIFICATE OF ORIGIN GSP FORM A IN ONE ORIGINAL AND ONE COPY.
BENEFICIARY'S CERTIFICATE STATING THAT ALL DOCUMENTS HAS BEEN SENT WITHIN 10 DAYS AFTER SHIPMENT.
ADDITIONAL CONDITIONS:
-T. T. REIMBURESEMENT IS PROHIBITED.
-THE GOODS TO BE PACKED IN EXPORT STORING COLORED CARTONS
-INSPECTION IS TO BE EFFECTED BEFORE SHIPMENT AND RELEVANT CERTIFICATES/REPORTS ARE REQUIRED FROM THE INSPECTING AGENCY OR INSPECTOR DESIGNATED BY THE BUYER.
DETAILS OF CHARGES: ALL BANKING CHARGES OUTSIDE HONG KONG INCLUDING REIMBURSEMENT COMMISSION ARE FOR ACCOUNT OF BENEFICIARY.

PRESENTATION PERIOD: ALL DOCUMENTS MUST BE PRESENTED WITHIN 15 DAYS AFTER THE DATE OF SHIPMENT, BUT WITHIN THE VALIDITY OF THE CREDIT.

CONFIRMATION: WITHOUT

INSTRUCTIONS : PLS FORWARD THE WHOLE SET OF DOCUMENTS IN ONE LOT TO OUR BILLS PROCESSING CENTRE (KOWLOON) AT 2/F., 666 NATHAN ROAD, KOWLOON, HONG KONG VIA COURIER SERVICE AT BENEFICIARY'S EXPENSES. IN REIMBURSEMENT, WE SHALL REMIT PROCEEDS IN ACCORDANCE WITH YOUR INSTRUCTIONS UPON RECEIPT OF THE DOCUMENTS.

根据合同(NO: GL0082)条款和信用证(NO: L8959344),指出信用证存在的问题并做出修改:

1. ______________________________
2. ______________________________
3. ______________________________
4. ______________________________
5. ______________________________
6. ______________________________
7. ______________________________
8. ______________________________
9. ______________________________
10. ______________________________
11. ______________________________
12. ______________________________
13. ______________________________
14. ______________________________

练习2　根据下列所提供资料和信用证有关信息缮制单据:

1) 有关资料如下: GW: 13675.00KGS, NW: 12584.00KGS, MEAS: 35CBM, 包装件数: 3298卷(ROLLS),所有货物被装进2×20'CONTAINER, CONTAINER NO.: HSTU157504, TSTU156417, 提单号码: SHANK00710, 船名: DANUBHUM/S009, H.S: 55130099

2) 信用证如下所示:

209 07BKCHCNBJ95B BANK OF CHINA, SUZHOU BRANCH

409 07BKCHHKHHXXX BANK OF CHINA, HAMBURG BRANCH

MT700 O BKCHCNBJ95BXXXX

21: SEQUENCE OF 1/1

: 40A: FORM OF DOC: IRREVOCABLE

: 20: DOCUMENT CREDIT NO: HK1112234

: 31C: DATE OF ISSUE: 040101

: 31D: DATE OF DATE AND EXPIRY: 040431

: 50: APPLICANT: YOU DA TRADE CO., LTD.,

101 QUEENS ROAD CENTRAL, HONGKONG
TEL: 852 - 28566666

: 59. : BENEFICIARY: KUNSHAN HUACHENG WEAVING AND DYEING CO. ,LTD
HUANGLONG ROAD, LIUJIA ZHEN, SUZHOU,JIANGSU, CHINA
TEL: 86 - 520 - 7671386

: 32B: AMOUNT: USD33.680,00

: 41D: AVAILABLE WITH …BY…
ANY BANK NEGOTIATION

: 42C: DRAFTS AT... SIGHT

: 42D: DRAWEE: OURSELVES

: 43P: PARTIAL SHIPMENT: NOT ALLOWED

: 43T: TRANSHIPMENT: NOT ALLOWED

: 44A: LOADING ON BOARD/DISPATCH/TAKING IN CHARGE AT/FROM…
SHANGHAI

: 44B: FOR TRANSPORTATION TO…
HAMBURG

: 44C: LATEST DATE…
040415

: 45A: DESCRIPTION OF GOODS AND/OR SERVICES

DESCRIPTION	QUANTITY	UNIT PRICE	AMOUNT
100PCT NYLON FABRICS	100000 YARDS	USD0.3368/YD	USD33680.00

DETAILS AS PER CONTRACT NO: 99WS061
PRICE TERM: CIF HAMBURG
SHIPPING MARK:
YOU DA
GERMANY
R/NO. : 1 - 3298

: 46A: DOCUMENTS REQUIRED:

- SIGNED COMMERCIAL INVOICE, ORIGINAL AND THREE COPIES

- FULL SET CLEAN ON BOARD OCEAN BILL OF LADING, MADE OUT TO THE ORDER AND BLANK ENDORSED, EVIDENCING SHIPMENT FROM SHANGHAI TO HAMBURG NOT LATER THAN APRIL 15, 2004 MARKED 'FREIGHT PREPAID' AND NOTIFY THE APPLICANT.

- COPY OF SHIPPING ADVICE, ADDRESSED TO APPLICANT BY BENEFICIARY WITHIN THREE DAYS AFTER SHIPMENT DATE, BEARING THE FOLLOWING DETAILS: DATE OF SHIPMENT, NUMBER OF B/L, NAME OF SHIPPING COMPANY AND VESSEL, QUANTITY WEIGHT AND DESCRIPTION OF SHIPPED GOODS, SHIPPING MARKS AND NUMBERS, NUMBER OF CONTAINER, PORT OF LOADING AND E. T. D. , PORT OF DESTINATION AND E. T. A.

- CERTIFICATE OF ORIGIN G. S. P. 'FORM A', ORIGINAL AND ONE COPY EVIDENCING CHINA AS ORIGIN OF GOODS. IT MUST BE MARKED 'ISSUED RETROSPECTIVELY'

IF ISSUED AFTER SHIPMENT DATE.

- SIGNED PACKING LIST, ORIGINAL AND NINE COPIES.

- BENEFICIARY'S DECLARATION STATING THAT THE ORIGINAL OF EXPORT LICENCE HAS BEEN SENT TO APPLICANT BY EXPRESS COURIER.

: 47A: ADDITIONAL CONDITIONS:

+ ON DECK SHIPMENT IS NOT ALLOWED.

+ ALL DOCUMENTS MUST BE MANUALLY SIGNED.

: 48: PERIOD FOR PRESENTATION:

DOCUMENTS MUST BE PRESENTED WITHIN 15 DAYS AFTER THE DATE OF SHIPMENT BUT WITHIN THE VALIDITY OF THE CREDIT.

: 49: CONFIRMATION: WITHOUT

: 72: SPECIAL INSTRUCTIONS:

ALL DOCUMENTS MUST BE SENT TO THE ISSUING BANK IN ONE LOT THROUGH THE NEGOTIATING BANK BY REGISTERED AIRMAIL. UPON RECEIPT THE DOCUMENTS CONFORMITY WITH THE L/C'S CONDITIONS, WE SHALL PAY AS PER YOUR INSTRUCTIONS. MAC: ABC8794666

SW2222

空白单据如下：

（1）商业发票

<table>
<tr><td colspan="5"></td></tr>
<tr><td colspan="5">COMMERCIAL INVOICE</td></tr>
<tr><td rowspan="4">To:</td><td rowspan="4" colspan="2"></td><td>Invoice NO.:</td><td></td></tr>
<tr><td>Invoice Date:</td><td></td></tr>
<tr><td>S/C NO.:</td><td></td></tr>
<tr><td>S/C Date:</td><td></td></tr>
<tr><td>From:</td><td></td><td>To:</td><td colspan="2"></td></tr>
<tr><td>Letter of Credit NO.:</td><td></td><td>Issued By:</td><td colspan="2"></td></tr>
<tr><td>Date of Issue:</td><td></td><td></td><td colspan="2"></td></tr>
<tr><td>Marks and Numbers</td><td>Number and kind of package
Description of goods</td><td>Quantity</td><td>Unit Price</td><td>Amount</td></tr>
<tr><td></td><td></td><td></td><td></td><td></td></tr>
<tr><td colspan="2">TOTAL:</td><td></td><td></td><td></td></tr>
<tr><td>SAY TOTAL:</td><td colspan="4"></td></tr>
<tr><td colspan="5">FOR AND ON BEHALF OF:
(Signature)</td></tr>
</table>

（2）装箱单

PACKING LIST			
To:		Invoice NO.:	
		Invoice Date:	
		S/C NO.:	
		S/C Date:	
From:		To:	
Letter of Credit NO.:		Issued By:	
Date of Issue:			

Marks and Numbers	Number and kind of package Description of goods	Quantity	Package	G. W	N. W	Meas.
	TOTAL:					
SAY TOTAL:						

FOR AND ON BEHALF OF:

(Signature)

（3）普惠制原产地证书

1. goods consigned from (Exporter's name, address, country)	Reference NO. **GENERALIZED SYSTEM OF PREFERENCES CERTIFICATE ORIGIN** (combined declaration and certificate) **FORM A** Issued in **THE PEOPLE'S REPUBLIC OF CHINA** (COUNTRY)
2. goods consigned to (Consignee's name, address, country)	
3. Means of transport and route (as far as known)	4. For official use

5. Item number	6. Marks and numbers	7. Number and kind of packages; description of goods	8. Origin criterion (see notes overleaf)	9. Gross weight or other Quantity	10. Number and date of invoices

续表

11. Certification	12. Declaration by the exporter
It is hereby certified, on the basis of control out, that the declaration by the exporter is correct. Place and date, signature and stamp of certifying authority	The undersigned hereby declares that the above details and statements are correct; that all the goods were produced in **CHINA** and that they comply with the origin requirements specified for those goods in the generalized system of preferences for goods exported to (importing country) Place and date, signature and stamp of certifying authority

（4）海运提单

<table>
<tr><td colspan="2">Shipper Insert Name, Address and Phone</td><td rowspan="2">COSCO</td><td>B/L NO.</td></tr>
<tr><td colspan="2"></td><td rowspan="3">中远集装箱运输有限公司
COSCO CONTAINER LINES
TLX: 33057 COSCO CN
FAX: +86(021) 6545 8984
ORIGINAL</td></tr>
<tr><td colspan="2">Consignee Insert Name, Address and Phone</td></tr>
<tr><td colspan="2"></td></tr>
<tr><td colspan="2">Notify Party Insert Name, Address and Phone
(It is agreed that no responsibility shall attach to the Carrier or his agents for failure to notify)</td><td colspan="2" rowspan="9">Direct or Transshipment
BILL OF LADING
RECEIVED in external apparent good order and condition except as other-Wise noted. The total number of packages or unites stuffed in the container, The description of the goods and the weights shown in this Bill of Lading are furnished by the Merchants, and which the carrier has no reasonable means of checking and is not a part of this Bill of Lading contract. The carrier has issued the number of Bills of Lading stated below, all of this tenor and date, One of the original Bills of Lading must be surrendered and endorsed or signed against the delivery of the shipment and whereupon any other original bills of Lading shall be void. The Merchants agree to be bound by the terms and conditions of this Bill of Lading as if each had personally signed this Bill of Lading. SEE clause 4 on the back of this Bill of Lading (Terms continued on the back hereof, please read carefully). *Applicable Only When Document Used as a Combined Transport Bill of Lading.</td></tr>
<tr><td colspan="2"></td></tr>
<tr><td>Pre - carriage by</td><td>Place of Receipt</td></tr>
<tr><td></td><td></td></tr>
<tr><td>Ocean Vessel NO.</td><td>Port of Loading</td></tr>
<tr><td></td><td></td></tr>
<tr><td>Port of Discharge</td><td>Final Destination</td></tr>
<tr><td></td><td></td></tr>
</table>

Marks & Nos. Container/ Seal NO.	NO. of Containers or Packages	Description of Goods (If Dangerous Goods, See Clause 20)	Gross Weight	Measurement
		Description of Contents for Shipper's Use Only (Not part of This B/L Contract)		

Total Number of containers and/or packages (in words)

Freight & Charges	Revenue Tons	Rate	Per	Prepaid	Collect
Declared Value Charge					

续表

Ex. Rate:	Prepaid at	Payable at	Place and date of issue
	Total Prepaid	NO. of Original B(s)/L	Signed for the Carrier, COSCO CONTAINER LINES
			* * * *

（5）保险单

平安保险股份有限公司

PING AN INSURANCE COMPANY OF CHINA, LTD.

NO. 1000005959

货 物 运 输 保 险 单

CARGO TRANPORTATION INSURANCE POLICY

被保险人：
Insured

中国平安保险股份有限公司根据被保险人的要求及其所交付约定的保险费，按照本保险单背面所载条款与下列特别条款，承保下述货物运输保险，特签发本保险单。

This Policy of Insurance witnesses that PING AN INSURANCE COMPANY OF CHINA, LTD., at the request of the Insured and in consideration of the agreed premium paid by the Insured, undertakes to insure the undermentioned goods in transportation subject to the conditions of Policy as per the clauses printed overleaf and other special clauses attached hereon.

保单号
Policy NO.

赔款偿付地点
Claim Payable at

发票或提单号
Invoice NO. or B/L NO.

运输工具
per conveyance S. S.

查勘代理人
Survey By:

起运日期 自 至
Slg. on or abt. From To

保险金额
Amount Insured

保险货物项目、标记、数量及包装：
Description, Marks, Quantity & Packing of Goods:

承保条件
Conditions:

签单日期
Date:

For and on behalf of
PING AN INSURANCE COMPANY OF CHINA, LTD.

(6) 汇票

凭

Drawn under ____________ Irrevocable L/C NO. ____________

日期

Dated ________ 支取 Payable with interest @ ________ % ________ 按 ________ 息 ________ 付款

号码　　　汇　票　金　额　　　南京　年　月　日

NO.: ________ Exchange for ____________ Nanjing ____________

见票　　　日　后(本　汇　票　之　副　本　未付)

At ____________ Sight of this FIRST of Exchange (Second of exchange being unpaid) pay to the order of ____________ 或其指定人

付金额

The sum of ____________

此致

To ____________

____

练习 3　审核下列信用证。将证中有错的地方指出来。

APPLICANT: ABC COMPANY

DATE AND PLACE OF EXPIRY: 1ST MAY 2009 IN NEW YORK

ADVISING BANK: BANK OF CHINA, NANJING, CHINA

AMOUNT: USD5, 400.00 (SAY USD EIGHT THOUSAND FOUR HUNDRED ONLY)

SHIPMENT FROM CHINA TO NEW YORK NOT LATER THAN 15TH MAY. 2005

DRAFT AT SIGHT DRAWN ON BENEFICIARY ACCOMPANIED BY THE FOLLOWING DOCUMENTS:

8. SIGNED INVOICE COUNTER SIGNED BY APPLICANT.
9. CERTIFICATE OF ORIGIN ISSUED BY BANK OF CHINA, NANJING.
10. FULL SET OF CLEAN ON BOARD OCEAN B/L, MADE OUT TO ORDER, BLANK ENDORSED, MARKED "FREIGHT COLLECT" AND NOTIFY BENEFICIARY, SHIPPER IS APPLICANT.
11. INSURANCE POLICY COVERING ALL RISKS AND WAR RISK ADDING ON DECK CLAUSE AS PER CIC FOR 150PCT INVOICE VALUE, CLAIM IF ANY PAYABLE IN U. S. A.
12. PACKLING LIST SIGNED BY APPLICANT.
13. INSPECTION CERTIFICATE ISSUED BY ADVISING BANK.

COVERING: 10 M/T BITTER APRCOT KERNELS 1 GRADE @ USD540.00 PER M/T
FOB SHANGHAI

REMARKS:

1) ALL BANKING CHARGES ARE FOR BENEFICIARY'S ACCOUNT.

2) DRAFT AND DOCUMENTS TO BE SENT BY THE NEGOTIATING BANK TO US WITHIN 24 HOURS BY REGISTERED AIRMAIL IN TWO LOTS.

3) SHIPPING MARKS AS READ: ABC

ROTTERDAM

NO. 1-UP

THIS CREDIT IS SUBJECT TO UCP NO. 500.

WE HEREBY ENGAGE THAT PAYMENT WILL BY DULY MODE AGAINST DOCUMENTS PRESENTED IN CONFORMITY WITH TERMS OF CREDIT.

HFLIHK BANK(SIGNED).

审核信用证。指出信用证存在的问题并做出修改：

1. ______
2. ______
3. ______
4. ______
5. ______
6. ______
7. ______
8. ______
9. ______
10. ______
11. ______
12. ______

练习4 根据下列国外来证及有关信息制单。有关资料如下：

QUANTITY = 64PCS; NW = 167. 804. GW = 167. 804; MEAS = 47. 944M^3; UNITPRICE = USD390. 00/M^3; TOTAL = USD18698. 16; VESSEL NAME: YOUNG STAR V. 231E; CONTAINER NO.: 1 × 40'CPIU2254836; HS CODE: 6802. 2300。

TO BANK OF CHINA GUANGZHOU

FM SANWA BANK LTD OSAKA, NOV 6, 2008

447 TESTED ON NOV. 6, 2008

WE OPEN IRREVOCABLE DOCUMENTARY CREDIT

NO. 41 – 1902141 – 003 ISSUED ON NOV. 2, 2008

BENEFICIARY: CHINA NATIONAL METALS AND MINERALS I/E CORP GUANGDONG BRANCH 774 DONG FENG EAST ROAD, GUANGZHOU, CHINA

APPLICANT: SAKAI TRADING CO. LTD. SANWA BLDG1 – 1 KAWARAMACH 2 – CHOME CHUO – KU OSAKA 541, JAPAN

AMOUNT: USD78,000. 00

EXPIRY FOR NEGOTIATION: JAN 15 2009

AVAILABLE BY DRAFT: AT SIGHT

DRAWN ON THE SANWA BANK LTD, OSAKA

FOR 100 PERCENT OF INVOICE VALUE TOGETHER WITH FOLLOWING DOCUMENTS:

- FULL SET OF CLEAN ON BOARD OCEAN B/L MADE OUT TO ORDER AND BLANK ENDORSED MARKED "FREIGHT COLLECT" NOTIFY THE APPLICANT, TEL: 06 - 203 - 1003

- SIGNED COMMERCIAL INVOICE IN THREE COPIES

- PACKING LIST IN THREE COPIES

- CERTIFICATE OF ORIGIN G. S. P. "FORM A"

- BENEFICIARY'S CERTIFICATE IN TWO COPIES STATING THAT THREE SETS OF EACH NON-NEGOTIABLE B/L HAVE BEEN AIRMAILED DIRECT TO THE BUYER IMMEDIATELY AFTER SHIPMENT

COVERING:

200M^3 OF CHINA GRANITE (G485 ROUGH BLOCKS), SIZE: 0.03M^3 UP RANDOM SIZE PER M^3

AS PER S/C 01MAF400 - 5 - 23

FOB HUANGPU GUANGDONG

INSURANCE TO BE EFFECTED BY BUYERS

SHIPMENT TO: OSAKA/YOKOHAMA JAPAN

LATEST SHIPMENT DATE: DEC 16, 2008

PARTIAL SHIPMENTS ALLOWED

TRANSSHIPMENT ALLOWED

DRAFT MUST BE PRESENTED FOR NEGOTIATION WITHIN 15 DAYS AFTER THE DATE OF B/L OR OTHER SHIPPING DOCUMENTS BUT WITHIN THE CREDIT EXPIRY

SPECIAL INSTRUCTIONS:

-T. T. REIMBURSEMENT IS UNACCEPTABLE

-ALL BANKING CHARGES OUTSIDE JAPAN FOR SELLER'S ACCOUNT

-THIS CREDIT IS TRANSFERABLE

-NEGOTIATING BANK MUST SEND DOCUMENTS TO US IN TWO CONSECUTIVE AIRMAILS AND DRAFTS TO DRAWEE BANK

THIS CREDIT IS AVAILABLE BY NEGOTIATION WITH ANY BANK

THIS CREDIT IS OPERATIVE AND SUBJECT UNIFORM CUSTOMS PUBLICATION 1993 REVISION NO. 500

空白单据如下:

(1) 商业发票

COMMERCIAL INVOICE			
To:		Invoice NO.:	
		Invoice Date:	
		S/C NO.:	
		S/C Date:	
From:		To:	
Letter of Credit NO.:		Issued By:	
Date of Issue:			

Marks and Numbers	Number and kind of package Description of goods	Quantity	Unit Price	Amount
	TOTAL:			
SAY TOTAL:				

FOR AND ON BEHALF OF:

(Signature)

（2）装箱单

PACKING LIST			
To:		Invoice NO.:	
		Invoice Date:	
		S/C NO.:	
		S/C Date:	
From:		To:	
Letter of Credit NO.:		Issued By:	
Date of Issue:			

续表

<table>
<tr><td>Marks and Numbers</td><td>Number and kind of package
Description of goods</td><td>Quantity</td><td>Package</td><td>G. W</td><td>N. W</td><td>Meas.</td></tr>
<tr><td></td><td></td><td></td><td></td><td></td><td></td><td></td></tr>
<tr><td colspan="3">TOTAL:</td><td></td><td></td><td></td><td></td></tr>
<tr><td>SAY TOTAL:</td><td colspan="6"></td></tr>
<tr><td colspan="7">FOR AND ON BEHALF OF:

(Signature)</td></tr>
</table>

(3) 普惠制原产地证书

<table>
<tr><td colspan="3">1. goods consigned from (Exporter's name, address, country)</td><td colspan="3" rowspan="2">Reference NO.
GENERALIZED SYSTEM OF PREFERENCES
CERTIFICATE ORIGIN
(combined declaration and certificate)
FORM A
Issued in <u>THE PEOPLE'S REPUBLIC OF CHINA</u>
(COUNTRY)</td></tr>
<tr><td colspan="3">2. goods consigned to (Consignee's name, address, country)</td></tr>
<tr><td colspan="3">3. Means of transport and route(as far as known)</td><td colspan="3">4. For official use</td></tr>
<tr><td>5. Item number</td><td>6. Marks and numbers</td><td>7. Number and kind of packages; description of goods</td><td>8. Origin criterion (see notes overleaf)</td><td>9. Gross weight or other Quantity</td><td>10. Number and date of invoices</td></tr>
<tr><td colspan="3">11. Certification
It is hereby certified, on the basis of control out, that the declaration by the exporter is correct.

Place and date, signature and stamp of certifying authority</td><td colspan="3">12. Declaration by the exporter
The undersigned hereby declares that the above details and statements are correct; that all the goods were produced in ______CHINA______ and that they comply with the origin requirements specified for those goods in the generalized system of preferences for goods exported to
----
(importing country)

Place and date, signature and stamp of certifying authority</td></tr>
</table>

（4）海运提单

<table>
<tr><td colspan="2">Shipper Insert Name, Address and Phone</td><td></td><td>B/L NO.</td></tr>
<tr><td colspan="2"></td><td rowspan="3"></td><td rowspan="3">中远集装箱运输有限公司
COSCO CONTAINER LINES
TLX：33057 COSCO CN
FAX：+86(021) 6545 8984
ORIGINAL</td></tr>
<tr><td colspan="2">Consignee Insert Name, Address and Phone</td></tr>
<tr><td colspan="2"></td></tr>
<tr><td colspan="2">Notify Party Insert Name, Address and Phone
(It is agreed that no responsibility shall attach to the Carrier or his agents for failure to notify)</td><td colspan="2" rowspan="4">Direct or Transshipment
BILL OF LADING
RECEIVED in external apparent good order and condition except as other-Wise noted. The total number of packages or unites stuffed in the container, The description of the goods and the weights shown in this Bill of Lading are furnished by the Merchants, and which the carrier has no reasonable means of checking and is not a part of this Bill of Lading contract. The carrier has issued the number of Bills of Lading stated below, all of this tenor and date, One of the original Bills of Lading must be surrendered and endorsed or signed against the delivery of the shipment and whereupon any other original bills of Lading shall be void. The Merchants agree to be bound by the terms and conditions of this Bill of Lading as if each had personally signed this Bill of Lading. SEE clause 4 on the back of this Bill of Lading (Terms continued on the back hereof, please read carefully). *Applicable Only When Document Used as a Combined Transport Bill of Lading.</td></tr>
<tr><td>Pre - carriage by</td><td>Place of Receipt</td></tr>
<tr><td>Ocean Vessel NO.</td><td>Port of Loading</td></tr>
<tr><td>Port of Discharge</td><td>Final Destination</td></tr>
</table>

<table>
<tr><td rowspan="2">Marks & Nos.
Container/
Seal NO.</td><td rowspan="2">NO. of Containers or Packages</td><td>Description of Goods (If Dangerous Goods, See Clause 20)</td><td>Gross Weight</td><td>Measurement</td></tr>
<tr><td colspan="3">Description of Contents for Shipper's Use Only (Not part of This B/L Contract)</td></tr>
<tr><td colspan="5">Total Number of containers and/or packages (in words)</td></tr>
</table>

<table>
<tr><td>Freight & Charges</td><td>Revenue Tons</td><td>Rate</td><td>Per</td><td>Prepaid</td><td>Collect</td></tr>
<tr><td>Declared Value Charge</td><td></td><td></td><td></td><td></td><td></td></tr>
</table>

<table>
<tr><td>Ex. Rate:</td><td>Prepaid at</td><td>Payable at</td><td>Place and date of issue</td></tr>
<tr><td rowspan="2"></td><td>Total Prepaid</td><td rowspan="2">NO. of Original B(s)/L</td><td rowspan="2">Signed for the Carrier, COSCO CONTAINER LINES
* * * *</td></tr>
<tr><td></td></tr>
</table>

（5）保险单

平安保险股份有限公司

PING AN INSURANCE COMPANY OF CHINA, LTD.

NO. 1000005959　　货 物 运 输 保 险 单

CARGO TRANPORTATION INSURANCE POLICY

被保险人：

Insured

中国平安保险股份有限公司根据被保险人的要求及其所交付约定的保险费，按照本保险单背面所载条款与下列特别条款，承保下述货物运输保险，特签发本保险单。

This Policy of Insurance witnesses that PING AN INSURANCE COMPANY OF CHINA, LTD. , at the request of the Insured and in consideration of the agreed premium paid by the Insured, undertakes to insure the undermentioned goods in transportation subject to the conditions of Policy as per the clauses printed overleaf and other special clauses attached hereon.

保单号 Policy NO.

赔款偿付地点 Claim Payable at

发票或提单号 Invoice NO. or B/L NO.

运输工具 per conveyance S. S.

查勘代理人 Survey By：

起运日期 Slg. on or abt.　　自 From　　至 To

保险金额 Amount Insured

保险货物项目、标记、数量及包装：Description, Marks, Quantity & Packing of Goods：

承保条件 Conditions：

签单日期 Date：

For and on behalf of

PING AN INSURANCE COMPANY OF CHINA, LTD.

(6) 汇票

凭

Drawn under ______________________ Irrevocable L/C NO. ________________

日期

Dated __________ 支取 Payable with interest @ __________ % __________ 按 __________ 息 __________ 付款

号码 汇 票 金 额 南京 年 月 日

NO.: __________ Exchange for Nanjing ________________

见票 日 后(本 汇 票 之 副 本 未付)

At ____________ Sight of this FIRST of Exchange (Second of exchange being unpaid) pay to the order of

________________________ 或其指定人

付金额

The sum of

此致

To ________________________

____

第四节 课外练习

练习1 根据下列国外来证及有关信息制单。AFG－23－522号合同项下商品的有关信息如下：该批商品用纸箱包装，每箱装10盒，每箱净重为70公斤，毛重为75公斤，纸箱尺寸为113×56×30 cm，商品编码为6802.2110，货物由“胜利”轮运送出海。

FROM: HONGKONG AND SHANGHAI BANKING CORP., HONGKONG

TO: BANK OF CHINA, XIAMEN BRANCH, XIA MEN CHINA

TEST: 12345 DD. 010705 BETWEEN YOUR HEAD OFFICE AND US. PLEASE CONTACT YOUR NO. FOR VERIFICATION.

WE HEREBY ISSUED AN IRREVOCABLE LETTER OF CREDIT NO. HKH123123 FOR USD8,440.00, DATED 040705.

L/C EXPIRATION: 15 SEP. 2004.

APPLICANT: PROSPERITY INDUSTRIAL CO. LTD.

342－3 FLYING BUILDING KINGDOM STREET HONGKONG

BENEFICIARY: XIAMEN TAIXIANG IMP AND EXP CO., LTD.

NO. 88 YILA ROAD 13/F XIANG YE BLOOK RONG HUA BUILDING, XIAMEN, CHINA

THIS L/C IS AVAILABLE WITH BENEFICIARY'S DRAFT AT 30 DAYS AFTER SIGHT DRAWN ON US ACCOMPANIED BY THE FOLLOWING DOCUMENTS:

1. SIGNED COMMERCIAL INVOICE IN TRIPLICATE.
2. PACKING LIST IN TRIPLICATE INDICATING ALL PACKAGES MUST BE PACKED IN CARTON SUITABLE FOR LONG DISTANCE OCEAN TRANSPORTATION.

3. CERTIFICATE OF CHINESE ORIGIN IN DUPLICATE.
4. FULL SET OF CLEAN ON BOARD OCEAN MARINE BILL OF LADING MADE OUT TO ORDER AND BLANK ENDORSED MARKED "FREIGHT PREPAID" AND NOTIFY APPLICANT.
5. INSURANCE POLICY OR CERTIFICATE IN DUPLICATE ENDORSED IN BLANK FOR THE VALUE OF 110 PERCENT OF THE INVOICE COVERING FPA/WA/ALL RISKS AND WAR RISK AS PER CIC DATED 1/1/81.

SHIPMENT FROM: XIAMEN, CHINA. SHIPMENT TO: HONGKONG

LATEST SHIPMENT: 31 AUGUST 2004

PARTIAL SHIPMENT IS ALLOWED, TRANSHIPMENT IS NOT ALLOWED.

GOODS OF DESCRIPTION

COMMODITY AND SPECIFICATIONS	QUANTITY	UNIT PRICE	AMOUNT
			CIFHONGKONG.
1625/3D GLASS MARBLE	2000BOXES	USD2.39/BOX	USD4,780.00
1641/3D GLASS MARBLE	1000BOXES	USD1.81/BOX	USD1,810.00
2506D GLASS MARBLE	1000BOXES	USD1.85/BOX	USD1,850.00

SHIPPING MARK: P.7.
HONGKONG
NO. 1-400

ADDITIONAL CONDITIONS:

1. 5 PERCENT MORE OR LESS BOTH IN QUANTITY AND AMOUNT IS ALLOWED.
2. ALL BANKING CHARGES OUTSIDE ISSUING BANK ARE FOR ACCOUNT OF BENEFICIARY.

DOCUMENTS TO BE PRESENTED WITHIN 15 DAYS AFTER THE DATE OF ISSUANCE OF THE SHIPPING DOCUMENT BUT WITHIN THE VALIDITY OF THE CREDIT.

INSTRUCTIONS: NEGOTIATING BANK IS TO SEND DOCUMENTS TO US IN ONE LOT BY DHL.

UPON RECEIPT OF THE DOCUMENTS IN ORDER WE WILL COVER YOU AS PER YOUR INSTRUCTIONS. THIS L/C IS SUBJECT TO UNIFORM CUSTOMS AND PRACTICE FOR DOCUMENTARY CREDITS (1993 REVISION) INTERNATIONAL CHAMBER OF COMMERCE PUBLICATION NO. 500. PLEASE ADVISE THIS L/C TO THE BENEFICIARY WITHOUT ADDING YOUR CONFIRMATION. THIS TELEX IS THE OPERATIVE INSTRUMENT AND NO MAIL CONFIRMATION WILL BE FOLLOWED.

空白单据如下：

（1）商业发票

COMMERCIAL INVOICE				
To:			Invoice NO.:	
			Invoice Date:	
			S/C NO.:	
			S/C Date:	
From:			To:	
Letter of Credit NO.:			Issued By:	
Date of Issue:				
Marks and Numbers	Number and kind of package Description of goods	Quantity	Unit Price	Amount
	TOTAL:			
SAY TOTAL				
		FOR AND ON BEHALF OF: (Signature)		

（2）装箱单

PACKING LIST			
To:		Invoice NO.:	
		Invoice Date:	
		S/C NO.:	
		S/C Date:	
From:		To:	
Letter of Credit NO.:		Issued By:	
Date of Issue:			

续表

<table>
<tr><th>Marks and Numbers</th><th>Number and kind of package Description of goods</th><th>Quantity</th><th>Package</th><th>G. W</th><th>N. W</th><th>Meas.</th></tr>
<tr><td></td><td></td><td></td><td></td><td></td><td></td><td></td></tr>
<tr><td colspan="2">TOTAL:</td><td></td><td></td><td></td><td></td><td></td></tr>
<tr><td>SAY TOTAL:</td><td colspan="6"></td></tr>
<tr><td colspan="7">FOR AND ON BEHALF OF:

(Signature)</td></tr>
</table>

（3）一般原产地证书

<table>
<tr><td colspan="3">1. Exporter</td><td colspan="2" rowspan="2">Certificate NO.
CERTIFICATE OF ORIGIN OF
THE PEOPLE'S REPUBLIC OF CHINA</td></tr>
<tr><td colspan="3">2. Consignee</td></tr>
<tr><td colspan="3">3. Means of transport and route</td><td colspan="2" rowspan="2">5. For certifying authority use only</td></tr>
<tr><td colspan="3">4. Country/region of destination</td></tr>
<tr><td>6. Marks and numbers</td><td>7. Number and kind of packages; description of goods</td><td>8. H. S code</td><td>9. Quantity</td><td>10. Number and date of invoice</td></tr>
<tr><td colspan="3">11. Declaration by the exporter
The undersigned hereby declares that the above details and statements are correct; that all the goods were produced in china and that they comply with the rules of origin of the people's republic of china.

Place and date, signature and stamp of certifying authority</td><td colspan="2">12. Certification
It is hereby certified that the declaration by the exporter is correct.

Place and date, signature and stamp of certifying authority</td></tr>
</table>

(4) 海运提单

Shipper Insert Name, Address and Phone	B/L NO.
	中远集装箱运输有限公司 COSCO CONTAINER LINES TLX: 33057 COSCO CN FAX: +86(021) 6545 8984 **ORIGINAL**
Consignee Insert Name, Address and Phone	
Notify Party Insert Name, Address and Phone (It is agreed that no responsibility shall attach to the Carrier or his agents for failure to notify)	Direct or Transshipment BILL OF LADING **RECEIVED** in external apparent good order and condition except as other-Wise noted. The total number of packages or unites stuffed in the container, The description of the goods and the weights shown in this Bill of Lading are furnished by the Merchants, and which the carrier has no reasonable means of checking and is not a part of this Bill of Lading contract. The carrier has issued the number of Bills of Lading stated below, all of this tenor and date, One of the original Bills of Lading must be surrendered and endorsed or signed against the delivery of the shipment and whereupon any other original bills of Lading shall be void. The Merchants agree to be bound by the terms and conditions of this Bill of Lading as if each had personally signed this Bill of Lading. SEE clause 4 on the back of this Bill of Lading (Terms continued on the back hereof, please read carefully). * Applicable Only When Document Used as a Combined Transport Bill of Lading.

Pre - carriage by	Place of Receipt
Ocean Vessel NO.	Port of Loading
Port of Discharge	Final Destination

Marks & Nos. Container/ Seal NO.	NO. of Containers or Packages	Description of Goods (If Dangerous Goods, See Clause 20)	Gross Weight	Measurement
		Description of Contents for Shipper's Use Only (Not part of This B/L Contract)		

Total Number of containers and/or packages (in words)

Freight & Charges	Revenue Tons	Rate	Per	Prepaid	Collect
Declared Value Charge					

Ex. Rate:	Prepaid at	Payable at	Place and date of issue
	Total Prepaid	NO. of Original B(s)/L	Signed for the Carrier, COSCO CONTAINER LINES
			* * * *

（5）保险单

平安保险股份有限公司

PING AN INSURANCE COMPANY OF CHINA, LTD.

NO. 1000005959

货物运输保险单

CARGO TRANPORTATION INSURANCE POLICY

被保险人：

Insured

中国平安保险股份有限公司根据被保险人的要求及其所交付约定的保险费，按照本保险单背面所载条款与下列特别条款，承保下述货物运输保险，特签发本保险单。

This Policy of Insurance witnesses that PING AN INSURANCE COMPANY OF CHINA, LTD., at the request of the Insured and in consideration of the agreed premium paid by the Insured, undertakes to insure the undermentioned goods in transportation subject to the conditions of Policy as per the clauses printed overleaf and other special clauses attached hereon.

保单号
Policy NO.

赔款偿付地点
Claim Payable at

发票或提单号
Invoice NO. or B/L NO.

运输工具
per conveyance S. S.

查勘代理人
Survey By:

起运日期 Slg. on or abt.　自 From　至 To

保险金额
Amount Insured

保险货物项目、标记、数量及包装：
Description, Marks, Quantity & Packing of Goods:

承保条件
Conditions:

签单日期
Date:

For and on behalf of

PING AN INSURANCE COMPANY OF CHINA, LTD.

（6）汇票

凭

Drawn under ________________ Irrevocable L/C NO. ____________

日期

Dated ________ 支取 Payable with interest @ ________ % ________ 按 ________ 息 ________ 付款

号码 汇 票 金 额 南京 年 月 日

NO.：________ Exchange for ________________ Nanjing ____________

见票 日 后(本 汇 票 之 副 本 未付)

At ________________ Sight of this FIRST of Exchange (Second of exchange being unpaid) pay to the

order of ________________ 或 其 指 定 人

付金额

The sum of ________________________________

此致

To ________________

____

第二章

托收方式下的单证缮制

第一节　实 训 方 案

【实训目的】

在教学实训过程中，通过综合业务模拟制单，系统了解外贸企业单证工作流转程序和具体的制单要求，掌握托收方式下的制单技巧，培养学生的实际操作能力，提高制单水平；为学生今后从事外贸工作，奠定坚实的基础。

【实训目标】

通过教学实训，让学生了解托收结算方式的性质和存在的风险，进一步加深对托收业务程序地理解，培养学生在防范贸易风险上的能力；熟练掌握托收方式下单证的缮制。

【实训步骤】

本教学实训要求所有学生以 5—7 人为一组，轮流担任组长，组长先充当企业单证主管对单据进行审核，实训教师充当进口商对单据进行审核。实训教师应全程对学生进行现场指导。具体操作步骤为：

◇ 实训老师首先将外贸单证的空白单据逐个进行讲解，直到学生熟悉单据上各项内容后，才进入下一个实训环节。

◇ 实训老师通过全面地阐述，使学生加深对托收的性质、存在的风险以及业务程序的理解。

◇ 在实训老师的指导下，学生能够理解英文销售合同所涉及的相关内容。

◇ 根据相关信息，学生首先制作发票和装箱单，发票、装箱单号码由学生自行确定。

◇ 根据发票、装箱单内容，制作托收项下有关单据。

◇ 按出口业务单证工作程序，确定以上所作单证的合理日期，并注意不能相互矛盾。

◇ 审核单据与信用证、合同的要求一致后，交与各小组组长，组长先审核，审核后向实训教师交单。

【课时分配】

建议本章 7 学时

【实训评价】

1. 实训考核方式：结合学生在实训期间的出勤率、实训表现、实训作业、实训小结和教师的鉴定进行综合评定。

2. 评定标准：

1）实训总成绩评定：

出勤率	实训表现	实训作业	实训小结	教师鉴定
10%	10%	60%	10%	10%

2）出勤率评定：

出满勤	缺课 2 节	缺课 4 节	缺课 6 节	缺课 8 节	缺课 12 节	缺课超过 12 节
10	9	8	6	5	3	0

3）实训表现评定：

1. 实训期间不迟到、不早退、不旷课	2
2. 实训期间学习态度认真	2
3. 实训期间有强烈的团队合作意识	2
4. 服从实训老师的安排	2
5. 保质保量完成实训任务	2

4）实训作业评定：

1. 按时完成实训作业	5
2. 单据内容填制准确	20
3. 表述规范	20
4. 实训作业书写规范	5
5. 单据清洁美观	10

5）实训小结评定：

1. 按时提交实训小结	2
2. 实训小结独立完成	2
3. 实训小结包含实训内容回顾、体会以及建议	2
4. 实训小结书写整洁	2
5. 实训小结规范	2

6）教师对学生实训表现评价：

优秀	良好	及格	不及格
10	8	6	5

第二节　托收方式下单证回顾与总结

【实训内容】

了解托收业务的性质、存在的风险以及业务程序，熟悉销售合同，能够按照合同缮制出口托收方式下的单证。

【操作步骤】

1. 托收的性质与风险

在托收业务中，由于银行只提供服务，不提供信用。既不保证付款人必须付款的责任，也无检查审核货运单据是否齐全，是否符合买卖合同的业务。因此托收方式纯属商业信用。托收业务对进口商而言是一个有利的结算方式。在付款交单方式下，既不负担风险，也不需要预垫资金。如果在承兑交单条件下，进口商在汇票上办理了承兑手续，即可取得货运单据，提走货物。对出口商而言选用托收方式，需要承担较大风险，必须谨慎从事，通常采用付款交单方式，并争取以 CIF 或 CIP 条件成交。如果采用 FOB 或 CFR 交易条件，为保障出口商的利益，可另行加保"卖方利益险"，以防万一货物遇险，进口商未投保或不付款赎单时，出口商可向保险公司索赔货物部分的损失。

2. 托收业务程序

(1) 进出口商订立国际货物买卖合同；

(2) 出口商发货、制单；

(3) 出口人填写托收申请书，向托收行提出托收申请；

(4) 托收行选定代收行后，填写托收委托书，委托代收行代为收款；

(5) 代收行接受委托后通知进口商并向其提示有关单据；

(6) 进口商验单、付款/承兑和领取单据；

(7)代收行通知托收行款已收妥，并将款项贷记托收行账户；

(8)托收行将款项交给出口人。

3. 出口托收方式下的单证缮制

信用证方式下缮制单据是以信用证条款为依据，而托收方式是以出口合同作为缮制单据的主要依据。

1）出口合同

在国际贸易中，书面合同的主要形式有销售合同（Sales Contract）和销售确认书（Sales Confirmation）。出口合同的主要内容一般包括三部分，即约首、主体和尾部。约首包括合同的名称、编号、订约日期、地点、双方当事人的名称、地址等;合同的主体包括商品名称、品质规格、数量、单价、总价、包装、运输标志、装运条款、支付方式、保险、商检、索赔、仲裁和不可抗力等;合同的尾部包括合同的份数以及双方的签字等。

实训重点

掌握销售合同和销售确认书的内容。

实训难点

(1) 能够准确地翻译出口合同。

(2) 理解销售合同和销售确认书的内容。

单据附样

(1) 销售合同样本

SALES CONTRACT

销售合同

THE SELLERS: 卖方: S/C NO.

ADDRESS: 地址: DATE:

THE BUYER: 买方:

ADDRESS: 地址:

The Seller agrees to sell and the Buyer agrees to buy the under mentioned goods on the terms and conditions stated below:

兹双方同意按下列条款由卖方出售,买方购进下列货物:

(1) NAME OF GOODS AND SPECIFICATIONS 货物名称及规格	(2) QUANTITY 数量	(3) UNIT PRICE 单价	(4) TOTAL AMOUNT 总值
TOTAL 合计			

(5) Delivery time : After the order in effect via sea freight direct to, and arriving at.

交货期: 于合同生效后 ____ 月 ____ 日前以海运形式送货到达________港口。

Final destination of Products:

最终目的地:

(6) Term of payment: By within days after the B/L date.

付款条件: 凭____ 结算, ____ 天内(以提单日期为准)付清货款。

(7) Insurance: To be covered by the seller for 110% of invoice value against all risks and war risk as per the clause of the People' Insurance Co. of China.

保险: 按发票金额110%保一切险及战争险(中国人民保险公司条款)。

(8) Quality/Quantity/Weight Discrepancy and Claim: In case the quality and/or quantity/weight are found by the Buyer not to conform with the contract after arrival of the goods at the final destination, the Buyer may lodge a claim against the seller supported by a

survey report issued by an inspection organization agreed upon by both parties with the exception of those claims for which the insurance company and/or the shipping company are to be held responsible. Claim for quality discrepancy should be filed by the Buyer within 60 days after arrival of the goods at the final destination while for quantity/weight discrepancy claim should be filed by the Buyer within 30 days after arrival of the goods at the final destination.

品质与数量,重量的异议与索赔:货到最终目的地后,买方如发现货物品质及/货数量/重量与合同规定不符,除属于保险公司货船公司的责任外,买方可以凭双方同意的检验机构出具的检验证明向卖方提出异议,品质异议须于货到最终目的地起60天内提出,数量/重量异议须于货到最终目的地起30天内提出。

(9) Force Majeure: The Seller shall not be held responsible for failure or delay in delivery of the entire or portion of the goods under this contract in consequence of any Force Majeure incidents.

人力不可抗拒:本合同内所述全部或部分商品,如因人力不可抗拒原因,使卖方不能履约或延期交货,卖方不负任何责任。

(10) Arbitration: All disputes in connection with this Contract or the execution thereof shall be settled through friendly negotiations. If no settlement can be reached, the case shall then be submitted to the Foreign Trade Arbitration Commission of the China Council for the Promotion of International Trade, Beijing, for settlement by arbitration in accordance with the Commission's Provisional Rules of Procedure. The award rendered by the Commission shall be final and binding on both parties. The arbitration expenses shall be borne by the losing party unless otherwise award by the arbitration organization.

仲裁:凡执行本合同或与合同有关事项所发生的一切争执,应由双方通过友好方式协商解决。如果不能取得协议时,应提交中国国际贸易促进会委员会对外贸易仲裁委员会,根据该仲裁委员会的仲裁程序暂行规定进行仲裁,仲裁裁决是终局的,对双方都有约束力。仲裁费用除非仲裁另有决定外,均由败诉一方承担。

THE SELLER THE BUYER

(2) 销售确认书样本

SALES CONFIRMATION

销售确认书

NO.: 09AME-1108

DATE: MAY.08, 2009

THE SELLER: JIANGSU INTERNATIONAL IMPORT & EXPORT CO., LTD.
80 ZHONGSHAN ROAD, NANJING, CHINA
FAX: 86-025-23456789 TEL: 86-025-23456789

THE BUYER: SHEMSY NEGOCE ID CORP.
75 ROUTE 96570 DARDILLY, FRANCE
FAX: 33-56-12345678 TEL: 33-56-12345678

BUYER'S ORDER NO.: FE021G

THIS SALES CONFIRMATION IS HEREBY MUTUALLY CONFIRMED, TERMS AND CONDITIONS ARE AS FOLLOWS:

NAME OF GOODS AND SPECIFICATIONS	QUANTITY	UNIT PRICE	AMOUNT
LEATHER BAGS			FOB SHANGHAI
ITEM NO. SL100	1000PCS	USD2.00/PC	USD2000.00
ITEM NO. SG120	2000PCS	USD1.50/PC	USD3000.00
ITEM NO. SF200	3000PCS	USD3.00/PC	USD9000.00
TOTAL	6000PCS		USD14000.00
SAY US DALLARS FOURTEEN THOUSAND ONLY			

PACKING: AS PER BUYER'S DEMANDS**SHIPPING MARKS**: AS PER BUYER'S DEMANDS

SHIPMENT: TO BE MADE (45 DAYS BY SEA AFTER RECEIVED 30% T/T PAYMENT) FROM CHINA PORT TO MARSEILLES,FRANCE. PARTIAL SHIPMENTS AND TRANSHIPMENT TO BE ALLOWED.

PAYMENT: 50% BY T/T, 50% D/P AT SIGHT

INSURANCE: TO BE EFFECTED BY THE SELLER FOR 110 % OF INVOICE VALUE TO COVER ALL RISK AND WAR RISK AS PER THE OCEAN MARINE CARGO CLAUSE AND WAR RISK CLAUSE OF THE PEOPLE'S INSURANCE COMPANY OF CHINA TO BE EFFECTED BY THE BUYER

SELLER: JIANGSU INTERNATIONAL IMP&EXP CORP.

BUYER: SHEMSY NEGOCE ID CORP.

JIANGSU INTERNATIONAL IMP. & EXP. CORP. LTD.

2）缮制商业发票和装箱单

商业发票简称发票,英文名称为 Commercial Invoice,是出口贸易结算单据中最主要的单据之一,也是对货物项目和装货状况的总说明。商业发票作为全套出口单据的中心单据,缮制得最早,其他单据都根据其内容来缮制。

装箱单,英文名称为 Packing List,是指记载或描述货物内在详细包装情况的单据。它是商业发票的附属单据,也是货运单据中的一项重要单据。

实训重点:学会缮制商业发票和装箱单

实训难点:

(1) 商业发票的抬头人名称。当采用托收方式时,填写合同买方的名称和地址。

(2) 装箱单一般不显示货物的单价和总价。因为进口商把货物转售给第三者时,只要交付包装单和货物,不愿泄露其购买成本。

单据附样

(1) 商业发票

<table>
<tr><td colspan="6">GREAT WALL TRADING CO. ,LTD
ROOM 201 HUASHENG BUILDING NINGBO P. R. CHINA
TEL: 0086－574－24704016　FAX: 0086－574－24691619</td></tr>
<tr><td colspan="6">COMMERCIAL INVOICE</td></tr>
<tr><td rowspan="4">To:</td><td rowspan="4" colspan="3"></td><td>Invoice NO. :</td><td></td></tr>
<tr><td>Invoice Date:</td><td></td></tr>
<tr><td>S/C NO. :</td><td></td></tr>
<tr><td>S/C Date:</td><td></td></tr>
<tr><td>From:</td><td colspan="2"></td><td colspan="3">To:</td></tr>
<tr><td>Letter of Credit NO. :</td><td></td><td>Issued By:</td><td colspan="3"></td></tr>
<tr><td>Date of Issue:</td><td></td><td></td><td colspan="3"></td></tr>
<tr><td>Marks and Numbers</td><td>Number and kind of package
Description of goods</td><td>Quantity</td><td>Unit Price</td><td colspan="2">Amount</td></tr>
<tr><td></td><td></td><td></td><td></td><td colspan="2"></td></tr>
<tr><td colspan="4">TOTAL:</td><td colspan="2"></td></tr>
<tr><td>SAY TOTAL:</td><td colspan="5"></td></tr>
<tr><td colspan="6">FOR AND ON BEHALF OF:
ZHEJIANG JINYUAN IMPORT AND EXPORT CO. , LTD.
(Signature)</td></tr>
</table>

（2）装箱单

<table>
<tr><td colspan="5">GREAT WALL TRADING CO. ,LTD
ROOM 201 HUASHENG BUILDING NINGBO P. R. CHINA
TEL: 0086－574－24704016　FAX: 0086－574－24691619</td></tr>
<tr><td colspan="5">PACKING LIST</td></tr>
<tr><td rowspan="4">To:</td><td rowspan="4" colspan="2"></td><td>Invoice NO. :</td><td></td></tr>
<tr><td>Invoice Date:</td><td></td></tr>
<tr><td>S/C NO. :</td><td></td></tr>
<tr><td>S/C Date:</td><td></td></tr>
<tr><td>From:</td><td></td><td>To:</td><td colspan="2"></td></tr>
<tr><td>Letter of Credit NO. :</td><td></td><td>Issued By:</td><td colspan="2"></td></tr>
<tr><td>Date of Issue:</td><td></td><td></td><td colspan="2"></td></tr>
</table>

续表

<table>
<tr><td>Marks and Numbers</td><td>Number and kind of package
Description of goods</td><td>Quantity</td><td>Package</td><td>G. W</td><td>N. W</td><td>Meas.</td></tr>
<tr><td></td><td></td><td></td><td></td><td></td><td></td><td></td></tr>
<tr><td colspan="2">Total:</td><td></td><td></td><td></td><td></td><td></td></tr>
<tr><td>SAY TOTAL:</td><td colspan="6"></td></tr>
<tr><td colspan="7">FOR AND ON BEHALF OF:
ZHEJIANG JINYUAN IMPORT AND EXPORT CO., LTD.</td></tr>
</table>

3）填制海运提单

海运提单,英文名称为 Marine Bill of Lading 或 Ocean Bill of Lading，简称 B/L,是承运人或其代理人签发给托运人证明货物表面状况良好的、已收到或已装上指定的船只,负责运载到达指定目的港,交给指定收货人的一种货权凭证。

实训重点：学会填制海运提单。

实训难点：

(1) 托收方式中海运提单的“收货人”抬头应做成“TO ORDER”或“TO ORDER OF SHIPPER”。

(2)“通知人”一栏,要详细列出进口商的名称和地址,以便承运人到货时及时通知。

(3) 运费支付一般根据成交的价格条件分为两种：若在 CIF 和 CFR 条件下,则注明“Freight Prepaid”；FOB 条件下则填“Freight Collect”。

单据附样

<table>
<tr><td colspan="2">Shipper Insert Name, Address and Phone</td><td rowspan="4"></td><td>B/L NO.</td></tr>
<tr><td colspan="2"></td><td rowspan="3">中远集装箱运输有限公司
COSCO CONTAINER LINES
TLX: 33057 COSCO CN
FAX: +86(021) 6545 8984
ORIGINAL</td></tr>
<tr><td colspan="2">Consignee Insert Name, Address and Phone</td></tr>
<tr><td colspan="2"></td></tr>
<tr><td colspan="2">Notify Party Insert Name, Address and Phone
(It is agreed that no responsibility shall attach to the Carrier or his agents for failure to notify)</td><td colspan="2" rowspan="4">Port-to-Port or Combined Transport
BILL OF LADING
RECEIVED in external apparent good order and condition except as other-Wise noted. The total number of packages or unites stuffed in the container, The description of the goods and the weights shown in this Bill of Lading are furnished by the Merchants, and which the carrier has no reasonable means of checking and is not a part of this Bill of Lading contract. The carrier has issued the number of Bills of Lading stated below, all of this tenor and date, One of the original Bills of Lading must be surrendered and endorsed or signed against the delivery of the shipment and whereupon any other original bills of Lading shall be void. The Merchants agree to be bound by the terms and conditions of this Bill of Lading as if each had personally signed this Bill of Lading. SEE clause 4 on the back of this Bill of Lading (Terms continued on the back hereof, please read carefully). * Applicable Only When Document Used as a Combined Transport Bill of Lading.</td></tr>
<tr><td>Combined Transport*
Pre-carriage by</td><td>Combined Transport*
Place of Receipt</td></tr>
<tr><td>Ocean Vessel NO.</td><td>Port of Loading</td></tr>
<tr><td>Port of Discharge</td><td>Combined Transport*</td></tr>
</table>

续表

<table>
<tr><td rowspan="2">Marks & Nos.
Container/
Seal NO.</td><td rowspan="2">NO. of Containers
or Packages</td><td>Description of Goods
(If Dangerous Goods, See Clause 20)</td><td>Gross Weight</td><td colspan="3">Measurement</td></tr>
<tr><td colspan="5">Description of Contents for Shipper's Use Only (Not part of This B/L Contract)</td></tr>
<tr><td colspan="7">Total Number of containers and/or packages (in words)</td></tr>
<tr><td rowspan="2">Freight & Charges
Declared Value Charge</td><td>Revenue Tons</td><td>Rate</td><td>Per</td><td>Prepaid</td><td colspan="2">Collect</td></tr>
<tr><td></td><td></td><td></td><td></td><td colspan="2"></td></tr>
<tr><td>Ex. Rate:</td><td>Prepaid at</td><td>Payable at</td><td colspan="4">Place and date of issue</td></tr>
<tr><td></td><td>Total Prepaid</td><td>NO. of Original B(s)/L</td><td colspan="4">Signed for the Carrier, COSCO CONTAINER LINES
* * * *</td></tr>
</table>

LADEN ON BOARD THE VESSEL:

DATE: BY COSCO CONTAINER LINES

4）填制出口货物报关单

出口货物报关单是向海关申报出口货物及海关凭其验关放行的重要单据，也是海关总署对我国出口货物汇总统计的原始资料。不同合同的货物不能填报在一份报关单上。申报人于装船前 24 小时前向海关申报。

实训重点：学会填制报关单。

实训难点：报关单中备案号、运费、保费、杂费的填制。

单据附样

中华人民共和国海关出口货物报关单

预录入编号　　　　　　　　　　　　　　　　　　　　海关编号

<table>
<tr><td>出口口岸</td><td colspan="2">备案号</td><td colspan="2">出口日期</td><td colspan="2">申报日期</td></tr>
<tr><td>经营单位</td><td>运输方式</td><td colspan="3">运输工具名称</td><td colspan="2">提运单号</td></tr>
<tr><td>发货单位</td><td>贸易方式</td><td colspan="3">征免性质</td><td colspan="2">结汇方式</td></tr>
<tr><td>许可证号</td><td>运抵(国地区)</td><td colspan="3">指运港</td><td colspan="2">境内货源地</td></tr>
<tr><td>批准文号</td><td>成交方式</td><td>运费</td><td colspan="2">保费</td><td colspan="2">杂费</td></tr>
<tr><td>合同协议号</td><td>件数</td><td>包装种类</td><td colspan="2">毛重(公斤)</td><td colspan="2">净重(公斤)</td></tr>
<tr><td>集装箱号</td><td colspan="4">随附单据</td><td colspan="2">生产厂家</td></tr>
<tr><td colspan="7">标记号码及备注</td></tr>
</table>

项号	商品编号	商品名称	规格型号	数量及单位	最终目的地国(地区)	单价	总价	币制	征免

续表

<table>
<tr><td></td><td></td><td></td><td></td><td></td><td></td><td></td><td></td><td></td><td></td></tr>
<tr><td></td><td></td><td></td><td></td><td></td><td></td><td></td><td></td><td></td><td></td></tr>
<tr><td colspan="10">税费征收情况</td></tr>
<tr><td colspan="2">录入员　　录入单位</td><td colspan="4" rowspan="2">兹声明以上申报无讹并承担法律责任</td><td colspan="4">海关单批注及放行日期(签章)
审单
审价</td></tr>
<tr><td colspan="2">报关员</td><td colspan="4">征税
统计</td></tr>
<tr><td colspan="6">申报单位(签章)
单位地址
邮编　　电话　　填制日期</td><td colspan="4">查验
放行</td></tr>
</table>

5）填制保险单

保险单,英文名称为 Insurance Policy，俗称大保单,是使用最广泛的一种保险单据。它是保险人根据被保险人的要求,表示已经接受承保责任而出具的一种独立文件。

实训重点：学会填制保险单。

实训难点：

（1）弄清保险金额与发票金额区别。保险金额一般按发票金额加上投保加成后的金额填写。

（2）保险金额计算原则为“进一取整”。

（3）投保险别应按照合同所规定的进行填写。

单据附样

平安保险股份有限公司

PING AN INSURANCE COMPANY OF CHINA, LTD.

NO. 1000005959　　货 物 运 输 保 险 单

CARGO TRANPORTATION INSURANCE POLICY

被保险人：

Insured

中国平安保险股份有限公司根据被保险人的要求及其所交付约定的保险费,按照本保险单背面所载条款与下列特别条款承保下述货物运输保险,特签发本保险单。

This Policy of Insurance witnesses that PING AN INSURANCE COMPANY OF CHINA, LTD., at the request of the Insured and in consideration of the agreed premium paid by the Insured, undertakes to insure the undermentioned goods in transportation subject to the conditions of Policy as per the clauses printed overleaf and other special clauses attached hereon.

保单号
Policy NO.

赔款偿付地点
Claim Payable at

发票或提单号
Invoice NO. or B/L NO.

运输工具
per conveyance S. S.

查勘代理人
Survey By:

起运日期 自 至
Slg. on or abt. From To

保险金额
Amount Insured

保险货物项目、标记、数量及包装:
Description, Marks, Quantity & Packing of Goods:

承保条件
Conditions:

签单日期
Date:

For and on behalf of

PING AN INSURANCE COMPANY OF CHINA, LTD.

6）填制一般原产地证书和普惠制原产地证书

一般原产地证书,英文名称为 Certificate of Origin, 简称 C/O,是由出口国政府有关机构签发的一种证明货物的原产地或制造地的法律文件。一般原产地证书一般由中华人民共和国出入境检验检疫局或中国国际贸易促进委员会签发。

普惠制原产地证书,英文名称为 Generalized System of Preferences, Certificate of Origin Form A, 又称 G. S. P 证书或 FORM A 证书,是一种受惠国有关机构就本国出口商品向给惠国出口受惠商品而签发的用以证明原产地的证明文件。普惠制原产地证书一般由中华人民共和国出入境检验检疫局签发。

实训重点:学会填制一般原产地证书和普惠制产地证书。

实训难点:

(1) 应注意一般原产地证书收货人这一栏应显示本批货物最终目的地收货人的名称、地址和国别。普惠制原产地证书收货人这一栏显示本批货物最终目的地给惠国收货人的名称、地址和国别。不可将中间商的名称填入此栏,收货人应是在给惠国。

(2) 对含有进口成分的商品,原产地标准应选择正确代码填报。

单据附样

(1) 一般原产地证书

<table>
<tr><td colspan="3">1. Exporter</td><td colspan="3" rowspan="2">Certificate NO.
CERTIFICATE OF ORIGIN OF
THE PEOPLE'S REPUBLIC OF CHINA</td></tr>
<tr><td colspan="3">2. Consignee</td></tr>
<tr><td colspan="3">3. Means of transport and route</td><td colspan="3" rowspan="2">5. For certifying authority use only</td></tr>
<tr><td colspan="3">4. Country/region of destination</td></tr>
<tr><td>6. Marks and numbers</td><td>7. Number and kind of packages; description of goods</td><td>8. H. S code</td><td>9. Quantity</td><td colspan="2">10. Number and date of invoice</td></tr>
<tr><td></td><td></td><td></td><td></td><td colspan="2"></td></tr>
<tr><td colspan="3">11. Declaration by the exporter
The undersigned hereby declares that the above details and statements are correct; that all the goods were produced in china and that they comply with the rules of origin of the people's republic of china.

Place and date, signature and stamp of certifying authority</td><td colspan="3">12. Certification
It is hereby certified that the declaration by the exporter is correct.

Place and date, signature and stamp of certifying authority</td></tr>
</table>

（2）普惠制原产地证书

<table>
<tr><td colspan="3">1. goods consigned from (Exporter's name, address, country)</td><td colspan="3" rowspan="2">Reference NO.
GENERALIZED SYSTEM OF PREFERENCES
CERTIFICATE ORIGIN
(combined declaration and certificate)
FORM A
Issued in THE PEOPLE'S REPUBLIC OF CHINA
(COUNTRY)</td></tr>
<tr><td colspan="3">2. goods consigned to (Consignee's name, address, country)</td></tr>
<tr><td colspan="3">3. Means of transport and route (as far as known)</td><td colspan="3">4. For official use</td></tr>
<tr><td>5. Item number</td><td>6. Marks and numbers</td><td>7. Number and kind of packages; description of goods</td><td>8. Origin criterion (see notes overleaf)</td><td>9. Gross weight or other Quantity</td><td>10. Number and date of invoice</td></tr>
<tr><td colspan="3">11. Certification
It is hereby certified, on the basis of control out, that the declaration by the exporter is correct.

Place and date, signature and stamp of certifying authority</td><td colspan="3">12. Declaration by the exporter
The undersigned hereby declares that the above details and statements are correct; that all the goods were produced in ____CHINA____ and that they comply with the origin requirements specified for those goods in the generalized system of preferences for goods exported to
----
(importing country)

Place and date, signature and stamp of certifying authority</td></tr>
</table>

7）填制汇票

汇票，英文名称为 Bill of Exchange，简称 Bill 或 Draft，是一个人向另一个人签发的无条件书面支付命令，要求付款人在见票时或在指定日期无条件支付确定金额给收款人或持票人的票据。它是一种有价证券，是国际贸易结算中使用最为广泛的票据之一。

实训重点：学会填制汇票。

实训难点：

（1）托收项下出票人、抬头人及付款人的名称和地址要正确。

（2）汇票付款期限，应根据托收委托申请书的要求缮制。如为即期付款交单，在汇票付款期限中填写“D/P at Sight”；如为远期付款交单，则填写“D/P xx days sight”；如为远期承兑交单，填写“D/A xx days sight”。

单据附样

凭
Drawn under ____________________ Irrevocable L/C NO. ______________

日期
Dated ________支取 Payable with interest @ ______% ________按________息________付款

号码　　　　　　　　　　　　　汇　票　金　额　　　　　　　　　　　南京　　年　月　日
NO.：________Exchange for ______________________　　　　Nanjing ____________

见票　　　　　　　　　　　　　　　　　　　　　　日　后（本　汇　票　之　副　本　未付）
At ________ Sight of this FIRST of Exchange (Second of exchange being unpaid)

pay to the order of ____________________或其指定人

付金额
The sum of ______________________________________

此致
To ------------------------------

8）审核结汇单据

托收项下的一套结汇单据制成后，需要对单据进行审核。针对单套单据可采用两种审单方法：

（1）纵横审单法

首先以合同与出口单据中的发票进行自上而下、逐字逐句的核对，再将其他单据与合同的有关条款核对，这叫做纵向审单。完成纵向审单之后，再以发票为中心与其他单据进行核对，特别注意相同的项目是否相一致，这就是横向审单。这种方法概括为纵横审单法。

（2）先数字后纵横审单法

在单据的数量比较集中时，可以先将各种单据的所有数字，如单价、总价、数量、毛净重、尺码、包装件数等数据进行全面的复核，然后再采用纵横审单法对其他内容进行审核。

实训重点：学会审核缮制完毕的结汇单据。

实训难点：掌握结汇单据的审查要求。

第三节 实训练习

练习 根据下列合同及资料缮制单据。有关资料如下：

该批货物于2006年12月12日被装上LANJING V.0123号轮，货物所使用的纸箱，每个纸箱毛重16.2 KGS，净重16 KGS，总共6 250个纸箱，体积0.6X0.5X0.4CBM 商品编码为0810.1000。

CONTRACT OF STRAWBERRIES

NO.：20041201 YL

DATE：NOV.1，2006

A. PARTIES CONCERNED IN THIS CONTRACT

THE SELLER：ZHANGJIAGANG HUIYUAN FOODS CO. LTD.

102－1 GREEN GARDEN ZHANGJIAGANG CHINA

THE BUYER：FRUIT INTERNATIONAL PRODUCE LTD.

2102 BRIGHT STREET，LEDBURY HRT 1J，SOUTH AFRICA.

THE SELLER CAN USE AN EXPORT AGENT FOR EXPORTING THE GOODS UNDER THIS CONTRACT

THIS CONTRACT IS MADE BY AND BETWEEN THE SELLER AND THE BUYER，WHERE THE BUYER AGREE TO BUY AND THE SELLER AGREE TO SELL THE STRAWBERRIES SUBJECT TO THE TERMS AND CONDITIONS STIPULATED AS BELOW：

B. GOODS UNDER THIS CONTRACT

IQF（INDIVIDUALLY QUICK FROZEN）CHINESE STRAWBERRIES

C. DESCRIPTION OF GOODS

ALL STRAWBERRIES ARE OF CHINESE ORIGIN，VARIETIES ARE AMERICAN 6，THE STRAWBERRIES TO BE RED INSIDE AND OUTSIDE，STRAWBERRIES ARE CLEANLY WASHED，CAREFULLY SORTED，WITHOUT MOLDED STRAWBERRIES，WITHOUT ROTTEN STRAWBERRIES，WITHOUT OVERRIPE STRAWBERRIES

D. PRICE OF THE STRAWBERRIES：AT USD720/MT CFR CAPETOWN SOUTH AFRICA

E. QUANTITIES OF THE GOODS：100MT

F. AMOUNTS OF THIS CONTRACT：

THE TOTAL AMOUNTS IS USD72000.00 ONLY（SAY US DOLLARS SEVENTY TWO THOUSAND ONLY）.

10% MORE OR LESS IN AMOUNTS IS ALLOWED.

G. SHIPMENT：FROM NANJING TO CAPETOWN，SOUTH AFRICA ON DEC 12，2006

H. STANDARD ANALYTICAL DATA OF STRAWBERRY：

COLOR：FINE REGULAR RED STRAWBERRIES COLOR

UNRIPE FRUITS：MAX 2% BY WEIGHT

LEAVES：MAXIMUM 2 PER 10 KILOS.

ICE CRYSTALS ARE NOT ALLOWED AT THE OUTSIDE OF THE IQF STRAWBERRIES.

I. PAYMENT TERMS: D/P AT 60 DAYS PAY TO THE ORDER OF BANK OF CHINA, NANJING, JIANGSU, BRANCH.

THE BUYER: THE SELLER:

FRUIT INTERNATIONAL PRODUCE LTD. ZHANGJIAGANG HUIYUAN FOODS CO. LTD. SOUTH AFRICA

AUTHORIZED SIGNATURE AUTHORIZED SIGNATURE

MR. ALFO MORELLI MISS 李眉

空白单据如下:

(1) 商业发票

<table>
<tr><td colspan="6">COMMERCIAL INVOICE</td></tr>
<tr><td rowspan="4">To:</td><td rowspan="4" colspan="3"></td><td>Invoice NO.:</td><td></td></tr>
<tr><td>Invoice Date:</td><td></td></tr>
<tr><td>S/C NO.:</td><td></td></tr>
<tr><td>S/C Date:</td><td></td></tr>
<tr><td>From:</td><td colspan="2"></td><td>To:</td><td colspan="2"></td></tr>
<tr><td>Letter of Credit NO.:</td><td colspan="2"></td><td>Issued By:</td><td colspan="2"></td></tr>
<tr><td>Date of Issue:</td><td colspan="2"></td><td></td><td colspan="2"></td></tr>
<tr><td>Marks and Numbers</td><td>Number and kind of package
Description of goods</td><td>Quantity</td><td>Unit Price</td><td colspan="2">Amount</td></tr>
<tr><td></td><td></td><td></td><td></td><td colspan="2"></td></tr>
<tr><td colspan="2">TOTAL:</td><td></td><td></td><td colspan="2"></td></tr>
<tr><td>SAY TOTAL:</td><td colspan="5"></td></tr>
<tr><td colspan="6">FOR AND ON BEHALF OF:
(Signature)</td></tr>
</table>

(2) 装箱单

PACKING LIST			
To:		Invoice NO.:	
		Invoice Date:	
		S/C NO.:	
		S/C Date:	
From:		To:	
Letter of Credit NO.:		Issued By:	
Date of Issue:			

Marks and Numbers	Number and kind of package Description of goods	Quantity	Package	G. W	N. W	Meas.
	TOTAL:					
SAY TOTAL:						
FOR AND ON BEHALF OF:						
(Signature)						

（3）一般原产地证书

1. Exporter	Certificate NO. **CERTIFICATE OF ORIGIN OF THE PEOPLE'S REPUBLIC OF CHINA**
2. Consignee	
3. Means of transport and route	5. For certifying authority use only
4. Country/region of destination	

6. Marks and numbers	7. Number and kind of packages; description of goods	8. H. S code	9. Quantity	10. Number and date of invoice

续表

11. Declaration by the exporter The undersigned hereby declares that the above details and statements are correct; that all the goods were produced in china and that they comply with the rules of origin of the people's republic of china. -- Place and date, signature and stamp of certifying authority	12. Certification It is hereby certified that the declaration by the exporter is correct. -- Place and date, signature and stamp of certifying authority

（4）海运提单

<table>
<tr><td colspan="2">Shipper Insert Name, Address and Phone</td><td rowspan="4" colspan="2"></td><td colspan="2">B/L NO.</td></tr>
<tr><td colspan="2"></td><td colspan="2">中远集装箱运输有限公司
COSCO CONTAINER LINES
TLX: 33057 COSCO CN
FAX: +86(021) 6545 8984
ORIGINAL</td></tr>
<tr><td colspan="2">Consignee Insert Name, Address and Phone</td><td colspan="2" rowspan="2"></td></tr>
<tr><td colspan="2"></td></tr>
<tr><td colspan="2">Notify Party Insert Name, Address and Phone
(It is agreed that no responsibility shall attach to the Carrier or his agents for failure to notify)</td><td colspan="4" rowspan="4">Direct or Transshipment
BILL OF LADING
RECEIVED in external apparent good order and condition except as other-Wise noted. The total number of packages or unites stuffed in the container, The description of the goods and the weights shown in this Bill of Lading are furnished by the Merchants, and which the carrier has no reasonable means of checking and is not a part of this Bill of Lading contract. The carrier has issued the number of Bills of Lading stated below, all of this tenor and date, One of the original Bills of Lading must be surrendered and endorsed or signed against the delivery of the shipment and whereupon any other original bills of Lading shall be void. The Merchants agree to be bound by the terms and conditions of this Bill of Lading as if each had personally signed this Bill of Lading. SEE clause 4 on the back of this Bill of Lading (Terms continued on the back hereof, please read carefully). * Applicable Only When Document Used as a Combined Transport Bill of Lading.</td></tr>
<tr><td>Pre-carriage by</td><td>Place of Receipt</td></tr>
<tr><td>Ocean Vessel NO.</td><td>Port of Loading</td></tr>
<tr><td>Port of Discharge</td><td>Final Destination</td></tr>
</table>

<table>
<tr><td rowspan="2">Marks & Nos.
Container/
Seal NO.</td><td rowspan="2">NO. of Containers or Packages</td><td>Description of Goods
(If Dangerous Goods, See Clause 20)</td><td>Gross Weight</td><td>Measurement</td></tr>
<tr><td colspan="3">Description of Contents for Shipper's Use Only (Not part of This B/L Contract)</td></tr>
<tr><td colspan="5">Total Number of containers and/or packages (in words)</td></tr>
</table>

<table>
<tr><td>Freight & Charges</td><td>Revenue Tons</td><td>Rate</td><td>Per</td><td>Prepaid</td><td>Collect</td></tr>
<tr><td>Declared Value Charge</td><td></td><td></td><td></td><td></td><td></td></tr>
</table>

<table>
<tr><td>Ex. Rate:</td><td>Prepaid at</td><td>Payable at</td><td>Place and date of issue</td></tr>
<tr><td rowspan="2"></td><td>Total Prepaid</td><td rowspan="2">NO. of Original B(s)/L</td><td rowspan="2">Signed for the Carrier, COSCO CONTAINER LINES
* * * *</td></tr>
<tr><td></td></tr>
</table>

LADEN ON BOARD THE VESSEL:

DATE: BY COSCO CONTAINER LINES

(5) 保险单

平安保险股份有限公司

PING AN INSURANCE COMPANY OF CHINA, LTD.

NO. 1000005959

货 物 运 输 保 险 单

CARGO TRANPORTATION INSURANCE POLICY

被保险人:
Insured

中国平安保险股份有限公司根据被保险人的要求及其所交付约定的保险费,按照本保险单背面所载条款与下列特别条款,承保下述货物运输保险,特签发本保险单。

This Policy of Insurance witnesses that PING AN INSURANCE COMPANY OF CHINA, LTD., at the request of the Insured and in consideration of the agreed premium paid by the Insured, undertakes to insure the undermentioned goods in transportation subject to the conditions of Policy as per the clauses printed overleaf and other special clauses attached hereon.

保单号
Policy NO.

赔款偿付地点
Claim Payable at

发票或提单号
Invoice NO. or B/L NO.

运输工具
per conveyance S. S.

查勘代理人
Survey By:

起运日期 Slg. on or abt.　自 From　至 To

保险金额
Amount Insured

保险货物项目、标记、数量及包装:
Description, Marks, Quantity & Packing of Goods:

承保条件
Conditions:

签单日期
Date:

For and on behalf of
PING AN INSURANCE COMPANY OF CHINA, LTD.

(6) 汇票

凭
Drawn under ______________ Irrevocable L/C NO. __________
日期
Dated ________ 支取 Payable with interest @ ______ % ______ 按 ______ 息 ______ 付款
号码　　　　汇　票　金　额　　　　南京　年　月　日
NO.: ________ Exchange for　　　　Nanjing __________
见票　　　　日　后(本　汇　票　之　副　本　未付)
At __________ Sight of this FIRST of Exchange (Second of exchange being unpaid) pay to the order of
______________ 或其指定人
付金额
The sum of
此致
To ______________
____

第四节　课外练习

练习　根据以下售货确认书及有关交易条件缮制单据：

SALES CONFIRMATION

NO.: 03CAN-1108
DATE: NOV.08, 2005

THE SELLER: JIANGSU INTERNATIONAL IMPORT & EXPORT CO., LTD.
80 ZHONGSHAN ROAD, NANJING, CHINA
FAX: 86-025-23456789　TEL: 86-025-23456789

THE BUYER: SHEMSY NEGOCE ID CORP.
75 ROUTE 96570 DARDILLY, FRANCE
FAX: 33-56-12345678　TEL: 33-56-12345678
BUYER'S ORDER NO.: FE021G

THIS SALES CONFIRMATION IS HEREBY MUTUALLY CONFIRMED, TERMS AND CONDITIONS ARE AS FOLLOWS:

NAME OF GOODS AND SPECIFICATIONS	QUANTITY	UNIT PRICE	AMOUN
TMEN'S BRIEFCASE			FOB SHANGHAI
ITEM NO. A1753-2	1000PCS	USD2.00/PC	USD2000.00
ITEM NO. D1753-2	2000PCS	USD1.50/PC	USD3000.00
ITEM NO. E1753-2	3000PCS	USD3.00/PC	USD9000.00
TOTAL	6000PCS		USD14000.00
SAY US DALLARS FOURTEEN THOUSAND ONLY			

PACKING: EACH PC PER PILYBAG, 5PCS PER CARTON
SHIPPING MARKS: S.N.I.
CTN NO.1-1200

MADE IN CHINA

TIME OF SHIPMENT: AT OR BEFORE THE END OF NOV, 2005

LOADING PORT & DESTINATION: FROM CHINA PORT TO MARSEILLES, FRANCE. PARTIAL SHIPMENTS AND TRANSHIPMENT TO BE ALLOWED.

TERMS OF PAYMENT: BY D/P AT SIGHT

INSURANCE: TO BE EFFECTED BY THE SELLER FOR 110 % OF INVOICE VALUE TO COVER ALL RISK AND WAR RISK AS PER THE OCEAN MARINE CARGO CLAUSE AND WAR RISK CLAUSE OF THE PEOPLE'S INSURANCE COMPANY OF CHINA TO BE EFFECTED BY THE BUYER

THE SELLER: JIANGSU INTERNATIONAL IMP&EXP CORP. THE BUYER: SHEMSY NEGOCE ID CORP.

王 星 GUNNER

合同号为03CAN－1108 项下的有关交易条件:

提运单号:ESHON9952665608;装运日期:2005 年 11 月 21 日;运输工具名称:PACIFIC BREEIZ V. S107;普惠制原产地证明书号:3604798;商品编码:86121816;总箱数:360CTNS;代收行:THE AICHI BANK,LTD;托收行:BANK OF CHINA NANJING, JIANGSU BRANCH

空白单据如下:

(1) 商业发票

<table>
<tr><td colspan="6"></td></tr>
<tr><td colspan="6">COMMERCIAL INVOICE</td></tr>
<tr><td rowspan="4">To:</td><td colspan="3" rowspan="4"></td><td>Invoice NO.:</td><td></td></tr>
<tr><td>Invoice Date:</td><td></td></tr>
<tr><td>S/C NO.:</td><td></td></tr>
<tr><td>S/C Date:</td><td></td></tr>
<tr><td>From:</td><td colspan="2"></td><td>To:</td><td colspan="2"></td></tr>
<tr><td>Letter of Credit NO.:</td><td colspan="2"></td><td>Issued By:</td><td colspan="2"></td></tr>
<tr><td>Date of Issue:</td><td colspan="2"></td><td></td><td colspan="2"></td></tr>
<tr><td>Marks and Numbers</td><td>Number and kind of package Description of goods</td><td>Quantity</td><td colspan="2">Unit Price</td><td>Amount</td></tr>
<tr><td></td><td></td><td></td><td colspan="2"></td><td></td></tr>
<tr><td colspan="2">TOTAL:</td><td></td><td colspan="2"></td><td></td></tr>
<tr><td>SAY TOTAL</td><td colspan="5"></td></tr>
<tr><td colspan="6">FOR AND ON BEHALF OF:
(Signature)</td></tr>
</table>

（2）装箱单

<table>
<tr><td colspan="8">PACKING LIST</td></tr>
<tr><td rowspan="4">To：</td><td colspan="4" rowspan="4"></td><td>Invoice NO.：</td><td colspan="2"></td></tr>
<tr><td>Invoice Date：</td><td colspan="2"></td></tr>
<tr><td>S/C NO.：</td><td colspan="2"></td></tr>
<tr><td>S/C Date：</td><td colspan="2"></td></tr>
<tr><td>From：</td><td colspan="3"></td><td>To：</td><td colspan="3"></td></tr>
<tr><td colspan="2">Letter of Credit NO.：</td><td colspan="2" rowspan="2"></td><td>Issued By：</td><td colspan="3" rowspan="2"></td></tr>
<tr><td colspan="2">Date of Issue：</td><td></td></tr>
<tr><td>Marks and Numbers</td><td>Number and kind of package
Description of goods</td><td>Quantity</td><td>Package</td><td>G. W</td><td>N. W</td><td>Meas.</td><td></td></tr>
<tr><td></td><td></td><td></td><td></td><td></td><td></td><td></td><td></td></tr>
<tr><td colspan="2">TOTAL：</td><td></td><td></td><td></td><td></td><td></td><td></td></tr>
<tr><td>SAY TOTAL：</td><td colspan="7"></td></tr>
<tr><td colspan="8">FOR AND ON BEHALF OF：

(Signature)</td></tr>
</table>

（3）普惠制原产地证书

<table>
<tr><td colspan="3">1. goods consigned from (Exporter's name, address, country)</td><td colspan="3" rowspan="2">Reference NO.
GENERALIZED SYSTEM OF PREFERENCES
CERTIFICATE ORIGIN
(combined declaration and certificate)
FORM A
Issued in THE PEOPLE'S REPUBLIC OF CHINA
(COUNTRY)</td></tr>
<tr><td colspan="3">2. goods consigned to (Consignee's name, address, country)</td></tr>
<tr><td colspan="3">3. Means of transport and route (as far as known)</td><td colspan="3">4. For official use</td></tr>
<tr><td>5. Item number</td><td>6. Marks and numbers</td><td>7. Number and kind of packages; description of goods</td><td>8. Origin criterion (see notes overleaf)</td><td>9. Gross weight or other Quantity</td><td>10. Number and date of invoices</td></tr>
</table>

续表

11. Certification	12. Declaration by the exporter
It is hereby certified, on the basis of control out, that the declaration by the exporter is correct. -- Place and date, signature and stamp of certifying authority	The undersigned hereby declares that the above details and statements are correct; that all the goods were produced in CHINA and that they comply with the origin requirements specified for those goods in the generalized system of preferences for goods exported to -- (importing country) -- Place and date, signature and stamp of certifying authority

（4）海运提单

<table>
<tr><td colspan="2">Shipper Insert Name, Address and Phone</td><td rowspan="4"></td><td>B/L NO.</td></tr>
<tr><td colspan="2"></td><td rowspan="3">中远集装箱运输有限公司
COSCO CONTAINER LINES
TLX: 33057 COSCO CN
FAX: +86(021) 6545 8984
ORIGINAL</td></tr>
<tr><td colspan="2">Consignee Insert Name, Address and Phone</td></tr>
<tr><td colspan="2"></td></tr>
<tr><td colspan="2">Notify Party Insert Name, Address and Phone
(It is agreed that no responsibility shall attach to the Carrier or his agents for failure to notify)</td><td colspan="2" rowspan="8">Direct or Transshipment
<u>BILL OF LADING</u>
RECEIVED in external apparent good order and condition except as other-Wise noted. The total number of packages or unites stuffed in the container, The description of the goods and the weights shown in this Bill of Lading are furnished by the Merchants, and which the carrier has no reasonable means of checking and is not a part of this Bill of Lading contract. The carrier has issued the number of Bills of Lading stated below, all of this tenor and date, One of the original Bills of Lading must be surrendered and endorsed or signed against the delivery of the shipment and whereupon any other original bills of Lading shall be void. The Merchants agree to be bound by the terms and conditions of this Bill of Lading as if each had personally signed this Bill of Lading. SEE clause 4 on the back of this Bill of Lading (Terms continued on the back hereof, please read carefully). *Applicable Only When Document Used as a Combined Transport Bill of Lading.</td></tr>
<tr><td colspan="2"></td></tr>
<tr><td>Pre - carriage by</td><td>Place of Receipt</td></tr>
<tr><td></td><td></td></tr>
<tr><td>Ocean Vessel NO.</td><td>Port of Loading</td></tr>
<tr><td></td><td></td></tr>
<tr><td>Port of Discharge</td><td>Final Destination</td></tr>
<tr><td></td><td></td></tr>
</table>

<table>
<tr><td>Marks & Nos.
Container/
Seal NO.</td><td>NO. of Containers
or Packages</td><td>Description of Goods
(If Dangerous Goods,
See Clause 20)</td><td>Gross Weight</td><td>Measurement</td></tr>
<tr><td rowspan="2"></td><td rowspan="2"></td><td></td><td></td><td></td></tr>
<tr><td colspan="3">Description of Contents for Shipper's Use Only
(Not part of This B/L Contract)</td></tr>
<tr><td colspan="5">Total Number of containers and/or packages (in words)</td></tr>
</table>

<table>
<tr><td>Freight & Charges</td><td>Revenue Tons</td><td>Rate</td><td>Per</td><td>Prepaid</td><td>Collect</td></tr>
<tr><td></td><td rowspan="4"></td><td rowspan="4"></td><td rowspan="4"></td><td rowspan="4"></td><td rowspan="4"></td></tr>
<tr><td>Declared Value Charge</td></tr>
<tr><td></td></tr>
</table>

续表

Ex. Rate:	Prepaid at	Payable at	Place and date of issue
	Total Prepaid	NO. of Original B(s)/L	Signed for the Carrier, COSCO CONTAINER LINES
			* * * *

（5）保险单

平安保险股份有限公司

PING AN INSURANCE COMPANY OF CHINA, LTD.

NO. 1000005959　　货物运输保险单

CARGO TRANPORTATION INSURANCE POLICY

被保险人：
Insured

中国平安保险股份有限公司根据被保险人的要求及其所交付约定的保险费，按照本保险单背面所载条款与下列特别条款，承保下述货物运输保险，特签发本保险单。

This Policy of Insurance witnesses that PING AN INSURANCE COMPANY OF CHINA, LTD., at the request of the Insured and in consideration of the agreed premium paid by the Insured, undertakes to insure the undermentioned goods in transportation subject to the conditions of Policy as per the clauses printed overleaf and other special clauses attached hereon.

保单号
Policy NO.

赔款偿付地点
Claim Payable at

发票或提单号
Invoice NO. or B/L NO.

运输工具
per conveyance S. S.

查勘代理人
Survey By:

起运日期　　自　　至
Slg. on or abt.　　From　　To

保险金额
Amount Insured

保险货物项目、标记、数量及包装：
Description, Marks, Quantity & Packing of Goods:

承保条件
Conditions:

签单日期
Date:

For and on behalf of
PING AN INSURANCE COMPANY OF CHINA, LTD.

（6）汇票

凭

Drawn under ________________ Irrevocable L/C NO. ________________

日期

Dated ________ 支取 Payable with interest @ ________ % ________ 按 ________ 息 ________ 付款

号码　　　　　　　　　　汇　票　金　额　　　　　　　　　　南京　　年　月　日

NO.: ________ Exchange for ________________ Nanjing ________________

见票　　　　　　　　　　　　　　　日　后(本　汇　票　之　副　本　未　付)

At ________________ Sight of this FIRST of Exchange (Second of exchange being unpaid) pay to the order of ________________ 或其指定人

付金额

The sum of ________________________________

此致

To ________________

第三章 电汇方式下的单证缮制

第一节 实训方案

【实训目的】

在教学实训过程中，通过综合业务模拟制单，系统了解外贸企业单证工作流转程序和具体的制单要求，掌握电汇方式下的制单技巧，培养学生的实际操作能力，提高制单水平；为学生今后从事外贸工作，奠定坚实的基础。

【实训目标】

通过教学实训，让学生了解电汇结算方式的性质和存在的风险，进一步加深对电汇业务程序地理解，培养学生在防范贸易风险上的能力；熟练掌握电汇方式下单证的缮制。

【实训步骤】

本教学实训要求所有学生以 5—7 人为一组，轮流担任组长，组长先充当企业单证主管对单据进行审核，实训教师则充当进口商对单据进行审核。实训教师应全程对学生进行现场指导。具体操作步骤为：

◇ 实训老师首先将外贸单证的空白单据逐个进行讲解，直到学生熟悉单据上各项内容后，才进入下一个实训环节。

◇ 实训老师通过全面地阐述，使学生进一步加深对电汇的性质、电汇存在的风险以及电汇业务程序的理解。

◇ 在实训老师的指导下，学生能够理解英文销售合同所涉及的相关内容。

◇ 根据相关信息，学生首先制作发票和装箱单，发票、装箱单的号码由学生自行确定。

◇ 根据发票、装箱单内容，制作电汇项下有关单据。

◇ 按出口业务单证工作程序，确定以上所作单证的合理日期，并注意不能相互矛盾。

◇ 审核单据，与合同的要求一致后，交与各小组组长，组长先审核，审核后向实训教师交单。

【课时分配】

建议本章7学时

【实训评价】

1. 实训考核方式：结合学生在实训期间的出勤率、实训表现、实训作业、实训小结和教师的鉴定进行综合评定。

2. 评定标准：

1）实训总成绩评定：

出勤率	实训表现	实训作业	实训小结	教师鉴定
10%	10%	60%	10%	10%

2）出勤率评定：

出满勤	缺课2节	缺课4节	缺6课节	缺课8节	缺课12节	缺课超过12节
10	9	8	6	5	3	0

3）实训表现评定：

1. 实训期间不迟到、不早退、不旷课	2
2. 实训期间学习态度认真	2
3. 实训期间有强烈的团队合作意识	2
4. 服从实训老师的安排	2
5. 保质保量完成实训任务	2

4）实训作业评定：

1. 按时完成实训作业	5
2. 单据内容填制准确	20
3. 表述规范	20
4. 实训作业书写规范	5
5. 单据清洁美观	10

5）实训小结评定：

1. 按时提交实训小结	2
2. 实训小结独立完成	2
3. 实训小结包含实训内容回顾、体会以及建议	2
4. 实训小结书写整洁	2
5. 实训小结规范	2

6）教师对学生实训表现评价：

优秀	良好	及格	不及格
10	8	6	5

第二节　电汇方式下单证回顾与总结

【实训内容】

了解电汇的性质、电汇存在的风险以及业务程序，熟悉合同，能够按照合同缮制电汇方式下的单证。

【操作步骤】

1. 电汇的性质与风险

在电汇业务中，由于银行只提供服务，不提供信用。因此电汇方式纯属商业信用。在出口合同中一般规定由进口商先直接将全部货款用 T/T 方式付给出口商，出口商备齐货后再发运给进口商，同时以 EMS（特快专递）或 DHL（美国快邮公司）的方式把全套单据寄给进口商；或由进口商先将一部分定金以 T/T 方式支付给出口商，等货物备齐后再以 D/P 方式支付余下的货款；以 T/T 方式成交的业务一般在老客户之间使用。出口商为了避免结汇风险，出口商先将海运提单用传真发送至买方，证明货物已装船。买方确认货物装运后，办理电汇支付手续，获取全套正本单据后提货。另外须注意的是出口电汇业务不需要开具汇票。

2. 电汇业务程序

（1）进出口商订立国际货物买卖合同；

（2）出口商发货、制单和寄单；

（3）进口人将汇款及汇付手续费付给当地银行（汇出行）；

（4）汇出行接受进口人的委托，用电报、电传、SWIFT 等电讯手段发出付款委托通知书给收款人所在地的汇入行；

（5）汇入行接受委托后，将款项解付给指定的收款人。

3. 电汇方式下的单证缮制

电汇方式和托收方式一样，把出口销售合同作为缮制单据的主要依据。

1）出口合同

在国际贸易中，书面合同的主要形式有销售合同（Sales Contract）和销售确认书（Sales Confirmation）。出口合同的主要内容一般包括三部分，即约首、主体和尾部。约首包括合同的名称、编号、订约日期、地点、双方当事人的名称、地址等；合同的主体包括商品名称、品质规格、数量、单价、总价、包装、运输标志、装运条款、支付方式、保险、商检、索赔、仲裁和不可抗力等；合同的尾部包括合同的份数以及双方的签字等。

实训重点

掌握销售合同和销售确认书的主要内容。

实训难点

(1) 能够准确地翻译出口合同。

(2) 理解销售合同和销售确认书的主要内容。

单据附样

销售合同样本

SALES CONTRACT

销售合同

THE SELLERS：卖 方： S/C NO.

ADDRESS：地址： DATE：

THE BUYER：买方：

ADDRESS：地址：

The Seller agrees to sell and the Buyer agrees to buy the under mentioned goods on the terms and conditions stated below：

兹双方同意按下列条款由卖方出售，买方购进下列货物：

(1) NAME OF GOODS AND SPECIFICATIONS 货物名称及规格	(2) QUANTITY 数量	(3) UNIT PRICE 单价	(4) TOTAL AMOUNT 总值
TOTAL 合计			

(5) Delivery time：After the order in effect via sea freight direct to，and arriving at.

交货期：于合同生效后____月____日前以海运形式送货到达____港口。

Final destination of Products：

最终目的地：

(6) Term of payment：By within days after the B/L date.

付款条件：凭____结算，____天内(以提单日期为准)付清货款。

(7) Insurance ：To be covered by the seller for 110% of invoice value against all risks and war risk as per the clause of the People' Insurance Co. of China.

保险：按发票金额110%保一切险及战争险(中国人民保险公司条款)。

(8) Quality/Quantity/Weight Discrepancy and Claim：In case the quality and/or quantity/weight are found by the Buyer not to conform with the contract after arrival of the goods at the final destination，the Buyer may lodge a claim against the seller supported by a survey report issued by an inspection organization agreed upon by both parties with the exception of those claims for which the insurance company and/or the shipping company are to be held responsible. Claim for quality discrepancy should be filed by the Buyer

within 60 days after arrival of the goods at the final destination while for quantity/weight discrepancy claim should be filed by the Buyer within 30 days after arrival of the goods at the final destination.

品质与数量,重量的异议与索赔：货到最终目的地后，买方如发现货物品质及/货数量/重量与合同规定不符,除属于保险公司货船公司的责任外,买方可以凭双方同意的检验机构出具的检验证明向卖方提出异议,品质异议须于货到最终目的地起60天内提出,数量/重量异议须于货到最终目的地起30天内提出。

(9) Force Majeure: The Seller shall not be held responsible for failure or delay in delivery of the entire or portion of the goods under this contract in consequence of any Force Majeure incidents.

人力不可抗拒：本合同内所述全部或部分商品,如因人力不可抗拒原因,使卖方不能履约或延期交货,卖方不负任何责任。

(10) Arbitration: All disputes in connection with this Contract or the execution thereof shall be settled through friendly negotiations. If no settlement can be reached, the case shall then be submitted to the Foreign Trade Arbitration Commission of the China Council for the Promotion of International Trade, Beijing, for settlement by arbitration in accordance with the Commission's Provisional Rules of Procedure. The award rendered by the Commission shall be final and binding on both parties. The arbitration expenses shall be borne by the losing party unless otherwise award by the arbitration organization.

仲裁：凡执行本合同或与合同有关事项所发生的一切争执,应由双方通过友好方式协商解决。如果不能取得协议时,应提交中国国际贸易促进会委员会对外贸易仲裁委员会,根据该仲裁委员会的仲裁程序暂行规定进行仲裁,仲裁裁决是终局的,对双方都有约束力。仲裁费用除非仲裁另有决定外,均由败诉一方承担。

THE SELLER　　　　　　　　　　　　　　　　THE BUYER

销售确认书样本

SALES CONFIRMATION

销 售 确 认 书

NO.: 03CAN-1108

DATE: NOV. 08, 2007

THE SELLER: JIANGSU INTERNATIONAL IMPORT & EXPORT CO., LTD.
80 ZHONGSHAN ROAD, NANJING, CHINA
FAX: 86-025-23456789　TEL: 86-025-23456789

THE BUYER: SHEMSY NEGOCE ID CORP.
75 ROUTE 96570 DARDILLY, FRANCE
FAX: 33-56-12345678　TEL: 33-56-12345678
BUYER'S ORDER NO.: FE021G

THIS SALES CONFIRMATION IS HEREBY MUTUALLY CONFIRMED, TERMS AND CONDITIONS ARE AS FOLLOWS:

NAME OF GOODS AND SPECIFICATIONS	QUANTITY	UNIT PRICE	AMOUNT
LEATHER BAGS			FOB SHANGHAI
ITEM NO. SL100	1000PCS	USD2.00/PC	USD2000.00
ITEM NO. SG120	2000PCS	USD1.50/PC	USD3000.00
ITEM NO. SF200	3000PCS	USD3.00/PC	USD9000.00
TOTAL	6000PCS		USD14000.00
SAY US DALLARS FOURTEEN THOUSAND ONLY			

PACKING: AS PER BUYER'S DEMANDS

SHIPPING MARKS: AS PER BUYER'S DEMANDS

SHIPMENT: TO BE MADE (45 DAYS BY SEA AFTER RECEIVED 30% T/T PAYMENT) FROM CHINA PORT TO MARSEILLES, FRANCE. PARTIAL SHIPMENTS AND TRANSHIPMENT TO BE ALLOWED.

PAYMENT: 30% BY T/T, 70% D/P AT SIGHT.

INSURANCE: TO BE EFFECTED BY THE SELLER FOR 110% OF INVOICE VALUE TO COVER ALL RISK AND WAR RISK AS PER THE OCEAN MARINE CARGO CLAUSE AND WAR RISK CLAUSE OF THE PEOPLE'S INSURANCE COMPANY OF CHINA TO BE EFFECTED BY THE BUYER.

SELLER: JIANGSU INTERNATIONAL IMP&EXP CORP.

BUYER: SHEMSY NEGOCE ID CORP.

JIANGSU INTERNATIONAL IMP. & EXP. CORP. LTD.

2）缮制商业发票和装箱单

商业发票简称发票，英文名称为 Commercial Invoice，是出口贸易结算单据中最主要的单据之一，也是对货物项目和装货状况的总说明。商业发票作为全套出口单据的中心单据，缮制得最早，其他单据都根据其内容来缮制。

装箱单，英文名称为 Packing List，是指记载或描述货物内在详细包装情况的单据。它是商业发票的附属单据，也是货运单据中的一项重要单据。

实训重点：缮制商业发票和装箱单

实训难点：

（1）商业发票的抬头人名称。当采用电汇方式时，填写合同买方的名称和地址。

（2）装箱单一般不显示货物的单价和总价。因为进口商把货物转售给第三者时，只要交付包装单和货物，不愿泄露其购买成本。

单据附样

（1）商业发票

GREAT WALL TRADING CO. ,LTD
ROOM 201 HUASHENG BUILDING NINGBO P. R. CHINA
TEL: 0086 - 574 - 24704016 FAX: 0086 - 574 - 24691619

COMMERCIAL INVOICE

To: 致:		Invoice NO. :	
		Invoice Date:	
		S/C NO. :	
		S/C Date:	
From:		To:	
Letter of Credit NO. :		Issued By:	
Date of Issue:			

Marks and Numbers	Number and kind of package Description of goods	Quantity	Unit Price	Amount
TOTAL:				
SAY TOTAL:				

FOR AND ON BEHALF OF:
ZHEJIANG JINYUAN IMPORT AND EXPORT CO. , LTD.
(Signature)

(2) 装箱单

GREAT WALL TRADING CO. ,LTD
ROOM 201 HUASHENG BUILDING NINGBO P. R. CHINA
TEL: 0086 - 574 - 24704016 FAX: 0086 - 574 - 24691619

PACKING LIST

To:		Invoice NO. :	
		Invoice Date:	
		S/C NO. :	
		S/C Date:	
From:		To:	
Letter of Credit NO. :		Issued By:	
Date of Issue:			

续表

<table>
<tr><td>Marks and Numbers</td><td>Number and kind of package
Description of goods</td><td>Quantity</td><td>Package</td><td>G. W</td><td>N. W</td><td>Meas.</td></tr>
<tr><td></td><td></td><td></td><td></td><td></td><td></td><td></td></tr>
<tr><td colspan="3">Total:</td><td></td><td></td><td></td><td></td></tr>
<tr><td>SAY TOTAL:</td><td colspan="6"></td></tr>
<tr><td colspan="7">FOR AND ON BEHALF OF:
ZHEJIANG JINYUAN IMPORT AND EXPORT CO., LTD.</td></tr>
</table>

3) 填制海运提单

海运提单,英文名称为 Marine bill of lading 或 Ocean bill of lading, 简称 B/L,是承运人或其代理人签发给托运人证明货物表面状况良好的、已收到或已装上指定的船只,负责运载到达指定目的港,交给指定收货人的一种货权凭证。

实训重点:填制海运提单。

实训难点:

(1) 电汇方式中海运提单的“收货人”抬头应做成“TO ORDER”或“TO ORDER OF SHIPPER”。

(2) “通知人”一栏,要详细列出进口商的名称和地址,以便承运人到货时及时通知。

(3) 运费支付一般根据成交的价格条件分为两种: 若在 CIF 和 CFR 条件下,则注明“Freight Prepaid”; FOB 条件下则填“Freight Collect”。

单据附样

<table>
<tr><td colspan="2">Shipper Insert Name, Address and Phone</td><td rowspan="4"></td><td>B/L NO.</td></tr>
<tr><td colspan="2"></td><td rowspan="3">中远集装箱运输有限公司
COSCO CONTAINER LINES
TLX: 33057 COSCO CN
FAX: +86(021) 6545 8984
ORIGINAL</td></tr>
<tr><td colspan="2">Consignee Insert Name, Address and Phone</td></tr>
<tr><td colspan="2"></td></tr>
<tr><td colspan="2">Notify Party Insert Name, Address and Phone
(It is agreed that no responsibility shall attach to the Carrier or his agents for failure to notify)</td><td colspan="2" rowspan="4">Port-to-Port or Combined Transport
BILL OF LADING
RECEIVED in external apparent good order and condition except as other-Wise noted. The total number of packages or unites stuffed in the container, The description of the goods and the weights shown in this Bill of Lading are furnished by the Merchants, and which the carrier has no reasonable means of checking and is not a part of this Bill of Lading contract. The carrier has issued the number of Bills of Lading stated below, all of this tenor and date, One of the original Bills of Lading must be surrendered and endorsed or signed against the delivery of the shipment and whereupon any other original bills of Lading shall be void. The Merchants agree to be bound by the terms and conditions of this Bill of Lading as if each had personally signed this Bill of Lading. SEE clause 4 on the back of this Bill of Lading (Terms continued on the back hereof, please read carefully). * Applicable Only When Document Used as a Combined Transport Bill of Lading.</td></tr>
<tr><td>Combined Transport *
Pre-carriage by</td><td>Combined Transport *
Place of Receipt</td></tr>
<tr><td>Ocean Vessel NO.</td><td>Port of Loading</td></tr>
<tr><td>Port of Discharge</td><td>Combined Transport *</td></tr>
</table>

续表

<table>
<tr><td rowspan="2">Marks & Nos.
Container/
Seal NO.</td><td rowspan="2">NO. of Containers
or Packages</td><td>Description of Goods
(If Dangerous Goods,
See Clause 20)</td><td>Gross Weight</td><td colspan="3">Measurement</td></tr>
<tr><td colspan="5">Description of Contents for Shipper's Use Only (Not part of This B/L Contract)</td></tr>
<tr><td colspan="7">Total Number of containers and/or packages (in words)</td></tr>
<tr><td>Freight & Charges

Declared Value Charge</td><td>Revenue Tons</td><td>Rate</td><td>Per</td><td>Prepaid</td><td colspan="2">Collect</td></tr>
<tr><td>Ex. Rate:</td><td>Prepaid at</td><td>Payable at</td><td colspan="4">Place and date of issue</td></tr>
<tr><td></td><td>Total Prepaid</td><td>NO. of Original B(s)/L</td><td colspan="4">Signed for the Carrier, COSCO CONTAINER LINES
* * * *</td></tr>
</table>

LADEN ON BOARD THE VESSEL:

DATE: BY COSCO CONTAINER LINES

4）填制出口货物报关单

出口货物报关单是向海关申报出口货物及海关凭其验关放行的重要单据，也是海关总署对我国出口货物汇总统计的原始资料。不同合同的货物不能填报在一份报关单上。申报人于装船前24小时前向海关申报。

实训重点：填制报关单。

实训难点：报关单中备案号、运费、保费、杂费的填制。

单据附样

中华人民共和国海关出口货物报关单

预录人编号　　　　　　　　　　　　　　　　　　　　海关编号

<table>
<tr><td>出口口岸</td><td colspan="2">备案号</td><td colspan="2">出口日期</td><td>申报日期</td></tr>
<tr><td>经营单位</td><td>运输方式</td><td colspan="3">运输工具名称</td><td>提运单号</td></tr>
<tr><td>发货单位</td><td>贸易方式</td><td colspan="3">征免性质</td><td>结汇方式</td></tr>
<tr><td>许可证号</td><td>运抵(国地区)</td><td colspan="2">指运港</td><td colspan="2">境内货源地</td></tr>
<tr><td>批准文号</td><td>成交方式</td><td>运费</td><td colspan="2">保费</td><td>杂费</td></tr>
<tr><td>合同协议号</td><td>件数</td><td>包装种类</td><td colspan="2">毛重(公斤)</td><td>净重(公斤)</td></tr>
<tr><td>集装箱号</td><td colspan="4">随附单据</td><td>生产厂家</td></tr>
<tr><td colspan="6">标记号码及备注</td></tr>
</table>

项号	商品编号	商品名称	规格型号	数量及单位	最终目的地国(地区)	单价	总价	币制	征免

续表

<table>
<tr><td></td><td></td><td></td><td></td><td></td><td></td><td></td><td></td><td></td><td></td></tr>
<tr><td colspan="10">税费征收情况</td></tr>
<tr><td colspan="2">录入员　　录入单位</td><td colspan="4">兹声明以上申报无讹并承担法律责任</td><td colspan="4">海关单批注及放行日期(签章)
审单
审价</td></tr>
<tr><td colspan="6" rowspan="2">报关员
申报单位(签章)
单位地址
邮编　　　　电话　　　　填制日期</td><td colspan="4">征税
统计</td></tr>
<tr><td colspan="4">查验
放行</td></tr>
</table>

5）填制保险单

保险单,英文名称为 Insurance Policy，俗称大保单,是使用最广泛的一种保险单据。它是保险人根据被保险人的要求,表示已经接受承保责任而出具的一种独立文件。

实训重点：填制保险单。

实训难点：

（1）弄清保险金额与发票金额区别。保险金额一般按发票金额加上投保加成后的金额填写。

（2）保险金额计算原则为“进一取整”。

（3）投保险别应按照合同所规定的进行填写。

单据附样

平安保险股份有限公司

PING AN INSURANCE COMPANY OF CHINA,LTD.

NO. 1000005959　　　　货 物 运 输 保 险 单

CARGO TRANPORTATION INSURANCE POLICY

被保险人：

Insured

中国平安保险股份有限公司根据被保险人的要求及其所交付约定的保险费,按照本保险单背面所载条款与下列特别条款承保下述货物运输保险,特签发本保险单。

This Policy of Insurance witnesses that PING AN INSURANCE COMPANY OF CHINA, LTD. , at the request of the Insured and in consideration of the agreed premium paid by the Insured, undertakes to insure the undermentioned goods in transportation subject to the conditions of Policy as per the clauses printed overleaf and other special clauses attached hereon.

保单号 Policy NO.	赔款偿付地点 Claim Payable at
发票或提单号 Invoice NO. or B/L NO.	
运输工具 per conveyance S. S.	查勘代理人 Survey By：

起运日期 自 至
Slg. on or abt. From To

保险金额
Amount Insured

保险货物项目、标记、数量及包装：
Description, Marks, Quantity & Packing of Goods：

承保条件
Conditions：

签单日期
Date：

For and on behalf of
PING AN INSURANCE COMPANY OF CHINA, LTD.

6）填制一般原产地证书和普惠制原产地证书

一般原产地证书，英文名称为 Certificate of Origin，简称 C/O，是由出口国政府有关机构签发的一种证明货物的原产地或制造地的法律文件。一般原产地证书一般由中华人民共和国出入境检验检疫局或中国国际贸易促进委员会签发。

普惠制原产地证书，英文名称为 Generalized System of Preferences, Certificate of Origin Form A，又称 G. S. P 证书或 FORM A 证书，是一种受惠国有关机构就本国出口商品向给惠国出口受惠商品而签发的用以证明原产地的证明文件。普惠制原产地证书一般由中华人民共和国出入境检验检疫局签发。

实训重点：填制一般原产地证书和普惠制产地证书。

实训难点：

（1）应注意一般原产地证书收货人这一栏应显示本批货物最终目的地收货人的名称、地址和国别。普惠制原产地证书收货人这一栏显示本批货物最终目的地给惠国收货人的名称、地址和国别。不可将中间商的名称填入此栏，收货人应是在给惠国。

（2）对含有进口成分的商品，原产地标准应选择正确代码填报。

单据附样

（1）一般原产地证书

<table>
<tr><td colspan="3">1. Exporter</td><td colspan="2" rowspan="2">Certificate NO.
CERTIFICATE OF ORIGIN OF
THE PEOPLE'S REPUBLIC OF CHINA</td></tr>
<tr><td colspan="3">2. Consignee</td></tr>
<tr><td colspan="3">3. Means of transport and route</td><td colspan="2" rowspan="2">5. For certifying authority use only</td></tr>
<tr><td colspan="3">4. Country/region of destination</td></tr>
<tr><td>6. Marks and numbers</td><td>7. Number and kind of packages; description of goods</td><td>8. H. S code</td><td>9. Quantity</td><td>10. Number and date of invoice</td></tr>
<tr><td></td><td></td><td></td><td></td><td></td></tr>
</table>

续表

11. Declaration by the exporter The undersigned hereby declares that the above details and statements are correct; that all the goods were produced in china and that they comply with the rules of origin of the people's republic of china. ---. Place and date, signature and stamp of certifying authority	12. Certification It is hereby certified that the declaration by the exporter is correct. ---. Place and date, signature and stamp of certifying authority

(2) 普惠制原产地证书

<table>
<tr><td colspan="3">1. goods consigned from (Exporter's name, address, country)</td><td colspan="3" rowspan="2">Reference NO.
GENERALIZED SYSTEM OF PREFERENCES
CERTIFICATE ORIGIN
(combined declaration and certificate)
FORM A
Issued in THE PEOPLE'S REPUBLIC OF CHINA
(COUNTRY)</td></tr>
<tr><td colspan="3">2. goods consigned to (Consignee's name, address, country)</td></tr>
<tr><td colspan="3">3. Means of transport and route(as far as known)</td><td colspan="3">4. For official use</td></tr>
<tr><td>5. Item number</td><td>6. Marks and numbers</td><td>7. Number and kind of packages; description of goods</td><td>8. Origin criterion (see notes overleaf)</td><td>9. Gross weight or other Quantity</td><td>10. Number and date of invoice</td></tr>
<tr><td colspan="3">11. Certification
It is hereby certified, on the basis of control out, that the declaration by the exporter is correct.
____
Place and date, signature and stamp of certifying authority</td><td colspan="3">12. Declaration by the exporter
The undersigned hereby declares that the above details and statements are correct; that all the goods were produced in ____CHINA____ and that they comply with the origin requirements specified for those goods in the generalized system of preferences for goods exported to
______________________________.
(importing country)
______________________________.
Place and date, signature and stamp of certifying authority</td></tr>
</table>

7) 审核结汇单据

托收项下的一套结汇单据制成后,需要对单据进行审核。针对单套单据可采用两种审单方法:

(1) 纵横审单法

首先以合同与出口单据中的发票进行自上而下、逐字逐句的核对,再将其他单据与合同的有关条款核对,这叫做纵向审单。完成纵向审单之后,再以发票为中心与其他单据进行核对,特别注意相同的项目是否相一致,这就是横向审单。这种方法概括为纵横审单法。

(2) 先数字后纵横审单法

在单据的数量比较集中时,可以先将各种单据的所有数字,如单价、总价、数量、毛净重、尺码、包装件数等数据进行全面的复核,然后再采用纵横审单法对其他内容进行审核。

实训重点:审核缮制完毕的结汇单据。

实训难点:掌握结汇单据的审查要求。

第三节　实 训 练 习

练习　根据下列合同及有关资料缮制单据：

SALES CONFIRMATION

NO.：20051166

DATE：MAR 15，2005

THE SELLER：SHANGHAI TIANYE TOOLS MANUFACTURE CO.，LTD.
GANXIANG TOWN，JINSHANG DISTRICT，SHANGHAI，CHINA
FAX：86－021－65756111　TEL：86－021－65756112

THE BUYER：YIYANG TRADING CORPORATION
88 MARAHALL AVE DONGASTER VIC 3108 MONTREAL CANADA

THIS SALES CONFIRMATION IS HEREBY MUTUALLY CONFIRMED，TERMS AND CONDITIONS ARE AS FOLLOWS：

SHIPPING MARK	DESCRIPTIONS OF GOODS	QTY	UNIT PRICE	AMOUNT
				CIF MONTREAL
N/M	TOOLS DOUBLE OPEN END SPANNER 8 X 10MM（MTM） 10 X 12MM（MTM）	60000PCS 80000PCS	USD0.5/PC USD0.4/PC	USD30,000.00 USD32,000.00
TOTAL		140000PCS		USD62,000.00

SHIPMENT：FROM CHINA PORT TO MONTREAL，CANADA. PARTIAL SHIPMENTS AND TRANSHIPMENT TO BE ALLOWED.

LATEST DATE OF SHIPMENT：MAY 10，2005

PAYMENT：30% T/T IN ADVANCE，THE OTHER 70% T/T BEFORE SHIPMENT

INSURANCE：TO BE EFFECTED BY THE SELLER FOR 110 % OF INVOICE VALUE TO COVER ALL RISK AND WAR RISK AS PER THE OCEAN MARINE CARGO CLAUSE AND WAR RISK CLAUSE OF THE PEOPLE'S INSURANCE COMPANY OF CHINA TO BE EFFECTED BY THE BUYER

AUTHORIZED SIGNATURE　　　AUTHORIZED SIGNATURE

MR. ALFO MORELLI　　　MISS 李洁

补充资料：

(1) PACKING　　G.W　　N.W　　MEAS

DOUBLE OPEN END SPANNDER

8 X 10MM (MTM)　　2KGS/CTN　　1.8KGS/CTN　　0.02CBM/CTN

PACKED IN 1 CARTON OF 100 PCS EACH

10 X 12MM (MTM)　　2.5KGS/CTN　　2.2KGS/CTN　　0.01CBM/CTN

PACKED IN 1 CARTON OF 100 PCS EACH

(2) H. S. CODE: 8204.1100

(3) REFERENCE NO: 500511266

(4) ORIGIN CRITERION: "P"

(5) VESSEL: NANGXING V.881

(6) B/L NO: COSC052860

(7) B/L DATE: MAY 8, 2005

(8) POLICY NO: SH051012

空白单据如下：

(1) 商业发票

COMMERCIAL INVOICE			
To:		Invoice NO.:	
		Invoice Date:	
		S/C NO.:	
		S/C Date:	
From:		To:	
Letter of Credit NO.:		Issued By:	
Date of Issue:			

Marks and Numbers	Number and kind of package Description of goods	Quantity	Unit Price	Amount
	TOTAL:			
SAY TOTAL:				
		FOR AND ON BEHALF OF:		(Signature)

(2) 装箱单

<table>
<tr><td colspan="8"></td></tr>
<tr><td colspan="8">PACKING LIST</td></tr>
<tr><td rowspan="4">To:</td><td rowspan="4" colspan="4"></td><td colspan="2">Invoice NO.:</td><td></td></tr>
<tr><td colspan="2">Invoice Date:</td><td></td></tr>
<tr><td colspan="2">S/C NO.:</td><td></td></tr>
<tr><td colspan="2">S/C Date:</td><td></td></tr>
<tr><td>From:</td><td colspan="3"></td><td>To:</td><td colspan="3"></td></tr>
<tr><td>Letter of Credit NO.:</td><td colspan="3"></td><td>Issued By:</td><td colspan="3"></td></tr>
<tr><td>Date of Issue:</td><td colspan="3"></td><td></td><td colspan="3"></td></tr>
<tr><td>Marks and Numbers</td><td>Number and kind of package
Description of goods</td><td>Quantity</td><td>Package</td><td>G. W</td><td>N. W</td><td colspan="2">Meas.</td></tr>
<tr><td></td><td></td><td></td><td></td><td></td><td></td><td colspan="2"></td></tr>
<tr><td colspan="2">TOTAL:</td><td></td><td></td><td></td><td></td><td colspan="2"></td></tr>
<tr><td>SAY TOTAL:</td><td colspan="7"></td></tr>
<tr><td colspan="8">FOR AND ON BEHALF OF:

(Signature)</td></tr>
</table>

(3) 普惠制原产地证书

<table>
<tr><td colspan="3">1. goods consigned from (Exporter's name, address, country)</td><td colspan="3" rowspan="2">Reference NO.

GENERALIZED SYSTEM OF PREFERENCES
CERTIFICATE ORIGIN
(combined declaration and certificate)
FORM A
Issued in <u>THE PEOPLE'S REPUBLIC OF CHINA</u>
(COUNTRY)</td></tr>
<tr><td colspan="3">2. goods consigned to (Consignee's name, address, country)</td></tr>
<tr><td colspan="3">3. Means of transport and route(as far as known)</td><td colspan="3">4. For official use</td></tr>
<tr><td>5. Item number</td><td>6. Marks and numbers</td><td>7. Number and kind of packages; description of goods</td><td>8. Origin criterion (see notes overleaf)</td><td>9. Gross weight or other Quantity</td><td>10. Number and date of invoices</td></tr>
</table>

续表

11. Certification	12. Declaration by the exporter
It is hereby certified, on the basis of control out, that the declaration by the exporter is correct. ____________________________ Place and date, signature and stamp of certifying authority	The undersigned hereby declares that the above details and statements are correct; that all the goods were produced in ___CHINA___ and that they comply with the origin requirements specified for those goods in the generalized system of preferences for goods exported to ____________________________ (importing country) ____________________________ Place and date, signature and stamp of certifying authority

（4）海运提单

<table>
<tr><td colspan="3">Shipper Insert Name, Address and Phone</td><td colspan="2" rowspan="4"></td><td colspan="3">B/L NO.</td></tr>
<tr><td colspan="3"></td><td colspan="3" rowspan="3">中远集装箱运输有限公司
COSCO CONTAINER LINES
TLX: 33057 COSCO CN
FAX: +86(021) 6545 8984
ORIGINAL</td></tr>
<tr><td colspan="3">Consignee Insert Name, Address and Phone</td></tr>
<tr><td colspan="3"></td></tr>
<tr><td colspan="3">Notify Party Insert Name, Address and Phone
(It is agreed that no responsibility shall attach to the Carrier or his agents for failure to notify)</td><td colspan="5" rowspan="4">Direct or Transshipment
<u>BILL OF LADING</u>
RECEIVED in external apparent good order and condition except as other-Wise noted. The total number of packages or unites stuffed in the container, The description of the goods and the weights shown in this Bill of Lading are furnished by the Merchants, and which the carrier has no reasonable means of checking and is not a part of this Bill of Lading contract. The carrier has issued the number of Bills of Lading stated below, all of this tenor and date, One of the original Bills of Lading must be surrendered and endorsed or signed against the delivery of the shipment and whereupon any other original bills of Lading shall be void. The Merchants agree to be bound by the terms and conditions of this Bill of Lading as if each had personally signed this Bill of Lading. SEE clause 4 on the back of this Bill of Lading (Terms continued on the back hereof, please read carefully). * Applicable Only When Document Used as a Combined Transport Bill of Lading.</td></tr>
<tr><td>Pre - carriage by</td><td colspan="2">Place of Receipt</td></tr>
<tr><td>Ocean Vessel NO.</td><td colspan="2">Port of Loading</td></tr>
<tr><td>Port of Discharge</td><td colspan="2">Final Destination</td></tr>
<tr><td rowspan="2">Marks & Nos.
Container/
Seal NO.</td><td rowspan="2">NO. of Containers or Packages</td><td colspan="2">Description of Goods
(If Dangerous Goods, See Clause 20)</td><td colspan="2">Gross Weight</td><td colspan="2">Measurement</td></tr>
<tr><td colspan="6">Description of Contents for Shipper's Use Only (Not part of This B/L Contract)</td></tr>
<tr><td colspan="8">Total Number of containers and/or packages (in words)</td></tr>
<tr><td colspan="2">Freight & Charges</td><td>Revenue Tons</td><td>Rate</td><td>Per</td><td>Prepaid</td><td colspan="2">Collect</td></tr>
<tr><td colspan="2">Declared Value Charge</td><td></td><td></td><td></td><td></td><td colspan="2"></td></tr>
</table>

续表

Ex. Rate:	Prepaid at	Payable at	Place and date of issue
	Total Prepaid	NO. of Original B(s)/L	Signed for the Carrier, COSCO CONTAINER LINES * * * *

LADEN ON BOARD THE VESSEL:

DATE: BY COSCO CONTAINER LINES

(5) 保险单

平安保险股份有限公司

PING AN INSURANCE COMPANY OF CHINA, LTD.

NO. 1000005959 货 物 运 输 保 险 单

CARGO TRANPORTATION INSURANCE POLICY

被保险人:

Insured

中国平安保险股份有限公司根据被保险人的要求及其所交付约定的保险费,按照本保险单背面所载条款与下列特别条款,承保下述货物运输保险,特签发本保险单。

This Policy of Insurance witnesses that PING AN INSURANCE COMPANY OF CHINA, LTD., at the request of the Insured and in consideration of the agreed premium paid by the Insured, undertakes to insure the undermentioned goods in transportation subject to the conditions of Policy as per the clauses printed overleaf and other special clauses attached hereon.

保单号
Policy NO.

赔款偿付地点
Claim Payable at

发票或提单号
Invoice NO. or B/L NO.

运输工具
per conveyance S. S.

查勘代理人
Survey By:

起运日期 自 至
Slg. on or abt. From To

保险金额
Amount Insured

保险货物项目、标记、数量及包装:
Description, Marks, Quantity & Packing of Goods:

承保条件
Conditions:

签单日期

Date:

For and on behalf of

PING AN INSURANCE COMPANY OF CHINA, LTD.

第四节 课外练习

练习 根据以下售货确认书及该笔业务的有关交易条件缮制单据:

SALES CONFIRMATION

NO.: 2007X－001

DATE: FEB 10, 2007

THE SELLER: JIANGSU INTERNATIONAL IMPORT & EXPORT CO., LTD.
80 ZHONGSHAN ROAD, NANJING, CHINA
FAX: 86－025－23456789 TEL: 86－025－23456789

THE BUYER: SHEMSY NEGOCE ID CORP.
75 ROUTE 96570 DARDILLY, FRANCE
FAX: 33－56－12345678 TEL: 33－56－12345678
BUYER'S ORDER NO.: FE021G

THE UNDERSIGNED SELLER AND BUYERS HAVE AGREED TO CLOSE TRANSACTION ACCORDING TO THE TERMS AND CONDITIONS STIPULATED BELOW:

NAME OF GOODS AND SPECIFICATIONS	QUANTITY	UNIT PRICE	AMOUNT
			CIF LONDON
POLYSTER SCHOOL BAG SIZE: 16 X 10.5 X 4 PACK: 36PCS/CTN (37X29X46M) TOTAL: 272CTNS	9792PCS	USD1.10/PC	USD10,771.20
POLYSTER SCHOOL BAG SIZE: 16 X 12 X 7 PACK: 24PCS/CTN (42.5X32X40M) TOTAL: 433CTNS	10392PCS	USD1.10/PC	USD11,431.20
TOTAL	20184PCS		USD22,202.40.00

PACKING: AT SELLER'S OPTION

SHIPPING MARKS: S. N. I.
CTN NO. 1－1200
MADE IN CHINA

TIME OF SHIPMENT: FEB 25, 2007

LOADING PORT & DESTINATION: FROM CHINA PORT TO LONDON PARTIAL

SHIPMENTS AND TRANSHIPMENT TO BE ALLOWED.

TERMS OF PAYMENT: BY T/T

INSURANCE: TO BE EFFECTED BY THE SELLER FOR 110% OF INVOICE VALUE TO COVER ALL RISK AND WAR RISK AS PER THE OCEAN MARINE CARGO CLAUSE AND WAR RISK CLAUSE OF THE PEOPLE'S INSURANCE COMPANY OF CHINA.

THE SELLER: JIANGSU INTERNATIONAL IMP&EXP CORP. **THE BUYER**: SHEMSY NEGOCE ID CORP.

王 星

合同号为2005X-001项下的有关交易条件:

提运单号: DING0505609;运输工具名称: HUANGHE;普惠制原产地证明书号: 3604798

商品编码: 85341600;总箱数: 360CTNS;保单号: 898004;保险公司在伦敦的代理:

ABC INSURANCE CO. LONDON LTD

空白单据如下:

(1) 商业发票

<table>
<tr><td colspan="6"> </td></tr>
<tr><td colspan="6">COMMERCIAL INVOICE</td></tr>
<tr><td rowspan="4">To:</td><td colspan="3" rowspan="4"></td><td>Invoice NO.:</td><td></td></tr>
<tr><td>Invoice Date:</td><td></td></tr>
<tr><td>S/C NO.:</td><td></td></tr>
<tr><td>S/C Date:</td><td></td></tr>
<tr><td>From:</td><td colspan="2"></td><td>To:</td><td colspan="2"></td></tr>
<tr><td>Letter of Credit NO.:</td><td colspan="2"></td><td>Issued By:</td><td colspan="2"></td></tr>
<tr><td>Date of Issue:</td><td colspan="2"></td><td></td><td colspan="2"></td></tr>
<tr><td>Marks and Numbers</td><td>Number and kind of package
Description of goods</td><td>Quantity</td><td>Unit Price</td><td colspan="2">Amount</td></tr>
<tr><td></td><td></td><td></td><td></td><td colspan="2"></td></tr>
<tr><td colspan="2">TOTAL:</td><td></td><td></td><td colspan="2"></td></tr>
<tr><td>SAY TOTAL</td><td colspan="5"></td></tr>
<tr><td colspan="6">FOR AND ON BEHALF OF:
(Signature)</td></tr>
</table>

（2）装箱单

PACKING LIST			
To:		Invoice NO.:	
		Invoice Date:	
		S/C NO.:	
		S/C Date:	
From:		To:	
Letter of Credit NO.:		Issued By:	
Date of Issue:			

Marks and Numbers	Number and kind of package Description of goods	Quantity	Package	G. W	N. W	Meas.
TOTAL:						

SAY TOTAL:	
FOR AND ON BEHALF OF: (Signature)	

（3）普惠制原产地证书

1. goods consigned from (Exporter's name, address, country)	Reference NO. GENERALIZED SYSTEM OF PREFERENCES CERTIFICATE ORIGIN (combined declaration and certificate) FORM A Issued in THE PEOPLE'S REPUBLIC OF CHINA (COUNTRY)
2. goods consigned to (Consignee's name, address, country)	
3. Means of transport and route (as far as known)	4. For official use

5. Item number	6. Marks and numbers	7. Number and kind of packages; description of goods	8. Origin criterion (see notes overleaf)	9. Gross weight or other Quantity	10. Number and date of invoices

续表

11. Certification	12. Declaration by the exporter
It is hereby certified, on the basis of control out, that the declaration by the exporter is correct. ------------------------------- Place and date, signature and stamp of certifying authority	The undersigned hereby declares that the above details and statements are correct; that all the goods were produced in CHINA and that they comply with the origin requirements specified for those goods in the generalized system of preferences for goods exported to ------------------------------- (importing country) ------------------------------- Place and date, signature and stamp of certifying authority

（4）海运提单

Shipper Insert Name, Address and Phone		B/L NO.
		中远集装箱运输有限公司 COSCO CONTAINER LINES TLX: 33057 COSCO CN FAX: +86(021) 6545 8984 **ORIGINAL**
Consignee Insert Name, Address and Phone		
Notify Party Insert Name, Address and Phone (It is agreed that no responsibility shall attach to the Carrier or his agents for failure to notify)	Direct or Transshipment BILL OF LADING	

Pre - carriage by	Place of Receipt
Ocean Vessel NO.	Port of Loading
Port of Discharge	Final Destination

RECEIVED in external apparent good order and condition except as other-Wise noted. The total number of packages or unites stuffed in the container, The description of the goods and the weights shown in this Bill of Lading are furnished by the Merchants, and which the carrier has no reasonable means of checking and is not a part of this Bill of Lading contract. The carrier has issued the number of Bills of Lading stated below, all of this tenor and date, One of the original Bills of Lading must be surrendered and endorsed or signed against the delivery of the shipment and whereupon any other original bills of Lading shall be void. The Merchants agree to be bound by the terms and conditions of this Bill of Lading as if each had personally signed this Bill of Lading. SEE clause 4 on the back of this Bill of Lading (Terms continued on the back hereof, please read carefully). * Applicable Only When Document Used as a Combined Transport Bill of Lading.

Marks & Nos. Container/ Seal NO.	NO. of Containers or Packages	Description of Goods (If Dangerous Goods, See Clause 20)	Gross Weight	Measurement
		Description of Contents for Shipper's Use Only (Not part of This B/L Contract)		
Total Number of containers and/or packages (in words)				

Freight & Charges	Revenue Tons	Rate	Per	Prepaid	Collect
Declared Value Charge					

续表

Ex. Rate:	Prepaid at	Payable at	Place and date of issue
	Total Prepaid	NO. of Original B(s)/L	Signed for the Carrier, COSCO CONTAINER LINES
			* * * *

(5) 保险单

平安保险股份有限公司

PING AN INSURANCE COMPANY OF CHINA, LTD.

NO. 1000005959

货 物 运 输 保 险 单

CARGO TRANPORTATION INSURANCE POLICY

被保险人:

Insured

中国平安保险股份有限公司根据被保险人的要求及其所交付约定的保险费,按照本保险单背面所载条款与下列特别条款,承保下述货物运输保险,特签发本保险单。

This Policy of Insurance witnesses that PING AN INSURANCE COMPANY OF CHINA, LTD., at the request of the Insured and in consideration of the agreed premium paid by the Insured, undertakes to insure the undermentioned goods in transportation subject to the conditions of Policy as per the clauses printed overleaf and other special clauses attached hereon.

保单号

Policy NO.

赔款偿付地点

Claim Payable at

发票或提单号

Invoice NO. or B/L NO.

运输工具

per conveyance S. S.

查勘代理人

Survey By:

起运日期 自 至

Slg. on or abt. From To

保险金额

Amount Insured

保险货物项目、标记、数量及包装:

Description, Marks, Quantity & Packing of Goods:

承保条件

Conditions:

签单日期

Date:

For and on behalf of

PING AN INSURANCE COMPANY OF CHINA, LTD.

（6）汇票

凭

Drawn under ______________ Irrevocable L/C NO. ______________

日期

Dated ________ 支取 Payable with interest @ ________ % ________ 按 ________ 息 ________ 付款

号码 汇 票 金 额 南京 年 月 日

NO.：________ Exchange for ______________ Nanjing ______________

见票 日 后(本 汇 票 之 副 本 未付)

At ______________ Sight of this FIRST of Exchange (Second of exchange being unpaid) pay to the order of ______________ 或其指定人

付金额

The sum of ______________

此致

To ______________

____

顶岗实习

实 习 方 案

【实习目标】

在学生顶岗实习环节，组织学生进行较系统的外贸单证综合技能训练，模拟实际业务流程，一环套一环地进行业务操作训练，强化专业核心能力，为以后从事实际的外贸工作，实现零距离上岗作业，打下坚实的基础。

【实习原则与方法】

顶岗实习遵循“以项目为主线、以学生为主体、以教师为指导”的教学原则。学生在教师的指导下，更加独立地完成相关模拟项目任务。

【评价办法】

实习考核成绩评定依据和标准：

（一）学生在实习期间，态度认真，按时完成每次训练的项目内容。（10 分）

（二）能比较全面地审核信用证和撰写改证函。（15 分）

（三）租船订舱环节的单据填制准确。（15 分）

（四）投保单填制准确和装船通知填制准确、内容规范。（10 分）

（五）其他结汇单据种类齐全，数据准确，书写规范，单据清洁美观。（20 分）

（六）进口单据审核全面、准确。（20 分）

（七）实习总结。（10 分）

考核方法：

按正确率计分（百分制）：

60 分以下——“不合格”，

60 分及以上——“合格”，

70 分及以上——“中”，

80 分及以上——“良”，

90 分及以上——“优”。

第一章
出口操作

操作要求

一、信用证审核

请根据审证的一般原则和方法对收到的信用证进行认真细致的审核，列明信用证存在的问题并陈述要求改证的理由。

提示：

1. 信用证与合同比较，常会出现的问题：

(1) L/C 的商品货号与合同不符。

(2) 金额(大写/小写)与合同不一致。

(3) L/C 条款与合同相应条款不符。

例如：保险条款在合同中写明 All Risks as per C. I. C dated 1/1/1981. 但 L/C 显示 War Risk and All risks.

(4) 付款方式不符合同要求。

例如：合同中为 by sight L/C，而信用证中为 draft at 30days' sight.

注意：信用证的规定可以比合同条款宽松。

2. 信用证本身常出现的问题：

(1) 信开本信用证应写明"subject to UCP600"。

(2) 注意 L/C 的到期地点。

(3) 注意信用证"三期"，即：有效期、装运期和交单期。

(4) L/C 中的"软条款"。

例如：要求卖方提交客检证书；正本 B/L 全部或部分直寄客户。

二、拟写改证函

根据你的审证结果草拟改证函，要求列明不符点，并清晰告知客户如何进行修改。

注意：出口商应将改证函写给进口商，而非开证行。

三、编制订舱文件

在收到信用证修改通知后，公司即开始安排出口货物的装运事宜，首先要向船公司订舱。

请根据订舱单据的填制要求认真编制订舱文件。

提示：

1. 订舱文件包括：订舱委托书（托运单）、商业发票、装箱单。

2. 订舱委托书中的“收货人”和“通知人”应按信用证中的提单条款填写。

四、填写报关单，备齐报关文件

出口商在订妥舱位（收到配舱回单）后，则着手准备货物的出口报关事宜。请填写出口货物报关单，并备齐报关文件。

提示：

报关文件主要包括：报关单（包括代理报关委托书）和随附单据：货运单据（S/O、MAWB）、商业单据（发票、装箱单）、出口收汇核销单、官方单证（出口许可证、出境货物通关单、加工贸易登记手册、原产地证）、合同（备用）。

五、填制投保单、装运通知

1. 填制投保单

以 CIF 术语成交的出口货物在订妥舱位（收到配舱回单）后，应及时向保险公司办理投保手续，请根据投保单的基本规定认真填写出口货物投保单。

提示：

(1) 弄清保险金额与保险费的区别。

(2) 保险金额计算原则为“进一取整”。

如：按计算得出保险金额为：89643.12，应取 89644。

2. 拟写装运通知

提示：

(1) 特别是以 CFR 术语成交的出口货物，在订妥舱位（收到配舱回单）后，出口商应及时向进口商发出装运通知，以使其及时投保。

(2) 装运通知的内容主要包括：

合同号码　货物名称　货物金额　货物数量

包装件数　承运船名　运输航次　提单号码

如果信用证中对装船通知有具体规定，则应根据信用证规定的时间和内容及时发出。

六、缮制全套结汇单据

提示：

1. 根据信用证及信用证修改书缮制单据。

2. 提交单据的种类、份数应符合信用证的要求。

3. 信用证中如有特别条款，应注意其中的内容。

注：发票和装箱单的缮制已在前面步骤完成，此处不必重复。

七、拟写善后函

请根据开证银行的反馈信息，给国外客户发一封善后函。

提示：

1. 若交易进展顺利，可以适当推荐公司的新产品，以利于今后业务的开展。

2. 若遭到拒付，应采取一切办法进行补救，承认自己的失误给对方造成的不便，尽可能的追回货款。

第一节 操 作 一

合同

SALES CONFIRMATION

S/C NO.: LD-DRGSC01

Date: April 1st 2003

The Seller: LIDA TRADING CO. LTD.

The Buyer: DRAGON TOY CO. LTD.

Address: NO. 1267 EAST NANJING ROAD SHANGHAI, CHINA

Address: 1180 CHURCH ROAD NEWYORK PA 19446 U. S. A.

Item NO.	Commodity & Specifications	Unit	Quantity	Unit Price (USD)	AMOUNT (USD)
	TELECONTROL RACING CAR			CIFC3 NEWYORK	
1	ART. 18812	PIECE	2400	19.88	47712.00
2	ART. 18814	PIECE	2000	20.66	41320.00
3	ART. 18817	PIECE	2000	21.94	43880.00
4	ART. 18819	PIECE	2400	23.06	55344.50
				TOTAL	188256.00
TOTAL CONTRACT VALUE:		SAY US DOLLARS ONE HUNDRED EIGHTY-EIGHT THOUSAND TWO HUNDRED AND FIFTY-SIX ONLY			

PACKING: ART. NO. 18812 & 18819 TO PACKED IN CARTONS OF 12 PIECES EACH
ART. NO. 18814 & 18817 TO PACKED IN CARTONS OF 20 PIECES EACH
ALL PRODUCTS IN FOUR 20' CONTAINERS.

TERMS OF SHIPMENT IN MAY 2003 AFTER RECEIVING THE RELEVANT LETTER OF CREDIT WITH PARTIAL

SHIPMENT: SHIPPMENT TRANSHIPMENT ALLOWED.

PORT OF LOADING & DESTINATION: FROM SHANGHAI, CHINA TO NEW YORK, USA

PAYMENT: THE BUYER SHALL OPEN AN IRREVOCABLE L/C IN FAVOR OF THE SELLER BEFORE APR. 15TH, 2003. THE SAID L/C SHALL BE AVAILABLE BY DRAFT AT SIGHT FOR FULL INVOICE VALUE AND REMAIN VALID FOR NEGOTIATION IN CHINA FOR 15 DAYS AFTER SHIPMENT.

INSURANCE: TO BE COVERED BY THE SELLER FOR 110% OF TOTAL INVOICE VALUE AGAINST ALL RISKS AND WAR RISK AS PER THE OCEAN MARINE CARGO CLAUSES OF THE PEOPLE'S INSURANCE COMPANY OF CHINA, DATED JAN. 1ST, 1981.

Confirmed by: **THE SELLER**

THE BUYER

LIDA TRADING CO., LTD. DRAGON TOY CO., LTD.

GRACE GU *THEOPALD. TIAN*

Remarks:

1. The buyer shall have the covering letter of credit which should reach the Seller 30 days before shipment, failing which the Seller reserves the right to rescind without further notice, or to regard as still valid whole or any part of this contract not fulfilled by the Buyer, or to lodge a claim for losses thus sustained, if any.

2. In case of any discrepancy in Quality/Quantity, claim should be filed by the Buyer within 30 days after the arrival of the goods at port of destination; while for quantity discrepancy, claim should be filed by the Buyer within 15 days after the arrival of the goods at port of destination.

3. For transactions concluded on C. I. F. basis, it is understood that the insurance amount will be for 110% of the invoice value against the risks specified in the Sales Confirmation. If additional insurance amount or coverage required, the Buyer must have the consent of the Seller before Shipment, and the additional premium is to be borne by the Buyer.

4. The Seller shall not be hold liable for non-delivery or delay in delivery of the entire lot or a portion of the goods hereunder by reason of natural disasters, war or other causes of Force Majeure. However, the Seller shall notify the Buyer as soon as possible and furnish the Buyer within 15 days by registered airmail with a certificate issued by the China Council for the Promotion of International Trade attesting such event(s).

5. All deputies arising out of the performance of, or relating to this contract, shall be settled through negotiation. In case no settlement can be reached through negotiation, the case shall then be submitted to the China International Economic and Trade Arbitration Commission for arbitration in accordance with its arbitral rules. The arbitration shall take place in Shanghai. The arbitral award is final and binding upon both parties.

6. The Buyer is requested to sign and return one copy of this contract immediately after receipt of the same. Objection, if any, should be raised by the Buyer within it is understood that the Buyer has accepted the terms and conditions of this contract.

7. Special conditions: (These shall prevail over all printed terms in case of any conflict.)

信用证通知书和信用证

ADDRESS: 50 HUQIU ROAD. **中国银行**
CABLE: CHUNGKUO BANK OF CHINA
TELEX: 3062 BOCSH ECN **信用证通知书**
SWIFT: BKCHCMBJ30 Notification of Documentary Credit DATE: 2003/04/20

To: 致: LIDA TRADING CO. LTD NO. 1267 EAST NANJING ROAD	WHEN CORRESPONDING PLEASE QUOTE OUR REF. NO.:
ISSUING BANK Chemical Bank New York. 55 Water Street, Room 1702, New York U. S. A	Transmitted to us through 转递行
L/C NO. 信用证号 DRG-LDLC01 **DATED** 开证日期 APRIL 14TH 2003	**Amount** 金额 USD 188,256.00

Dear sirs, 敬启者

We have pleasure in advising you that we have received from the a/m bank a(n)

兹通知贵司,我行收自上述银行

( ) pre-advising of	预先通知	( ) mail confirmation of	证实书
( ) telex issuing	电传开立	( ) ineffective	未生效
(x) original	正　本	( ) duplicate	副　本

letter of credit, contents of which are as per attached sheet(s).

This advice and the attached sheet(s) must accompany the relative documents when presented for negotiation.

信用证一份，现随附通知。贵司交单时，请将本通知书及信用证一并提示。

(x) Please note that this advice does not constitute our confirmation of the above L/C nor does it convey any engagement or obligation on our part.

本通知书不构成我行对此信用证之保兑及其他任何责任。

( ) Please note that we have added our confirmation to the above L/C, negotiation is restricted to ourselves only.

上述信用证已由我行加具保兑，并限向我行交单。

This L/C consists of two sheet(s), including the covering letter and attachment(s).

本信用证连同面函及附件共2纸。

If you find any terms and conditions in the L/C which you are unable to comply with and or any error(s), it is suggested that you contact applicant directly for necessary amendment (s) so as to avoid any difficulties which may arise when documents are presented. 如本信用证中有无法办到的条款及/或错误，请迳与开证申请人联系进行必要的修改，以排除交单时可能发生的问题。	FOR BANK OF CHINA 中国银行 上海分行 信用证 通知章 **yours faithfully**

34127 B BOCSH CN

6229

1705 03/25 04803089 TCH0063

0325004658

ZCZC

FROM: CHEMICAL BANK NEW YORK

OUR REF: NY980520004658001T01

TO: BANK OF CHINA SHANGHAI BRANCH
 50 HUQIU ROAD, SHANGHAI
 PEOPLE'S REP. OF CHINA

TEST: FOR USD 188,256.00 ON DATE14/04/2003

PLEASE ADVICE BENEFICIARY OF THE FOLLOWING IRREVOCABLE LETTER OF CREDIT

ISSUED BY US IN THEIR FAVOR SUBJECT TO UCP 500:

DOCUMENTARY CREDIT NUMBER: DRG-LDLC01

DATE AND PLACE OF EXPIRY: June 10th 2003, IN U. S. A.

APPLICANT: DRAGON TOY CO., LTD. 1180 CHURCH ROAD NEW YORK, PA 19446 U. S. A.

BENEFICIARY: LIDA CO. LTD NO. 1267 EAST NANJING ROAD SHANGHAI, CHINA

AMOUNT: USD 188,256.00

SAY UNITED STATES DOLLARS ONE HUNDRED AND EIGHTY EIGHT THOUSAND TWO HUNDRED AND FIFTY SIX ONLY.

AVAILABLE WITH: ANY BANK

BY: NEGOTIATION OF BENEFICIARY'S DRAFT(S) AT 30 DAYS' SIGHT DRAWN ON CHEMICAL BANK, NEW YORK, ACCOMPANIED BY THE DOCUMENTS INDICATED HEREIN.

COVERING SHIPMENT OF:

COMMODITY ART. NO. QUANTITY

TELECONTROL RACING CAR

18812	2000 PIECES
18814	2000 PIECES

18817 2000 PIECES

18818 2000 PIECES

SHIPPING TERMS: CIF NEW YORK

SHIPPING MARK: LD-DRGSC01/DRAGON TOY/NEW YORK/NO. 1-UP

DOCUMENTS REQUIRED:

-3 COPIES OF COMMERCIAL INVOICE SHOWING VALUE IN U. S. DOLLARS AND INDICATING L/C NO. AND CONTRACT NO.

-2 COPIES OF PACKING LIST SHOWING GROSS/NET WEIGHT AND MEASUREMENT OF EACH CARTON.

-CERTIFICATE OF ORIGIN IN TRIPLICATE ISSUED BY CHINA CHAMBER OF INTERNATIONAL COMMERCE.

-2 COPIES OF INSURANCE POLICY OR CERTIFICATE ENDORSED IN BLANK FOR THE INVOICE VALUE OF THE GOODS PLUS 110% COVERING ALL RISKS AND WAR RISK AS PER AND SUBJECT TO OCEAN MARINE CARGO CLAUSES OF THE PEOPLE'S INSURANCE COMPANY OF CHINA DATED 1/1/1981.

-3/3 SET AND ONE COPY OF CLEAN ON BOARD OCEAN BILLS OF LADING MADE OUT TO ORDER AND BLANK ENDORSED MARKED FREIGHT PREPAID AND NOTIFY APPLICANT.

PARTIAL SHIPMENTS: PERMITTED

TRANSSHIPMENTS: PERMITTED

SHIPMENT FROM: SHANGHAI, CHINA TO: NEW YORK

NOT LATER THAN: MAY 31, 2003

DOCUMENTS MUST BE PRESENTED WITHIN 15DAYS AFTER SHIPMENT, BUT WITHIN VALIDITY OF THE LETTER OF CREDIT.

INSTRUCTIONS TO THE PAYING/ACCEPTING /NEGOTIATING BANK

NEGOTIATING BANK IS TO FORWARD ALL DOCUMENTS IN ONE AIRMAIL TO CHEMICAL BANK NEW YORK, 55 WATER STREET, ROOM 1702, NEW YORK, NEW YORK 10041 U. S. A ATTN: LETTER OF CREDIT DEPARTMENT

END OF MESSAGE

NN/

62814 CBC VW

(WRU)

34127 8B BOCSH CN

……

NNNN

补充资料

商品	遥控赛车(Telecontrol Racing Car)			
货号	18812	18814	18817	18819
包装方式	12 辆/纸箱	20 辆/纸箱	20 辆/纸箱	12 辆/纸箱
尺码(CM)	72X36X48	72X72X48	72X72X48	72X36X48
毛/净重	12/9KGS	22/18KGS	22/18KGS	12/9KGS

改证函日期:2003 年 4 月 25 日

订舱编号:BH01-04LD

订舱委托书日期:5 月 9 日

公司开户银行:中国银行

银行账号:4784939302

发票号:LD-DRGINV01

发票日期:5 月 9 日

船名、航次:CHENG FEN V.208

提单号:LD-DRGBL01

出口日期:5 月 20 日

报关申报日期:5 月 19 日

经营单位代码:3301215555

商品 HS 代码:9503.8000

核销单号:068334108

海运费:USD2200/20'FCL

保险费:0.6%(一切险)、0.3%(战争险)

杂费:出口包装费 15 元/纸箱;仓储费 5 元/纸箱;一个 20 尺集装箱的国内运杂费 400 元,商检费 550 元,报关费 50 元,港口费 600 元,其他费用 1400 元。

集装箱箱、封号:57233331/3320757,57233332/3320758,57233333/3320759,57233334/3320760

空白单据

COMMERCIAL INVOICE

1) SELLER Address:	3) INVOICE NO. 5) L/C NO. 7) ISSUED BY	4) INVOICE DATE 6) DATE
2) BUYER Address:	8) CONTRACT NO. 10) FROM 12) SHIPPED BY	9) DATE 11) TO 13) PRICE TERM

14) MARKS	15) DESCRIPTION OF GOODS	16) QTY.	17) UNIT PRICE	18) AMOUNT

PACKING LIST

1) SELLER Address:	3) INVOICE NO. 4) INVOICE DATE 5) FROM 6) TO 7) TOTAL PACKAGES (IN WORDS)
2) BUYER Address:	8) MARKS & NOS.

9) C/NOS.	10) NOS. & KINDS OF PKGS.	11) ITEM	12) QTY. (PCS)	13) G. W. (kg)	14) N. W. (kg)	15) MEAS(m^3)

ORIGINAL

1. Exporter	Certificate NO. + + + + + + + +
	CERTIFICATE OF ORIGIN OF THE PEOPLE'S REPUBLIC OF CHINA
2. Consignee	
3. Means of transport and route	5. For certifying authority use only
4. Country / region of destination	

6. Marks and numbers	7. Number and kind of packages; description of goods	8. H. S. Code	9. Quantity	10. Number and date of invoices

续表

ORIGINAL	
1. Exporter	Certificate NO. + + + + + + + + +
11. Declaration by the exporter The undersigned hereby declares that the above details and statements are correct, that all the goods were produced in China and that they comply with the Rules of Origin of the People's Republic of China.	12. Certification It is hereby certified that the declaration by the exporter is correct.
-- Place and date, signature and stamp of authorized signatory	-- Place and date, signature and stamp of certifying authority

中国人民保险公司

THE PEOPLE'S INSURANCE COMPANY OF CHINA

总公司设于北京　　　　一九四九年创立

Head Office: BEIJING　　　Established in 1949

保 险 单

保险单号次

INSURANCE POLICY　　POLICY NO. LD-DRGBD01

中国人民保险公司(以下简称本公司)

THIS POLICY OF INSURANCE WITNESSES THAT THE PEOPLE'S INSURANCE COMPANY OF CHINA (HEREINAFTER CALLED"THE COMPANY")

根　据

AT THE REOUEST OF

(以下简称被保险人)的要求,由被保险人向本公司缴付约定的保险费,按照本保险单承保险别和背面所载条款与下列特款承保下述货物运输保险,特立本保险单。

(HEREINAFTER CALLED" THE INSURED") AND IN CONSIDERATION OF THE AGREED PREMIUM PAID TO THE COMPANY BY THE INSURED UNDERTAKES TO INSURE THE UNDERMENTIONED GOODS IN TRANSPOTRTATION SUBJECT TO THE CONDRRIONS OF THIS POLICY AS PER THE CLAUSES PRINTED OVERLEAF AND OTHER SPECIAL CLAUSES ATTACHED HEREON.

标　　记 MARKS & NOS	包装与数量 QUANTITY	保险货物项目 DESCRIPTION OF GOODS	保险金额 AMOUNT INSURED

总保险金额:

TOTAL AMOUNT INSURED: ……………………………………

保　费　　　　　　　　　费　率　　　　　　　装载运输工具

PREMIUM AS ARRANGED RATE AS ARRANGEDPER CONVEYANCE S. S. ……

开航日期　　　　　　　　自　　　　　　　　至

SLG. ON OR ABT. ………… FROM ………… TO …………

承保险别:

CONDITIONS: ……………………………………

所保货物,如遇出险,本公司凭本保险单及其他有关证件给付赔款。

CLAIMS, IF ANY, PAYABLE ON SURRENDER OF THIS POLICY TOGETHER WITH OTHER RELEVANY DOCUMENTS.

所保货物,如发生本保险单项下负责赔偿的损失或事故,应立即通知本公司下述代理人查勘。

IN THE EVENT OF ACCIDENT WHEREBY LOSS OR DAMAGE MAY RESULT IN A CLAIM UNDER THIS POLICY IMMEDIATE NOTICE APPLYING FOR SURVEY MUST BE GIVEN TO THE COMPANY'S AGENT AS MENTIONED HEREUNDER: GODWIN INSURANCE COMPANY

P. O. BOX 17764, NEW YORK U. S. A.

FAX: 215 - 393 - 8576

赔款偿付地点　　　　　　　　　　　　　中国人民保险公司上海分公司

CLAIM PAYABLE AT/IN ………… THE PEOPLE'S INSURANCE COMPANY

日期　　上海　　　　　　　　　　　　　SHANGHAI BRANCH

DATE ………… SHANGHAI

1. Shipper Insert Name, Address and Phone	B/L NO.
	中远集装箱运输有限公司 COSCO CONTAINER LINES TLX: 33057 COSCO CN FAX: +86(021) 6545 8984 **ORIGINAL**
2. Consignee Insert Name, Address and Phone	Port-to-Port or Combined Transport BILL OF LADING
3. Notify Party Insert Name, Address and Phone (It is agreed that no responsibility shall attach to the Carrier or his agents for failure to notify)	RECEIVED in external apparent good order and condition except as other-Wise noted. The total number of packages or unites stuffed in the container, The description of the goods and the weights shown in this Bill of Lading are furnished by the Merchants, and which the carrier has no reasonable means of checking and is not a part of this Bill of Lading contract. The carrier has issued the number of Bills of Lading stated below, all of this tenor and date, One of the original Bills of Lading must be surrendered and endorsed or signed against the delivery of the shipment and whereupon any other original bills of Lading shall be void. The Merchants agree to be bound by the terms and conditions of this Bill of Lading as if each had personally signed this Bill of Lading. SEE clause 4 on the back of this Bill of Lading (Terms continued on the back hereof, please read carefully). * Applicable Only When Document Used as a Combined Transport Bill of Lading.

4. Combined Transport * Pre - carriage by	5. Combined Transport * Place of Receipt
6. Ocean Vessel Voy. NO.	7. Port of Loading
8. Port of Discharge	9. Combined Transport * Place of Delivery

Marks & Nos. Container / Seal NO.	NO. of Containers or Packages	Description of Goods (If Dangerous Goods, See Clause 20)	Gross Weight Kgs	Measurement
		Description of Contents for Shipper's Use Only (Not part of This B/L Contract)		

10. Total Number of containers and/or packages (in words)
Subject to Clause 7 Limitation

11. Freight & Charges	Revenue Tons	Rate	Per	Prepaid	Collect
Declared Value Charge					

Ex. Rate:	Prepaid at	Payable at	Place and date of issue
	Total Prepaid	NO. of Original B(s)/L	Signed for the Carrier, COSCO CONTAINER LINES * * * *

LADEN ON BOARD THE VESSEL:

DATE: BY COSCO CONTAINER LINES

BILL OF EXCHANGE

NO. ______________

For ______________ ______________

(amount in figure) (place and date of issue)

At ______________ sight of this FIRST Bill of exchange (SECOND being unpaid)

pay to ______________ or order the sum of

____

____

(amount in words)

Value received for ______________ of ______________

(quantity) (name of commodity)

Drawn under ______________

L/C NO. ______________ dated ______________

To: ______________ For and on behalf of

______________ ______________

____

×××

(Signature)

公司编号: **出口货物订舱委托书** 日期:

<table>
<tr><td rowspan="3">1) 发货人</td><td colspan="2">4) 信用证号码</td></tr>
<tr><td colspan="2">5) 开证银行</td></tr>
<tr><td>6) 合同号码</td><td>7) 成交金额</td></tr>
<tr><td></td><td>8) 装运口岸</td><td>9) 目的港</td></tr>
<tr><td rowspan="4">2) 收货人</td><td>10) 转船运输</td><td>11) 分批装运</td></tr>
<tr><td>12) 信用证效期</td><td>13) 装船期限</td></tr>
<tr><td>14) 运费</td><td>15) 成交条件</td></tr>
<tr><td>16) 公司联系人</td><td>17) 电话/传真</td></tr>
<tr><td rowspan="2">3) 通知人</td><td>18) 公司开户行</td><td>19) 银行账号</td></tr>
<tr><td colspan="2">20) 特别要求</td></tr>
</table>

21) 标记唛码	22) 货号规格	23) 包装件数	24) 毛重	25) 净重	26) 数量	27) 单价	28) 总价

29) 总件数 30) 总毛重 31) 总净重 32) 总尺码 33) 总金额

34) 备注

中华人民共和国海关出口货物报关单

出口口岸	备案号	出口日期	申报日期	
经营单位	运输方式	运输工具名称	提运单号	
发货单位	贸易方式	征免性质	结汇方式	
许可证号	运抵国（地区）	指运港	境内货源地	
批准文号	成交方式	运费	保费	杂费
合同协议号	件数	包装种类	毛重（公斤）	净重（公斤）
集装箱号	随附单据			生产厂家
标记唛码及备注				
项号　商品编号　商品名称、规格型号　数量及单位　最终目的国（地区）　单价　总价　币制　征免				
录入员　录入单位	兹声明以上申报无讹并承担法律责任	海关审单批注及放行日期（签章） 审单　　审价		
报关员 顾萍		征税　　统计		
单位地址　　申报单位（签章） 中国上海南京东路 1267 号		查验　　放行		
邮编　　电话　　填制日期 ×××　64042525				

海运出口货物投保单

1）保险人：　　　　　　　　　　　　　　　　　　　　　　　　2）被保险人：
中国人民保险公司

3）标记	4）包装及数量	5）保险货物项目	6）保险金额
7）总保险金额：（大写）			

8）运输工具：
9）自（FROM）：　　　　经（VIA）：　　　　至（TO）：
10）起运日期：
11）投保险别：

12）投保日期：　　　　　　　　　　　　13）投保人签字：

第二节　操 作 二

合同

SALES CONTRACT

NO.：JY06125　　　　　　　　　　DATE：NOV. 6，2006

THE SELLER：
ZHEJIANG JINYUAN IMPORT AND EXPORT CO.，LTD.
118 XUEYUAN SREET，HANGZHOU，
P. R. CHINA

THE BUYER：
SUN CORPORATION
5 KING ROAD，DUBAI，
UAE

This Contract is made by and between the Buyer and Seller，whereby the Buyer agree to buy and the Seller agree to sell the under-mentioned commodity according to the terms and conditions stipulated below：

Commodity & specification　　Quantity　　**Unit price**　　**Amount**
Boys Jacket
Shell：woven twill 100% cotton
Lining：woven 100% polyester　　　　**CIFC5% DUBAI**

As per the confirmed sample of5000pcs **USD**10.70/**pc** **USD**53500.00
Oct. 22,2006 **and Order no.** 989898
Style no. BJ123**TOTAL** 5000**pcs** **USD**53500.00

TOTAL CONTRACT VALUE: SAY U. S. DOLLARS FIFTY THREE THOUSAND FIVE HUNDRED ONLY.

SIZE/COLOR ASSORTMENT

Color \ Size	92	98	104	110	116	Total
White	440	700	700	360	300	2500
Red	440	700	700	360	300	2500
Total	880	1400	1400	720	600	5000

More or less 5% of the quantity and the amount are allowed.

PACKING: 20 pieces of boys jackets are packed in one export standard carton, solid color and solid size in the same carton.

MARKS:

Shipping mark includes SUN, S/C no., style no., port of destination and carton no.

Side mark must show the color, the size of carton and pieces per carton.

TIME OF SHIPMENT:

Within 60 days upon receipt of the L/C which accord with relevant clauses of this Contract.

PORT OF LOADING AND DESTINATION:

From Shanghai, China to Dubai, UAE

Transshipment is allowed and partial shipment is prohibited.

INSURANCE: To be effected by the seller for 110% of invoice value covering All Risks and War Risks as per CIC of PICC dated 01/01/1981.

TERMS OF PAYMENT: By irrevocable Letter of Credit at 60 days after sight, reaching the seller not later than Nov. 30,2006 and remaining valid for negotiation in China for further 15 days after the effected shipment. In case of late arrival of the L/C, the seller shall not be liable for any delay in shipment and shall have the right to rescind the contract and/or claim for damages.

DOCUMENTS:

+ Signed Invoice in triplicate, one original of which should be certified by Chamber of Commerce or CCPIT and legalized by UAE embassy/consulate in seller's country.

+ Full set (3/3) of clean on board ocean Bill of Lading marked "freight prepaid" made out to order blank endorsed notifying the applicant.

+ Insurance Policy in duplicate endorsed in blank.

+ Packing List in triplicate.

+ Certificate of Origin certified by Chamber of Commerce or CCPIT and legalized by UAE embassy/consulate in seller's country.

INSPECTION:

The certificate of Quality issued by the China Entry-Exit Inspection and Quarantine Bureau shall be taken as the basis of delivery.

CLAIMS:

In case discrepancy on the quality or quantity of the goods is found by the buyer, after arrival of the goods at the port of destination, the buyer may, within 30 days and 15 days respectively after arrival of the goods at the port of destination, lodge with the seller a claim which should be supported by an Inspection Certificate issued by a public surveyor approved by the seller. The seller shall, on the merits of the claim, either make good the loss sustained by the buyer or reject their claim, it being agreed that the seller shall not be held responsible for any loss or losses due to natural cause falling within the responsibility of Shipowners or the Underwriters. The seller shall reply to the buyer within 30 days after receipt of the claim.

LATE DELIVERY AND PENALTY:

In case of late delivery, the Buyer shall have the right to cancel this contract, reject the goods and lodge a claim against the Seller. Except for Force Majeure, if late delivery occurs, the Seller must pay a penalty, and the Buyer shall have the right to lodge a claim against the Seller. The rate of penalty is charged at 0.5% for every 7 days, odd days less than 7 days should be counted as 7 days. The total penalty amount will not exceed 5% of the shipment value. The penalty shall be deducted by the paying bank or the Buyer from the payment.

FORCE MAJEURE:

The seller shall not be held responsible if they, owing to Force Majeure cause or causes, fail to make delivery within the time stipulated in the Contract or cannot deliver the goods. However, in such a case, the seller shall inform the buyer immediately by cable and if it is requested by the buyer, the seller shall also deliver to buyer by registered letter, a certificate attesting the existence of such a cause or causes.

ARBITRATION:

All disputes in connection with this contract or the execution thereof shall be settled amicably by negotiation. In case no settlement can be reached, the case shall then be submitted to the China International Economic Trade Arbitration Commission for Settlement by arbitration in accordance with the Commission's arbitration rules. The award rendered by the commission shall be final and binding on both parties. The fees for arbitration shall be borne by the losing party unless otherwise awarded.

This contract is made in four original copies and becomes valid after signature, two copies to be held by each party.

Signed by:

THE SELLER:	THE BUYER:
ZHEJIANG JINYUAN IMPORT AND EXPORT CO., LTD.	SUN CORPORATION
陈奇	Peter White

信用证通知书和信用证

杭州市商业银行

HANGZHOU CITY COMMERCIAL BANK

信用证通知书

Notification of Documentary Credit

Office: International business Department

Address: 432 Fengqi Road, Hangzhou, 310006, China　　Date: 2008-05-21

To: 致 Zhejiang Jinyuan Import and Export Co.,Ltd.	Our Ref NO. 我行编号: AD200879001346 Amount 金额 USD50000.00
Issuing Bank 开证行 Bank of China, Hamburg Branch	Transmitted to us through 传递行 Transferred from 转让行
L/C NO. 信用证号 HZ4673890	Issuing Date 开证日期 2008-05-21

Dear Sirs, 敬启者:

We have pleasure in advising you that we have received from A/M a

兹通知贵公司,我行收自上述银行

(√) issuing by telex/SWIFT	电传/SWIFT 开立	( ) ineffective	未生效
( ) issuing by mail	信开		
( ) pre-advising of	预先通知	( ) mail confirmation of	证实书
(√) original	正本	( ) duplicate	副本

Letter of credit, contents of which are as per attached sheet(s).

This advice and the attached sheet(s) must accompany the relative documents when presented.

信用证一份,现随附通知。贵公司交单时,请将本通知书及信用证一并提示。

(√) Please note that this advice does not constitute our confirmation of the above L/C nor does it convey any engagement or obligation on our part.

本通知并不构成我行对该信用证之保兑及其他任何责任。

( ) Please note that we have added our confirmation to the above L/C, which is available with ourselves only.

上述信用证已由我行加具保兑,并限向我行交单。

Remarks 备注:

This L/C consists of ________sheet(s), including the covering letter and attachment(s)

该信用证连同本面函及附件共________页。

如该信用证中有无法办到的条款及/或错误,请迳与开证申请人联系进行必要的修改,以排除交单时可能发生的问题。

本通知费 CNY200

Y ours faithfully

HANGZHOU CITY COMMERCIAL BANK

杭州市商业银行

应若飞

AUTHORIZED SIGNATURE(S)

MT 700 ISSUE OF A DOCUMENTARY CREDIT

SENDER HSBC BANK PLC, DUBAI, UAE

RECEIVER HANGZHOU CITY COMMERCIAL BANK, HANGZHOU, CHINA

SEQUENCE OF TOTAL: 27: 1/1

FORM OF DOC. CREDIT: 40A: IRREVOCABLE

DOC. CREDIT NUMBER: 20: KKK061888

DATE OF ISSUE: 31C: 061115

APPLICABLE RULES: 40E: UCP LATEST VERSION

DATE AND PLACE OF EXPIRY: 31D: DATE 070130 PLACE IN UAE

APPLICANT: 50: SUN CORPORATION
5 KING ROAD, DUBAI, UAE

BENEFICIARY: 59: ZHEJIANG JINYUN IMPORT & EXPORT CORPORATION
118 XUEYUAN SREET, HANGZHOU, P. R. CHINA

AMOUNT: 32B: CURRENCY USD AMOUNT 54500.00

AVAILABLE WITH/BY: 41D: ANY BANK IN CHINA,
BY NEGOTIATION

DRAFTS AT...: 42C: 120 DAYS AFTER SIGHT

DRAWEE: 42A: HSBC BANK PLC, NEW YORK

PARTIAL SHIPMTS: 43P: PROHIBITED

TRANSSHIPMENT: 43T: ALLOWED

PORT OF LOADING/: 44E: CHIENESE MAIN PORT
AIRPORT OF DEPARTURE

PORT OF DISCHARGE: 44F: DUBAI, UAE

LATEST DATE OF SHIPMENT: 44C: 070101

DESCRIPTION OF GOODS: 45A: 5000PCS BOYS JACKET, SHELL: WOVEN TWILL 100%

AND/OR SERVICES: COTTON, LINING: WOVEN 100% POLYESTER, STYLE NO. BJ123, ORDER NO. 989898, AS PER S/C NO. JY06125 AT USD10.90/PC CIFC5% DUBAI, PACKED IN 20PCS/CTN

DOCUMENTS REQUIRED: 46A: + COMMERCIAL INVOICE SIGNED IN INK IN TRIPLI-

CATE. ONE ORIGINAL OF WHICH SHOULD BE CERTIFIED BY CHAMBER OF COMMERCE OR CCPIT AND LEGALIZED BY UAE EMBASSY/CONSULATE IN SELLER'S COUNTRY.

+ PACKING LIST IN TRIPLICATE.

+ CERTIFICATE OF CHINESE ORIGIN CERTIFIED BY CHAMBER OF COMMERCE OR CCPIT AND LEGALIZED BY UAE EMBASSY/CONSULATE IN SELLER'S COUNTRY.

+ INSURANCE POLICY/CERTIFICATE IN DUPLICATE ENDORSED IN BLANK FOR 120% INVOICE VALUE, COVERING ALL RISKS AND WAR RISK OF CIC OF PICC (1/1/1981) INCL. WAREHOUSE TO WAREHOUSE AND I. O. P AND SHOWING THE CLAIMING CURRENCY IS THE SAME AS THE CURRENCY OF CREDIT.

+ FULL SET (3/3) OF CLEAN 'ON BOARD' OCEAN BILLS OF LADING MADE OUT TO APPLICANT MARKED FREIGHT PREPAID AND NOTIFY APPLICANT.

+ SHIPPING ADVICE SHOWING THE NAME OF THE CARRYING VESSEL, DATE OF SHIPMENT, MARKS, QUANTITY, NET WEIGHT AND GROSS WEIGHT OF THE SHIPMENT TO APPLICANT WITHIN 3 DAYS AFTER THE DATE OF BILL OF LADING.

ADDITIONAL CONDITION: 47A: + DOCUMENTS DATED PRIOR TO THE DATE OF THIS CREDIT ARE NOT ACCEPTABLE.

+ THE NUMBER AND THE DATE OF THIS CREDIT AND THE NAME OF ISSUING BANK MUST BE QUOTED ON ALL DOCUMENTS.

+ TRANSSHIPMENT ALLOWED AT HONGKONG ONLY.

+ SHORT FORM/CHARTER PARTY/THIRD PARTY BILL OF LADING ARE NOT ACCEPTABLE.

+ SHIPMENT MUST BE EFFECTED BY 1 × 20' FULL CONTAINER LOAD. B/L TO SHOW EVIDENCE OF THIS EFFECT IS REQUIRED.

+ THE GOODS SHIPPED ARE NEITHER ISRAELI ORIGIN NOR DO THEY CONTAIN ISRAELI MATERIALS NOR ARE THEY EXPORTED FROM ISRAEL, BENEFICIARY'S CERTIFICATE TO THIS EFFECT IS REQUIRED.

+ ALL PRESENTATIONS CONTAINING DISCREPANCIES WILL ATTRACT A DISCREPANCY FEE OF GBP40.00 PLUS TELEX COSTS OR OTHER CURRENCY EQUIVALENT. THIS CHARGE WILL BE DEDUCTED FROM THE BILL AMOUNT WHETHER OR NOT WE ELECT TO CONSULT THE APPLICANT FOR A WAIVER

CHARGES: 71B: ALL CHARGES AND COMMISSIONS ARE FOR ACCOUNT OF BENEFICIARY INCLUDING REIMBURSING FEE.

PERIOD FOR PRESENTATION: 48: WITHIN 5 DAYS AFTER THE DATE OF SHIPMENT, BUT WITHIN THE VALIDITY OF THIS CREDIT.

CONFIRMATION INSTRUCTION: 49: WITHOUT

REIMBURSING BANK: 53A: HSBC BANK PLC, NEW YORK

INFORMATION TO: 78: ALL DOCUMENTS ARE TO BE REMITTED IN ONE LOT

PRESENTING BANK: BY COURIER TO HSBC BANK PLC, TRADE SERVICES, DUBAI BRANCH, P O BOX 66, HSBC BANK BUILDING 312/45 Al SUQARE ROAD, DUBAI, UAE.

补充资料

实际出货数量：5200pcs；包装尺寸：57 cm×40 cm×40 cm；毛重：10 kgs/ctn；净重：9 kgs/ctn；商品 H. S. Code：6203320090，保险单号：BJ123456；装船日：DEC. 30，2006；船名、航次：PUHE V. 246W

提单号：B/L NO. COSUSHA003189；集装箱箱号：CN：GATU8544387；封号：3320757；制单员：李华

空白单据

ZHEJIANG JINYUAN IMPORT AND EXPORT CO.，LTD.

118 XUEYUAN SREET，HANGZHOU，P. R. CHINA

TEL：0086－571－86739273　　FAX：0086－571－86739273

COMMERCIAL INVOICE

To：		Invoice NO.：	
		Invoice Date：	
		S/C NO.：	
		S/C Date：	
From：		To：	
Letter of Credit NO.：		Issued By：	
Date of Issue：			

Marks and Numbers	Number and kind of package Description of goods	Quantity	Unit Price	Amount
	TOTAL：		NET VALUE	
SAY TOTAL：				

FOR AND ON BEHALF OF：

ZHEJIANG JINYUAN IMPORT AND EXPORT CO.，LTD.

（Signature）

ZHEJIANG JINYUAN IMPORT AND EXPORT CO. , LTD.

118 XUEYUAN SREET, HANGZHOU, P. R. CHINA

TEL: 0086 - 571 - 86739273 FAX: 0086 - 571 - 86739273

PACKING LIST

To:		Invoice NO. :	
		Invoice Date:	
		S/C NO. :	
		S/C Date:	

From:		To:	
Letter of Credit NO. :		Issued By:	
Date of Issue:			

Marks and Numbers	Number and kind of package Description of goods	Quantity	Package	G. W	N. W	Meas.
	TOTAL:					
SAY TOTAL:						

FOR AND ON BEHALF OF:

ZHEJIANG JINYUAN IMPORT AND EXPORT CO. , LTD.

ORIGINAL

1. Exporter	**Certificate NO.** + + + + + + + + +
	CERTIFICATE OF ORIGIN **OF** **THE PEOPLE'S REPUBLIC OF CHINA**
2. Consignee	
3. Means of transport and route	5. For certifying authority use only
4. Country / region of destination	

6. Marks and numbers	7. Number and kind of packages; description of goods	8. H. S. Code	9. Quantity	10. Number and date of invoices

11. Declaration by the exporter The undersigned hereby declares that the above details and statements are correct, that all the goods were produced in China and that they comply with the Rules of Origin of the People's Republic of China.	12. Certification It is hereby certified that the declaration by the exporter is correct.
-- Place and date, signature and stamp of authorized signatory	-- Place and date, signature and stamp of certifying authority

中国大地财产保险股份有限公司
China Continent Property&Casualty Insurance Company Ltd.

货物运输保险单
CARGO TRANSPORTATION INSURANCE POLICY

发票号(INVOICE NO.)
合同号(CONTRACT NO.)
信用证号(L/C NO.)

保单号次
POLICY NO.

被保险人：
INSURED:

中国人民保险公司(以下简称本公司)根据被保险人的要求，由被保险人向本公司缴付约定的保险费，按照本保险单承保险别和背面所载条款与下列特款承保下述货物运输保险，特立本保险单。

THIS POLICY OF INSURANCE WITNESSES THAT THE PEOPLE'S INSURANCE COMPANY OF CHINA (HEREINAFTER CALLED "THE COMPANY") AT THE REQUEST OF THE INSURED AND IN CONSIDERATION OF THE AGREED PREMIUM PAID TO THE COMPANY BY THE INSURED, UNDERTAKES TO INSURE THE UNDERMENTIONED GOODS IN TRANSPORTATION SUBJECT TO THE CONDITIONS OF THIS OF THIS POLICY AS PER THE CLAUSES PRINTED OVERLEAF AND OTHER SPECIAL CLAUSES ATTACHED HEREON.

标 记 MARKS&NOS	包装及数量 QUANTITY	保险货物项目 DESCRIPTION OF GOODS	保险金额 AMOUNT INSURED

总保险金额
TOTAL AMOUNT INSURED:

保费：
PERMIUM:

启运日期
DATE OF COMMENCEMENT:

装载运输工具：
PER CONVEYANCE:

自
FROM:

经
VIA ***

至
TO

承保险别：
CONDITIONS:

所保货物，如发生保险单项下可能引起索赔的损失或损坏，应立即通知本公司下述代理人查勘。如有索赔，应向本公司提交保单正本(本保险单共有2份正本)及有关文件。如一份正本已用于索赔，其余正本自动失效。

IN THE EVENT OF LOSS OR DAMAGE WITCH MAY RESULT IN A CLAIM UNDER THIS POLICY, IMMEDIATE NOTICE MUST BE GIVEN TO THE COMPANY'S AGENT AS MENTIONED HEREUNDER. CLAIMS, IF ANY, ONE OF THE ORIGINAL POLICY WHICH HAS BEEN ISSUED IN **TWO** ORIGINAL(S) TOGETHER WITH THE RELEVANT DOCUMENTS SHALL BE SURRENDERED TO THE COMPANY. IF ONE OF THE ORIGINAL POLICY HAS BEEN ACCOMPLISHED. THE OTHERS TO BE VOID.

中国大地财产保险股份有限公司
China Continent Property & Casualty Insurance Company Ltd.

赔款偿付地点
CLAIM PAYABLE AT

杨菲

出单日期
ISSUING DATE

Authorized Signature:

1. Shipper Insert Name, Address and Phone		B/L No.
2. Consignee Insert Name, Address and Phone		中远集装箱运输有限公司 COSCO CONTAINER LINES TLX: 33057 COSCO CN FAX: +86(021) 6545 8984 **ORIGINAL**
3. Notify Party Insert Name, Address and Phone (It is agreed that no responsibility shall attsch to the Carrier or his agents for failure to notify)		Port-to-Port or Combined Transport BILL OF LADING RECEIVED in external apparent good order and condition except as other-Wise noted. The total number of packages or unites stuffed in the container, The description of the goods and the weights shown in this Bill of Lading are furnished by the Merchants, and which the carrier has no reasonable means of checking and is not a part of this Bill of Lading contract. The carrier has issued the number of Bills of Lading stated below, all of this tenor and date, One of the original Bills of Lading must be surrendered and endorsed or signed against the delivery of the shipment and whereupon any other original bills of Lading shall be void. The Merchants agree to be bound by the terms and conditions of this Bill of Lading as if each had personally signed this Bill of Lading. SEE clause 4 on the back of this Bill of Lading (Terms continued on the back hereof, please read carefully).*Applicable Only When Document Used as a Combined Transport Bill of Lading.
4. Combined Transport* Pre - carriage by	5. Combined Transport* Place of Receipt	
6. Ocean Vessel Voy. No.	7. Port of Loading	
8. Port of Discharge	9. Combined Transport * Place of Delivery	

Marks & Nos. Container / Seal No.	No. of Containers or Packages	Description of Goods (If Dangerous Goods, See Clause 20)	Gross Weight Kgs	Measurement
		Description of Contents for Shipper's Use Only (Not part of This B/L Contract)		

10. Total Number of containers and/or packages (in words)
Subject to Clause 7 Limitation

11. Freight & Charges	Revenue Tons	Rate	Per	Prepaid	Collect
Declared Value Charge					

Ex. Rate:	Prepaid at	Payable at	Place and date of issue
	Total Prepaid	No. of Original B(s)/L	Signed for the Carrier, COSCO CONTAINER LINES ****

LADEN ON BOARD THE VESSEL:
DATE: **BY COSCO CONTAINER LINES**

ZHEJIANG JINYUAN IMPORT AND EXPORT CO., LTD. 118 XUEYUAN SREET, HANGZHOU, P.R.CHINA TEL: 0086-571-86739273 FAX: 0086-571-86739273			
SHIPPING ADVICE			
TO:		ISSUE DATE:	
		S/C. NO.:	
		L/C NO.:	
		L/C DATE	
		NAME OF ISSUING BANK	
Dear Sir or Madam:			
We are pleased to advice you that the following mentioned goods have been shipped out; Full details are as follows:			

Invoice Number:	
Bill of Lading Number:	
Ocean Vessel:	
Port of Loading:	
Date of Shipment:	
Port of Destination:	
Estimated Date of Arrival:	
Containers/Seals Number:	
Description of Goods:	
Shipping Marks:	
Quantity:	
Gross Weight:	
Net Weight:	
Total Value:	

Thank you for your patronage. We look forward to the pleasure of receiving your valuable repeat orders.

Sincerely yours,

FOR AND ON BEHALF OF:

ZHEJIANG JINYUAN IMPORT AND EXPORT CO., LTD.

ZHEJIANG JINYUAN IMPORT AND EXPORT CO., LTD.

118 XUEYUAN SREET, HANGZHOU, P.R.CHINA

TEL: 0086-571-86739273　　FAX: 0086-571-86739273

CERTIFICATE

To:	WHOM IT MAY CONERN	**Invoice No.:**	
		Invoice Date:	
		L/C No.	
		L/C DATE	
		ISSUING BANK	

FOR AND ON BEHALF OF:
ZHEJIANG JINYUAN IMPORT AND EXPORT CO., LTD.

BILL OF EXCHANGE

凭 Drawn Under	不可撤销信用证 Irrevocable L/C No.
日期 Date	支取 Payable With interest @ % 按 息 付款
号码 No.	汇票金额 Exchange for [redacted]
见票 at	日后 (本汇票之副本未付) 付交 sight of this FIRST of Exchange (Second of Exchange
Being unpaid) Pay to the order of	
金额 the sum of	[redacted]
此致 To	

第三节 操 作 三

合同

SALES CONFIRMATION

S/C NO.: AD-MASSC02

Date: April 1st 2003

The Seller: SHANGHAI ANDE INTERNATIONAL TRADE CORP.

The Buyer: MASRI BRO. CO., LTD.

Address: 16(B) NO.1 BUILDING, 2005 LANE HUANGXING RD., SHANGHAI, CHINA

Address: P.O. BOX: 14/5873, ALEXANDRIA EGYPT HOT LINE: 019112575, FAX: 1.212-4782432,

Item NO.	Commodity & Specifications	Unit	Quantity	Unit Price (USD)	AMOUNT (USD)
THREE FIVES BRAND STAINLESS STEEL				CIFC5 ALEXANDRIA	
1	SERVER SET ART NO. S9420-7	SET	365	57.03	20815.95
2	TABLE WARE ART NO. S8310	SET	3650	7.97	29090.50
3	WHISTLING KETTLE ART NO. S6320	PIECE	1800	17.31	31158.00
4	4-PIECE TEASET ART NO. 5130	SET	1800	21.31	38358.00
				TOTAL:	119422.45
TOTAL CONTRACT VALUE:	SAY US DOLLARS ONE HUNDRED AND NINTEEN THOUSAND FOUR HUNDRED AND TWENTY TWO AND CENTS FORTY FIVE.				

PACKING: ART NO. S9420-7, ONE SET PER CARTON, 365 CARTONS TO ONE 20'FCL.

ART NO. S8310, 10 SETS PER CARTON, 365 CARTONS TO ONE 20'FCL.

ART NO. S5130, 6 SETS PER CARTON, 300 CARTONS TO ONE 20'FCL.

ART NO. S6320, 6 PIECES PER CARTON, 300 CARTONS IN ONE 20'FCL.

TOTAL: 1330 CARTONS

SHIPMENT: TO BE EFFECTED BY THE SELLER FROM SHANGHAI TO HODEIDAH

NOT LATER
THAN MAY 31ST 2003 WITHIN 30 DAYS ON RECEIPT OF THE RELEVANT L/C WITH
PARTIAL SHIPMENT AND TRANSHIPMENT NOT ALLOWED.

PAYMENT: THE BUYER SHALL OPEN THROUGH A BANK ACCEPTABLE TO THE SELLER AN IRREVOCABLE
SIGHT LETTER OF CREDIT TO REACH THE SELLER BEFORE APRIL 25TH 2003 AND REMAIN VALID FOR NEGOTIATION IN CHINA UNTIL THE 15TH DAY AFTER THE DATE OF SHIPMENT.

INSURANCE: THE SELLER SHALL COVER THE INSURANCE FOR 110% OF TOTAL INVOICE
VALUE AGAINST ALL RISKS AND WAR RISK AS PER AND SUBJECT TO THE
RELEVANT OCEAN MARINE CARGO CLAUSES OF PEOPLE'S INSURANCE
COMPANY OF CHINA DATED 1/1/1981.

Confirmed by:

THE SELLER	THE BUYER
SHANGHAI ANDE INTERNATIONAL TRADE CORP.	MASRIBRO. CO., LTD.
XXX	*ALEXANDRIA HUSSID*
SALES MANAGER ASSISTANT	MANAGER

REMARKS:

1. The buyer shall have the covering letter of credit which should reach the Seller 30 days before shipment, failing which the Seller reserves the right to rescind without further notice, or to regard as still valid whole or any part of this contract not fulfilled by the Buyer, or to lodge a claim for losses thus sustained, if any.

2. In case of any discrepancy in Quality/Quantity, claim should be filed by the Buyer within 30 days after the arrival of the goods at port of destination; while for quantity discrepancy, claim should be filed by the Buyer within 15 days after the arrival of the goods at port of destination.

3. For transactions concluded on C. I. F. basis, it is understood that the insurance amount will be for 110% of the invoice value against the risks specified in the Sales Confirmation. If additional insurance amount or coverage required, the Buyer must have the consent of the Seller before Shipment, and the additional premium is to be borne by the Buyer.

4. The Seller shall not hold liable for non-delivery or delay in delivery of the entire lot or a portion of the goods hereunder by reason of natural disasters, war or other causes of Force Majeure, However, the Seller shall notify the Buyer as soon as possible and furnish the Buyer within 15 days by registered airmail with a certificate issued by the China Council for the Promotion of International Trade attesting such event(s).

5. All deputies arising out of the performance of, or relating to this contract, shall be settled

through negotiation. In case no settlement can be reached through negotiation, the case shall then be submitted to the China International Economic and Trade Arbitration Commission for arbitration in accordance with its arbitral rules. The arbitration shall take place in Shanghai. The arbitral award is final and binding upon both parties.

6. The Buyer is requested to sign and return one copy of this contract immediately after receipt of the same. Objection, if any, should be raised by the Buyer within it is understood that the Buyer has accepted the terms and conditions of this contract.

7. Special conditions: (These shall prevail over all printed terms in case of any conflict.)

信用证通知书和信用证

ADDRESS: 50 HUQIU ROAD.

中国银行

BANK OF CHINA

CABLE: CHUNGKUO

TELEX: 3062 BOCSH ECN

信用证通知书

SWIFT: BKCHCMBJ30　　Notification of Documentary Credit　　DATE: 2003/04/20

To: 致: SHANGHAI ANDE INTERNATIONAL TRADE CORP 16(A) NO.1 BUILDING, 2005 LANE HUANGXING RD., SHANGHAI CHINA	WHEN CORRESPONDING PLEASE QUOTE OUR REF. NO.: XXXXXX
ISSUING BANK THE INTERNATIONAL BANK OF DUBAI LTD, CAIRO BRANCH P. O. BOX 777 CAIRO-EGYPT	Transmitted to us through 转递行
L/C NO. 信用证号 MAS-ADLC02 **DATED** 开证日期 APRIL 14TH 2003	**Amount** 金额 USD 119420.00
Dear sirs, 敬启者 We have pleasure in advising you that we have received from the a/m bank a(n) 兹通知贵司,我行收自上述银行	

( ) pre-advising of	预先通知	( ) mail confirmation of	证实书
( ) telex issuing	电传开立	( ) ineffective	未生效
(x) original	正　本	( ) duplicate	副　本

续表

letter of credit, contents of which are as per attached sheet(s). This advice and the attached sheet(s) must accompany the relative documents when presented for negotiation. 信用证一份，现随附通知。贵司交单时，请将本通知书及信用证一并提示。 (x)Please note that this advice does not constitute our confirmation of the above L/C nor does it convey any engagement or obligation on our part. 本通知书不构成我行对此信用证之保兑及其他任何责任。 ( )Please note that we have added our confirmation to the above L/C, negotiation is restricted to ourselves only. 上述信用证已由我行加具保兑，并限向我行交单。

This L/C consists of three sheet(s), including the covering letter and attachment(s).
本信用证连同面函及附件共 3 纸。

If you find any terms and conditions in the L/C which you are unable to comply with and or any error(s), it is suggested that you contact applicant directly for necessary amendment(s) so as to avoid any difficulties which may arise when documents are presented. 如本信用证中有无法办到的条款及/或错误，请迳与开证申请人联系进行必要的修改，以排除交单时可能发生的问题。	FOR BANK OF CHINA 中国银行 上海分行 信用证 通知章 yours faithfully

THE NATIONAL BANK OF DUBAI LTD, CAIRO BRANCH

THE NATIONAL BANK OF DUBAI LTD, CAIRO BRANCH

DATE: April 14th 2003

P. O. BOX 777 CAIRO-EGYPT TLX45421HATNAL EM-FAX: 268939	IRREVOCABLE NO: MAS-ADLC02 DOCUMENTARY CREDIT DATE AND PLACE OF EXPIRY: June 15th 2003 AT OUR COUNTER
APPLICANT: MASRI BRO. CO., LTD. P. O. BOX: 14/5873, ALEXANDRIA EGYPT	BENEFICIARY: SHANGHAI ANDE INTERNATIONAL TRADE CORP. 16(A) NO.1 BUILDING, 2005 LANE HUANGXING RD., SHANGHAI CHINA
ADVISING BANK: BANK OF CHINA, SHANGHAI BRANCH, 50 HUQIU ROAD., SHANGHAI 200002, CHINA.	AMOUNT: USD 119420.00—CIFC5 ALEXANDRIA (SAY US DOLLARS ONE HUNDRED AND NINETEEN THOUSAND FOUR HUNDRED AND TWENTY ONLY)
	ORIGIN OF GOODS: CHINESE

续表

PARTIAL SHIPMENTS： NOT ALLOWED	TRANSSHIPMENT： NOT ALLOWED	CREDIT AVAILABLE WITH ANY BANK IN CHINA AGAINST PRESENTATION OF DOCUMENTS DETAILED HEREIN
SHIPMENT FROM：SHANGHAI CHINA TO：PORT SAID，EGYPT NOT LATER THAN： May 31ST 2003		AND BENEFICIARY'S DRAFT(S) DRAWN AT：30 DAY'S SIGHT ON：ISSUING BANK
SHIPPING MARKS：MASRI BRO. / ALEXANDRIA / NO. 1-UP		
COVERING SHIPMENT OF： 356 SETS "THREE FIVES" STAINLESS STEEL SERVER SET(ART NO. S9420－7)，3650 SETS "THREE FIVE" STAINLESS STEEL TABLEWARE (ART NO. S8310)，1800 SETS "THREE FIVES" STAINLESS STEEL WHISTLING KETTLE(ART NO. S6320) AND 1800 SETS "THREE FIVE" STAINLESS STEEL TEASET(ART NO. S5310) OTHER DETAILS AS PER S/C NO. AD-MASSC02 DATED 2003－4－1		

—SIGNED COMMERCIAL INVOICE IN 4 FOLD CERTIFIED TO BE TRUE AND CORRECT STATING FULL NAME AND ADDRESS OF THE MANUFACTURERS.

—FULL SET OF CLEAN "ON BOARD" OCEAN BILLS OF LADING ISSUED BY THE SHIPPING CO. OUT TO THE ORDER OF SHIPPERS AND BLANK ENDORSED MARKED "FREIGHT PREPAID" AND NOTIFY BUYERS.

—CERTIFICATE OF ORIGIN IN 2 FOLD ISSUED BY THE CHINA COUNCIL FOR THE PROMOTION OF INTERNATIONAL TRADE STATING FULL NAME AND ADDRESS OF THE MANUFACTURERS.

—MARINE INSURANCE POLICY OR CERTIFICATE BLANK ENDORSED FOR FULL CIF VALUE PLUS 110 PERCENT COVERING ALL RISKS (INCLUDING WAREHOUSE TO WAREHOUSE) AND WAR RISKS AS PER OCEAN MARINE CARGO CLAUSES OF THE PEOPLES INSURANCE COMPANY OF CHINA DATED 1/1/1981 IN DUPLICATE SHOWING CLAIMS PAYABLE AT ALEXANDRIA.

—PACKING LIST IN 4 FOLD.

—BENEFICIARY SHOULD ADVISE BY REGISTERED AIRMAIL SHIPMENT DETAILS SUCH AS OUR L/C NO.，SHIPPING MARKS，NAME OF THE VESSEL，GOODS AND THE AMOUNT TO THE APPLICANT，AND A COPY OF SUCH ADVICE MUST ACCOMPANY THE ORIGINAL DOCUMENTS.

SPECIAL INSTRUCTIONS：

1. ONE FULL SET OF NON-NEGOTIABLE COPIES OF DOCUMENTS TO BE SENT BY AIRMAIL TO MASRI BRO. CO.，LTD. P. O. BOX：14/5873，ALEXANDRIA EGYPT AND A CERTIFICATE TO THIS EFFECT MUST ACCOMPANY THE ORIGINAL DOCUMENTS.

2. SHIPMENT PER PACIFIC INTERNATIONAL LINE & YUAN YUAN SHIPPING CO. LINE VESSELS NOT ALLOWED.

DOCUMENTS TO BE PRESENTED WITHIN 15 DAYS AFTER THE DATE OF ISSUANCE OF THE SHIPPING DOCUMENT (S) BUT WITHIN THE VALIDITY OF THE CREDIT.
WE HEREBY ISSUE THIS DOCUMENTARY CREDIT AS DETAILED ABOVE. IT IS SUBJECT TO THE UNIFORM CUSTOMS AND PRACTICE FOR DOCUMENTS CREDITS (1993 REVISION, INTERNATIONAL CHAMBER OF COMMERCE, PARIS, FRANCE, PUBLICATION NO. 500) AND ENGAGES US WITH THE TERMS THEREOF. THE NUMBER, THE DATE OF THE CREDIT AND THE NAME OF OUR BANK MUST BE QUOTED ON ALL DRAFTS. ALL BANK CHARGES OUTSIDE EGYPT ACCOUNT BENEFICIARY. ALL DOCUMENTS TO BE DISPATCHED TO US IN TWO CONSECUTIVE SETS, THE ORIGINALS BY REGISTERED AIRMAIL AND THE DUPLICATES BY SUBSEQUENT AIR MAIL. THE NEGOTIATING BANK IS AUTHORIZED TO CLAIM REIMBURSEMENT FROM STANDARD CHARTERD BANK, 160 WATER STREET, NEW YORK, N. Y. 10038-4995, U. S. A. DETAILS OF THE AMOUNT CLAIMED SHOULD BE ADVISED TO US BY AIRMAIL. PLEASE FORWARD THE ORIGINAL LETTER OF CREDIT TO THE BENEFICIARY RETAINING THE COPY FOR YOUR FILES PLEASE ACKNOWLEDGE RECEIPT.
FOR THE NATIONAL BANK OF DUBAI LTD, CAIRO BRANCH
XXXXXXX AUTHORIZED SIGNATORY AUTHORIZED SIGNATORY
THIS DOCUMENT CONSISTS OF 2 SIGNED PAGE(S)

第四节 操 作 四

合同

SALES CONFIRMATION

S/C NO.: FD-FLESC03

Date: April 1st 2003

The Seller: SHANGHAI FEIDA IMP. &EXP. CO. ,LTD.

The Buyer: FLEISHMAN-HILLARD LINK Ltd.

Address: NO. 100 HUMING ROAD SHANGHAI, CHINA Address: DENSO HALL, KUWAIT

Item NO.	Commodity & Specifications	Unit	Quantity	Unit Price (USD)	AMOUNT (USD)
	CHANGJIANG BRAND CLOCK			CIFC5 KUWAIT	
1	8130G3	SET	4056	1.48	6002.88
2	7808J1	SET	4056	1.61	6530.16
3	7808P	SET	4056	1.22	4948.32
4	8130G2	SET	4056	1.29	5232.24
				TOTAL	22713.60
TOTAL CONTRACT VALUE:			SAY US DOLLAR TWENTY TWO THOUSAND SEVEN HUNDRED AND THIRTEEN POINT SIXTY ONLY		

PACKING: EACH 24 SETS PACKED IN ONE CARTON; TOTAL 676 CARTONS TO ONE 20' CONTAINERPORT OF

LOADING & FROM SHANGHAI TO KUWAIT

DESTINATION:

SHIPMENT: TO BE EFFECTED BY THE SELLER BY THE END OF MAY, 2003.
WITH PARTIAL SHIPMENTS AND TRANSSHIPMENT PROHIBITED.

PAYMENT: BY IRREVOCALBE SIGHT LETTER OF CREDIT OPENED BY THE BUYER THROUGH A BANK ACCEPTABLE TO THE SELLER NOT LATER THAN APRIL 25TH, 2003 AND REMAIN VALID FOR NEGOTIATION IN SHANGHAI UNTIL 15 DAYS AFTER THE AFORESAID TIME OF SHIPMENT.

INSURANCE: TO BE COVERED BY THE SELLER FOR 110% TOTAL INVOICE VALUE AGAINST
ALL RISKS AND WAR RISK AS PER AND SUBJECT TO RELEVANT OCEAN
MARINE CARGO OF PEOPLE'S INSURANCE COMPANY OF CHINA DATED 1/1/1981.

Confirmed by:

THE BUYER	THE SELLER
SHANGHAI FEIDA IMP. &EXP. CO., LTD.	FLEISHMAN-HILLARD LINK Ltd.
XXX	*Abdul Rashid Hassan*

REMARKS:

1. The buyer shall have the covering letter of credit which should reach the Seller 30 days before shipment, failing which the Seller reserves the right to rescind without further notice, or to regard as still valid whole or any part of this contract not fulfilled by the Buyer, or to lodge a claim for losses thus sustained, if any.

2. In case of any discrepancy in Quality/Quantity, claim should be filed by the Buyer within 30 days after the arrival of the goods at port of destination; while for quantity discrepancy, claim

should be filed by the Buyer within 15 days after the arrival of the goods at port of destination.

3. For transactions concluded on C. I. F. basis, it is understood that the insurance amount will be for 110% of the invoice value against the risks specified in the Sales Confirmation. If additional insurance amount or coverage required, the Buyer must have the consent of the Seller before Shipment, and the additional premium is to be borne by the Buyer.

4. The Seller shall not hold liable for non-delivery or delay in delivery of the entire lot or a portion of the goods hereunder by reason of natural disasters, war or other causes of Force Majeure, However, the Seller shall notify the Buyer as soon as possible and furnish the Buyer within 15 days by registered airmail with a certificate issued by the China Council for the Promotion of International Trade attesting such event(s).

5. All deputies arising out of the performance of, or relating to this contract, shall be settled through negotiation. In case no settlement can be reached through negotiation, the case shall then be submitted to the China International Economic and Trade Arbitration Commission for arbitration in accordance with its arbitral rules. The arbitration shall take place in Shanghai. The arbitral award is final and binding upon both parties.

6. The Buyer is requested to sign and return one copy of this contract immediately after receipt of the same. Objection, if any, should be raised by the Buyer within it is understood that the Buyer has accepted the terms and conditions of this contract.

7. Special conditions: (These shall prevail over all printed terms in case of any conflict.)

信用证通知书和信用证

ADDRESS: 50 HUQIU ROAD.

中国银行

BANK OF CHINA

CABLE: CHUNGKUO

TELEX: 3062 BOCSH ECN

信用证通知书

Notification of Documentary Credit

SWIFT: BKCHCMBJ30 DATE: 2003/04/20

To: 致: SHANGHAI FEIDA IMP. &EXP. CO., LTD. 100 HUMING ROAD SHANGHAI CHINA	WHEN CORRESPONDING PLEASE QUOTE OUR REF. NO.: XXXXXX
ISSUING BANK ALAHLI BANK OF KUWAIT(KSC)	Transmitted to us through 转递行

续表

<table>
<tr><td colspan="2">**L/C NO.** 信用证号
FLE-FDLC03

DATED 开证日期
APRIL 14TH 2003</td><td colspan="2">**Amount** 金额

USD 22713.60</td></tr>
<tr><td colspan="4">Dear sirs, 敬启者
We have pleasure in advising you that we have received from the a/m bank a(n)
兹通知贵司，我行收自上述银行</td></tr>
<tr><td>( ) pre-advising of</td><td>预先通知</td><td>( ) mail confirmation of</td><td>证实书</td></tr>
<tr><td>( ) telex issuing</td><td>电传开立</td><td>( ) ineffective</td><td>未生效</td></tr>
<tr><td>(x) original</td><td>正 本</td><td>( ) duplicate</td><td>副 本</td></tr>
<tr><td colspan="4">letter of credit, contents of which are as per attached sheet(s).
This advice and the attached sheet(s) must accompany the relative documents when presented for negotiation.
信用证一份，现随附通知。贵司交单时，请将本通知书及信用证一并提示。
(x) Please note that this advice does not constitute our confirmation of the above L/C nor does it convey any engagement or obligation on our part.
本通知书不构成我行对此信用证之保兑及其他任何责任。
( ) Please note that we have added our confirmation to the above L/C, negotiation is restricted to ourselves only.
上述信用证已由我行加具保兑，并限向我行交单。</td></tr>
</table>

This L/C consists of __two__ sheet(s), including the covering letter and attachment(s).
本信用证连同面函及附件共 2 纸。

<table>
<tr><td>If you find any terms and conditions in the L/C which you are unable to comply with and or any error(s), it is suggested that you contact applicant directly for necessary amendment(s) of as to avoid any difficulties which may arise when documents are presented.
如本信用证中有无法办到的条款及/或错误，请迳与开证申请人联系进行必要的修改，以排除交单时可能发生的问题。</td><td>FOR BANK OF CHINA
中国银行

上海分行
信用证
通知章

yours faithfully</td></tr>
</table>

ALAHLI BANK OF KUWAIT(KSC)

IRREVOCABLE LETTER OF CREDIT FLE-FDLC03 DATED: 2003/04/14

ADVISING BANK: BANK OF CHINA SHANGHAI BRANCH 50 HUQIU ROAD.	**BENEFICIARY:** SHANGHAI FEIDA IMP. & EXP. CO., LTD. 100 HUMING ROAD SHANGHAI CHINA
AMOUNT: ABOUT USD22, 713.60 (ABOUT TWENTY TWO THOUSAND SEVEN HUNDREDAND THIRTEEN US DOLLARS AND SIXTY CENTS ONLY)	**APPLICANT:** FLEISHMAN-HILLARD LINK LTD. DENSO HALL, KUWAIT

续表

VALID IN：KUWAIT **VALID UNTIL**：JUNE 10TH 2003	AVAILABLE AT 30 DAYS SIGHT SHIPPING TERMS：CIF KUWAIT
PLEASE ADVISE OUR ABOVE IRREVOCABLE LETTER OF CREDIT AVAILABLE BY BENEFICIARIES DRAFT/S, DRAWN ON US FOR THE FULL INVOICE VALUE. THE FOLLOWING DOCUMENTS ARE REQUIRED： SIGNED COMMERCIAL INVOICES IN QUADRUPLICATE CERTIFYING THAT EACH SET/CARTON OF THE GOODS CARRIES THE NAME OF COUNTRY OF ORIGIN IN NON-DETACHABLE OR NON-ALTERABLE WAY. CERTIFICATE OF ORIGIN IN ORIGINAL AND AT LEAST ONE COPY SHOWING BENEFICIARIES AS MANUFACTURERS PACKING LIST IN DUPLICATE INSURANCE POLICY OR CERTIFICATE, ENDORSED IN BLANK, COVERING ALL RISKS AND WAR RISK AS PER CIC DATED 1/1/1981 COMPLETE SET OF AT LEAST 3/3 (OF WHICH TWO TO ACCOMPANY THE ORIGINAL SET AND ONE WITH DUPLICATE SET OF DOCUMENTS) CLEAN "ON BOARD" MARINE BILLS OF LADING ISSUED TO THE ORDER OF ALAHLI BANK OF KUWAIT K. S. C., NOTIFYING OPENERS AND EVIDENCING FREIGHT PREPAID	
SHIPPING DOCUMENTS TO EVIDENCE SHIPMENT FROM CHINA TO KUWAIT NOT LATER THAN MAY 31TH, 2003 BY VESSEL (SS/MV) COVERING： CANJIANG BRAND CLOCKS 8130G3 4056SETS 169CARTONS 7808J1 4056SETS 169CARTONS 7808P 4056SETS 169CARTONS 8130G 4056SETS 169CARTONS PACKING：IN EXPORT CARTONS. CERTIFIED ON INVOICES THAT ALL OTHER DETAILS OF THE GOODS SHIPPED ARE AS PER BENEFICIARIES SC NO. FD-FLE03 RELATED TO OPENER'S ORDER NO. SC9701.	
TRANSSHIPMENT：PERMITTED. PARTSHIPMENT NOT PERMITTED NEGOTIATION RESTRICTED TO ADVISING BANK/S ONLY. SHIPPING MARKS TO READ：FLEISHMAN /FD-FLESC03/KUWAIT/C/NO. 1-UP REIMBURSEMENT INSTRUCTIONS： DRAW ON OUR ACCOUNT WITH THE BANK OF NEW YORK, NEW YORK, U. S. A. CERTIFYING TO THEM AND TO US THAT THE CREDIT TERMS HAVE BEEN COMPLIED WITH. ALL DRAFTS TO BE MARKED "DRAWN UNDER ALAHLI BANK OF KUWAIT (KSC) L/C NO. FLE-FDLC03 ". WE UNDERTAKE TO HONOR ALL DRAFTS DRAWN IN STRICT COMPLIANCE WITH THE TERMS OF THIS CREDIT. PLEASE CLAIM YOUR CHARGES, IF ANY, DIRECT FROM THE REIMBURSING BANK AT THE TIME OF NEGOTIATION OR ON EXPIRY OF THE CREDIT.	

续表

PLEASE FORWARD TO US THE ORIGINAL SET OF DOCUMENTS BY REGISTERED AIRMAIL AND THE DUPLICATES BY SUBSEQUENT AIRMAIL. FOR ALAHLI BANK OF KUWAIT (KSC) *JOHN* (AUTHORIZED SIGNATURES)

第五节 操作五

合同

SALES CONFIRMATION

S/C NO.: JL-LESSC04

Date: April 1st 2003

The Seller: SHANGHAI JIANLONG IMP. &EXP. CO., LTD.

The Buyer: LEISURE INTERNATIONAL TRADING CORP.

Address: 888 Panyu Road Shanghai China

Address: 237 Johnson Rd. 39210 Vancouver B.C., Canada

Item NO.	Commodity & Specifications	Unit	Quantity	Unit Price (USD)	AMOUNT (USD)
				CIFC3 Vancouver	
1	Huanle Brand Boa Slippers ART NO. SH226	Dozen	2180	10.10	22018.002
2	Huanle Brand Boa Slippers ART NO. SH279	Dozen	2180	12.70	27686.00
				Total:	49704.00
TOTAL CONTRACT VALUE:		SAY United States Dollars Forty nine Thousand Seven Hundred and Four Only.			

PACKING: To be packed in cartons of 4 doz. each, and 2180 dozen to a 40' container. Total two 40' containers.

TOTAL: 545 CARTONS

SHIPMENT: To be effected by the Seller during May, 2003. with transshipment and partial shipment allowed.

PORT OF
LOADING & From Shanghai China to Vancouver Canada.
DESTINATION:

PAYMENT: The Buyer should open an Irrevocable Sight Letter of Credit for full amount of the invoice through a bank acceptable to the seller. The L/C should reach the Sellers before April 25th and valid for negotiation in Shanghai until the 15th day after the date of shipment.

INSURANCE: To be covered by the seller for 110% of total invoice value against All Risks and War Risk as per the Ocean Marine Cargo Clauses of C. I. C. dated Jan. 1st, 1981.

Confirmed by:

THE BUYER	THE SELLER
SHANGHAI JIANLONG IMP. &EXP. CO., LTD.	Leisure International Trading Corp.
XXX	xxx

REMARKS:

1. The buyer shall have the covering letter of credit which should reach the Seller 30 days before shipment, failing which the Seller reserves the right to rescind without further notice, or to regard as still valid whole or any part of this contract not fulfilled by the Buyer, or to lodge a claim for losses thus sustained, if any.

2. In case of any discrepancy in Quality/Quantity, claim should be filed by the Buyer within 30 days after the arrival of the goods at port of destination; while for quantity discrepancy, claim should be filed by the Buyer within 15 days after the arrival of the goods at port of destination.

3. For transactions concluded on C. I. F. basis, it is understood that the insurance amount will be for 110% of the invoice value against the risks specified in the Sales Confirmation. If additional insurance amount or coverage required, the Buyer must have the consent of the Seller before Shipment, and the additional premium is to be borne by the Buyer.

4. The Seller shall not hold liable for non-delivery or delay in delivery of the entire lot or a portion of the goods hereunder by reason of natural disasters, war or other causes of Force Majeure, However, the Seller shall notify the Buyer as soon as possible and furnish the Buyer within 15 days by registered airmail with a certificate issued by the China Council for the Promotion of International Trade attesting such event(s).

5. All deputies arising out of the performance of, or relating to this contract, shall be settled through negotiation. In case no settlement can be reached through negotiation, the case shall then be submitted to the China International Economic and Trade Arbitration Commission for arbitration in accordance with its arbitral rules. The arbitration shall take place in Shanghai. The arbitral award is final and binding upon both parties.

6. The Buyer is requested to sign and return one copy of this contract immediately after receipt of the same. Objection, if any, should be raised by the Buyer within it is understood that the Buyer has accepted the terms and conditions of this contract.

7. Special conditions: (These shall prevail over all printed terms in case of any conflict.)

信用证通知书和信用证

中国银行
BANK OF CHINA

ADDRESS：50 HUQIU ROAD.
CABLE：CHUNGKUO
TELEX：3062 BOCSH ECN

信用证通知书
Notification of Documentary Credit

SWIFT：BKCHCMBJ30 DATE：2003/04/20

To：致： Jianglong Imp. & Exp. Co. 888 Panyu Road Shanghai , China.	WHEN CORRESPONDING PLEASE QUOTE OUR REF. NO.： 01CBM21
The first Canadian Bank M Bank of Montreal International Banking (B. C.)	Transmitted to us through 转递行
L/C NO. 信用证号 LES-JLLC04 **DATED** 开证日期 APRIL 14TH 2003	**Amount** 金额 USD 49,700.00

Dear sirs, 敬启者
We have pleasure in advising you that we have received from the a/m bank a(n)
兹通知贵司，我行收自上述银行

( ) pre-advising of	预先通知	( ) mail confirmation of	证实书
( ) telex issuing	电传开立	( ) ineffective	未生效
(x) original	正 本	( ) duplicate	副 本

letter of credit, contents of which are as per attached sheet(s).
This advice and the attached sheet(s) must accompany the relative documents when presented for negotiation.
信用证一份，现随附通知。贵司交单时，请将本通知书及信用证一并提示。

(x)Please note that this advice does not constitute our confirmation of the above L/C nor does it convey any engagement or obligation on our part.
本通知书不构成我行对此信用证之保兑及其他任何责任。
( )Please note that we have added our confirmation to the above L/C, negotiation is restricted to ourselves only.
上述信用证已由我行加具保兑，并限向我行交单。

This L/C consists of two sheet(s), including the covering letter and attachment(s).
本信用证连同面函及附件共2纸。

If you find any terms and conditions in the L/C which you are unable to comply with and or any error(s), it is suggested that you contact applicant directly for necessary amendment (s) of as to avoid any difficulties which may arise when documents are presented. 如本信用证中有无法办到的条款及/或错误，请迳与开证申请人联系进行必要的修改，以排除交单时可能发生的问题。	**FOR BANK OF CHINA** 中国银行 上海分行 信用证 通知章 yours faithfully

The first Canadian Bank M
Bank of Montreal
International Banking (B. C.)
P. O. / C. P. 49350
Vancouver V7X 1L5
(x) This Credit is forwarded by Airmail

<table>
<tr><td colspan="2">Irrevocable documentary Letter of Credit
Credit Number: LES-JLLC04
Date and Place of Expiry: JUNE 15, 2003
At the place of the Applicant
Date of Issue: APRIL 14TH, 2003</td></tr>
<tr><td>Applicant:
Leisure International Trading Corporation
237 Johnson Road, 39210
Vancouver, B. C. , Canada</td><td>Beneficiary:
Jianglong Imp. & Exp. Co.
888 Panyu Road
Shanghai , China. A</td></tr>
<tr><td>Advising Bank:
Bank of China, Shanghai Branch
50 Huqiu Road
Shanghai
P. R. C</td><td rowspan="2">Currency and Amount: USD 49,700.00
(UNITED STATES DOLLARS FORTY NINE THOUSAND AND SEVEN HUNDRED ONLY)

Credit available with the advising bank:
by _Payment _Acceptance X Negotiation
Against Presentation of the Documents detailed herein, in triplicate
unless otherwise stated
x And of your Draft(s) at Sight drawn on us.</td></tr>
<tr><td>Partial shipment/Despatch/Taking in Charge from / At: Shanghai
No later than: MAY 31ST, 2003
For Transportation to Vancouver, B. C.</td></tr>
</table>

续表

<table>
<tr><td colspan="2">(x) Signed Commercial invoice in 3 copies mentioning L/C no. and vessel's name
( ) Canadian Customs Invoice, completed and signed, in Quintuplicate or 5 copies
(x) Full set clean ON BOARD Marine Bills of Lading, made out to order, blank endorsed and marked
(x) Freight Prepaid
( ) Freight collect, Notify buyer.
(x) Inspection certificate issued by the representative of Leisure International Trading Corporation whose signature must be compliance with the one in the file of the issuing bank.
( ) Air Waybill marked ○ Freight prepaid ○ Freight collect, Consigned to Applicant quoting our L/C number and date.
(x) Beneficiary certificate stating that one set of document is to be sent to the applicant immediately after the shipment.
(x) Insurance Policy/Certificate in negotiable form, covering "ALL RISKS", "WAR RISK" for 110% of invoice value as per Ocean Marine Cargo Clauses of C. I. C., dated 1/1/1981.
(x) Packing List showing Art no., gross weight, net weight and measurement of each package.
(x) Certificate signed by beneficiary stating that one set of invoice and B/L have been faxed direct to the buyer.
Covering (Description of merchandise):
Huanle Brand Boa Slippers Art. NO. SH227, SH279
As Per Buyer's Purchase ORDER NO. LFS9710

Terms of delivery: ( ) FOB ( ) CFR ( ) CIF (x) OTHER CIFC3 Vancouver
Special Conditions:
All copy of Documents to be sent to us in one lot by Registered Air Mail.
All Banking charges outside of Canada are for account of beneficiary.
Shipping Mark: LEISURE/JL-LESSC04/VANCOUVER/NO. 1-UP</td></tr>
<tr><td colspan="2">Documents to be presented within 15 days after the date of issuance of the shipping documents, but within validity of the credit.</td></tr>
<tr><td>We hereby issue this Documentary Credit in your favor, it is subject to the Uniform Customs and Practice for Documentary Credits 1993 Revision, International Chamber of Commerce, Paris, France, Publication NO. 500 and engages us in accordance with the terms thereof, and especially in accordance with the terms of Article 10 thereof. The number and the date of the credit and the name of our bank must be quoted on all drafts required. If the credit is available by negotiation, each presentation must be noted on the reverse of this advice by the bank where the credit is available.</td><td>This document consists of one signed page(s)
T. Nguyen T. Nguyen
Authorized Signing Officer
A. Close A. Close Signing Officer</td></tr>
</table>

第二章
进 口 操 作

操作要求

进口单据审核

收到新加坡发展银行上海分行转来信用证 0016100293496 项下的进口单据一套,系公司与马来西亚客户 NANKAI WORSTED SPINNING SND. BHD 达成的一笔进口业务的单据;请你本着“单证一致,单单相符”的原则,对这套单据进行认真的审核,写出你的审单意见。

进口单据包括:信用证、汇票、发票、装箱单、提单、原产地证书、商检证书。

提示:

1. 除“单证相符”外,还应“单单相符”。

2. 应注意是否少提交了单据,或多提交了单据。

DBS BANK

ORIGINAL

SHANGHAI BRANCH
Suite 2301, J F News Tower,
300 Han Kou Road, Shanghai 200001
People of Republic of China
Tel: 86-21-5618838
Telex: 30436 DBSSH CN
Fax: 86-21-5618711

	IRREVOCABLE DOCUMENTARY CREDIT **NUMBER** 0016100293496 **PLACE AND DATE OF ISSUE:** Shanghai April 10th,2001 **DATE AND PLACE OF EXPIRY** Aug. 15th 2001 ,Malaysia
APPLICANT LIDA TRADING COMPANY LIMITED ADD:NO.1267 EAST NANJING ROAD SHANGHAI, CHINA FAX:021-64042588	**BENEFICIARY** NANKAI WORSTED SPINNING SDN., BHD. ADD: LOT 20051,GONG BADAK INDUSTRIAL ESTATE 21300 KUALA LUMPUR, MALAYSIA
ADVISING BANK: BANK OF COMMERCE MALAYSIA BERHAD KUALA LUMPUR BRANCH 15 LEBUH PANTAI 10300 KUALA LUMPUR MALAYSIA	**AMOUNT:** ***USD********418,925.52**** *-SAY US DOLLARS FOUR HUNDRED EIGHTEEN THOUSAND NINE HUNDRED TWENTY FIVE AND 52/100. * **CREDIT AVAILABLE WITH:** BANK OF COMMERCE MALAYSIA BERHAD * **BY:** NEGOTIATION
PARTIAL SHIPMENTS: ALLOWED **TRANSHIPMENT:** ALLOWED **SHIPPED FROM:** KELANG, MALAYSIA **SHIPPED TO:** SHANGHAI, CHINA **LATEST SHIPMENT:** July 31th, 2001	**AGAINST PRESENTATION OF THE DOCUMENTS DETAILED HEREIN AND OF YOUR DRAFTS IN DUPLICATE** AT SIGHT **DRAWN ON:** DBS BANK, SHANGHAI BRANCH * BEARING OUR DOCUMENTARY CREDIT NO.

DOCUMENTS REQUIRED:

01 FULL SET OF CLEAN ON BOARD BILLS OF LADING MADE OUT TO ORDER, ENDORSED IN BLANK MARKED 'FREIGHT PAYABLE AT DESTINATION' AND NOTIFY APPLICANT.

02 PACKING LIST IN 3 ORIGINAL/S AND 3 COPY/IES, INDICATING CONTRACT NUMBER, SHIPPING MARKS, TOTAL PACKAGES, GROSS AND NET WEIGHTS OF EACH PACKAGE AND PACKAGE NUMBER FOR EACH SPECIFICATION OR ITEM.

03 YOUR SIGNED COMMERCIAL INVOICE IN 3 ORIGINAL/S AND 3 COPY/IES, INDICATING CONTRACT NUMBER, SHIPPING MARKS, NAME OF CARRYING VESSSEL, NUMBER OF THE L/C AND SHIPMENT NUMBER IN CASE OF PARTIAL SHIPMENT.

04 CERTIFICATE OF INSPECTION IN TRIPLICATE ISSUED BY MALAYSIA TEXTILE INSPECTION BUREAU.

05 CERTIFICATE OF ORIGIN ISSUED BY GOVERNMENT AUTHOURITY.

MERCHANDISE DESCRIPTION:

100% Wool Hosiery Yarn Art. No. 2/48 nm, raw white in hank 19440kgs@US$11.20 Art. No. 2/32 nm, raw white in hank 13536kgs@US$10.32; Art. No. 1/40nm, raw white in cone 6120kgs@US$10.05, as per Contract No. YN-NK942 dated April 1th,2001

The goods are dispatched in three equal monthly lots during May/June/July, documents of which should show the same.

SPECIAL INSTRUCTIONS:

1) ALL BANK CHARGES OUTSIDE CHINA INCLUDING REIMBURSEMENT COMMISSIONS ARE FOR BENEFICIARY'S ACCOUNT.

2) USD35.00 WILL BE CHARGED FOR EACH SET OF DISCREPANT DOCUMENTS PRESENTED. THIS DISCREPANCY FEE WILL ALWAYS BE FOR ACCOUNT OF THE BENEFICIARY.

3) B/L MUST INDICATE NAME, ADDRESS AND TEL NO. OF SHIPPING COMPANY AGENT IN SHANGHAI

4) ONE SET OF NON-NEGOCIABLE DOCUMENTS MUST BE FAXED TO APPLICANT WITHIN 24 HOURS AFTER SHIPMENT. A CERTIFICATE TO THIS EFFECT IS REQUIRED.

INSTRUCTIONS TO NEGOTIATING/PAYING BANK:

1. UPON RECEIPT OF DOCUMENTS CONFORMING TO THE TERMS OF THIS CREDIT, WE WILL REMIT PROCEEDS AS PER YOUR INSTRUCTIONS.
2. DOCUMENTS MUST BE DESPATCHED DIRECT TO US AT DBS SHANGHAI BRANCH, Suite 2301, J F News Tower, 300 Han Kou Road, Shanghai 200001, China ATTN. TRADE SERVICES (IMPORT LC) IN TWO CONSECUTIVE REGISTERED AIRMAILS.

WE HEREBY ISSUE THIS DOCUMENTARY CREDIT IN YOUR FAVOUR. WE AGREE WITH DRAWERS, ENDORSERS, AND BONA FIDE HOLDERS OF DRAFTS DRAWN UNDER AND IN COMPLINCE WITH THE TERMS AND DONDITIONS OF THIS CREDIT THAT THE SAME SHALL BE DULY HONOURED IF NEGOTIATED/PAID WITHIN THE VALIDITY DATE OF THIS CREDIT. THE NEGOTIATING/ PAYING BANK MUST ENDORSE THE AMOUNT NEGOTIATED/PAID ON THE REVERSE OF THIS CREDIT.

THIS CREDIT IS SUBJECT TO THE UNIFORM CUSTOMS AND PRACTICES FOR DOCUMENTARY CREDITS ICC PUBLICATION NO.500 (1993 REVISION)

=====================================END OF CREDIT=====================================

For The Development Bank of Singapore Limited, Shanghai Branch

GEORGE BROWN

FORM SERIAL NO: BR 173720

No. 7502580124

Exchange for US$ 418,925.52 Malaysia, May 25th,2001

At ****************** sight of this *First* of exchange

(*Second* of the same tenor and duly unpaid), pay to the Order of

NANKAI WORSTED SPINNING SDN.,BHD the sum of

SAY US DOLLARS ONE HUNDRED FORTY THOUSAND ONE HUNDRED AND
THIRTY SEVEN POINT TWO ONLY

Draun under DBS BANK, SHANGHAI BRANCH

To:
Bank of Commerce Malaysia Berhad
Kuala Lumpur Branch
15 Lebuh Pantai
10300 Kuala Lumpur
Malaysia

NANKAI WORSTED SPINNING SDN., BHD.
LOT 20051, GONG BADAK INDUSTRIAL ESTATE
21300 KUALA LUMPUR, MALAYSIA

NANKAI WORSTED SPINNING SDN., BHD.

LOT 20051, GONG BADAK INDUSTRIAL ESTATE 21300
KUALA LUMPUR, MALAYSIA
TEL: 60-36-74855703 FAX:60-36-74855724
E-MAIL ADDR: nankai@hotmail.com

INVOICE

NO. NK-CN063

CONSIGNED TO / FOR ACCOUNT RISK OF: LIDA TRADING COMPANY LIMITED ADD:NO.1267 EAST NANJING ROAD SHANGHAI, CHINA FAX:021-64042588	**DATED AT KUALA LUMPUR:** May 10th, 2001	
	REF. NO.	**CONTRACT NO.** YN-NK942
	TERMS: FOB KELANG	**CREDIT NO.:** 0016100293496
SHIPPED PER:	**FROM:** KELANG, MALAYSIA	**TO:** SHANGHAI, CHINA

MARKS & NOS.	DESCRIPTION OF GOODS	QUANTITY:	UNIT PRICE:	AMOUNT:
NK SHANGHAI MADE IN MALAYSIA 0016100293496-1 C/NO. 1-298	100% Wool Hosiery Yarn Art. No.		FOB	KELANG
	2/48 NM, raw white in hank	6480 KGS	@ US$ 11.20	US$ 72,576.00
	2/32 NM, raw white in hank	4560 KGS	@ US$ 10.32	US$ 47,059.20
	1/40NM, raw white in cone	2040 KGS	@ US$ 10.50	US$ 20,502.00
			TOTAL:	US$ 140,137.20

WEIGHT & MEASUREMENT
CONDITION WEIGHT: 13080 KGS
GROSS WEIGHT: 13676 KGS
COMMERCIAL MOISTURE REGAIN: 10%
TOTAL MEASUREMEN' 54.166 M3

PLS REMIT TO OUR ACCOUNT
USD 140,137.20
A/C NO.: 2345678612345670
AT BANK OF COMMERCE MALAYSIA BERHAD

ISSUED BY:

NANKAI WORSTED SPINNING SDN., BHD.

NANKAI WORSTED SPINNING SDN., BHD.

LOT 20051, GONG BADAK INDUSTRIAL ESTATE 21300
KUALA LUMPUR, MALAYSIA
TEL: 60-36-74855703 FAX:60-36-74855724
E-MAIL ADDR:nankai@hotmail.com

PACKING LIST

NO. NK-CN063

CONSIGNED TO / FOR ACCOUNT RISK OF:
LIDA TRADING COMPANY LIMITED
ADD:NO.1267 EAST NANJING ROAD
SHANGHAI, CHINA
FAX 021-64042588

DATED AT KUALA LUMPUR: May 10th,2001

REF. NO.:

CONTRACT NO.: YNN-NK942

TERMS: FOB KELAN

CREDIT NO.: 0016100293496

SHIPPED PER: s.s. BIN BO V.911

FROM: KELANG, MALAYSIA

TO: SHANGHAI, CHINA

MARKS & NOS.	CARTON NO.	ITEMS:	QUANTITY:	GROSS WEIGHT	NET WEIGHT:	MEASUREMENT:
NK SHANGHAI MADE IN MALAYSIA 0016100293496 C/NO. 1-298	1-135	2/48 NM	6480 KGS	6750 KGS	6480 KGS	24.538 M3
	136-230	2/32 NM	4560 KGS	4750 KGS	4560 KGS	17.268 M3
	231-298	1/40 NM	2040 KGS	2176 KGS	2040 KGS	12.360 M3
	298 CARTONS		13080 KGS	13676 KGS	13080 KGS	54.166 M3

SIZE OF CARTONS:
LENGTH: 66CM; WIDTH: 51CM; HIGHT: 54CM

SPECIAL CONDITION OF PACKING:

SIGNED BY:

NANKAI WORSTED SPINNING SDN., BHD.

MANAGER
Paul N. Ayars
Authorized signature

BILL OF LADING FOR COMBINED TRANSPORT SHIPMENT OR PORT TO PORT SHIPMENT

Shipper: NANKAI WORSTED SPINNING SDN., BHD LOT 20051, GONG BADAK INDUSTRIAL ESTATE 21300 KUALA LUMPUR, MALAYSIA	**B/L NO:** 3456789007 MISC
Consignee: TO ORDER OF DBS BANK SHANGHAI BRANCH	
Notify Party/Address LIDA TRADING COMPANY LIMITED ADD:NO.1267 EAST NANJING ROAD SHANGHAI, CHINA FAX:021-64042588	**Carrier:** MALAYSIA INTERNATIONAL SHIPPING CORPORATION BERHAD **Place of Receipt:** (Applicable only when this document is used as a Combined Transport Bill of Lading) KUALA LUMPUR
Vessel and Voy. No. s.s. BIN BO V.911 **Port of Loading:** PORT KELANG **Port of Discharge:** SHANGHAI	**Place of Delivery:** (Applicable only when this document is used as a Combined Transport Bill of Lading) SHANGHAI, CHINA

Marks and Nos;	Number and kind of Packages;Description of Goods	Gross Weight	Measurement
NK SHANGHAI MADE IN MALAYSIA 0016100293496-1 C/NO. 1-298	100% Wool Hosiery Yarn 298 CRTONS FREIGHT PREPAID	13676 KGS	54.166 M3

SIZE / TYPE / CONTAINER # / TARE WGHT. / GROSS WGHT. / SEAL NUMBER / QUANTITY / STATUS

ON BOARD

ABOVE PARTICULARS AS DECLARED BY SHIPPER

*Total No of Containers/Packages received by the Carrier ONE 40' FCL	RECEIVED by the Carrier from the Shipper in apparent good order and condition(unless otherwise noted herein) the total number or quantity of Containers or other packages or units indicated *, stated by the Shipper to comprise the Goods specified above, for Carriage subject to all the terms hereof(INCLUDING THE TERMS OF THE CARRIER'S APPLICABLE TARIFF) from the Place of Receipt or the Port of Loading, whichever is applicable, to the Port of Discharge or the Place of Delivery, whichever is applicable. One original Bill of Lading must be surrendered duly endorsed in exchange for the Goods. In accepting this Bill of Lading the Merchant expressly accepts and agrees to all its terms, conditions and exceptions, whether printed, stamped or written, or otherwise incorporated, notwithstanding the non-signing of this Bill of Lading by the Merchant.	
*Movement		
*Freight and Charges (indicate whether prepaid or collect):		
*Origin Inland Haulage Charge		
*Origin Terminal Handling/LCL Service Charge	Freight payable at:	Place and Date of issue:
*Ocean Freight	Number of Original B/L: THREE (3)	May 22th 2001, KELANG
*Destination Terminal Handling/LCL Service Charge	For the Carrier: MISC AGENCIES SDN BHD AS AGENT FOR THE CARRIER MALAYSIA INTERNATIONAL SHIPPING CORPRATION BERHAD As Agent(s) only	

Exporter (Name & Address)
NANKAI WORSTED SPINNING SDN BHD
LOT 20051 GONG BADAK INDUSTRIAL ESTATE
21300 KUALA LUMPUR, MALAYSIA

MTMA Certificate of Origin No.
28357202

CERTIFICATE OF ORIGIN

Consignee (Name, Address & Country)
LIDA TRADING COMPANY LIMITED
ADD:NO.1267 EAST NANJING ROAD
SHANGHAI, CHINA
FAX:021-64042588

Notify Party (Name & Address)
LIDA TRADING COMPANY LIMITED
ADD:NO.1267 EAST NANJING ROAD
SHANGHAI, CHINA
FAX:021-64042588

ISSUED BY

MALAYSIA TEXTILE MANUFACTURERS ASSOCIATION
Box #42, Wisma Selangor Dredging, 9th Floor, West Block.
142C, Jalan Ampang, 50450 Kuala Lumpur, Malaysia

Vessel/Aircraft
s.s. BIN BO V.911

B/L Number / AWB Number
3 Original + 3 copies

Port of Loading
Kelang

Date of Departure
May 22th, 2001

Port/Airport of Discharge

Final Destination
Shanghai, China

Country of Origin of Goods:
MALAYSIA

Marks and Numbers of packages	Description of goods: number and kind of packages	H.S. Code	Quantity or weight	No. and date of invoices
NK SHANGHAI MADE IN MALAYSIA 0016100293496-1 C/NO. 1-298	100% Wool Hosiery Yarn 289 CARTONS **	5107.1000	13080 KGS	Invoice No. NK-CN063 dated May 10th, 2001

Certification:
We hereby certify that the above, to the best of our kn belief, to be correct and without prejudice.

Signature of Authorised Officer
TAN CHENG CHOOL

For & on behalf of
Malaysian Textile Manufacturers Association
Designation *Admin Executive*
Place, Date and Seal/Stamp of Certifying Authority

MALAYSIA TEXTILE MANUFACTURERS ASSOCIATION

KUALA LUMPUR
May 11th,2001

Declaration by Exporter:
1, the exporter of the abovementioned merchandise, hereby certify that I have the means of knowing and certify that the goods described in this certificate are of
Malaysia origin

Signature
Paul

Signatory's Company

Place, Date and Seal/Stamp of the COMPANY

WORSTED SPINNING SDN. BHD. NANKAI

KUALA LUMPUR
May 10th,2001

Conginor:
NANKAI WORSTED SPINNING SDN BHD
LOT 20051 GONG BADAK INDUSTRIAL ESTATE
21300 KUALA LUMPUR, MALAYSIA

No.: *05394098*

Issued by:

MALAYSIA TEXITILE INSPECTION BUREAU

Box #40, Wisma Selangor Dredging, 6th Floor, West Block.
142C, Jalan Ampang, 50450 Kuala Lumpur, Malaysia

Consignee:
LIDA TRADING COMPANY LIMITED
ADD:NO.1267 EAST NANJING ROAD
SHANGHAI, CHINA
FAX:021-64042588

CERTIFICATE OF INSPECTION

Ship/Airline	Date of departure:
s.s. BIN BON V.911	May 22th, 2001
Port of loading	**Port of discharge:**
KELANG	SHANGHAI

Marks & Brands	Number & kind of packages	Description of goods:	Net weight:
NK SHANGHAI MADE IN MALAYSIA 0016100293496-1 C/NO. 1-298	298 CARTONS	100% Wool Hosiery Yarn	13676KGS

I hereby certify that the goods specified above has/have been examined and found to the best of my knowledge.

Signature *Vivian Chum Jier*

Authorized Officer

Date: May 14th, 2001

Producer

Remarks:

附录一

单证中英文对照表

英　文	缩　写	中　文
About	ABT.	大约
Accept and pay	A&P	如期支付，承兑
Acceptance	ACPT.	承兑
Accepted		接受
Accident		意外事故（保险用语）
Account	A/C.	账户，账
Account Current	A/C.	往来账户
Actual Weight	A/W	实际重量；净重
Additional Instruction	A. I	附加指示
Additional Premium	A/P	附加保险费；额外保险费
Address	ADD.	住址
Advalorem（according to value）	Adval.	从价计算
Advanced freights	A. F.	预付运费
Advertisement	AD.	广告
Advice	ADV.	通知
Advising Bank		通知行
After Arrival	A. A	到达以后
After Date	A/D.	期后
After Sight	A. S	见票后
Against all risks	A. A. R.	承保一切险
Agent		代理人
Agreement	Ag.	同意
Air Consignment Note	CAN.	空运托运单
Air WayBill	A. W. B.	航空运单
All Risks	A. R.	一切险
Alongside	A/S.	船边
Amount	AMT	金额；总数；共计
Amount in figures		金额小写

续表

英 文	缩 写	中 文
Amount in words		金额大写
And	&	和
Anno Domini	A. D.	公元
Anonymous	Anon.	不记名
Appendix	APP.	附录
Approximately; Approximate	APPROX.	大约
Arrival; arrived	ARR.	抵达
As per list	A. P. L.	按照表所列出的
Assorted	ASST.	分类;花式搭配
Assortment	ASS MT.	各种类;各色
At	@	每;以(价格)
Attention	ATTN	注意
Authority to Purchase	A/P	委托购买证
Automatic Approval	AA	自动许可证
Average	Av.	海损;平均
Bag(Sack)	Bg.	袋
Balance	Bal.	差额
Bale	BL.	包
Bank draft	B. D.	银行汇票
Barrel	BLDG.	琵琶桶
Basket	BKT.	篮(篓、筐)
Beneficiary	BEN	受益人
Beneficiary's Draft		汇票要求
Bill Discounted		贴现票据
Bills for Collection	B/C	托收单据
Bill of Exchange	B. EX.	汇票
Bill of Lading	B/L	提单
Block		块
Bolt(Piece)		匹
Bona Fide Holders		议付单据的持有者或受让人
Bonded goods	B/G	保税货物

续表

英 文	缩 写	中 文
Booking Note	B/N	订舱委托书
Both dates inclusive	B. D. I.	包括首尾两日
Both to blame collision clause	B. B. clause	船舶互撞条款
Bottle	BTL.	瓶
Box	Bx	盒,箱
Breakage	Brkge.	破碎
Bundle		捆
Bushel	Bu.	蒲式耳
By way of	Via	经过
Can	克拉	罐头 Carat
Carboy		大玻璃瓶
Cardboard		纸板箱
Cargo	CGO.	货物
Cargo's proportion of General Average	C. G. A.	共同海损分摊额
Cargo Receipt		场站收据
Carrier		承运人
Carton	Ctn.	纸箱
Case	C	箱
cash against documents	C. A. D.	付款交单
cash before delivery	C. B. D	先付款后交单
Cash in Order; Cash with order	C. I. O.	订货时付款
Cash on delivery / Collection delivery	C. O. D.	货到付款
Cask	CKS.	桶(小桶)
Catalogue	CAT.	商品目录
Centimetre	CM.	厘米
Centigram	Cg.	公毫
Certificate	Cert.	证明书
Certificate of Conformity	C. C	合格证明书
Certificate of Free Sale	C. F. S	自由销售证明书
Certificate of Insurance	C. I.	保险证明
Certificate of Origin	C/O	产地证明书

续表

英 文	缩 写	中 文
certified	CERTIF.	证明
Chamber of Commerce	C. C.	商会
Charter party	C/P.	租船契约
China Commodity Inspection Bureau	C. C. I. B.	中国商品检验局
Clean Bill	C/B	光票
Coil		圈
Combined transport bill of lading	CTB/L	联合运输提单
Combined transport document	C. T. D.	联合运输单据
Comit'e Maritime International	CMI	国际海事委员会
Commission	Com.	佣金
Confer	CF.	商议
Consignee		收货人
Consignment of Customs Declaration		报关委托书
Consular Invoice		领事发票;领事签证
Container		集装箱
Container Freight Station	CFS;C. F. S.	集装箱中转站;货运站
Container Load Plan	CLP	集装箱装箱单
Container on Flat Car	COFC	平板车装运集装箱
Container Yard	CY	集装箱堆场
Contract	CONT	合同
Cost, Assurance, Freight	C. A. F.	成本加保费、运费价
Cost and Freight	C. & F.	成本加运费价格
Cost, Insurance, Freight	C. I. F	成本、保险费加运费价格
Cost, Insurance, Freight & Commission	C. I. F. &C.	成本、保险费加运费、佣金价格
Cost, Insurance, Freight & Exchange	C. I. F. &E.	成本、保险费、运费价汇费的价格
Cost, Insurance, Freight & Interest	C. I. F. &I.	成本、保险费、运费加利息的价格
Cover Note	C/N	暂保单;预保单
Crate	Crt.	板条箱
Credit	Cr.	贷方
Credit Available With/By		付款方式
Creditor		债权人

续表

英　文	缩　写	中　文
Cubic foot	Cu. ft.	立方英尺
Cubic Metre	CBM	立方米
Days after acceptance	D/A	承兑后若干天(交款)
Days after sight	D/S.	见票后若干天付款
Dead freight	D/F	空舱费
Dead weight tonnage	D. W. T.	载重吨
Debit note	D/N	欠款账单
Delivery	D/Y	交付;交货
Delivered	Deld.	交付
Delivered at docks		码头交货
Delivery Order	D/O	提货单
delivery time	D. T.	交货时间
Demand draft	D. D.	即期汇票
Description of Goods		货物描述
Destination	DESTN.	目的港;目的地
Destination Country		目的国
Direct B/L		直达提单
Direct port	D. P.	直达港口
Discount	DIS.	贴现;折扣;贴现息
Do ditto	DTO.	同上;同前
Documentary Draft	D/D	跟单汇票
Document Attached	DOC. ATT.	所附单证
Documents	DOC.	
Documents against acceptance	D/A	承兑交单
Documents against payment	D/P	付款交单
Dozen	DZ.	打
Draft	DRT.	汇票
Drawee		付款人,信用证的开证人
Drawer		出票人,信用证的受益人
Drawn clause		出票条款
Drum		圆桶(铁皮圆桶)

续表

英　文	缩　写	中　文
Duplicate	DULP.	誊本;第二份;两份
Enclosure	ENCL.	附件
Endorsed; endorsement	END.	背书
Equal quantity monthly	E. Q. M	每月相等的数量
Equivalent	EQ.	等值的,等量的
Errors excepted	E. E.	错误当查;错误当改
Estimated(expected)time of arrival	ETA	预计到时间
Estimated(expected)time of departure	ETD	预计离港时间
Et sequential (and other things)	Et. seq.	及以下所综述的
Exclusive or excluding	Excl.	除外
Ex interest	EX. INT.	无利息
Expected time of commencement of loading	ETCL	预计开装时间
Expected time of delivery	ETDEL	预计交货时间
Expected time of finishing discharging	ETFD	预计卸完时间
Expected time of finishing loading	ETFL	预计装完时间
Expenses	EXS.	费用
Expiry Date and Place		到期日期和地点
Export Declaration	E/D	出口申报单
Extras		杂费
European Economic Community	E. E. C.	欧洲共同体
Fahrenheit	F degree	华氏度数
Fair average quality	F. A. Q.	大路货;中等品质
Fire policy	F/P	火灾保险单
First-class	A. 1	一等;一流
5 - ply Paper Bag		五层纸袋
Flask		长颈瓶
Floating policy	E. P.	总括保险单
Foot	FT.	英尺
Foot-pound	FT. - LB.	英尺磅(功的单位)
Force Majeure		不可抗力
Foreign exchange	F. X.	外汇

续表

英 文	缩 写	中 文
Franc	FC	法郎
Franchise	FCH.	免赔率(一般指相对的)
Free from alongside	F. F. A.	船边交货价
Free from all average	F. A. A.	分损不赔(保险用语)
Free from general average	F. G. A.	共同海损不赔
Free in		船方不负担装船费
Free in and out	F. I. O.	船方不负担装卸费
Free in, out and stowed	FI. O. S.	船方不负担装卸费及理舱费
Free in wagon	F. I. W.	承运人不负担装入货车费
Free of capture and seizure clause	F. C. &. S.	战争险不保条款
Free of charges	F. O. C.	免费
Free on aircraft	F. O. A.	飞机上交货价
Free on board	F. O. B.	船上交货价
Free on board stowed	F. O. B. S.	包括理舱费在内的船上交货价
Free on rail	F. O. R.	火车上交货价
Free on steamer	FOS.	船上交货价
Free on truck	F. O. T	卡车上交货价
Free out	F. O.	船方不负担卸货费
Freight		运费
Freight bill	F. B.	运费单
Freight prepaid	FRT. PPD	运费已预付
Fresh water damage	F. W. D	淡水损失
Full Container Load	FCL	整箱货
Gallon	Gal.	加仑
General Average	G. A. ;G/A	共同海损(保险用语)
Good Merchantable Quality	G. M. Q.	上好可销品质
Gram	G.	克
Gross		罗(12 打)
Gross Weight	G. W.	毛重
Head office	H. O.	总公司;总行
Heavy weather damage	H. W. D.	恶劣气候损坏

续表

英 文	缩 写	中 文
Honor a bill (cheque, draft, etc.)		兑现票据(支票,汇票,信用证;托收)
Hook damage	H. D.	钩损
Hook and oil damage	H. & O.	钩损和油损
Horse Power	H. P.	马力
Hundredweight	Cwt.	英担、美担(122 磅)
Idem quod(the same as)	I. Q.	同样
Import	Imp.	进口
In Bulk		散装
Inch	In.	英寸
In favor of	F/O	交付给……,以……为受益人
Infra Below		以下
In Nude		裸装
Insurance		保险费
Insurance policy	I/P	保单险
Instant	INST.	本月
Institute clauses	INST. CLS.	伦敦协会保险条款
Internal Transfer Vehicle	ITV	码头内运输车
International Chamber of Commerce	I. C. C.	国际商会
international Organization for Standardization	ISO	国际标准化组织
Intransit(on the way)	In trans.	在运输途中
Invoice	INV.	发票
Irrespective of percentage	I. O. P.	不计免赔率(保险用语)
Iron Box		铁盒
Iron Drum		铁桶
Jar		罐(坛子)
Jettison and/or loss overboard		抛弃或落水损失
Jute Bag Gunny Bag		麻袋
Keg		小圆桶
Kilogram	KG.	公斤
Kilometre	KM.	公里
Kilowatt	KW.	千瓦

续表

英 文	缩 写	中 文
Leakage	LKGE	渗漏
Leakage and breakage	LKGE & BKGE	渗漏及破碎
Less than a full Container Load Cargo	LCL	非整装箱货;拼箱货
letter of authority	L/A	授权书
Letter of credit	L/C	信用证
Letter of guarantee	L/G	保证书
Licenses and Certificates		监管证件(如许可证、机电证明、批文等)
Litre	L.	升
Loading	LDG.	装货;装载
Long Form B/L		全式提单
Long ton	L. T.	长吨
Lot		批
Machinery Breakdown Damage	M. B. D.	机器损坏
Mail transfer	M/T	信汇
Manufactured	MFD.	制造的
Manufacturer	MFR.	厂商;制造商
Marine Extension clause	M. Ex. C.	海运扩展条款
marine insurance	MI.	海险
Marine Insurance Cargo Clause	M. I. C. C.	海上运输货物保险条款
Marshalling yard	M. Y.	集装箱编号场
Mate's Receipt	M/R	收货单;大幅收据
Memorandum	MEMO.	备忘录
Merchandise	MDSE.	货物;商品
Made In/Origin		原产国
Millilitre	ML.	毫升
Millimetr	MM.	毫米
Metre	M.	米
Metric ton	M. T.	公吨
Metric ton unit	M. T. U.	公吨度
Model		规格、型号
Months after sight	M/S	见票后××月付款

续表

英 文	缩 写	中 文
Multimode Transport Document	MTD	多式联运单据
Navigating or navigation	Nav.	航行
Negotiable documents		议付单据
Net Weight	N. W.	净重
No commercial value	N. C. V.	无商业价值
No Mark	N. M.	无标志
Non Acceptance	N/A	不承兑
Non delivery	N. d.	提货不着
Non-negotiable documents		非议付单据
Non-negotiable Sea Waybill		不可转让的海运单
No Payment	N/P	拒绝付款
Not dated	N. D.	不记载日期
Nota bene(take notice)	N. B.	注意
Notify Party		被通知人
Nude with Iron Wire Bundle		铁丝捆裸装
Ocean Bill of Lading or Airway Bill		海(空)运提单
Ocean Marine Cargo Clause	O. M. C. C	海洋运输货物条款
Ocean Vessel Voy. NO.		船名及航次
On account	ON A/C	记账;挂账
On or before	O/B	在或在……以前
On board	O/B	(装)在船上
On Deck B/L		舱面提单
Open cover	O/C	预保合同
Open policy	O. P.	预保单
Original	ORIG.	正本
Ounce	OZ.	两(常衡)
Overland Common Point	OCP	内陆共同点
Packages	PKGS	包裹;件数
Packet		小包
Packing List		装箱单
Pair		双

续表

英　文	缩　写	中　文
Pallet		托盘
Pannier		盖篮
Parcel Post	P. P	邮包
Partial Shipment		分批装运
Particular average	P/A	单独海损
Per annum	P. A.	每年
Picul		司马担
Pieces	PCS	件
Plastic bag		塑料袋
Plastic Drum		塑料桶
Plastic Transparency Box		塑料透明盒
Please turn over	P. T. O.	请阅背面
Polyethylene Net		尼龙绳网袋
Port of Arrival	P. O. A	到达港
Port of Call	P. O. C	停靠港
Port of Destination	P. O. D.	指运港
Port of Discharge	P. O. D	卸货港
Port of Loading	P. O. L.	装货港
Port of Transfer	P. O. T	转运港
Pound	Lb.	磅
Premium	PREM.	保险费
Price Current	P. C	市价
Prompt loading	PPT.	即期装船
Proportionally	PRO RAIA.	按比例
Proximo	PROX.	下月
Quantity	QTY	数量
Quart	Qt.	夸脱(=1/4 加伦)
Quintal	Q.	公担
Ream		令
Rebate/Allowance		折扣
Receipt	RECT.	收据
Reference	REF.	参考(号)

续表

英　文	缩　写	中　文
Registered	REG.	登记;挂号
Register for Processing with Imported/ Customer's Materials		进(来)料加工手册
Re-insurance	R. I.	再保险
Remittance	RM.	汇款
Roll		卷
Running down clause	R. D. C.	碰撞条款
Rust Oxidation and Discolouration	R. O. D	锈损、氧化和变色
Sailed	SLD.	已开航
Sea Water damage	S. W. D.	海水损失
Set		套、台、坐
Sheet		张、件
Shipper		托运人
Shipper's weight	S/W	发货人提出的重量
Shipping note	S/N	装船通知
Shipping order	S. O.	装货单;下货纸
Shipment	SHIPT.	装运;装载
shipowner	S/O	船东
Short Form B/L		简式提单
Short ton	Sh. t.	短吨
Sight Draft	S/D	即期汇票
Signature	Sig.	署名;签字
Signed	Sgd.	已签署;签字
Size		尺寸
Sling loss	Sling L.	吊钩损失
Soft Clause		软条款
Square centimetre	Sq. cm.	平方厘米
Square Foot	Sq. ft.	平方英尺
Square inch	Sq. in.	平方英寸
Square kilometre	Sq. *km*.	千平方米;千平方公尺
Square Metre	Sq. m.	平方米

续表

英 文	缩 写	中 文
Square yard	Sq. yd.	平方码
Stale B/L		过期提单
Steamer	STR.	轮船
Steamship	S. S	轮船
Sterling	STG.	英币
Strand		股
Strike Riots and Civil Commotions	S. R. C. C.	罢工、暴动、内乱险
Strike risks	S. R.	罢工险
Sum insured	S. I.	保险金额
Sundays and holidays excepted	SHEX.	星期天和假日除外
Supplement	Supp.	补遗;附录;补充
Surveyed before shipment	S. B. S.	装运前进行检验
Talis quality	Tal. qual.	平均品质
Telegram, telegraph	Teleg.	电报
Telegraphic Transfer	T. T.	电汇
Theft, pilferage & non-delivery	T. P. N. D	盗窃及提货不着险
The People's Insurance Company of China	P. I. C. C.	中国人民保险公司
Three-plywood Case		三夹板箱
Through B/L		联运提单
Tin		听
Total Amount		总价
Trailer on Flat Car	TOFC	平板车装运载箱拖车
Transhipment	T/S	转船
Trust Receipt	T/R	信托收据
Unclean B/L	U/B/L	不清洁提单
Under-deck	U/D	舱内
Under writer		承保人
Uniform Customs and Practice for Documentary Credits	U. C. P	跟单信用证统一惯例
Unit		辆、台、单位

续表

英　文	缩　写	中　文
Unit Price		单价
Unlimited transhipment		无限制性的转船
Verification Certificate for Foreign Exchanges		外汇核销单
Vessel	VES	船
Vial		药水瓶
Vide supra(see above)	V. S	参阅上文
Voyage	VOY	航海;航行;航次
Warehouse	Whse.	仓库
warehouse to warehouse	W/W	从此仓库到另一个仓库
War risk	W. R.	战争险
War risk only	W. R. O.	仅保战争险
Way Bill	W. B.	运单
with Average /With Particular Average	W. A.	水渍险
With reference to	Re.	关于
With transhipment	W/T.	转船
Wooden Box		木盒
Wooden Case		木箱
Wooden Cask		木桶
Yard	Yd.	码
Yearbook	Y. B.	年鉴
York-Antwerp Rules	Y. A. R.	约克—安特卫普规则(即国际共同海损规则)
Zippered Bag		拉链袋
Zone	Z.	地区

附录二

信用证的贸易术语

1. AFTER SHIPMENT, THE SELLER PRESENTS THE RELATIVE SHIPMENT DOCUMENTS TOE THE BANK, WHICH SHOULD BE CLEARLY MARKED WITH ON BOARD MV xxx' TOGETHER WITH A BILL OF EXCHANGE DRAWN ON THE OPENING BANK.

货载出运后,卖方将相关的盖有"On Board MVxxx"字样的货载单证连同带有开证行抬头的汇票一并交议付行。

2. ALL BANKING CHARGES OUTSIDE THE OPENING BANK ARE FOR BENEFICIARY'S ACCOUNT

所有开证行以外的银行费用由受益人承担

3. ALL DOCMENTS TO BE FORWARDED IN ONE COVER, UNLESS OTHERWISE STATED ABOVE

除非有相反规定,所有单据应一次提交。

4. AT THE TIME OF NEGOTIATION, 5% COMMISSION BE DEDUCTED FROM INVOICE VALUE AND SHOULD BE REMITTED BY THE NEGOTIATING BANK IN THE FORM OF A BANK DRAFT IN FAVOR OF CIMA CO.

议付到期时，将按发票金额扣除百分之五的佣金，该扣除金额须由议付行以银行汇票形式开给西马公司。

5. BOTH QUANTITY AND AMOUNT FOR EACH ITEM...% MORE OR LESS ALLOWED

每项数量与金额允许……%增减。

6. DOCUMENTS BEARING DISCREPANCIES MUST NOT BE NEGOTIATED AGAINST GUARANTEE AND RESERVE.

含有不符点的单据凭保函或在保留下不能议付。

7. DOCUMENT ISSUED PRIOR TO THE DATE OF ISSUANCE OF CREDIT NOT ACCEPTABLE.

不接受早于开证日出具的单据。

8. DOCUMENTS MUST BE PRESNTED WITHIN xxx DAYS AFTER THE DATE OF ISSUANCE OF THE TRANSPORT DOCUMENTS BUT WITHIN THE VALIDITY OF THIS CREDIT.

单据必须在提单日后×××天送达银行并且不超过信用证有效期。

9. L/C IS A RELIABLE AND SAFE METHOD OF PAYMENT, FACILITATING TRADE WITH UNKNOWN BUYERS AND GIVING PROTECTION TO BOTH SELLERS AND BUYERS.

为跟不了解的买方做贸易,采用信用证结汇十分方便,可以保护买卖双方利益。

10. PREPAID FREIGHT DRAWN IN EXCESS OF L/C AMOUNT IS ACCEPTABLE AGAINST PRESENTATION OF ORIGINAL CHARGES VOUCHER ISSUED BY SHIPPING CO/AIR LINE OR ITS AGENT.

银行接受凭船公司/航空公司或其代理人签发的正本运费收据索要超过信用证金额的

预付运费。

11. SHORT FORM/BLANK BACK/CLAUSED/CHARTER PARTY B/L IS UNACCEPTABLE 银行不接受略式/不清洁/租船提单。

12. THE BENEFICIARY'S DRAFT DRAWING AT 120 DAYS AFTER SIGHT ARE TO BE PAID IN FACE VALUE AS DRAWN AT SIGHT BASIS, DISCOUNTING CHARGES, ACCOUNTANCE COMMISSIONS AND USANCE INTEREST ARE FOR ACCOUNT OF THE ACCOUNTEE.

受益人开立的120天远期汇票,按票面金额即期付款,银行贴现费用、佣金和远期利息由付款人负担。

13. THE BUYER'S BANK(OPENING BANK) SENDS THE L/C TO ITS CORRESPONDENT IN THE SELLER'S COUNTRY, GIVING INSTRUCTIONS ABOT THE AMOUNT OF THE CREDIT, THE BENEFICIARY, THE CURRENCY, THE DOCUMENTS REQUIRED AND OTHER SPECIAL INSTRUCTIONS.

买方银行(开证行)将信用证开到其在卖方国家相应的议付行,指示信用证金额,受益方,币种,所需的单据文件以及其他特殊要求。

14. THE CERTIFICATE OF INSPECTION WOULD BE ISSUED AND SIGNED BY AUTHORIZED APPLICANT OF L/C BEFORE SHIPMENT OF CARGO, WHOSE SIGNATURE IS SUBJECT TO OUR FINAL CONFIRMATION.

发货前由开证申请人授权开立并签署的检验证书,其签字须待我方最终确认。

15. THE CONSIGNMENT IS HANDED OVER FOR DISPOSAL AGAINST PAYMENT BY THE BUYER.

货物凭买方付款后,方可移交其处置。

16. THE CORRESPONDENT BANK PAYS THE MONEY TO THE SELLER WHEN DOCUMENTS PRESENTED ARE FOUND TO BE IN ORDER.

议付行经验证卖方单据完整无误后即向卖方结汇。

17. THE CORRESPONDENT BANK THEN SENDS ALL THE SHIPPING DOCUMENTS TO THE BUYER'S BANK, WHICH, IN TURN, PASSES THEM TO THE BUYER, WHO FINALLY REIMBURSES THE CORRESPONDENT BANK THROUGH THE BUYER'S BANK.

议付行然后将所有的货载单据转给买方银行,买方银行再转交给买方;买方最终通过买方银行向议付行支付。

18. THE ISSUANCE OF A L/C STARTS WITH THE BUYER WHO INSTRUCTS HIS BANK TO OPEN A CREDIT(ISSUE AN L/C) IN FAVOR OF THE SELLER FOR THEAMOUNT OF THE PURCHASE.

先由买方指示其银行开信用证,收款方开卖方。

19. THE PAYMENT IS AVAIBLE AT SIGHT AGAINST THE FOLLOWING DOCUMENTS.

凭下列单据即期付款。

20. THE SELLER DEALS WITH THE CORRESPONDENT BANK AND PREPARE FOR THE SHIMENT OF THE BUYER'S ORDER.

卖方与议付行接洽后即准备出运买方的订单货载。

21. THIRD PARTY AS SHIPPER IS NOT ACCEPTABLE.

第三方作为托运人是不能接受的。

22. THIS CREDIT VALID UNTIL SEPTEMBER 17,2001 IN SWITZERLAND FOR PAYMENT AVAILABLE AGAINST THE PRESENTATION OF FOLLOWING DOCUMENTS…

信用证在2001年9月17日在瑞士到期前，凭提交以下单据付款……

23. THIS DOCUMENTARU CREDIT IS SUBJECT TO THE UNIFORM CUSTOMS AND PRACTICE FOR DOCUMENTARY CREDIT (1993 REVISION) INTERNATIONAL CHAMBER OF COMMERCE (PUBLICITIES ON NO. 500).

本信用证受《跟单信用证统一惯例》国际商会第500号出版物(1993年修订本)管辖(或约束)。

24. THIS DOCUMENTATY CREDIT IS AVAIBLE FOR NEGOTIATION TO PAY WITHOUT SPECIFIC RESTRICT TO DRAWERS OR BONE FIDE HOLDERS.

本跟单信用证对出票人或善意持票人不限制议付。

25. THIS L/C WILL BE DULY HONORED ONL IF THE SELLER SUBMITS WHOLE SET OF DOCUMENTS THAT ALL TERMS AND REQUIREMENTS UNDER L/C NO. 45675 HAVE BEEN COMPLIED WITH.

只有出口人提供与信用证NO. 45675号项下相符的全套单据，本行才予承付。(意即付款)

26. UNLESS OTHERWISE STIPULATED HEREIN, ANY CHARGES AND COMMISSION IN RESPECT TO NEGOTIATION OF DRAFTS UNDER THIS CREDIT PRIOR TO PRESENTATION TO US TO BE COLLECTED FORM BENEFICIARY.

除非信用证在此另有规定,开证行见到银行提示前______的任何议付费用和其他费用都向受益人收取。

27. UPON RECEIPT OF THE L/C, THE CORRESPONDENT ADVISES THE SELLER OF THE SAME IMMEDIATELY.

议付行收悉信用证后应随即如实通知卖方。

28. WE HEREBY ESTABLIISH THIS IRREVOCABLE CREDIT WHICH IS AVAIBLE AGAINST BENEFICIARY'S DRAFTS DRAWN IN DUPLICATE ON APPLICANT AT 30 DAYS SIGHT FREE OF INTEREST FOR 100% OF INVOICE VALUE. DOCUMENT AGAINST ACCEPTANCE.

我方兹开立不可撤销信用证，本证凭受益人开给申请人的30天一式两份汇票付款,不计利息,承兑交单。

29. WE WILL ALSO ACCEPT A TRANSPORT DOCUMENT ISSUED BY A COURIER OR EXPEDITED DELIVERY SERVICE EVIDENCING THAT COURIER CHARGES FIRE FOR THE ACCOUNT OF A PARTY OTHER THAN THE CONSIGNEE.

我方也将接受专递或快递机构出具的注明由收货人以外的一方承担的运费单据。

30. THIS PROFORMA INVOICE IS SUBJECT TO OUR LAST APPROVAL.

本形式发票有待我方最后同意。